Daniel Le Rouzic

Processus **10**

Organisation du système d'information comptable et de gestion

Première et deuxième années

BTS
Comptabilité et Gestion des Organisations

DEUXIÈME ÉDITION

Dialoguez avec l'auteur
sur Internet
Daniel.Le.Rouzic@Wanadoo.fr

Bertrand-Lacoste
36 rue Saint-Germain-l'Auxerrois - 75001 Paris

Peut-on aborder les chapitres de l'ouvrage Processus 10 dans un ordre différent de celui proposé dans le livre ?

Suivant leur conviction, le niveau des élèves, des professeurs peuvent souhaiter aborder les chapitres de l'ouvrage **Processus 10** dans un ordre différent de celui proposé. La question du partage de l'ouvrage entre la première et la seconde année se pose également.

Commencer la formation par une initiation au système d'information

Des professeurs aimeront donner aux élèves une vue générale du système d'information des organisations avant d'entrer dans le détail. Ils pourront donc aborder, dès le début de la première année, les chapitres 14 et 15.

Étudier Merise 1 en première année et Merise 2 l'année suivante

Des professeurs souhaiteront traiter des modèles s'inspirant de Merise 1 en première année et les extensions de Merise 1 (appelées aussi Merise 2) en seconde année. Ils pourront donc aborder, en première année, les chapitres 14 à 18 et les chapitres 19 à 24 en seconde année.

Aborder rapidement les SGBDR

Des professeurs voudront, pour bien concrétiser le caractère abstrait des modèles de données, traiter rapidement les systèmes de gestion de bases de données relationnelles.

Ils pourront alors traiter les chapitres 14 à 18 puis les chapitres 26 à 29 pour atteindre cet objectif.

Le tableau suivant est une synthèse de ces choix possibles :

Première année	14-15 ; 1-13 ; 16-18 ; 26-29
Seconde année	19-25 ; 30-33

ISBN 2-7352 - **1733** - 7

Sommaire

Acquérir une culture informatique

Se situer dans le système d'information de son organisation

Acquérir une culture informatique

- REPÉRER LES ÉLÉMENTS MATÉRIELS ET LOGICIELS DE SON POSTE DE TRAVAIL
  - Repérer les éléments de l'unité centrale
  - Mémoriser l'information sur un ordinateur
  - Recenser les périphériques d'un ordinateur
- REPÉRER L'IMPORTANCE DES RÉSEAUX INFORMATIQUES

Repérer les éléments de l'unité centrale

1. Comment choisir son matériel informatique ?
2. À quoi sert la carte mère d'un micro-ordinateur ?

Compétence

1 Comment choisir son matériel informatique ?

Éléments du programme traités

Compétences techniques

- Installer, paramétrer et maintenir son poste de travail sur les plans matériel et logiciel
- Tenir et mettre à jour la documentation informatique de son poste de travail

Objectifs à atteindre

- Maîtriser le vocabulaire informatique
- Comprendre une documentation informatique

Mots-clés

application - boîtier d'alimentation - carte électronique - carte mère - disque dur - ENIAC - ERP - graveur de cédéroms - information - informatique - lecteur de cédéroms - lecteur de disquettes - Linux - logiciel - Mac OS - micro-ordinateur - microprocesseur - ordinateur - PGI - progiciel - progiciel de gestion intégré - programme informatique - SAP - système d'exploitation - unité centrale - Unix - Windows

Connaître le contexte professionnel du dossier

Dans sa vie professionnelle, le comptable utilise beaucoup de matériel informatique. Il doit donc connaître les critères de choix de ce matériel afin de se doter du meilleur matériel possible adapté à sa fonction et cela au moindre coût.

Dans une petite entreprise, le comptable sera l'acheteur de son matériel. Dans une organisation, il devra être capable de définir ses besoins à une direction informatique.

Le comptable devra dans un cabinet d'expertise-comptable pouvoir conseiller sa clientèle lors du choix par celle-ci de matériels et de logiciels.

Le titulaire du BTS comptabilité et gestion des organisations doit donc :

- maîtriser le vocabulaire de l'informatique (quelle réalité se cache derrière chaque mot, chaque expression ?),
- repérer les éléments matériels et logiciels des ordinateurs et des réseaux d'ordinateurs,
- effectuer les réglages de base de ces matériels et logiciels.

Ces thèmes seront donc abordés dans ce dossier.

I. Pourquoi faut-il maîtriser le vocabulaire informatique ?

A. Observer un site Internet

Sur le site Internet du journal *Les Échos*, on note de nombreuses offres d'emplois dans le domaine de la comptabilité et de la gestion. Les phrases suivantes ont été relevées :

Les Echos — www.lesechos.fr — **Emploi**

Vous êtes à l'aise avec les outils informatiques

Vous avez développé un intérêt particulier pour les systèmes d'information

Vous maîtrisez la comptabilité, l'informatique

Vous avez idéalement suivi une formation complémentaire axée sur la gestion des systèmes d'information.

Vous possédez une bonne maîtrise des outils bureautiques (Windows, Excel) et si possible de SAP.[1]

Vous maîtrisez parfaitement les outils bureautiques
La connaissance d'un ERP[2] sera un plus.

1. SAP : nom de la première société éditrice de progiciels de gestion intégrés (PGI). Un **progiciel** est un logiciel adapté aux besoins d'une entreprise.
2. ERP : *Enterprise Resource Planning* (Planification des ressources de l'entreprise) nom anglais pour désigner les progiciels de gestion intégrés.

B. Quel est le rôle du technicien supérieur de comptabilité et gestion ?

Le technicien supérieur de comptabilité et gestion met en œuvre pour réaliser son travail l'outil informatique. Il doit donc en maîtriser le vocabulaire.
Dans une petite et une moyenne entreprise, il peut être amené à choisir son matériel, ses logiciels, son organisation. Il doit donc en maîtriser les techniques.
Dans une grande entreprise, le technicien supérieur de comptabilité et de gestion doit être capable de définir ses besoins en matériel, logiciel, organisation pour atteindre ses objectifs face à une direction informatique.
Dans un cabinet d'experts-comptable, il doit être à même de conseiller ses clients dans le domaine de l'informatique.

Une question à un(e) futur(e) professionnel(le)...

- Pouvez-vous recenser, en fonction du type d'entreprise, les raisons pour lesquelles le technicien supérieur de comptabilité et gestion doit maîtriser l'outil informatique ?

Type d'entreprise	Motifs pour lesquels le comptable et le gestionnaire doivent être compétents en informatique
Petites et moyennes entreprises	
Grandes entreprises	
Cabinet d'experts-comptable	

II. Suis-je capable de comprendre une documentation informatique ?

A. Observer les documents informatiques

L'observation des publicités, la consultation de sites Internet, la lecture de revues informatiques nécessitent de connaître le vocabulaire de l'informatique pour maîtriser cet outil :

- Notez ci-dessous la liste des termes, sigles et expressions qui vous paraissent mystérieux :

....

....

....

....

Étymologie

Le mot **informatique** vient de la contraction des mots **information** et **automatique**.

Le premier ordinateur...

Le premier ordinateur, l'ENIAC, inauguré en 1946 pesait 30 tonnes. Il nécessitait 18 000 lampes et occupait une surface de 140 m^2. Aujourd'hui les micro-ordinateurs de poche pèsent moins de 500 g !

Synonymes

Les mots **logiciel**, **application** sont des synonymes de l'expression programme informatique.

B. Comment se familiariser avec le vocabulaire de l'informatique ?

Les définitions, exemples et développements historiques ci-dessous vous permettront de connaître le vocabulaire de base de l'informatique.

1. Informatique

L'**informatique** est le traitement automatique de l'information dans tous les domaines de la société.

2. Information

L'**information** est un fait communiqué à une personne qui augmente sa connaissance. Ainsi, le fait de communiquer au chef d'entreprise le chiffre d'affaires du mois augmente sa connaissance sur l'activité de l'enteprise. Les journaux donnent de l'information à leurs lecteurs.

3. Ordinateur

Un **ordinateur** est une machine permettant de mémoriser et de traiter l'information sous la direction d'un programme informatique. Un rapport de gestion sera, par exemple, mémorisé durablement sur un ordinateur. Le calcul du résultat d'une entreprise et l'établissement de son bilan seront traités par l'ordinateur.

4. Micro-ordinateur

Du fait de la miniaturisation des composants d'un ordinateur, on parle maintenant de **micro-ordinateur**.

5. Programme informatique

Un **programme informatique** est une suite d'instructions données au **microprocesseur** d'un ordinateur pour effectuer une tâche. Le fait de cliquer sur le bouton **Imprimer** dans un logiciel déclenche une succession d'instructions. Celle-ci va aboutir à l'émission d'une page imprimée. Le système d'exploitation Windows comprend plus de 25 millions d'instructions !

Les précurseurs

John Vincent Atanasoff créa entre 1937 et 1942 le premier prototype d'ordinateur. Ses idées ont été reprises par John **P. Eckert** et **John W. Mauchly** pour la mise au point de l'ENIAC.

Se repérer dans les systèmes d'exploitation Windows

Les systèmes d'exploitation Windows sont nombreux, comment les distinguer ? Le tableau ci-dessous est une réponse à cette question :

Windows	
pour les postes isolés	*pour les réseaux*
Windows 95	Windows NT 4.0
Windows 98	Windows 2000 Server
Windows Millénium	
Windows XP	
Windows 2000 professionnel	

6. Système d'exploitation

Un **système d'exploitation** est un programme informatique qui coordonne l'activité d'un ordinateur par l'intermédiaire d'instructions données au microprocesseur. Windows, Mac OS (*operating system* [système d'exploitation]), Linux, Unix sont des systèmes d'exploitation.

Quelques questions à un(e) futur(e) professionnel(le)...

1. D'où vient le mot informatique ?
2. Qu'est-ce qu'une information ?
3. Qu'est-ce qu'un ordinateur ?
4. Pourquoi parle-t-on maintenant de micro-ordinateur ?
5. Qu'est-ce qu'un programme informatique ?
6. Donnez des synonymes de l'expression programme informatique :
7. Quelle est la fonction d'un système d'exploitation ?

C. Suis-je capable de repérer les principaux éléments d'un micro-ordinateur ?

1. Suis-je capable de nommer les éléments externes d'un micro-ordinateur ?

Soit les principaux éléments apparents d'un micro-ordinateur. Nommez ces différentes parties :

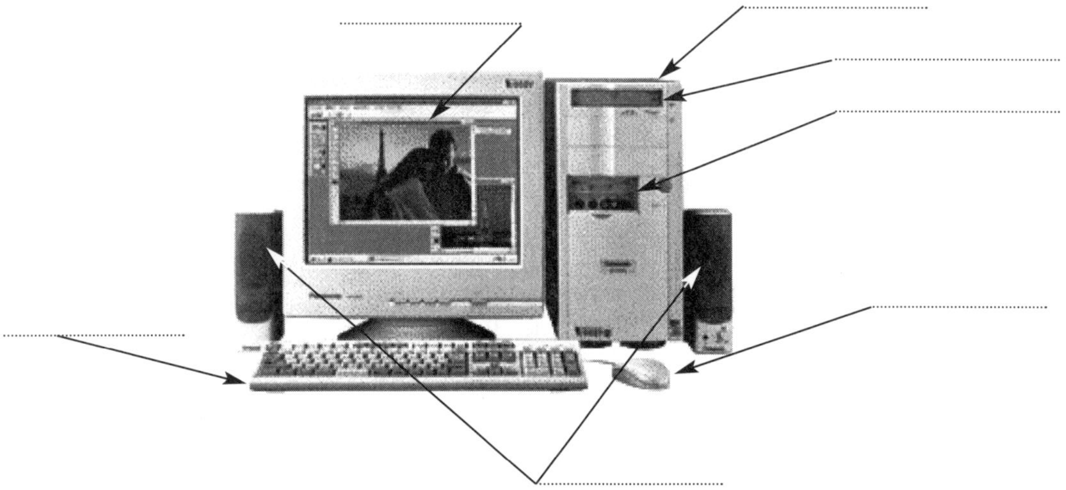

Nous allons, dans les dossiers suivants, définir avec soin chacun de ces termes, indiquer la fonction de ces organes et les critères pour choisir ces matériels dans un contexte professionnel.

2. Quels sont les principaux éléments internes d'un micro-ordinateur ?

Soit les principaux éléments d'un micro-ordinateur :

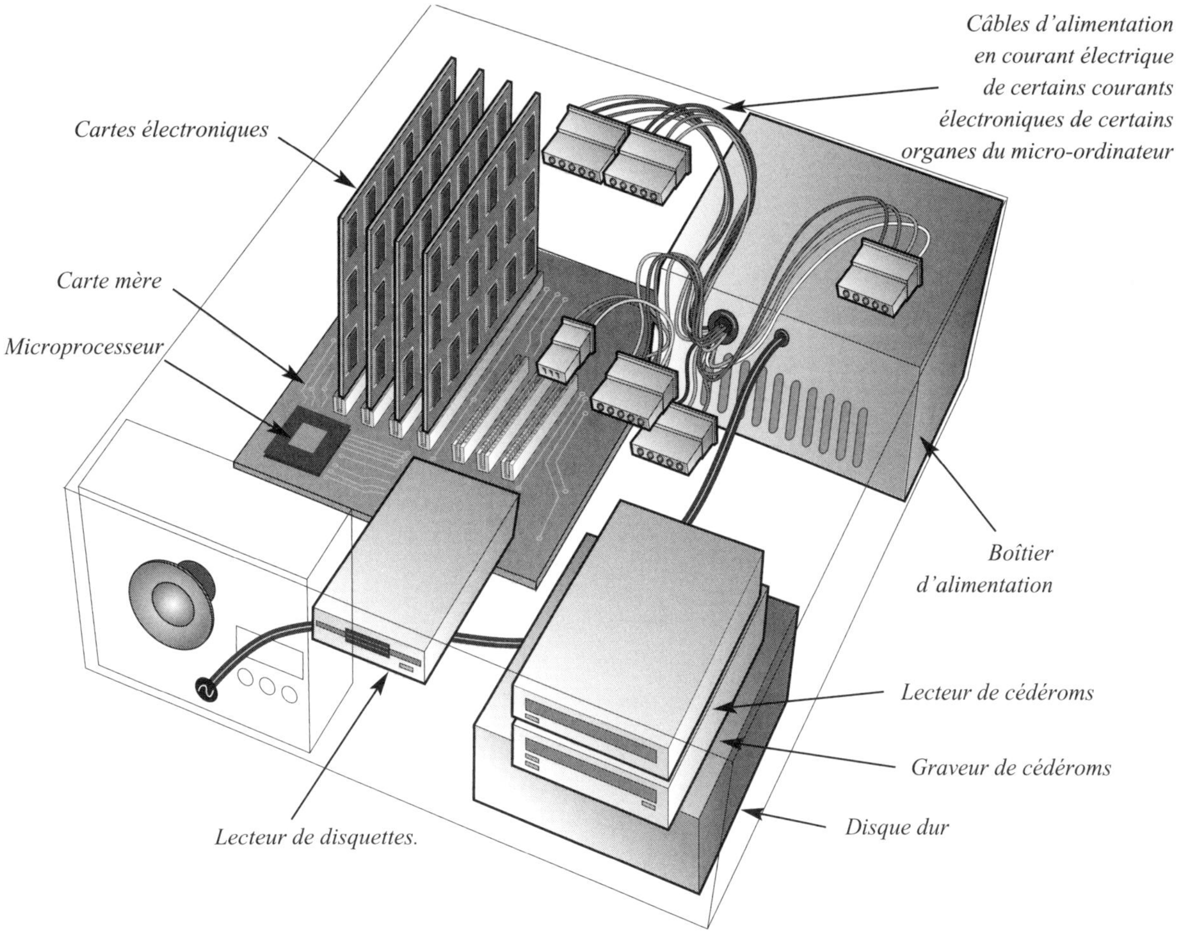

L'ensemble de ces éléments forment l'**unité centrale** de l'ordinateur. Dans les pages qui vont suivre, nous allons définir ces termes.

À connaître !

Aux adresses suivantes, vous trouverez plein d'informations sur les micro-ordinateurs :

http://www.commentcamarche.net

http://www.amgitweb.com/

Quelques questions à un(e) futur(e) professionnel(le)...

- Citez sept éléments externes d'un micro-ordinateur :

....

....

....

D. Quelles sont les formes nouvelles des micro-ordinateurs ?

- Avec la miniaturisation des composants, le micro-ordinateur se présente sous des formes nouvelles :

Ordinateur portable

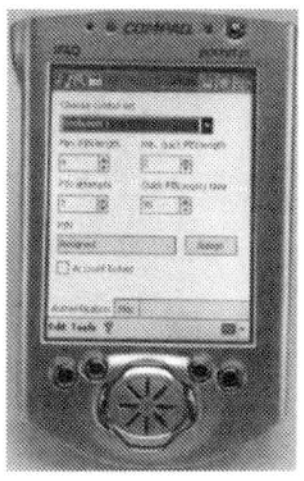

Organisateur ou assistant personnel.

Téléphone portable avec des fonctions d'organisateur.

Compétence

2 À quoi sert la carte mère d'un micro-ordinateur ?

Éléments du programme traités

Compétences techniques

- Installer, paramétrer et maintenir son poste de travail sur les plans matériel et logiciel
- Tenir et mettre à jour la documentation informatique de son poste de travail

Objectifs à atteindre

- Est-ce que je connais le rôle de la carte mère ?
- Pourquoi y a-t-il une horloge, une mémoire morte dans un micro-ordinateur ?
- À quoi servent les bus dans un micro-ordinateur ?

Mots-clés

AGP - AMD - Apple - barrette de la mémoire vive - *binary digit* - BIOS - BIOS *plug and play* - bit - bogue - bogue de l'an 2000 - bug - bus - bus d'extension - bus d'extension - bus interne - bus système - carte électronique - carte mère - chiffre binaire - CMOS - compatible IBM PC - configuration - connecteurs d'extension - contrôleur - ENIAC - fréquence - gigahertz - Gordon Moore - gravure du silicium - horloge - IBM - IBM PC - Intel - ISA - Itanium - langage binaire - loi de Gordon Moore - mégahertz - mémoire morte - mémoire vive - MHz - micron - microprocesseur - MIPS - Motorola - ordinateur personnel - PCI - Pentium - *personal computer* - Pile - *plug and play* - processeur - puce - représentation binaire - ROM - semi-conducteur - *setup* - silicium - transistor - trois dimensions (3D)

Connaître le contexte professionnel du dossier

La carte mère est l'élément fondamental d'un micro-ordinateur. Quels sont les composants de la carte mère ? Quel est leur rôle ? Quels éléments faut-il repérer avant l'achat d'un ordinateur ? En quoi le choix de la carte mère va-t-il influencer l'activité du comptable ou du gestionnaire ? Ces questions seront traitées dans ce dossier.

I. Est-ce que je connais le rôle de la carte mère ?

A. Suis-je capable de repérer les éléments principaux d'une carte mère ?

1. Qu'est-ce qu'une carte mère ?

À connaître !

À l'adresse suivante, vous trouverez plein d'informations sur les micro-ordinateurs : http://www.tt-hardware.com/default.htm

La **carte mère** est une carte électronique rassemblant les principaux composants d'un ordinateur, tels que le **microprocesseur**, la **mémoire vive**, la **mémoire morte**, le **bus**, les **connecteurs d'extension** :

Lexique des termes informatiques

Sur le site suivant, vous trouverez une définition de nombreux termes informatiques : http://www.apiweb.fr/glossaire.htm

2. Quel est le rôle de la carte mère ?

La carte mère assure trois fonctions : la bonne synchronisation des éléments principaux d'un ordinateur (microprocesseur, mémoires, cartes électroniques...), le transport des données entre ces divers éléments, l'acheminement du courant électrique à de nombreux composants électroniques fixés sur la carte mère et à certains périphériques comme la souris.

Quelques questions à un(e) futur(e) professionnel(le)...

1. Pourquoi parle-t-on de **carte mère** ?

....

....

2. Quelle est la (ou les) fonction(s) de la carte mère ?

....

....

C. Quel est le rôle du microprocesseur dans un ordinateur ?

1. Qu'est-ce qu'un microprocesseur ?

Le **microprocesseur** est un composant électronique effectuant des calculs et des opérations logiques. Il coordonne également l'exécution des programmes.

2. Quelle est la fonction du microprocesseur ?

Le microprocesseur coordonne à l'aide du système d'exploitation, les différents organes de l'ordinateur tels que la mémoire vive, le disque dur, l'affichage des informations :

Un microprocesseur est composé de millions de ***transitors*** *stockés sur quelques millimètres carrés (146 mm² pour le Pentium IV).*

Intel *est le nom du principal fabricant de microprocesseur.*

Pentium *4 est le nom du modèle de microprocesseur.*

Microprocesseur Duron de la société AMD.

a. Quel est le rôle des transistors dans un microprocesseur ?

Le microprocesseur est composé de **transistors**. Un transistor est un **interrupteur microscopique** ayant pour fonction de laisser passer le courant ou interrompre son passage.

Le matériau qui permet de faire des transistors est le **silicium** (silice : sable). Le sable des plages contient du silicium.

b. Quel est le lien entre les transistors et le langage binaire ?

Un interrupteur permet de représenter deux états : le courant ne passe pas et le courant passe. On attribue conventionnellement à ces deux états les valeurs **0** et **1**.

À partir de ces deux états, il est possible de mettre en place un **langage binaire** doté d'un alphabet composé de deux caractères : **0** et **1**.

Approfondissement : Le mathématicien américain Claude Shannon démontre, en 1938, que toute information, et donc toutes formes d'information (texte, image, son), peut être représentée sous forme numérique (0, 1).

L'ordinateur ne réagissant qu'au courant électrique, il est donc possible de communiquer avec l'ordinateur et de lui faire accomplir des tâches précises. Les chiffres binaires (*binary digit* en anglais) sont à l'origine d'une expression courante en informatique : le **bit**. Les chiffres **0** et **1** sont des **bits**.

Étymologie

Le processeur est un composant électronique traitant une série d'informations. Du fait de sa miniaturisation, on parle de microprocesseur.

Les lampes : une mauvaise solution

Dans le premier ordinateur, l'ENIAC mis en service en 1946, les lampes assuraient le rôle d'interrupteur.

Cette solution présentait de nombreux inconvénients. Il fallait beaucoup de lampes (18 000 pour l'ENIAC).

L'ordinateur de ce fait occupait beaucoup de place (140 m² pour l'ENIAC).

Les lampes étaient fragiles. On devait constamment remplacer les ampoules défectueuses.

L'histoire suivante illustre la fragilité de ces machines et explique l'origine d'une expression célèbre en informatique : le *bug* (ou bogue).

Le 9 septembre 1945, la mathématicienne Grace Murray Hopper recherchait désespérément la cause de la panne de son ordinateur.

Quelques questions à un(e) futur(e) professionnel(le)...

Se penchant derrière sa machine, elle se releva brusquement tenant dans sa main un insecte et s'écriant : «*It's a bug* !» (C'est une punaise !). Celle-ci, attirée par la chaleur dégagée par l'ordinateur, avait provoqué un court-circuit dans celui-ci.

Depuis cette date lorsqu'un programme fonctionne mal, on dit qu'il a un *bug* (ou bogue en français). Le bogue de l'an 2000 désignait des programmes incluant des dates conçues avec 6 caractères (01/01/00) au lieu de 8 (01/01/2000).

Ce procédé permettait d'économiser la mémoire des ordinateurs à une époque (les années 60) ou celle-ci était rare et coûteuse.

Le passage à l'an 2000 provoquait l'apparition de dates se présentant ainsi 01/01/00. Un logiciel pouvait donc les interpréter comme étant le 01/01/1900 ou le 01/01/2000. Cette situation risquait de déclencher de graves confusions et des erreurs.

1. Quel est le rôle d'un **microprocesseur** ?

   ....

   ....

2. Quel est le principal fabricant mondial de microprocesseur ?

   ....

   ....

3. Qu'est-ce qu'un **transistor** ?

   ....

   ....

4. Quel est l'intérêt du transistor pour l'informatique ?

   ....

   ....

5. Pour quelle(s) raison(s) la découverte du transistor a constitué une révolution pour l'informatique ?

   ....

   ....

6. Qu'est-ce qu'un langage binaire ?

   ....

   ....

7. Pour quelle raison a-t-on besoin du langage binaire en informatique ?

   ....

   ....

8. Qu'est-ce qu'un bit ?

   ....

   ....

9. D'où vient l'expression bit ?

   ....

   ....

c. Pour quelle raison intégre-t-on de plus en plus de transistors dans les microprocesseurs ?

Ces interrupteurs microscopiques vont permettre la représentation en très grand nombre des valeurs 0 et 1. Les possibilités de dialogue avec l'ordinateur, la puissance des programmes informatiques et le nombre de tâches effectuées par l'ordinateur vont donc augmenter.

d. Qu'est-ce que la loi de Gordon Moore ?

Le nombre de transistors stockables sur une même surface de quelques millimètres carrés double tous les dix-huit mois (loi de **Gordon Moore**, un des fondateurs de la société Intel). Le premier microprocesseur, identifié par le numéro 4002, mis au point par la société Intel, en 1971 incluait 2 300 transistors. En l'an 2002, le microprocesseur Intel Pentium IV contenait près de 55 millions de transistors :

*Microprocesseur Intel 4002 (1971). Les nombreuses pattes qui ornent le microprocesseur sont à l'origine du surnom des microprocesseurs : **puce**.*

Microprocesseur Intel Pentium IV (2000).

Une opératrice devant l'ordinateur ENIAC en 1946.

3. De quoi dépend le nombre de transistors stockés dans un microprocesseur ?

Le nombre de transistors stockables dans un microprocesseur est fonction de la finesse de la gravure du silicium. Pour le Pentium IV, elle est de 0,13 micron (millionième de mètre) alors que pour le premier Pentium, elle était de 0,35 micron. En laboratoire, une gravure de 0,03 micron a été réussie.

Le tableau ci-dessous montre l'évolution des performances des microprocesseurs au cours des trente dernières années :

Nom du modèle de micro-processeur	Dates de mise en service du micro-processeur	Fréquences en MHz [1]	Largeur du bus interne [2] du micro-processeur (nombre de bits)	MIPS [3]	Nombre de transistors stockés dans le microprocesseur
4002	15/11/71	0,01	4		2 300
8008	01/04/72	0,01	8		3 500
8080	01/04/74	2	8	0,023	6 000
8088	01/06/79	4,77 à 10	8/16	0,50	29 000
80286	01/02/82	8 à 12	16	1	134 000
80386 DX	12/10/85	16 à 33	16/32	3	275 000
80486 DX	10/04/89	25 à 100	32	15	1 200 000
Pentium	22/03/93	60 à 200	32	112	3 100 000
Pentium III	10/01/99	450 à 1000	32	150	9 500 000
Pentium IV	20/11/00	2,2 GHz	32	-	55 000 000
futurs proces.	2007	10 GHertz	64	-	400 000 000

1. MHz : mégahertz, nous définirons, un peu plus loin, dans ce dossier ce terme.

2. Bus interne : nous définirons, un peu plus loin, dans ce dossier ce terme.

3. MIPS : million d'instructions exécutées par seconde.

Pendant longtemps, les microprocesseurs ont été identifiés par des numéros. Pour des raisons commerciales et juridiques, ces numéros ont été remplacés par des noms originaux (Pentium, Itanium...).

4. Comment repérer les différentes générations de microprocesseurs ?

Les générations de microprocesseurs se distinguent par leur aptitude à traiter pendant une période (ou cycle) un nombre défini de chiffres binaires ou bits (*binary digit* [chiffre binaire]). Le premier microprocesseur Intel 4002 traitait 4 bits en une seule fois. Les microprocesseurs Pentium et Itanium traitent respectivement 32 bits et 64 bits en une fois.

L'invention du transistor, une découverte fondamentale

L'invention du transistor par trois chercheurs des laboratoires *Bell Telephon* aux États-Unis : John Bardeen (deux fois prix Nobel !), Walter Brattan et William Schockley le 24 décembre 1947 (date du dépôt du brevet) constitue un événement considérable.

Pourquoi le transistor peut-il représenter l'information binaire ?

Un transistor est composé de matière **semi-conductrice**. Une matière, comme le cuivre, est **conductrice** lorsqu'elle laisse passer le courant. Une matière, comme le bois, est **isolante** lorsqu'elle ne laisse pas passer le courant.

Une matière, comme le **silicium**, est **semi-conductrice** lorsqu'elle peut prendre l'un des deux états. Le silicium est un composant du sable. Cette particularité permet la représentation binaire (0,1) de l'information.

Les informations circulent à l'intérieur du microprocesseur sur un circuit électronique appelé **bus interne**. Plus ce bus est large, plus le microprocesseur est puissant.

5. Quels sont les principaux fabricants de microprocesseurs ?

Les principaux fabricants de microprocesseurs sont **Intel** (www.intel.com) et **AMD** (www.amd.com) pour les ordinateurs compatibles IBM PC et **Motorola** pour les ordinateurs de la marque Apple (www.apple.com). En 1981, la société IBM (*International Business Machine*) (www.ibm.com) commercialisait un ordinateur appelé IBM PC (*Personal Computer* [ordinateur personnel]). De nombreux constructeurs d'ordinateurs ont conçu des ordinateurs similaires à l'IBM PC, d'où l'expression **Compatible IBM PC**.

Quelques questions à un(e) futur(e) professionnel(le)...

1. Pour quelle raison est-il intéressant d'augmenter le nombre de transistors dans un microprocesseur ?

   ....

2. De quoi dépend le nombre de transistors stockables dans un microprocesseur ?

   ....

3. Quels sont les éléments dans un microprocesseur qui permettent de repérer sa puissance ?

   ....

4. De quand date l'« ancêtre » des micro-ordinateurs actuels ?

   ....

II. Pourquoi y a-t-il une horloge, une mémoire morte dans un micro-ordinateur ?

A. Quel est le rôle de l'horloge dans un ordinateur ?

Sur la carte mère d'un ordinateur figure une **horloge**. Celle-ci est un dispositif à base de quartz qui émet un nombre fixe d'impulsions par seconde. Ce nombre est la **fréquence** du microprocesseur.

À retenir !

L'horloge a pour fonction d'imposer une cadence au microprocesseur.

Cette fréquence est mesurée en **mégahertz** (MHz). Une horloge, dont la fréquence est égale à un mégahertz, génère un million d'impulsions par seconde. L'horloge a pour fonction d'imposer une cadence au microprocesseur.

Plus cette cadence est élevée plus le microprocesseur est rapide. Le premier microprocesseur Intel 4002 en 1971 avait une fréquence de 0,01 MHz. Les microprocesseurs du début des années 2000 ont une fréquence de 2 000 MHz (ou deux gigahertz [GHz]) ou deux milliards de Hertz.

B. À quoi sert la mémoire morte dans un ordinateur ?

La **mémoire morte** est un composant électronique qui contient un **programme de démarrage** de l'ordinateur et un **mini système d'exploitation** appelé BIOS (*Basic Input Output System* [système de base de gestion des entrées et des sorties - d'informations dans un ordinateur-]) :

Nom du fabricant du BIOS.

Ce composant électronique est la mémoire d'un micro-ordinateur. Il contient le programme de démarrage de l'ordinateur et le BIOS.

On parle de mémoire morte car la fonction de ce composant électronique est de <u>conserver des informations</u> même lorsque l'ordinateur est éteint. Cette mémoire est morte, car son contenu défini dans l'usine du constructeur de la mémoire morte, est difficilement modifiable.

Synonyme

ROM (*Read Only Memory* [mémoire lisible seulement]).

1. **Quel est le rôle du programme de démarrage de l'ordinateur inclu dans la mémoire morte ?**

Lors de la mise sous tension de l'ordinateur, l'exécution d'un programme de démarrage est lancé. Celui-ci a deux fonctions. Il déclenche un **programme de test** du bon fonctionnement de l'ordinateur. Le programme de démarrage **recherche** ensuite sur les disques de l'ordinateur, le système d'exploitation.

2. **À quoi sert le programme de test stocké dans la mémoire morte ?**

Au démarrage de l'ordinateur, le programme de test vérifie la présence et le bon fonctionnement de tous les organes de l'ordinateur : microprocesseur, mémoire vive, disque dur... Il compare le résultat de ses tests avec la **configuration** (ou *setup*) de l'ordinateur :

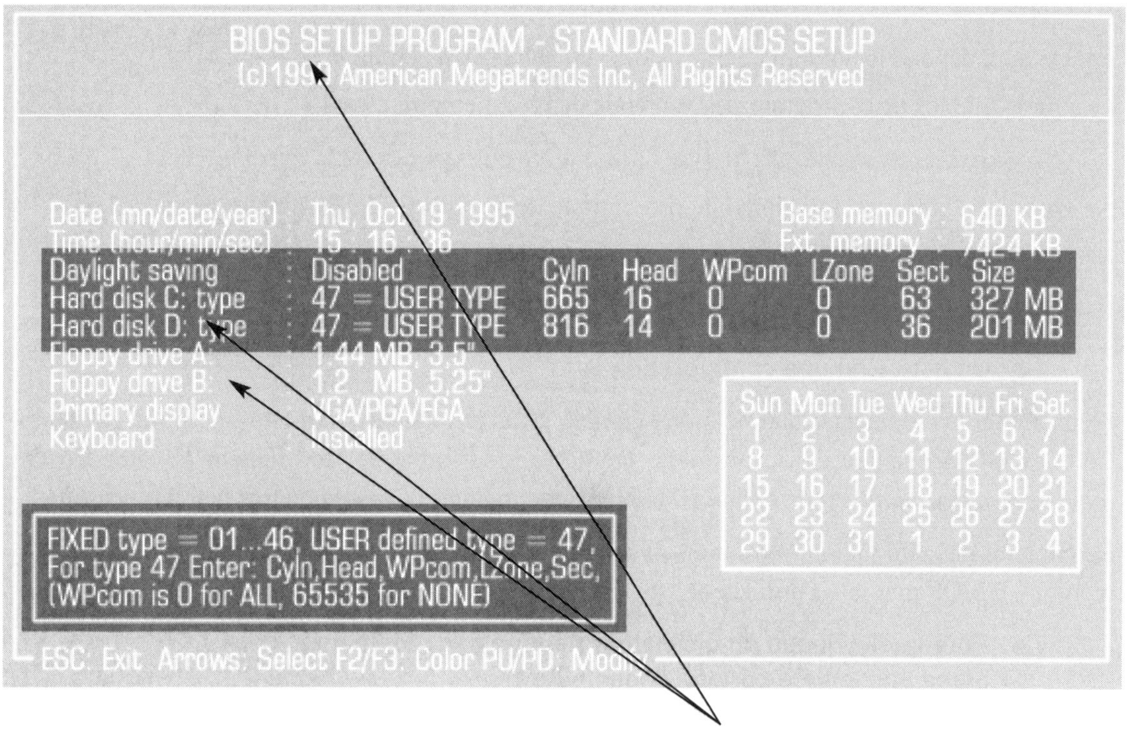

*La **configuration** (ou* setup*) nous signale la présence sur l'ordinateur de deux disques durs, de deux lecteurs de disquettes, de la taille de la mémoire vive...*

Quelques questions à un(e) futur(e) professionnel(le)...

1. Quelle est la fonction d'une horloge dans un micro-ordinateur ?

....

....

....

2. Qu'est-ce que la fréquence d'une horloge ?

....

....

....

Lexique des termes informatiques

Sur le site suivant, vous trouverez une définition de nombreux termes informatiques : http://rad2000.free.fr/glosntci.htm

3. Quelle est l'unité de mesure de la fréquence ?

....

4. Comment choisir une fréquence d'horloge ?

....

....

5. Qu'est-ce qu'une mémoire morte d'un ordinateur ?

....

....

6. D'où vient l'expression mémoire morte ?

....

....

7. Pourquoi a-t-on besoin d'une mémoire morte dans un ordinateur ?

....

8. Quels sont les deux programmes contenus dans la mémoire morte ?

....

9. Quelle est la (ou les fonctions) du programme de démarrage de l'ordinateur ?

....

....

À retenir !

L'ensemble des éléments matériels et logiciels d'un ordinateur s'appelle une **configuration**.

3. Qu'est-ce qu'une configuration ?

L'ensemble des éléments matériels et logiciels d'un ordinateur s'appelle une **configuration**. Celle-ci est enregistrée dans une petite mémoire modifiable de l'ordinateur appelée CMOS (*complementary metal-oxyde semiconductor*). Cette mémoire consomme très peu d'électricité.

Le contenu de cette mémoire est conservé grâce à une petite pile qui maintient sous tension la mémoire CMOS même si l'ordinateur est éteint.

4. Pour quelle raison un ordinateur peut ne pas redémarrer après une longue période d'inactivité ?

Il peut arriver que la pile soit vidée après une longue période d'inactivité (période de vacances notamment). Dans ce cas la configuration est perdue. L'ordinateur est inutilisable. La pile doit être changée et la configuration réintroduite manuellement. Au démarrage de l'ordinateur, en appuyant sur la touche **Suppr**, on accède le plus souvent à la configuration.

S'il y a divergence entre le programme de test et la configuration, des messages d'erreur ou des bips sonores sont émis.

À retenir !

Le BIOS est un ensemble de petits programmes qui gèrent les relations entre le microprocesseur et les différents organes de l'ordinateur.

5. Qu'est-ce que le BIOS ?

Le BIOS est un ensemble de petits programmes qui gèrent les relations entre le microprocesseur et les différents organes de l'ordinateur. Le système d'exploitation de l'ordinateur le sollicite constamment pour agir sur les différentes parties de l'ordinateur.

Les BIOS sont maintenant *plug and play* (insérez [...un nouveau périphérique] et travaillez). Cela signifie qu'ils détectent et intégrent automatiquement l'ajout d'un nouveau périphérique comme le scanner, un modem dans leur configuration. L'utilisateur n'a plus à effectuer de longues et fastidieuses installations de matériels supplémentaires.

Quelques questions à un(e) futur(e) professionnel(le)...

1. Quel est le rôle du BIOS dans un ordinateur ?

....

....

2. Quel est l'intérêt des BIOS *plug and play* ?

....

....

3. Qu'est-ce que la configuration d'un ordinateur ?

....

....

III. À quoi servent les bus dans un micro-ordinateur ?

A. Qu'est-ce qu'un bus ?

Les bus sont des circuits intégrés dans la carte mère qui permettent la circulation des données entre les différentes parties d'un ordinateur :

À retenir !

Les bus sont des circuits intégrés dans la carte mère qui permettent la circulation des données entre les différentes parties d'un ordinateur.

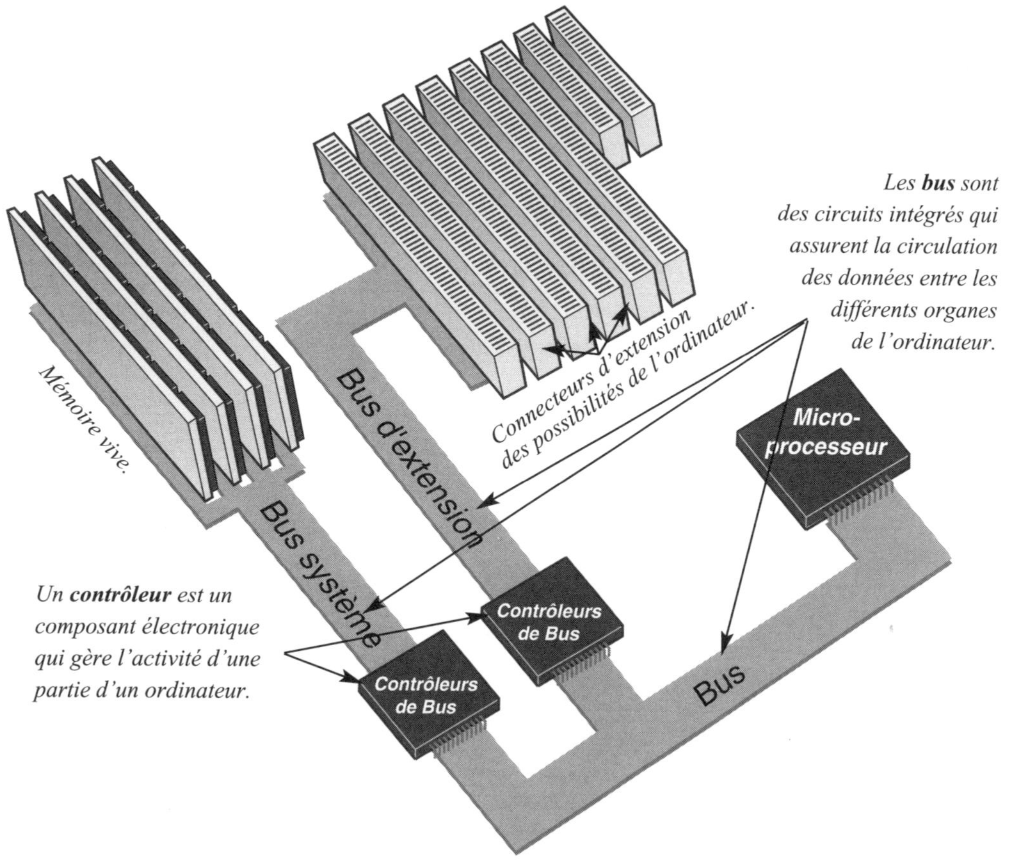

Il existe de nombreux bus qui assurent tous une fonction particulière.

B. Quel est le rôle du bus système ?

1. Connaître la fonction du bus du système

Le **bus système** est le bus le plus important. Il assure le transport des données entre le microprocesseur et la **mémoire vive** :

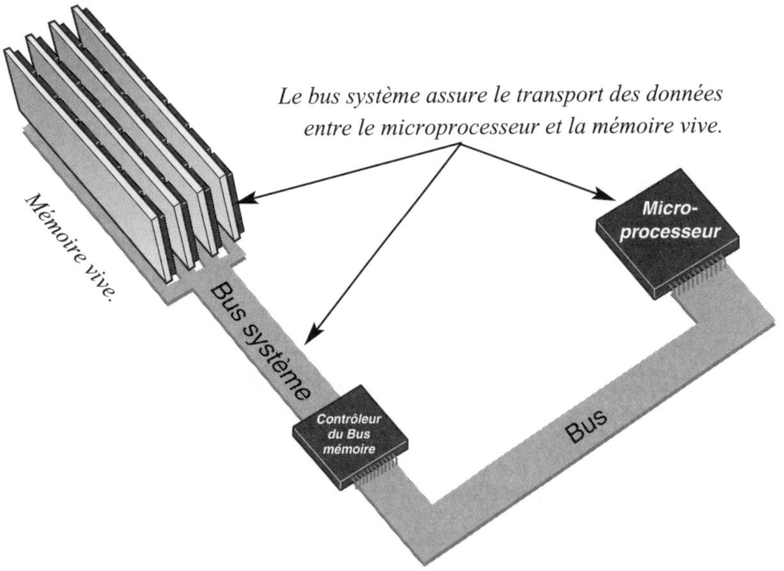

2. Suis-je capable de choisir un bus système ?

Le critère de choix d'un bus est la vitesse de transmission des données exprimée en mégahertz (MHz). Les performances des bus système augmentent constamment. Les fréquences des bus se situent autour de 400 MHz avec le Pentium IV.

C. Quelle est l'utilité du bus d'extension ?

1. Connaître la fonction du bus d'extension

Le **bus d'extension** est un circuit intégré dans la carte mère. Il assure le transport des données entre le microprocesseur et les **connecteurs d'extension** :

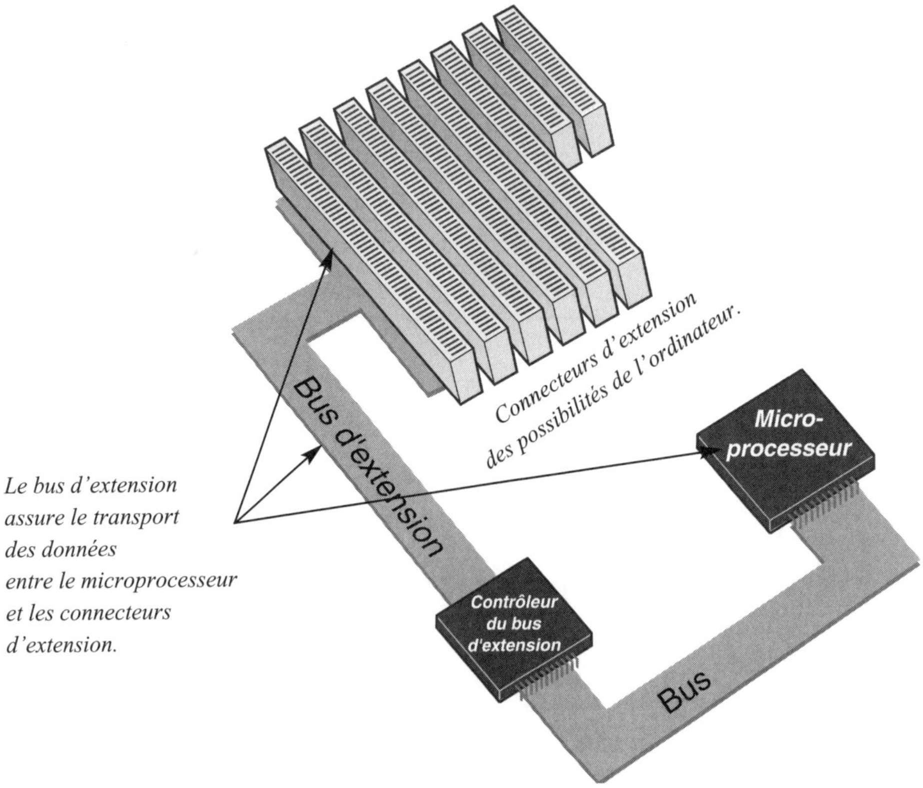

2. Qu'est-ce qu'un connecteur d'extension ?

Les **connecteurs d'extension** (... des possibilités de l'ordinateur) sont des prises informatiques fixées sur la carte mère. Ils permettent l'insertion de cartes électroniques telles qu'une carte son, une carte graphique... Ils augmentent les possibilités de l'ordinateur, d'où l'expression **connecteurs d'extension** :

À retenir !

Les **connecteurs d'extension** sont des prises informatiques fixées sur la carte mère permettant d'augmenter les possibilités d'un ordinateur.

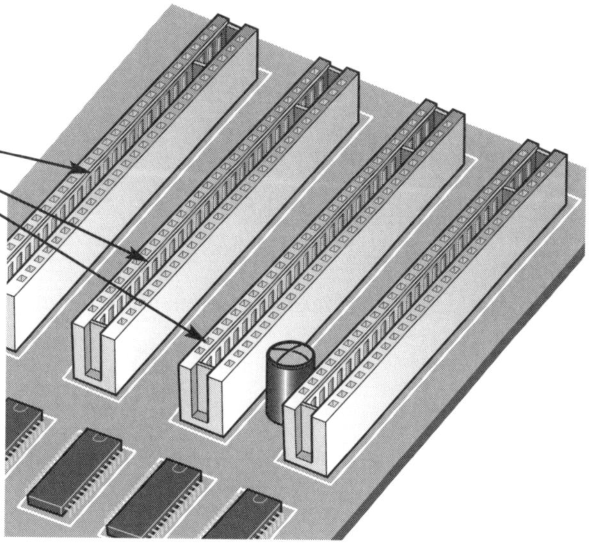

La carte électronique est insérée dans un connecteur d'extension :

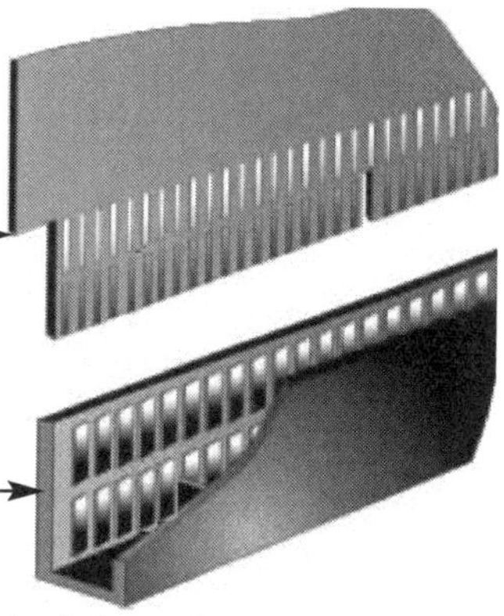

3. Suis-je capable de choisir un bus d'extension ?

Le bus d'extension a connu des évolutions importantes. Le critère de choix du bus d'extension est le nombre de millions d'octets (Mo) par seconde transférés :

Année d'introduction	Fabricant	Nom du bus d'extension	Débit
1981	IBM	**ISA** (*Industry Standard Architecture* [architecture standard de l'insdustrie])	8 puis 16 Mo/s
1992	Intel	**PCI** (*Peripheral Component Interconnect* [connexion de composant périphérique])	132 puis 264 Mo/s
1997	Intel	**AGP** (*Accelerated Graphics Port* [port graphique accéléré])	528 puis 1 056 Mo/s
2003	Intel	**PCI express**	660 Mo/s

4. Quel est l'intérêt de ces puissances ?

Un bus d'extension puissant permet d'afficher rapidement des images complexes sur un écran (jeux mais aussi schéma en trois dimensions [3D]), de transférer des informations sur un réseau.

Quelques questions à un(e) futur(e) professionnel(le)...

1. Qu'est-ce qu'un **bus** ?

   ....

   ....

2. Qu'est-ce qu'un **connecteur d'extension** ?

   ....

   ....

3. Quel est l'intérêt des **connecteurs d'extension** dans un micro-ordinateur ?

   ....

   ....

4. Pour quelle raison est-il important de s'intéresser aux performances d'un bus ?

   ....

   ....

Mémoriser l'information sur un ordinateur

3. Quel est le rôle des mémoires volatiles dans un micro-ordinateur ?
4. Quelles sont les mémoires magnétiques disponibles ?
5. Quel est l'intérêt des mémoires optiques disponibles ?

Compétence	3	Quel est le rôle des mémoires volatiles dans un ordinateur ?

Compétence 3 — Quel est le rôle des mémoires volatiles dans un ordinateur ?

Éléments du programme traités

Compétences techniques

- Installer, paramétrer et maintenir son poste de travail sur les plans matériel et logiciel
- Tenir et mettre à jour la documentation informatique de son poste de travail

Objectifs à atteindre

- À quoi servent les mémoires volatiles ?
- Quel est le rôle de la mémoire cache dans un ordinateur ?
- À quoi sert la mémoire vidéo dans un micro-ordinateur ?

Mots-clés

barrette de mémoire - EDO - gigaoctets - Go - kilo octets - Ko - mégaoctets - mémoire cache - mémoire de masse - mémoire vidéo - mémoire vive - mémoire volatile - mémoires volatiles - Mo - octet - RAM - SDRAM

Connaître le contexte professionnel du dossier

L'information dans un ordinateur est conservée dans de nombreux endroits. On distingue les **mémoires volatiles** et les mémoires conservant l'information durablement. Ces dernières sont appelées également **mémoires de masse** du fait de leur grande capacité de stockage de l'information.

L'unité de mesure de la taille des mémoires est l'octet. Qu'est-ce qu'un octet ? Pour quelle raison l'octet est-il devenu un élément de mesure fondamental en informatique ?

Pour accélérer les performances des ordinateurs, les constructeurs ont introduit une mémoire cache dans les ordinateurs. Qu'est-ce qu'une mémoire cache ? Quelle est sa fonction ?

En quoi la taille des mémoires volatiles influe-t-elle sur le travail du comptable du gestionnaire ?

Tous ces thèmes seront développés dans ce dossier.

I. À quoi servent les mémoires volatiles ?

A. Qu'est-ce qu'une mémoire vive ?

1. Définition

À retenir !
La mémoire vive est un ensemble de composants électroniques conservant l'information pendant une session de travail.

La **mémoire vive** est un ensemble de composants électroniques conservant l'information pendant une session de travail. Elle rend le système d'exploitation, les logiciels mis en œuvre par l'utilisateur et ses données (courrier, tableau de nombres...) facilement accessibles pendant la session de travail :

Système d'exploitation
Logiciels utilisés (traitement de texte, tableur, logiciel de comptabilité...)
Données de l'utilisateur (courrier, tableau de nombres, comptabilité...)

← *Contenu de la mémoire vive pendant une session de travail.*

Lexique des termes informatiques
Sur le site suivant, vous trouverez une définition de nombreux termes informatiques : http://www.taktik.pf/glossaire/b.html

2. Pourquoi faut-il sauvegarder régulièrement son travail effectué sur ordinateur ?

Lorsque le courant est coupé (volontairement ou panne) le contenu de la mémoire vive disparaît, d'où l'expression **mémoire volatile**. Il faut donc enregistrer régulièrement son travail sur un disque. Presque tous les logiciels possèdent une option d'**enregistrement automatique** du travail effectué à intervalle régulier.

3. Comment se présente physiquement la mémoire vive dans l'ordinateur ?

Synonymes
Le sigle RAM (*Random Access Memory* [mémoire à accès aléatoire]) désigne également la mémoire vive.

Les composants électroniques formant la mémoire vive sont rassemblés sur des **barrettes de mémoire** :

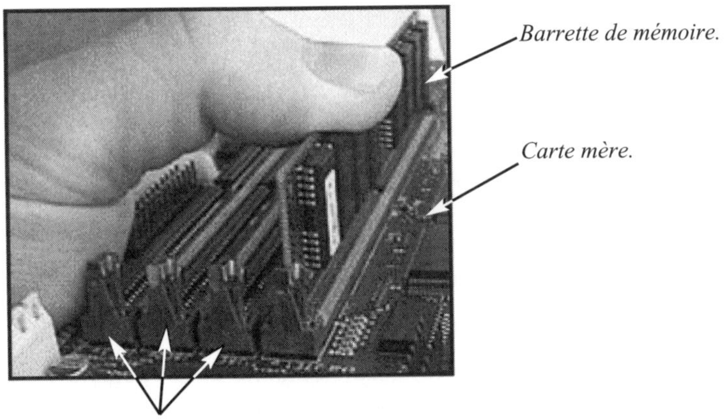

L'utilisateur peut augmenter la taille de la mémoire vive en ajoutant des barrettes dans les connecteurs de mémoire fixés sur la carte mère.

La mémoire vive du futur
La taille des mémoires vives des micro-ordinateurs devraient évoluer ainsi :
2003 : de 256 à 512 Mo,
2005 : de 1 à 2 Go,
2007 : de 2 à 4 Go,

Les performances d'un ordinateur dépendent pour beaucoup de la taille de la mémoire vive et du type de mémoire.

4. Pourquoi faut-il augmenter la taille de la mémoire vive ?

Les entreprises comme les particuliers sont souvent conduits à augmenter la taille de la mémoire vive de leur ordinateur. Ils la feront passer, par exemple, de 128 millions d'octets à 256 millions d'octets.

En effet lors de l'achat d'un micro-ordinateur, celui-ci est doté d'une mémoire vive qui permet d'utiliser les logiciels du moment de l'achat. L'acquisition d'un ordinateur en l'an 2002 permettra, par exemple, d'utiliser avec aisance le système d'exploitation Windows XP, la suite de logiciels de bureautique Office XP et les logiciels de gestion Ciel 2002.

Deux ou trois ans plus tard, les éditeurs de logiciels auront publiés de nouvelles versions de leurs logiciels. Celles-ci offriront, peut être, de nouvelles possibilités mais nécessiteront souvent un microprocesseur plus puissant et plus de mémoire.

L'entreprise, comme le particulier, va donc, dans un premier temps, chercher à retarder l'achat d'un nouveau micro-ordinateur en augmentant la taille de la mémoire vive.

5. Comment augmenter la taille de la mémoire vive ?

Les barrettes de mémoire connaissent un très grand progrès technique. Les modèles et les sigles les désignant se succèdent à très grande vitesse. Les mémoires SDRAM PC100 (*Synchronus Dynamic* RAM) remplacent les mémoires SDRAM qui ont remplacées les mémoires EDO (*extended Data Output* [sortie des données étendue]).

Il est donc très difficile de choisir la mémoire adaptée à son ordinateur. Le nom du microprocesseur équipant l'ordinateur permet en général de repérer le type de mémoire nécessaire.

Quelques questions à un(e) futur(e) professionnel(le)...

1. Pourquoi parle-t-on de **mémoire volatile** ?

....

....

2. Qu'est-ce que la **mémoire vive** ?

....

....

3. Comment se présente concrètement la mémoire vive dans un micro-ordinateur ?

....

....

4. Quelle est la fonction de la mémoire vive ?

....

....

5. Pour quelle raison est-on amené à augmenter la taille de la mémoire vive dans un ordinateur ?

....

....

B. Qu'est-ce qu'un octet ?

1. Représenter les caractères utilisés dans la vie courante

Nous avons dit dans le dossier précédent que pour dialoguer avec l'ordinateur, il fallait utiliser le langage binaire. Celui-ci est fondé sur l'utilisation de deux caractères binaires : 0 et 1.

Règle

Pour éviter de rendre inutilisable un ordinateur, il ne faut pas installer sur celui-ci des logiciels conçus deux ou trois ans après l'acquisition de l'ordinateur.

Compatibilité logicielle

Les logiciels ont une compatibilité descendante. Cela signifie qu'un logiciel peut lire les documents conçus dans une version plus ancienne du logiciel. La réciproque est rarement vrai.

Le gestionnaire de base de données Access XP pourra lire les fichiers conçus dans Access 2000, 97, Access 2. Le contraire ne sera pas possible.

À retenir !

Pour choisir des barrettes de mémoire, il faut se référer au nom du microprocesseur.

À connaître !

À l'adresse suivante, vous trouverez plein d'informations sur les micro-ordinateurs : http://www.docteur-pc.com/

Pour traduire tous les caractères nécessaires à la vie courante (caractères minuscules et majuscules [A, B, C..., a, b, c...], chiffres et caractères spéciaux [; , £....]) il faut des codes binaires de huit caractères. Ainsi la lettre **A** sera représentée, par exemple, par le code **00010011**.

2. Pourquoi huit chiffres binaires sont-ils nécessaires pour travailler en informatique ?

Comme le montre le tableau ci-dessous, lorsqu'on combine dans le langage binaire des codes :

- d'un caractère, on obtient deux mots informatiques ($2^1 = 2$) d'un caractère,
- de deux caractères, quatre mots informatiques ($2^2 = 4$) de deux caractères...,
- de huit caractères, 256 mots informatiques ($2^8 = 256$) de huit caractères :

	Longueur des mots informatiques				
	1	**2**	**3**	**...**	**8**
Nombre de mots informatiques	0 1	00 01 10 11	000 001 010 011 100 101 110 111		00000000 ... 11111111
	$2^1 = 2$	$2^2 = 4$	$2^3 = 8$		$2^8 = 256$

256 combinaisons de huit chiffres binaires permettent de traduire tous les caractères nécessaires à la vie courante. En latin, le mot ***octo*** désigne le chiffre **huit** d'où l'expression **octet**. Un octet est donc équivalent à un caractère.

3. Quelle est l'unité de mesure des organes de stockage de l'information ?

À retenir !
Huit chiffres binaires suffisent pour décrire tous les caractères utilisables dans la vie courante.

L'octet est devenu aussi l'unité de mesure de la capacité de stockage des organes de mémorisation d'un ordinateur comme la disquette, le disque dur ou la mémoire vive.

Les unités fréquemment rencontrées sont le **kilo octets** (1 000 octets [ou plus précisément, 1 024 octets]), désigné par l'abréviation **Ko**, le million d'octets ou **mégaoctets** désigné par l'abréviation **Mo**, le milliard d'octets ou **gigaoctets** désigné par l'abréviation **Go** et mille milliards d'octets ou **téraoctets** désigné par l'abrévation **To**.

Quelques questions à un(e) futur(e) professionnel(le)...

1. Qu'est-ce qu'un octet ?

....

2. Quelle est la (ou les) fonction(s) d'un octet ?

....

3. Pour quelle raison l'octet est-il devenu l'élément de référence de l'informatique ?

....

....

4. Citez trois multiples de l'octet :

....

....

5. Quelle est l'unité de mesure de la mémoire vive ?

....

II. Quel est le rôle de la mémoire cache dans un ordinateur ?

A. Suis-je capable de comprendre une documentation informatique ?

Dans une publicité sur un site Internet, on note l'information suivante relative aux capacités d'un micro-ordinateur :

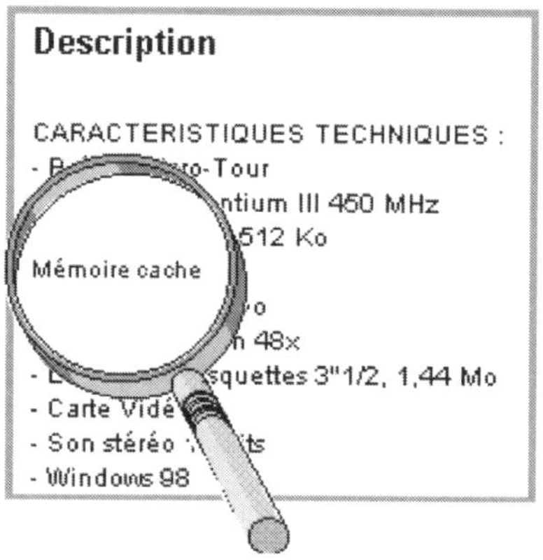

Dans cette partie, nous allons définir ce terme, expliquer le rôle de la mémoire cache.

B. La différence de vitesse entre le microprocesseur et la mémoire vive explique la présence d'une mémoire cache

La vitesse d'exécution des instructions par le microprocesseur est <u>supérieure</u> au temps d'accès à l'information dans la mémoire vive.

De ce fait, le microprocesseur <u>est obligé d'attendre</u> l'arrivée des informations en provenance de la mémoire vive pour poursuivre ses travaux.

Cette situation provoque un <u>ralentissement</u> du microprocesseur et donc détériore les performances de l'ordinateur.

C. Solution : Installer une mémoire cache

Pour résoudre ce problème, les concepteurs de carte mère ont placé entre le microprocesseur et la mémoire vive une **mémoire cache** :

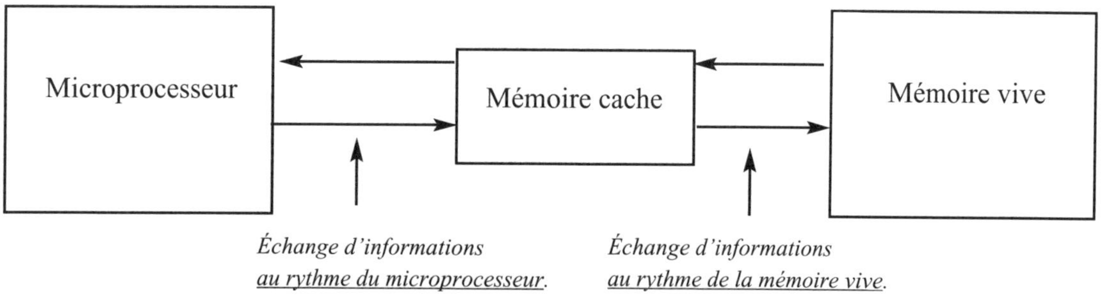

À retenir !
La **mémoire cache** fournit et reçoit les informations au rythme du microprocesseur, les retransmet ensuite à la mémoire vive au rythme de celle-ci.

La **mémoire cache** est une mémoire extrêmement rapide. Le temps moyen d'accès à l'information est de 10 nanosecondes (milliardième de seconde) dans la mémoire cache contre 50 pour la mémoire vive. Elle fournit et reçoit les informations au rythme du microprocesseur, les retransmet ensuite à la mémoire vive au rythme de celle-ci. Le microprocesseur n'est plus ralenti.

La taille de la mémoire cache est de l'ordre d'un million d'octets.

Quelques questions à un(e) futur(e) professionnel(le)...

1. Qu'est-ce que la mémoire cache ?

....

....

Étymologie
L'expression **mémoire cache** est une mauvaise traduction de l'anglais. L'expression mémoire cachée, dissimulée eut été plus appropriée.

2. Pour quelle raison les constructeurs de cartes mère ont-ils introduit une mémoire cache dans les ordinateurs ?

....

....

III. À quoi sert la mémoire vidéo dans un micro-ordinateur ?

A. Suis-je capable de comprendre une documentation informatique ?

Dans une publicité sur un site Internet, on note l'information suivante :

B. Qu'est-ce qu'une mémoire vidéo ?

À retenir !
La mémoire vidéo stocke les informations en attendant leur affichage.

La **mémoire vidéo** est un composant électronique fixé sur la carte graphique. Celle-ci permet l'affichage des informations sur l'écran de l'ordinateur. La mémoire vidéo stocke les informations en attendant leur affichage. La mémoire vidéo est donc un organe important. Sa taille conditionne la rapidité d'affichage de l'information et les possibilités d'affichage (image en trois dimensions [3D]).

Compétence

4 Quelles sont les mémoires magnétiques disponibles ?

Éléments du programme traités

Compétences techniques

- Installer, paramétrer et maintenir son poste de travail sur les plans matériel et logiciel
- Tenir et mettre à jour la documentation informatique de son poste de travail
- Procéder au stockage des données
- Garantir la sécurité des données
- Réaliser la sauvegarde périodique des données

Compétences en organisation

- Organiser les espaces de stockage d'information
- Définir la procédure et la périodicité des sauvegardes

Objectifs à atteindre

- Quels sont les supports magnétiques disponibles dans un ordinateur ?
- Quelles sont les caractéristiques d'un disque dur ?
- Peut-on utiliser encore la disquette 3,5 pouces haute densité ?
- Quelles sont les caractéristiques de la disquette Zip ?

Mots-clés

Contrôleur - Disque dur - Disquette 3,5 pouces - Film numérique - IDE - Iomega - Multimédia - Piste - SCSI - Secteur - Zip

Connaître le contexte professionnel du dossier

Les mémoires volatiles étudiées dans le dossier précédent, permettent l'accès rapide à l'information mais présentent l'inconvénient de perdre leur contenu lorsque le courant électrique est interrompu.

Les propriétés magnétiques des disques durs ou des disquettes permettent de conserver durablement l'information. Qu'est-ce qu'un disque dur ? Sur quels critères choisit-on un disque dur ?

La disquette 3,5 pouces est devenue par sa capacité insuffisante et son temps d'accès à l'information faible un support désuet. Quel sera le successeur de la disquette ?

Les données enregistrées sur un disque dur ou une disquette court de grands dangers : virus, défaillance du disque, effacement par erreur du disque, vol, perte, incendie .... il est donc FONDAMENTAL notamment pour le comptable et le gestionnaire de protéger les données comptables et de gestion en faisant une COPIE de sécurité de ces données. Comment organiser la sécurité des données ? Tel sera le thème de ce dossier.

Les besoins de stockage d'informations des entreprises comme des particuliers sont de plus en plus importants. Le développement des informations multimédia (texte, image, vidéo, son) explique ces besoins. Les supports magnétiques et optiques (que nous étudierons dans le dossier suivant) permettent de faire face à cette demande.

I. Quels sont les supports magnétiques disponibles dans un ordinateur ?

Pendant longtemps le stockage des données s'est fait sur le **disque dur** ou sur la **disquette 3,5 pouces haute densité**. Si le disque dur a su évoluer, la disquette 3,5 pouces est devenue complètement obsolète. D'autres supports, comme la disquette **ZIP** sont prêts à prendre la relève.

Lexique des termes informatiques

Sur le site suivant, vous trouverez une définition de nombreux termes informatiques : http://www.oceanis.net/dotcom/doc/lexique.html

Étymologie

Lors de la parution du premier disque dur en 1983, les micro-ordinateurs de l'époque étaient dotés de lecteurs de disquettes souples d'un diamètre de 5,25 pouces. L'expression **Disque dur** a donc été retenue pour les distinguer.

II. Quelles sont les caractéristiques d'un disque dur ?

A. Qu'est-ce qu'un disque dur ?

Le **disque dur** est un disque qui grâce à ses propriétés magnétiques conserve durablement l'information :

Le disque dur conserve durablement le système d'exploitation de l'ordinateur, les logiciels et ses données de l'utilisateur telles que, par exemple, la comptabilité de l'entreprise.

La taille du disque dur est exprimée en giga-octets (Go). Les performances des disques durs sont améliorées constamment. Une taille de disque dur de 10 Go est courante.

Le premier disque dur apparu en 1983 avait une taille de 10 Mo. Dans les laboratoires des constructeurs de disques durs, des tailles de 80 Go sont atteintes.

Le disque dur du futur

La capacité des disques durs pourraient évoluer ainsi :

2003 : de 60 Go à 120 Go,

2005 : de 240 Go à 500 Go,

2007 : de 500 Go à 1 To.

B. Quelle est l'utilité de telle capacité ?

Pour les utilisations de bureautique, de telles tailles sont inutiles. Par contre pour des serveurs de réseau (voir dossier 11) ces capacités peuvent être nécessaires. Dans le domaine du multimédia ces capacités seront même insuffisantes. Une minute de film numérique occupe un gigaoctet !

C. Suis-je capable de choisir un disque dur ?

1. Quel est le rôle de la carte contrôleur d'un disque dur ?

Une carte électronique appelée **contrôleur** (... de disque) dirige le disque dur. Il y a deux types de cartes contrôleur : les cartes IDE (*Integrated Drive Electronic* [carte électronique intégrée]) et les cartes SCSI (*Small Computer System Interface* [Interface pour petit système informatique]).

À retenir !
Une carte contrôleur est une carte qui dirige un organe de l'ordinateur.

2. Quels sont les avantages et les inconvénients des deux types de cartes contrôleur ?

Les disques durs IDE sont les plus répandus. Ils sont moins coûteux mais aussi moins performants. Le taux de transfert moyen des données est de 600 millions d'octets par seconde pour la norme E-IDE (extra-IDE) contre 780 pour le disque SCSI. Par ailleurs, pour le disque SCSI, il est possible de connecter à la suite les uns des autres jusqu'à 15 périphériques dotés de prises SCSI :

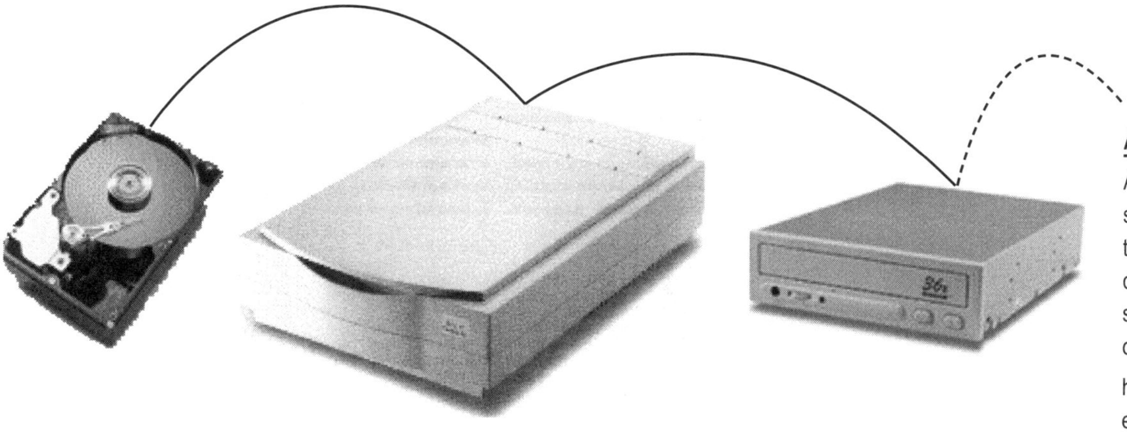

À connaître !
À l'adresse suivante, vous trouverez plein d'informations sur les micro-ordinateurs :
http://www.ezone-fr.com

Dans la pratique, les disques durs IDE sont le plus souvent installés sur les ordinateurs de base et les disques durs SCSI sur les ordinateurs serveur de réseau (voir dossier 11).

Les normes IDE et SCSI font l'objet de constantes améliorations identifiées par de nouveaux sigles tels que E-IDE (*Enhanced*-IDE [IDE amélioré]) ou SCSI-UW (*Ultra Wide* [ultra large] SCSI).

Quelques questions à un(e) futur(e) professionnel(le)...

1. Pour quelle raison parle-t-on de mémoire de masse ?

....

....

2. Pour quelle raison le disque dur conserve-t-il durablement les données ?

....

....

3. Que contient en général un disque dur ?

....

....

4. Quelle est l'unité de mesure de la taille du disque dur ?

....

....

5. Quels types de disques durs distingue-t-on ?

....

6. Quel est l'intérêt des disques durs SCSI ?

....

III. Peut-on utiliser encore la disquette 3,5 pouces haute densité ?

A. Quelles sont les caractéristiques de la disquette 3,5 pouces haute densité ?

La disquette magnétique de diamètre 3,5 pouces haute densité a une capacité de stockage de 1 440 000 octets (1,44 Mo) :

Lorsque ce repère à droite de la disquette est obturé, cela signifie que la disquette est déverouillée. Il est possible d'écrire sur la disquette, de la modifier.

À connaître !

À l'adresse suivante, vous trouverez plein d'informations sur les micro-ordinateurs : http://www.chez.com/espritpc/

B. Comment est organisée la disquette 3,5 pouces haute densité ?

La disquette est organisée en **pistes** et en **secteurs**. Il est possible de stocker sur chaque secteur 512 octets :

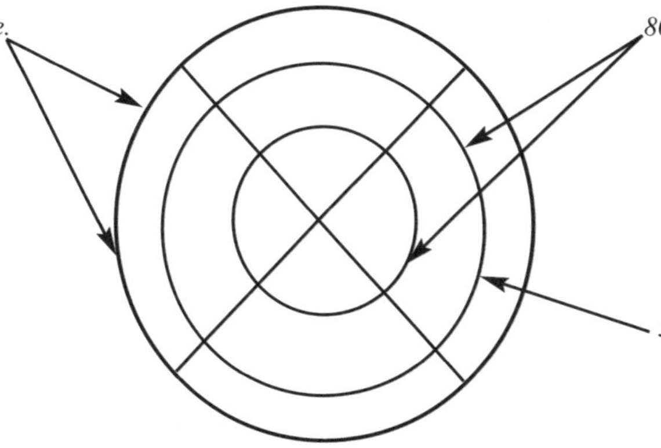

C. Quelle est la capacité réelle d'une disquette 3,5 pouces haute densité ?

On obtient donc la capacité théorique de stockage de la disquette :

2 faces x 80 pistes par face x 18 secteurs par piste x 512 octets par secteur =1 474 560 octets.

Quelques secteurs de la disquette sont utilisés par le système d'exploitation. Il reste donc à l'utilisateur 1 440 000 octets. La vitesse de transmission des données sur la disquette est de 1 400 000 octets par minute. Ce qui est tout à fait insuffisant.

La disquette est devenue un support de l'information totalement désuet. En effet les documents maniés par l'utilisateur excèdent le plus souvent la capacité de la disquette. La technologie de la disquette Zip est susceptible de prendre la relève mais des supports optiques comme le cédérom réinscriptible que nous étudierons dans le dossier suivant peuvent également remplacer la disquette.

IV. Quelles sont les caractéristiques de la disquette Zip ?

A. Comment se présente la disquette Zip ?

La disquette **Zip** est un disque magnétique conçu par la société **Iomega** (www.iomega.com) :

Disquette Zip 100 Mo.

Lecteur de disquettes Zip 100 Mo.

Approfondissement

Il existe d'autres modèles de disquettes Zip. En particulier le Zip 250 millions d'octets qui lit les disquettes 100 millions d'octets (taux de transfert : 150 millions d'octets par minute).

B. Quels sont les avantages et les inconvénients de la disquette Zip ?

Avantages : le disque Zip est de grande capacité 100 millions d'octets. Il est peu coûteux et facilement installable. Ces avantages expliquent son grand succès auprès des utilisateurs.

Inconvénient : le lecteur de disque Zip ne lit pas les disquettes 3,5 pouces de 1 440 000 octets.

C. Quelles sont les performances de la disquette Zip ?

La vitesse de transfert des données sur un disque Zip est de 30 millions d'octets par minute en lecture et de 9 500 000 octets par minute en écriture. C'est plus rapide que la disquette classique !

Quelques questions à un(e) future(e) professionnel(le)...

1. Pour quelle raison la disquette 3,5 pouces haute densité est-elle un support désuet ?

   ....

2. Comment est organisée une disquette ?

   ....

3. Quels sont les successeurs possibles de la disquette ?

   ....

À quoi servent les *sticks* (bâtons) de mémoire ?

Les *sticks* de mémoire sont de petites barres de mémoire connectables sur le port USB (voir chapitre 6) de l'ordinateur. Elles peuvent stocker jusqu'à 8 Go de données. Petites, faciles à utiliser, protégées par un nom d'utilisateur et un mot de passe, les *sticks* de mémoire permettent de sauvegarder rapidement des données et de les transporter ailleurs :

V. Comment assurer la sécurité des données comptables et de gestion ?

A. Position du problème

Les données comptables et de gestion sont de grande valeur. Il a fallu beaucoup de temps pour les élaborer : analyse des documents, imputation des données dans des comptes, saisie de l'information et élaboration des documents de synthèse. De plus pour les dirigeants de l'organisation, ces données constituent un guide précieux dont ils ne pourraient se passer.

Pourtant ces données, stockées sur des supports magnétiques, sont fragiles.Un virus peut les détruire, le disque dur peut tomber en panne, une mauvaise manipulation peut les détruire, le vol, l'incendie peuvent survenir.

Il est donc de la RESPONSABILITÉ du comptable et du gestionnaire d'organiser la sécurité de ces données.

B. Comment assure-t-on la sécurité des données ?

La sécurité des données repose sur des méthodes, des moyens matériels et logiciels.

1. Les méthodes

Les données doivent être :

- au moins **dupliquées**, la copie (appelée également **sauvegarde**) doit être stockée dans un endroit différent de l'original (en cas d'incendie, il ne faut pas que l'original et la copie soient au même endroit),
- la copie doit être réalisée régulièrement (toutes les heures, tous les jours...). Plus le délai entre deux sauvegardes sera long, plus le temps et le coût de la reconstitution des données sera important. Le délai est fonction de l'intensité de l'activité du service comptable et de gestion.

2. Des moyens matériels

Les copies peuvent être réalisées sur une bande magnétique, sur un CD-ROM ou sur un autre disque dur.

a. La sauvegarde sur bande magnétique

Il existe des unités de sauvegarde sur bandes numériques DAT programmables avec un logiciel :

surestore DAT 40 i/e
aperçu et fonctions

La gamme HP SureStore DAT 40, dotée d'un lecteur de bande d'une capacité de 40 Go et d'un taux de transfer t de 3 Mo/seconde, allie rapidité (40 Go en moins de 2 heures, la plus rapide du marché) et haute fiabilité de sauvegarde et de restauration des données grâce à la fonction de reprise après incident par simple appui sur un bouton.

Les bandes DAT (*digital audio tape* [bande numérique audio]) permettent de stocker de grandes quantités de données de 20 Go, sans compression de données, à 40 Go, avec compression :

b. La copie sur CD-ROM

À l'aide d'un graveur de cédéroms et de disques compacts réenregistrables, il est possible de faire également des copies. Ce thème sera développé dans le dossier 5.

c. Faire une copie sur un autre disque dur

Il est possible également de dupliquer les données sur un autre disque dur.

3. Des moyens logiciels

Pour protéger ses données, une organisation doit posséder également un logiciel antivirus avec une base de données des caractéristiques des virus les plus récents à jour (voir dossier 11 page 101).

Compétence

5 Quel est l'intérêt des mémoires optiques disponibles ?

Éléments du programme traités

Compétences techniques

- Installer, paramétrer et maintenir son poste de travail sur les plans matériel et logiciel
- Tenir et mettre à jour la documentation informatique de son poste de travail
- Procéder au stockage des données
- Garantir la sécurité des données
- Réaliser la sauvegarde périodique des données

Compétences en organisation

- Organiser les espaces de stockage d'information
- Définir la procédure et la périodicité des sauvegardes

Objectifs à atteindre

- Quelles sont les possibilités des disques compacts ?
- Qu'est-ce qu'un DVD (*digital versatile disk*) ?

Mots-clés

CD audio - CD-DA - CD-R - CD-ROM- CD-RW - cédérom - compression des données - disque compact - DVD-ROM - graveur - JPEG - laser - MPEG - PKZIP - Winzip

Connaître le contexte professionnel du dossier

Le disque compact occupe une place majeure dans la vie des organisations et des particuliers.

Quelles sont les raisons de ce succès ? Comment distinguer les différents modèles de disques compacts ? Quels profits les comptables et les gestionnaires peuvent-ils tirer de ces supports dans l'exercice de leur métier ?

Un nouveau modèle de disque compact est apparu : le DVD-ROM. Quel est son intérêt ? Telles seront les questions abordées dans ce dossier.

Approfondissement

L'optique est la partie de la physique qui traite de la lumière et de la vision.

I. Quelles sont les possibilités des disques compacts ?

Les disques compacts (CD) comme les DVD-ROM (*digital versatile disk* [disque numérique polyvalent]) sont des **mémoires optiques**. Cela signifie que la lumière (optique), celle du laser, sera utilisée pour écrire et lire les informations sur le disque.

A. Quelles sont les caractéristiques d'un disque compact ?

1. Présentation

Le disque compact a été conçu en 1985 par les sociétés Sony et Philips.

Le **disque compact** est un disque optique de 12 cm de diamètre et de 1,2 mm d'épaisseur. Il permet de stocker 650 millions d'octets soit l'équivalent de 300 000 pages dactylographiées ou bien 74 mn de données audio :

Lexique des termes informatiques

Sur le site suivant, vous trouverez une définition de nombreux termes informatiques : http://perso.libertysurf.fr/tk5yp/elec/d3.htm

2. Comment est organisé un disque compact ?

Le disque compact est constitué de matière plastique recouvert d'une fine pellicule métallique sur une des faces. Les données sur le disque compact sont réparties sur une piste gravée en **spirale** :

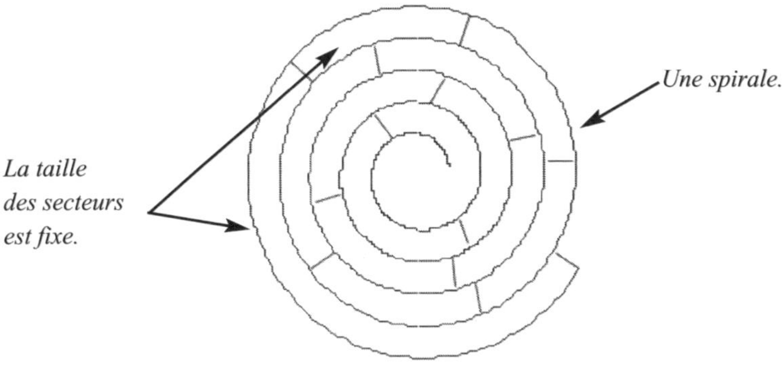

Structure d'un disque compact.

Les secteurs du disque compact ont une <u>taille constante</u> contrairement au disque où les secteurs sont de plus en plus grands en s'approchant du bord du disque :

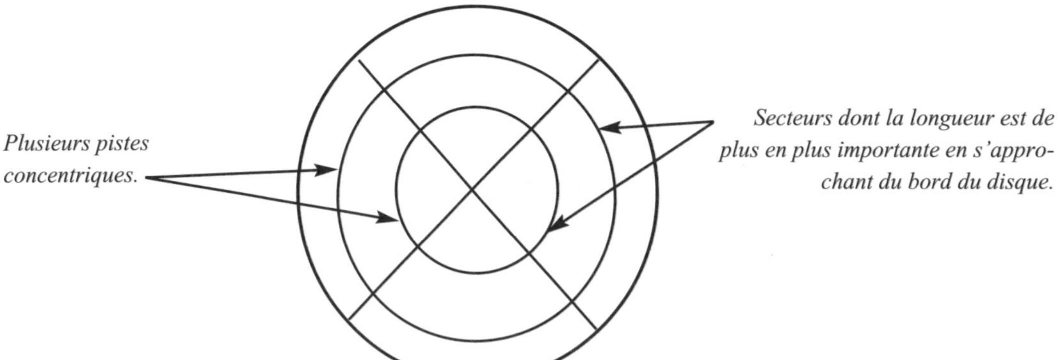

Structure d'un disque magnétique.

3. Comment est représentée l'information sur un disque compact ?

L'information binaire (0,1) est représentée par des **alvéoles** d'une profondeur de 0,83 micron (millionième de mètre [μ]) et espacées de 1,6 micron. Une alvéole correspond à la valeur 0 et un espace à la valeur 1 :

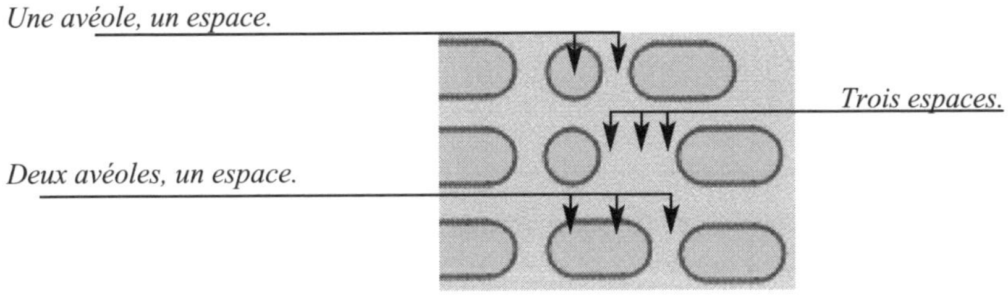

4. Comment l'information est-elle lue sur un disque compact ?

Un rayon laser ① est projeté sur le disque compact. S'il rencontre un espace ②, la lumière laser ③ est réfléchie sur un prisme ④ et envoyée sur un capteur de lumière ⑤. La valeur binaire **1** est alors générée. Si le rayon laser rencontre une alvéole ⑥, la lumière laser est volontairement déviée ⑦. Le capteur de lumière, ne recevant aucune information ⑧, désigne cette situation par la valeur binaire **0** :

À connaître !

À l'adresse suivante, vous trouverez plein d'informations sur les micro-ordinateurs : http://www.essentielpc.com/

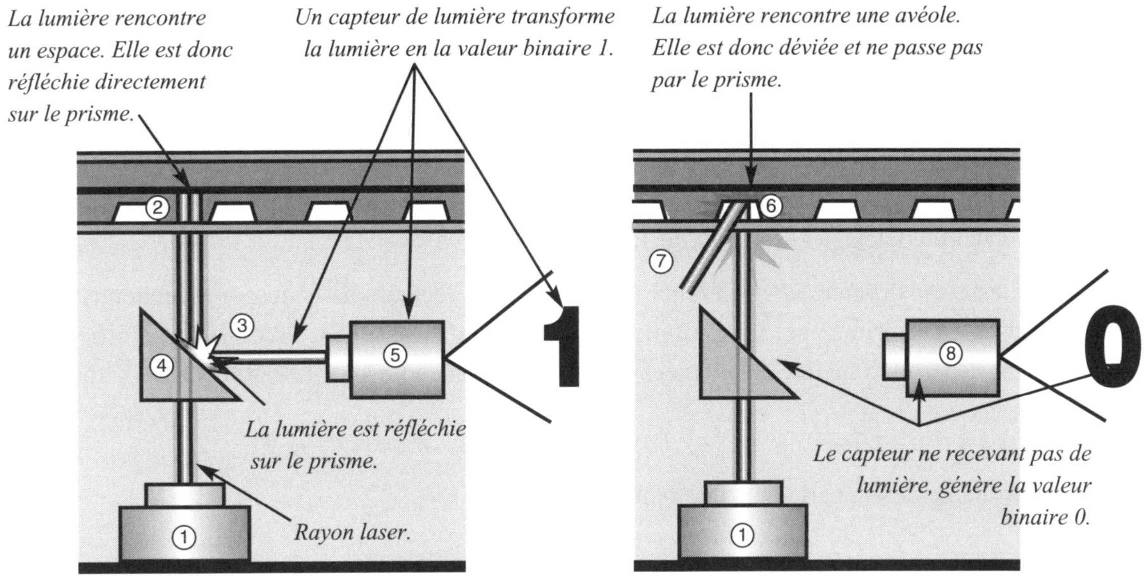

Les données sont ensuite envoyées au microprocesseur qui les traite comme des données normales.

5. Peut-on écrire sur un disque compact ?

Les types de disques compacts sont très nombreux : CD-DA (CD audio), CD-ROM, CD-R, CD-RW... Les possibilités de lecture et d'écriture les différencient :

a. CD-DA (*compact disk digital audio* [disque compact numérique audio])

Cette norme mise au point en 1985 est la base de tous les disques compacts audio actuels. Ce support est uniquement lisible. Son contenu est défini en usine.

b. CD-ROM (*compact disk read only memory* [disque compact lisible seulement]) ou cédérom

Sur le cédérom (orthographe définie par l'Académie française), plusieurs types de données peuvent être mélées : audio, vidéo, données informatiques. Seule la lecture est possible.

c. CD-R (*compact disk recordable* [disque compact enregistrable])

Il est possible d'écrire une fois sur ce support. Il faut pour cela un appareil spécifique appelé **graveur**. Les mentions suivantes sont inscrites sur le disque compact enregistrable :

CD-R	**Compact**
80 mn - 700 MB	disk recordable

d. CD-RW (*compact disk rewritable* [disque compact réenregistrable])

Comme son nom l'indique, il est possible de réécrire plusieurs fois sur le disque compact réenregistrable. Les constructeurs garantissent un millier de réécritures. Il faut également un graveur. Les mentions suivantes sont inscrites sur le disque compact réenregistrable :

CD-RW	**Compact**
CD-ReWritable Media	disk ReWritable

B. Suis-je capable de sélectionner un lecteur de cédérom pour mon entreprise ?

La vitesse de transfert des données d'un cédérom vers l'ordinateur est l'un des critères de choix d'un lecteur de cédérom. La vitesse de transfert des données sur le premier lecteur de cédérom était de 150 000 octets par seconde (ou 150 Ko/s).

Cette vitesse est devenue une référence. La vitesse des lecteurs de cédérom actuellement commercialisés est exprimée par un multiple de cette vitesse : 32x, 40x, 60x... Cela signifie que le lecteur de cédérom transfère les données à 32 x 150 000 octets, 40 x 150 000 octets...

Quelques questions à un(e) futur(e) professionnel(le) ?

1. Pour quelle raison parle-t-on de mémoire optique ?

   ....

   ....

   ....

2. Établissez la liste des disques compacts que vous connaissez avec leur caractéristique principale :

Type de disque compact	Caractéristique principale du disque compact
....	....
....	....
....	....
....	....
....	....
....	....

3. Quelle est la capacité d'un disque compact ?

....

....

4. Vous voulez archiver la comptabilité de l'exercice de votre entreprise qui vient d'être clôturé définitivement sur un disque compact. Quel matériel et quel type de disque compact utiliserez-vous ?

....

....

II. Qu'est-ce qu'un DVD (*digital versatile disk*) ?

A. Suis-je capable de comprendre une documentation informatique ?

Sur un site Internet de vente par correspondance, on note la proposition commerciale suivante :

Hitachi GD2500 X - DVD

Description

CARACTERISTIQUES TECHNIQUES :
- Vitesse de transfert : DVD 2,76 Mo/s / CD-Rom 3 Mo/s
- Vitesse d'accès : DVD 190 ms / CD-Rom 130 ms
- Formats utilisables : CD-Rom, CD-RW, CD-DA, Photo CD,

Indiquez ci-dessous tous les termes qui vous semblent mystérieux :

....

....

B. Comment définir un DVD ?

Le **disque numérique polyvalent** (appellation officielle du DVD) est une variante du cédérom. L'adjectif **polyvalent** indique que le disque peut accepter différents types de données (son, image, vidéo...). La taille des alvéoles sur un DVD est beaucoup plus petite que sur un cédérom : 0,4 micron contre 0,8 micron. L'espacement entre les alvéoles : 0,74 micron (contre 1,6 micron pour un cédérom) est également réduit. De ce fait, une plus grande capacité de stockage est disponible :

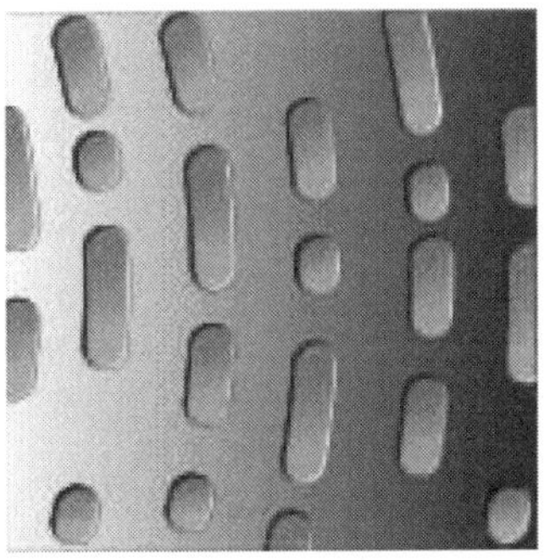

Disque compact.

DVD.

C. Pourquoi y a-t-il une ou deux couches d'informations ?

Le DVD existe en version double couche. Une couche transparente à base d'or et une couche réflexive à base d'argent. Celle-ci est dite **réflexive** car elle renvoit la lumière du laser :

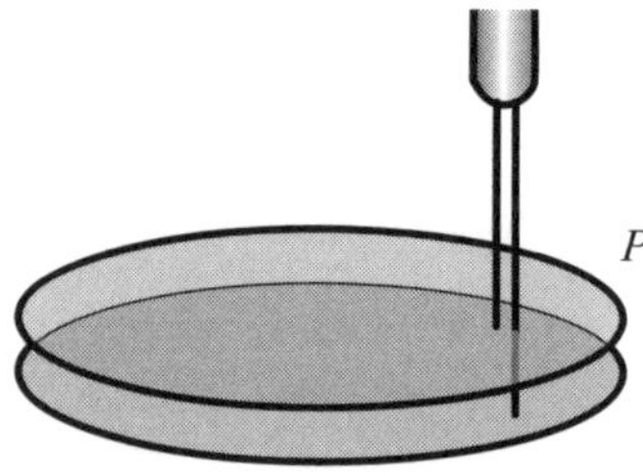

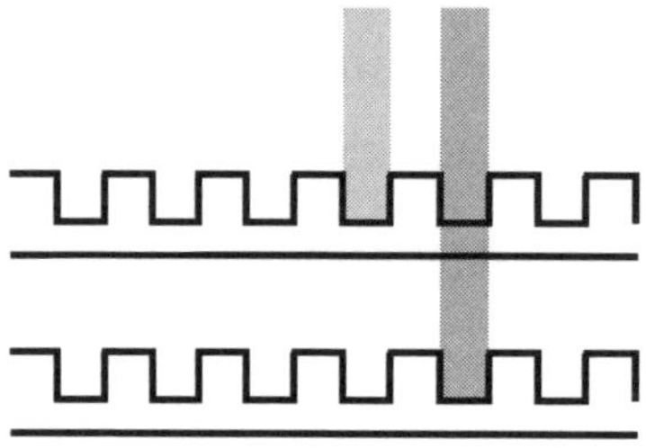

Pour lire ces couches, le lecteur dispose de deux intensités pour le laser :

- avec une intensité faible, le rayon laser se réfléchit sur la surface dorée,
- avec une intensité forte, le rayon laser traverse la première couche et se réfléchit sur la surface argentée.

Par ailleurs, les DVD peuvent être gravés sur deux faces. Leur lecture nécessite néanmoins un retournement du disque.

Les lecteurs de DVD sont capable de lire également les cédéroms.

Il existe aussi des DVD enregistrables une fois (DVD-R) et les DVD réengistrables un millier de fois.

D. Quelles sont les capacités de stockage des DVD ?

Le DVD du futur

Le successeur du DVD est déjà conçu. Il s'agit du BDR (*blue-ray disk* [disque à rayon laser bleu]). Sa capacité de stockage est de 27 Go et pourra évoluer jusqu'à 50 Go. De plus, il sera possible d'enregistrer et de lire le BDR.

Les capacités de stockage des DVD sont les suivantes :

Type de support	Capacité	Temps musical équivalent
CD	650Mo	1h18 min
DVD simple face simple couche	4.7Go	9h30
DVD simple face double couche	8.5Go	17h30
DVD double face simple couche	9.4Go	19h
DVD double face double couche	17Go	35h

Quelques questions à un(e) futur(e) professionnel(le)...

1. Qu'est-ce qu'un DVD ?

....

....

2. Sous quel nom le disque numérique polyvalent est-il plus connu ?

3. Quelle est l'unité de mesure exprimée en octets de la capacité d'un DVD ?

4. Quelle est la taille (exprimée en octets) du plus petit DVD / la plus grande ?

Comment obtenir un logiciel de compression de données ?

Il est possible de télécharger le logiciel de compression de données Winzip sur le site www.winzip.com :

E. Qu'est-ce que la compression des données ?

Les capacités de stockage des DVD permettent de stocker des films. Un DVD de 4,7 Go permet de stocker plus de deux heures de film **compressées** au format **MPEG-2** (*Moving Picture Experts Group* [groupe d'experts des images animées]) tout en gardant une très grande qualité d'image.

Pour gagner de la place sur les supports de l'information ou faciliter la transmission des données entre deux ordinateurs distants, des techniques de **compression de données** ont été mises au point :

1. Rechercher l'information redondante

Pour effectuer la compression des données, les programmes de compression recherchent l'information redondante dans les textes, les images ou les sons. Une fois l'information redondante repérée, un exemplaire est placé dans une table et le nombre de fois que cette information est repérée est également stockée dans la table.

Si l'expression « Bonjour » est repérée vingt fois dans un document, l'information **Bonjour**, **20** prendra beaucoup moins de place.

2. Avec ou sans perte d'information ?

On distingue les techniques de compression avec ou sans perte d'information. Pour compresser les images ou les sons, il est possible en effet de supprimer des informations redondantes sans que l'œil ou l'oreille ne le percoive.

Par contre, il est impossible de supprimer des informations lors de la **compression des programmes informatiques**. La moindre perte d'informations pourrait provoquer des blocages ou des résultats aberrants. En comptabilité, par exemple, le sens débit/crédit n'est pas indifférent !

Le programme **PKZIP** (ou Winzip), est un programme de compression des données sans perte d'information. Les programmes **JPEG** (*Joint Photographic Experts Group* [groupe d'experts photographiques réunis]) pour les images et **MPEG** (*moving pictures coding experts group* [groupe d'experts pour le codage vidéo]) pour les séquences vidéo sont des algorithmes avec perte d'informations.

MP3

Motion Picture experts group audio layer 3, format de compression de données audio, conçu en 1992.

DIVX

Algorithme (procédé) de compression de vidéo. Il peut compresser un film occupant 5 Go sur un DVD en un fichier de 700 Mo sur un cédérom sans perte de qualité notable.

Quelques questions à un(e) futur(e) professionnel(le)...

1. Qu'est-ce que la compression des données ?

2. Citez deux situations où la compression des données est particulièrement intéressante ?

....

....

3. Pour quelle raison, y a-t-il deux techniques de compression de données ?

....

....

Recenser les périphériques d'un ordinateur

Compétence

6 Comment connecter des périphériques à un ordinateur ?

Éléments du programme traités

Compétences techniques

- Installer, paramétrer et maintenir son poste de travail sur les plans matériel et logiciel
- Tenir et mettre à jour la documentation informatique de son poste de travail

Objectifs à atteindre

- À quoi servent les différentes prises figurant au dos d'un ordinateur ?
- Quelle est l'utilité de la prise série ?
- Quelle est la fonction de la prise parallèle ?
- Comment brancher le clavier et la souris ?
- Quelles sont les caractéristiques de la prise USB
- Quand doit-on utiliser la prise IEEE 1394 ?

Mots-clés

Centronics - DIN - IEEE - *plug and play* - port - ports d'entrée/sortie - prise IEEE 1394 - prise parallèle - prise série - USB

Connaître le contexte professionnel du dossier

Au dos d'un ordinateur, de nombreuses prises existent. Les unes acheminent le courant dans l'ordinateur, les autres permettent de connecter des périphériques. Parmi les prises informatiques, certaines sont universelles (elles peuvent recevoir n'importe quels périphériques), d'autres sont spécialisées. Comment s'y retrouver ? C'est l'objet de ce dossier.

Un périphérique est un matériel connecté à l'unité centrale de l'ordinateur. Un clavier, la souris, l'imprimante sont des périphériques. On distingue les périphériques d'entrée d'information comme le clavier, la souris, les périphériques de sortie d'information comme l'écran, l'imprimante et les périphériques d'entrée et de sortie d'information comme le disque dur, le lecteur de disquette, le modem.

L'unité centrale est le boîtier contenant la carte mère, les lecteurs de disques (disque dur, disquettes, cédérom, disque numérique polyvalent (DVD).

Comment l'expert-comptable arrivant dans une entreprise peut-t-il connecter son ordinateur à celui de ses clients ?

Tels seront les thèmes abordés dans ce dossier.

I. À quoi servent les différentes prises figurant au dos d'un ordinateur ?

Les connexions du futur

Dans les années à venir, beaucoup de câbles, permettant de relier l'unité centrale aux périphériques, disparaîtront. Les liaisons se feront par **ondes radio** (ou ondes électromagnétiques ou ondes hertziennes [l'ingénieur allemand Hertz a mis en évidence les ondes radio en 1887]). L'information est transportée sur une onde électromagnétique.

La norme *bluetooth* assure des liaisons sur quelques mètres (10 m) à des niveaux de débits variant entre 1 et 10 mégabits par seconde.

Nous étudierons au chapitre 11, pour les réseaux, une autre norme, la norme WiFi (*Wireless Frequencies* [Fréquences sans fil]), plus puissante.

Au dos d'un ordinateur, il ya de nombreuses prises informatiques, appellées encore, **ports d'entrée/sortie** (... de l'information) :

*Prise **série** pour connecter un modem.* *Prise **parallèle** pour connecter une imprimante.*

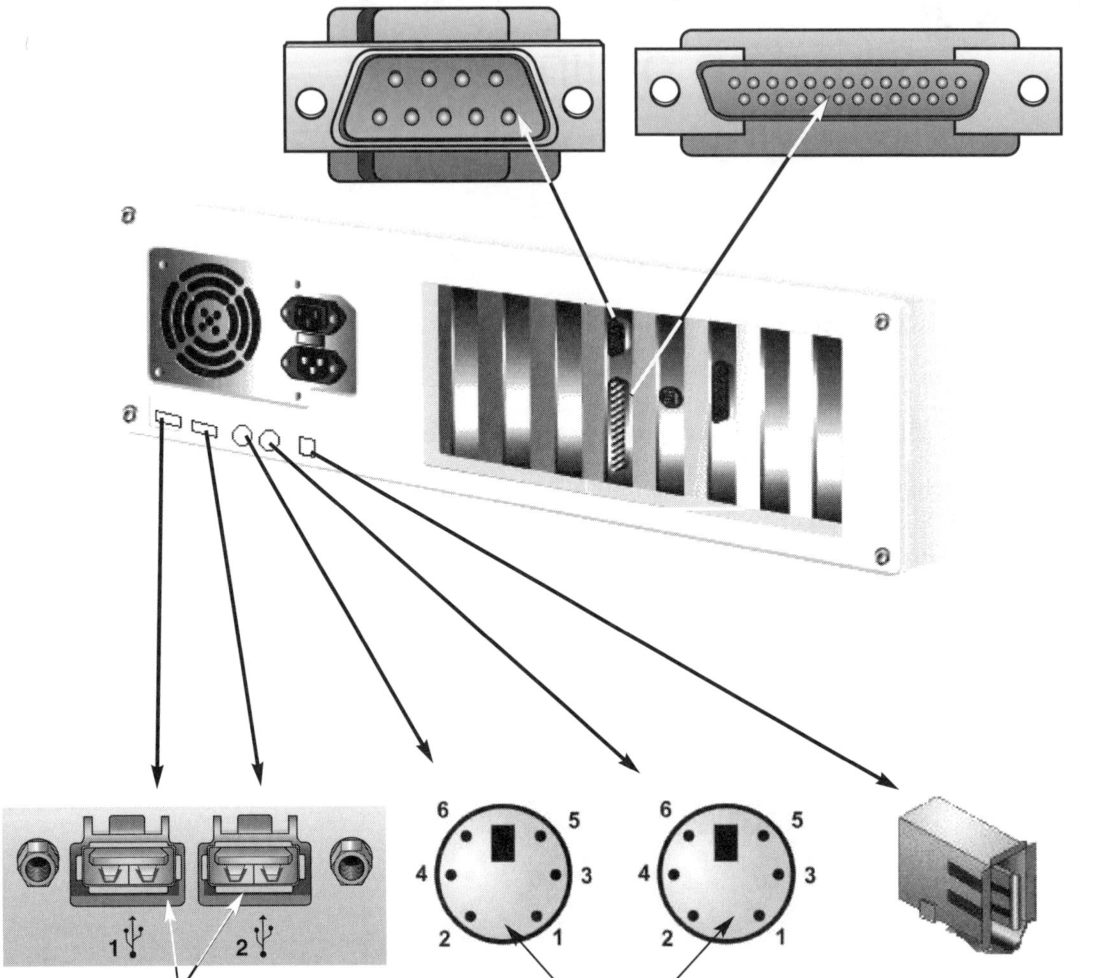

Ports USB permettant de brancher successivement de nombreux périphériques.

Prises mini-DIN pour le clavier et la souris.

Port IEEE 1394 pour les périphériques réclamant un débit très élevé de données (800 millions de bits par seconde) comme les caméras numériques.

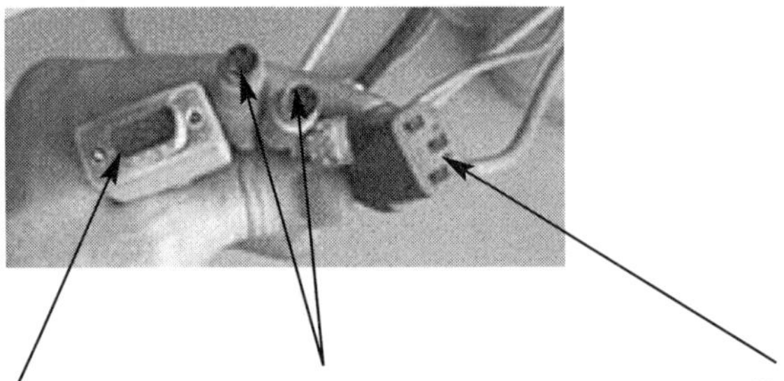

Prise se fixant au port série. *Prises du clavier et de la souris.* *Prise amenant le courant électrique.*

Il est important de connaître la fonction de ces prises et leurs performances. En effet, tout utilisateur de la micro-informatique est amené à manier ces prises pour des raisons diverses (déménagement, débranchement involontaire, arrivée de nouveaux matériels...).

II. Quelle est l'utilité de la prise série ?

A. Quelles sont les caractéristiques de la prise série ?

Les données binaires (bits), représentant l'information à transmettre, sont envoyées les unes à la suite des autres, **en série**, sur un seul fil :

0 1 1 0 0 1 1 1

d'où l'expression **Prise série** (ou port série). Celle-ci se présente ainsi :

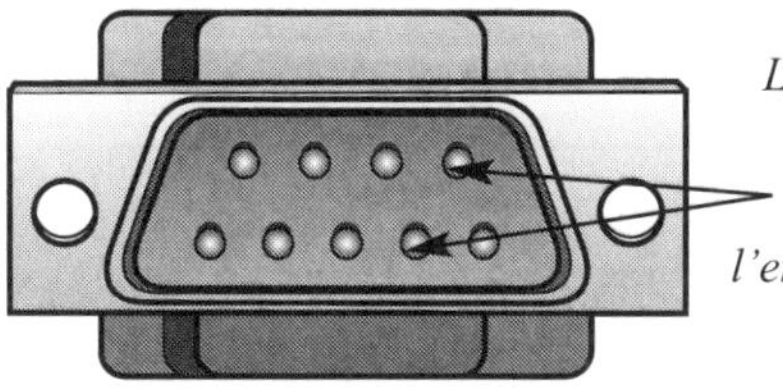

La prise série a neuf broches correspondant à 9 fils. Deux fils assurent le transport des données. Le premier, pour l'entrée des données, le second, pour la sortie des données, les autres fils permettent le contrôle du transport des données.

La prise est **bi-directionnelle**. Les données sont acheminées dans les deux sens. Un fil ou une broche est utilisée pour la sortie des données de l'ordinateur et un autre pour l'entrée des données. Les autres fils sont utilisés pour acheminer des intructions de transfert de données.

B. Quand utilise-t-on la prise série ?

L'acheminement des données en série fait du port série un port lent. Pourtant, c'est un port d'une grande utilité. En effet, il est utilisé pour installer un modem. Celui-ci permet de se connecter au réseau Internet. Nous étudierons dans le dossier 12 le modem et Internet dans le dossier 13.

À connaître !
À l'adresse suivante, vous trouverez de nombreuses d'informations sur les micro-ordinateurs :
http://www.multimania.com/expansivepc/

À retenir !
Le port série est utilisé pour les connections Internet à l'aide d'un modem.

Quelques questions à un(e) futur(e) professionnel(le) ?

1. Pourquoi parle-t-on de prise série ?

....

....

2. Pour quelle raison la prise série est-elle considérée comme un port lent ?

....

....

3. Pourquoi la prise série est-elle d'une grande utilité à notre époque ?

....

....

À connaître !
À l'adresse suivante, vous trouverez plein d'informations sur les micro-ordinateurs :
http://www.clubic.com/

III. Quelle est la fonction de la prise parallèle ?

A. Quelles sont les caractéristiques de la prise parallèle ?

Les huit bits d'un octet sont envoyés simultanément sur les fils du câble parallèle :

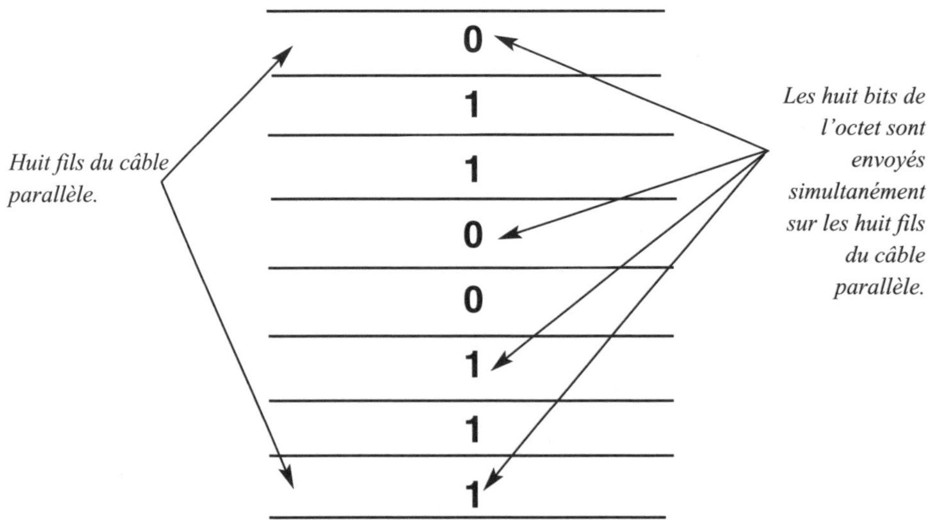

d'où l'expression **Prise parallèle** :

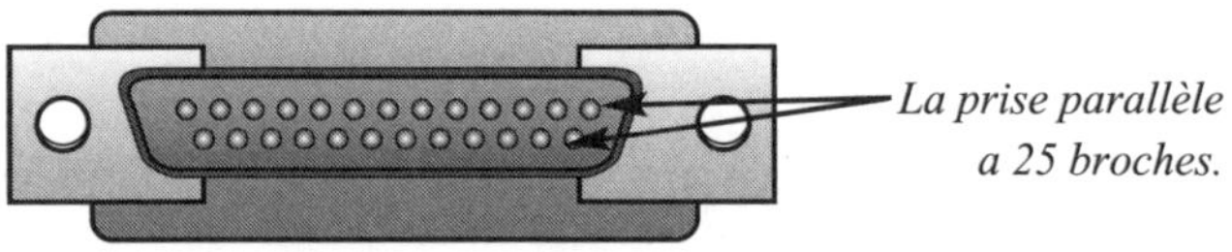

Le débit est donc nettement plus important que sur une prise série. Par contre le câble associé à une prise parallèle ne doit pas excéder 3 mètres.

B. Quand utilise-t-on la prise parallèle ?

À retenir !
La prise parallèle est utilisée pour connecter une imprimante.

Cette prise est utilisée pour connecter une imprimante. À l'autre bout du câble, il faut dans ce cas une prise **Centronics** composés de 36 contacts dorés :

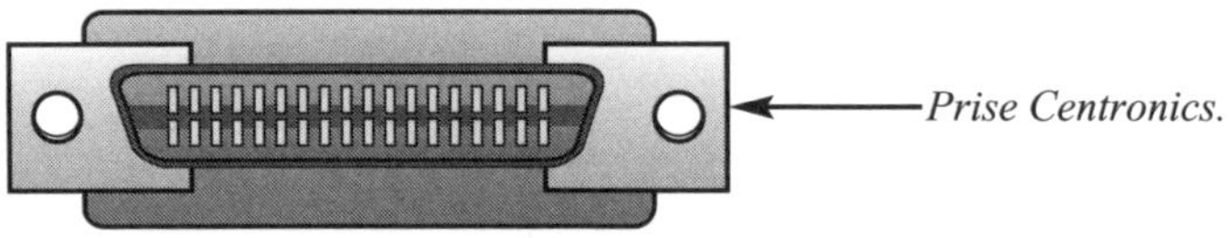

IV. Comment brancher le clavier et la souris ?

Les deux prises mini-DIN (*Deutsches Institut fur Normung* [Institut de normalisation allemand]) 6 broches permettent de connecter le clavier et la souris :

Souris.

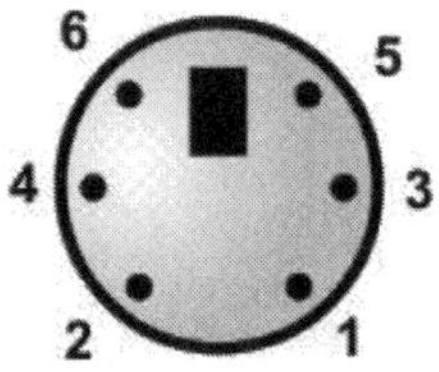

Clavier.

Si les prises sont identiques, il ne faut pas pour autant inverser le branchement du clavier et de la souris. Une icône, une inscription ou une couleur permet de distinguer l'usage des prises.

V. Quelles sont les caractéristiques de la prise USB ?

A. Qu'est-ce qu'une prise USB ?

La prise USB (*Universal Serial Bus* [bus de série universel]) a fait l'objet d'un accord en 1995 entre six grandes entreprises informatiques :

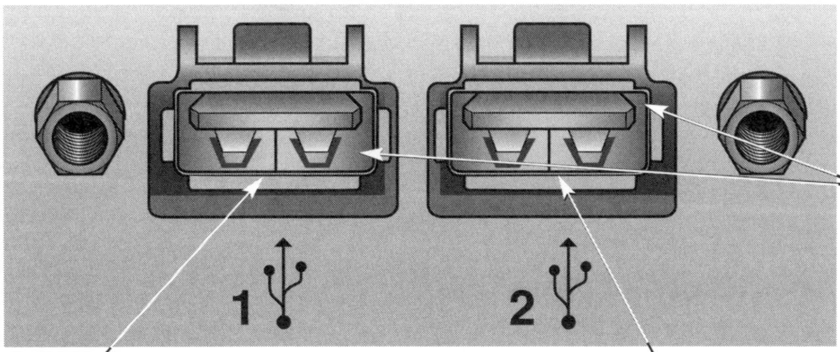

*Les prises USB sont en général présentes par deux. L'une pour relier l'appareil au périphérique **précédent** et l'autre, au périphérique **suivant**. En effet les périphériques possédant des prises USB forment une **chaîne de périphériques**.*

*Cette prise permet éventuellement de connecter au périphérique **précédent** de la chaîne des périphériques USB.*

*Cette prise permet éventuellement de connecter au périphérique **suivant** de la chaîne des périphériques USB.*

B. Quel est l'intérêt de la norme USB ?

La prise USB constitue <u>une grande innovation</u> dans la connection des périphériques à un ordinateur. Jusqu'à présent, un amas de câbles et d'adaptateurs électriques jonchaient le sol derrière un ordinateur. Cette réalité est coûteuse, peu rationnelle et à l'origine de beaucoup de perte de temps.

Avec la prise USB, les périphériques sont reliés entre eux par un mince câble unique. Ce câble a une double fonction. Il achemine les données entre les différents périphériques mais aussi le courant électrique.

C. Combien de périphériques USB peut-on relier ?

La prise USB permet de connecter jusqu'à 127 périphériques. Elle est *plug and play*. Cela signifie, comme nous l'avons déjà étudié, que l'on peut brancher un périphérique sans devoir redémarrer l'ordinateur et surtout sans effectuer de longs réglages pour que le périphérique soit reconnu par l'ordinateur.

Chaque périphérique doit posséder deux prises USB, l'une pour connecter le périphérique possédant les prises USB au périphérique précédent et l'autre au périphérique suivant :

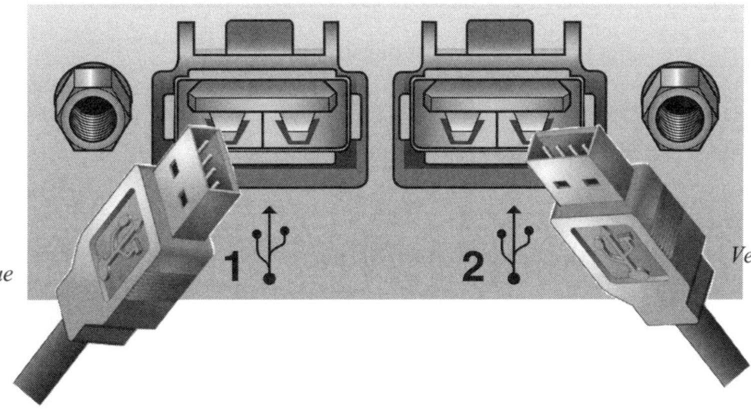

Vers le périphérique précédent.

Vers le périphérique suivant.

Une chaîne de périphériques possédant des prises USB pourra se présenter ainsi :

Grâce aux deux prises USB, il est possible de chaîner de nombreux périphériques à un ordinateur.

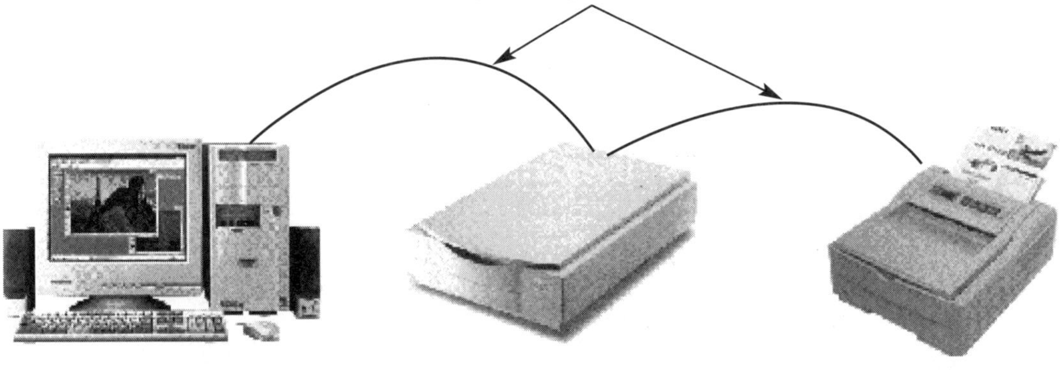

D. Quand faut-il utiliser les prises USB ?

La prise USB convient pour les périphériques nécessitant un débit moyen de données entre 1,5 et 12 millions de bits par seconde. La norme USB 2 définit un débit de 480 millions de bits par seconde.

VI. Quand doit-on utiliser la prise IEEE 1394 ?

Certains périphériques sont de gros consommateurs de données. Les caméras numériques, les magnétoscopes, les disques durs, les DVD-ROM font partie de cette catégorie. Pour celle-ci, la prise IEEE 1394 a été conçue. L'IEEE (*Institute of Electrical and Electronics Engineers* [Institut des ingénieurs en électricité et en électronique]) est un organisme de normalisation américain. 1394 est le numéro de la norme. La prise IEEE 1394 permet des débits de 100 à 200 millions de bits par seconde :

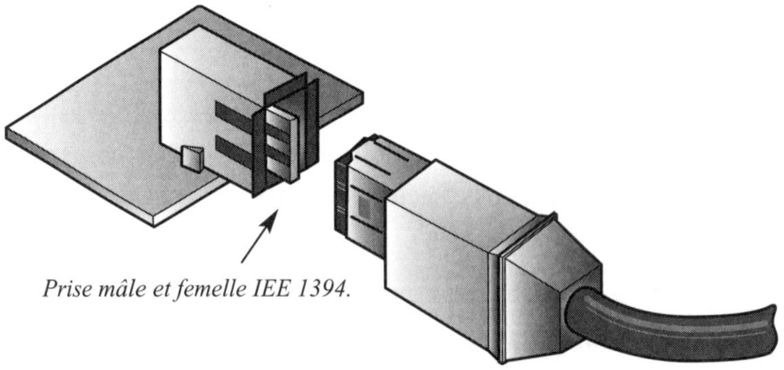

Prise mâle et femelle IEE 1394.

Quelques questions à un(e) futur(e) professionnel(le)...

1. Quel périphérique connecte-t-on à un port parallèle ?

   ....

2. Pourquoi les prises USB sont-elles très intéressantes ?

   ....

3. Quelles sont les deux fonctions des prises USB ?

   ....

4. Dans quelle situation le port IEEE 1394 est-il intéressant ?

   ....

Compétence

7 Comment choisir un écran d'ordinateur et sa carte graphique ?

Éléments du programme traités

Compétences techniques

- Installer, paramétrer et maintenir son poste de travail sur les plans matériel et logiciel
- Tenir et mettre à jour la documentation informatique de son poste de travail

Objectifs à atteindre

- Comment choisir un écran (ou moniteur) d'ordinateur ?
- Comment choisir un écran plat à cristaux liquides
- Quelle est la fonction d'une carte graphique dans un micro-ordinateur ?

Mots-clés

adaptateur graphique - AGP - carte graphique - carte vidéo - cristaux liquides - définition - *driver* - écran - écran à cristaux liquides - écran cathodique - fréquence de balayage - pas de masque - pilote - *pitch* - pixel - pouce - résolution - SVGA

Connaître le contexte professionnel du dossier

Pour afficher les résultats de son travail, le comptable a deux supports de l'information à sa disposition : l'écran de son ordinateur et le papier. Nous étudierons, au chapitre suivant, le support papier et les imprimantes.

Les écrans d'ordinateurs se présentent sous des formes multiples : cathodique, écran à cristaux liquides... et des caractéristiques diverses : diagonale, définition... Comment effectuer le bon choix ? Y a-t-il des modèles plus appropriés pour l'exercice de la profession comptable ?

Pour afficher l'information sur l'écran, il faut associer à l'écran une carte graphique. Quel est son rôle exact ? Quelles sont les normes dans ce domaine ? Telles seront les questions abordées dans ce dossier.

I. Comment choisir un écran (ou moniteur) d'ordinateur ?

Les écrans se présentent sous deux formes : l'**écran cathodique** et l'**écran à cristaux liquides**.

A. Qu'est-ce qu'un écran cathodique ?

1. Suis-je capable de comprendre une documentation informatique ?

Soit une publicité, observée sur un site Internet, concernant un écran cathodique :

Ilyama Vision Master S702GT

UN 17" DE RENOM ACCESSIBLE A TOUS !

Description

IIYAMA, spécialiste des écrans de grande taille propose avec ce nouveau 17" un niveau de performances accessibles à tous.
Le S702GT est identique sur le plan électronique aux autres modèles haut de gamme de la marque et assure une qualité d'image compatible avec toutes les utilisations exigeantes et garantie non seulement un confort de travail optimal mais aussi une longévité accrue par rapport aux moniteurs d'entrée de gamme.

CARACTERISTIQUES TECHNIQUES :

- Pitch : 0,24 (Hor.)
- Zone d'affichage : 320 mm x 240mm
- Rés. maxi. 1600x1200
- Fréq.: 77Hz
- Plug&Play Windows 95 et 98

- Relevez tous les termes qui vous paraissent mystérieux dans cette publicité :

....

....

....

2. Quels sont les composants d'un écran cathodique ?

a. Qu'est-ce qu'un canon électronique ?

À connaître ! À l'adresse suivante, vous trouverez plein d'informations sur les micro-ordinateurs : http://perso.wanadoo.fr/xbignet/

Un **écran cathodique** est composé d'un tube de verre dans lequel une électrode (la cathode [d'où l'expression **écran cathodique**]) émet des électrons qui sont projetés sur la face interne de l'écran :

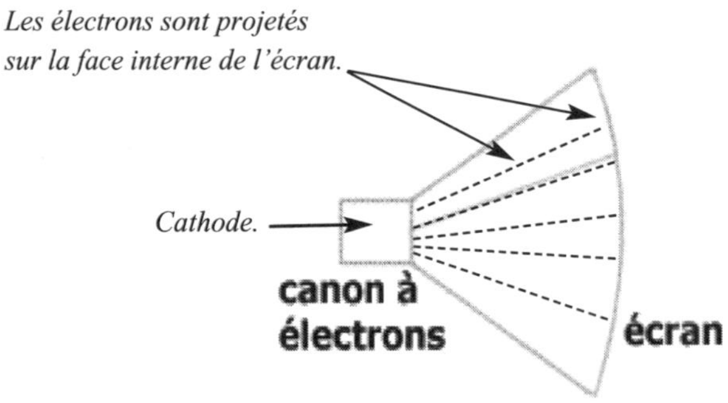

Une pellicule phosphorescente recouvre la face interne de l'écran. La projection d'électrons provoque des scintillements constituant les points (ou **pixels** [*picture element* - élément de l'image -]) de l'écran qui vont permettre de dessiner les caractères, les images sur l'écran.

b. Qu'est-ce que le masque d'un écran ?

Derrière la face interne de l'écran est placée une grille métallique appelée **masque**. Elle permet de définir de manière constante les points d'impact des électrons sur la face interne de l'écran. Plus cette grille est fine, plus l'image est précise :

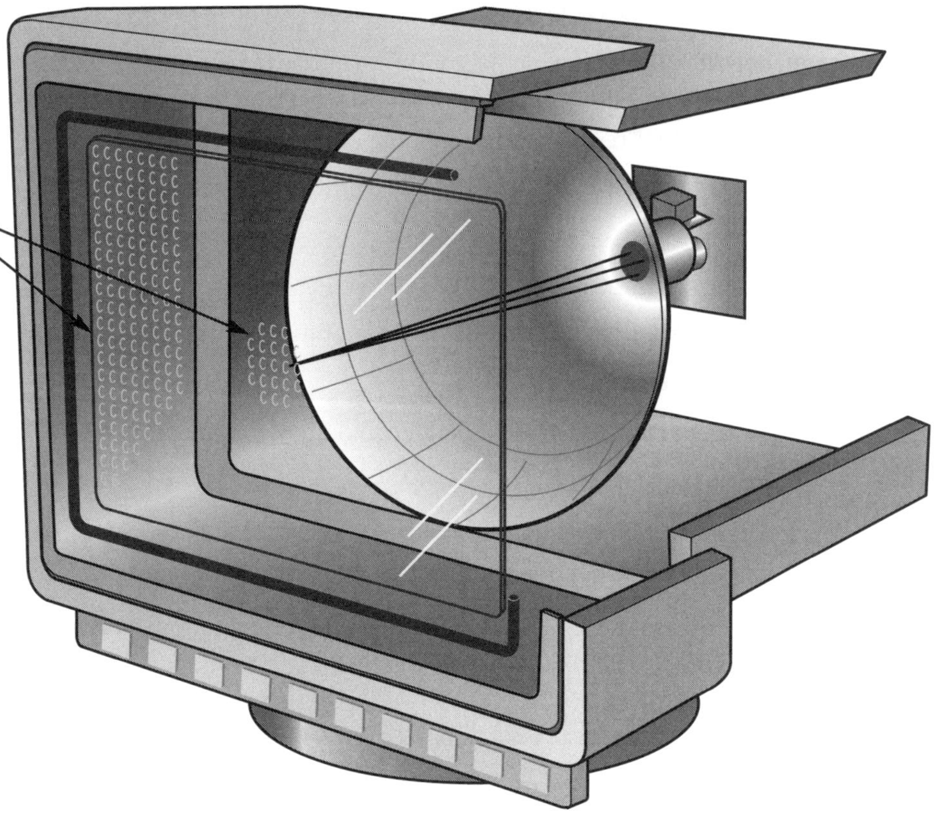

3. Suis-je capable de choisir un écran pour mon entreprise ?

Plusieurs critères permettent de choisir un écran :

a. Qu'est-ce que la définition (ou résolution) d'un écran ?

La **définition** (ou **résolution**) d'un écran est le nombre de points que peut afficher un écran. Ce nombre est compris entre 640 x 480 (640 points en longueur et 480 en largeur) et 1 600 x 1 280. Plus ce nombre est élevé, plus la qualité de l'image est bonne.

- Quelle définition observez-vous dans la publicité de la page 60 ?

....

À retenir !
La définition (ou résolution) d'un écran est le nombre de points que peut afficher un écran.

b. Comment se mesure la taille de l'écran ?

Un écran se mesure par sa **diagonale**. L'unité de mesure est le **pouce** (2,54 cm). Des écrans de **15**, **17**, **19** et **21** pouces sont disponibles. Plus l'écran est grand, meilleur est le confort de travail. Ainsi, pour un comptable, le maniement d'une feuille de calcul sera plus aisé sur un grand écran.

- Quelle taille d'écran observez-vous dans la publicité de la page 60 ?

....

....

À retenir !
Un écran se mesure par sa diagonale.

c. Qu'est-ce que le pas de masque (ou *pitch* [distance]) d'un écran ?

Le **pas de masque** est la distance séparant deux points d'un écran. Plus cette distance est faible, plus l'image est précise. Les pas de masque actuellement proposés se situent entre 0,22 et 0,28 mm.

- Quel est le pas de masque proposé dans la publicité de la page 60 ?

....

....

À retenir !
Le pas de masque est la distance séparant deux points d'un écran.

À retenir !

La **fréquence de balayage** d'un écran est le nombre d'images affichées par seconde.

d. Qu'est-ce que la fréquence de balayage d'un écran ?

La **fréquence de balayage** est le nombre d'images affichées par seconde. On parle aussi de taux de rafraîchissement (... de l'écran). La fréquence est exprimée en Hertz. Elle doit être supérieure à 67 Hz. En dessous, l'œil repère le clignotement de l'image.

- Quelle est la fréquence proposée dans la publicité de la page 60 :

....

....

4. Quels sont les avantages et les inconvénients de l'écran cathodique ?

a. Avantages

Du fait de sa production en masse, l'écran cathodique est peu coûteux.

b. Inconvénients

Le canon à électrons impose une profondeur d'écran d'au moins 40 cm. L'écran cathodique est donc très encombrant. L'écran cathodique est également très lourd (15 à 25 kg).

L'industrie informatique est à la recherche d'une technologie permettant de supprimer ces défauts. L'écran à cristaux liquides est probablement la solution.

Quelques questions à un(e) futur(e) professionnel(le)...

1. Quels sont les types d'écrans disponibles pour un ordinateur de bureau ?

....

....

....

....

2. Quels sont les critères pour choisir un écran cathodique et pourquoi ?

....

....

....

....

3. Pour quelles raisons cherche-t-on à remplacer l'écran cathodique ?

....

....

....

....

....

....

II. Comment choisir un écran plat à cristaux liquides ?

A. Suis-je capable de comprendre un document informatique ?

Soit la publicité concernant un écran plat à cristaux liquides :

Les écrans plat Compaq

TFT5000

Caractéristiques clés

- Mode pivot
- Réglage de la hauteur
- Base inclinable et pivotante
- Optimisé pour la résolution 1024 x 768
- Algorithmes d'étirement remarquables pour les résolutions plus faibles

TFT5000S

Caractéristiques clés

- Image affichable de 38,3 cm (15,1 pouces)
- 0.30 mm pas de points

L'écran plat le plus souple d'emploi.
L'écran TFT5000 haute performance de 38,1 cm (15 pouces) s'adapte à vos besoins sans compromettre le rendement. Cet écran peut être fixé au mur, posé sur la table de travail ou monté sur un bras articulé. De plus, il est plus petit et plus léger que les écrans à tube cathodique.

B. Qu'est-ce qu'un écran à cristaux liquides ?

L'**écran à cristaux liquides** est un écran composé de deux plaques transparentes entre lesquelles une fine couche de liquide a été introduite.

Dans ce liquide, des molécules (cristaux) peuvent être orientées lorsqu'elles sont soumises à du courant électrique.

C. Quels sont les avantages et les inconvénients des écrans à cristaux liquides ?

1. Avantages

Longtemps réservé aux ordinateurs portables, l'écran à cristaux liquides accompagne maintenant les ordinateurs de bureau. Le faible encombrement, le poids réduit, la taille de l'image correspondant réellement à la taille de l'image visible sont les atouts de l'écran à cristaux liquides.

2. Inconvénients

Par contre le prix, largement au-dessus des écrans cathodiques, dissuade souvent les acheteurs. De plus, il faut une carte graphique particulière.

Une question à un(e) futur(e) professionnel(le)...

- Quel est l'intérêt d'un écran à cristaux liquides ? Quel est son inconvénient ?

....

....

....

III. Quelle est la fonction d'une carte graphique dans un micro-ordinateur ?

A. Suis-je capable de comprendre une documentation informatique ?

Soit la publicité concernant une carte graphique :

Prise permettant de transférer les données à l'écran.

Carte vidéo AGP Quantum 2D/3D. Equipée de 16 Mo de mémoire SDRAM fonctionne sur un slot AGP.

Résolution maxi :

1024 x 768 : 16 millions de couleurs

1080 x 1024 : 64 000 couleurs

1600 x 12000 : 256 couleurs livré avec driver sur CD et disquette.

- Relevez les termes, sigles, expressions qui vous sont mystérieux :

....

....

B. Quelles sont les activités d'une carte graphique dans un micro-ordinateur ?

À connaître !

À l'adresse suivante, vous trouverez plein d'informations sur les micro-ordinateurs : http://www.chez.com/pcor/

La carte graphique est chargée d'indiquer à l'écran :

- quels points de l'écran devront être éclairés,
- la taille de ces points, leur couleur,
- le nombre de points affiché à l'écran,
- le nombre de couleurs affichables (de 16 à 65 536 couleurs)
- la manière d'afficher les données en deux ou trois dimensions (2D/3D).

C. Comment fonctionne une carte graphique ?

Synonymes

Les expressions carte vidéo, adaptateur graphique sont synonymes de l'expression carte graphique.

Une carte graphique ressemble à une carte mère d'un ordinateur. Elle est composée d'un microprocesseur graphique, d'une mémoire vive qui stocke les images, en attendant leur affichage, d'une prise pour transférer les données à l'écran. La taille de la mémoire vidéo influence la définition d'une image (nombre de points et le nombre de couleurs).

Tous les éléments sont gérés par un BIOS vidéo. En d'autres termes, un mini système d'exploitation se consacre uniquement aux opérations graphiques.

D. Quel est le standard des cartes graphiques ?

La carte graphique est la carte **SVGA** (*Super Video Graphic Array* [affichage de l'image graphique]). Elle permet d'afficher en 256 couleurs dans toutes les définitions, entre 800 x 600 points et 1024 x 768 notamment.

Grâce au bus AGP (*Accelerated Graphics Port* [port accéléré pour les graphiques]) les données circulent, à très grande vitesse (500 millions d'octets par seconde et à un rythme de 133 Mhz), directement entre la mémoire vive de l'ordinateur et celle de la carte graphique.

La carte graphique est gérée par un programme (ou pilote ou *driver*). L'installation de ce programme est fondamental pour pouvoir utiliser la carte graphique dans de bonnes conditions.

Quelques questions à un(e) futur(e) professionnel(le) ?

1. Quelles sont les fonctions de la carte graphique ?

....

....

2. Donnez des synonymes de l'expression carte graphique :

....

....

3. Quel est l'intérêt du bus AGP ?

....

....

III. Faut-il choisir un ordinateur de bureau ou un ordinateur portable ?

À la fin de ces dossiers décrivant les composants d'un ordinateur, il est intéressant de se demander quel type d'ordinateur est adapté aux besoins de bureautique classique. Un ordinateur de bureau est-il encore nécessaire ou un ordinateur portable suffit-il ?

Avec leurs baisses des prix, leurs puissances équivalentes à celles des ordinateurs de bureau, leurs larges écrans, leurs faibles encombrements, leurs maniabilités, les ordinateurs portables prennent peu à peu la relève des ordinateurs de bureau.

Compétence

8 Comment choisir une imprimante pour son entreprise ?

Éléments du programme traités

Compétences techniques

- Installer, paramétrer et maintenir son poste de travail sur les plans matériel et logiciel
- Tenir et mettre à jour la documentation informatique de son poste de travail

Objectifs à atteindre

- Faut-il choisir une imprimante à jet d'encre ?
- Dans quel cas faut-il choisir une imprimante laser ?
- Comment choisir une imprimante réseau ?

Mots-clés

coût de l'impression - imprimante - imprimante laser - jet d'encre - résolution de l'impression - toner - vitesse d'impression

Connaître le contexte professionnel du dossier

Pour imprimer le résultat de son travail, le comptable a deux technologies d'impression à sa disposition : l'impression à jet d'encre et l'impression laser. Sur quels critères, choisir entre ces deux technologies ?

Pour une organisation dotée d'un réseau d'ordinateurs se pose également le problème du choix de l'imprimante réseau. Qu'est-ce qu'une imprimante réseau ? Comment choisit-on une imprimante réseau ? Quelles sont les performances attendues de ce type d'imprimantes dans l'exercice de la profession comptable ?

Tels seront les thèmes abordés dans ce dossier.

Pour imprimer ses documents, l'utilisateur peut utiliser deux types d'imprimantes. Celles utilisant la technologie du jet d'encre et celles mettant en œuvre la technologie du laser.

I. Faut-il choisir une imprimante à jet d'encre ?

A. Suis-je capable de comprendre une documentation informatique ?

Sur le site Internet d'un distributeur de produits informatiques, on observe le descriptif de l'imprimante suivante :

Flexibilité et qualité photographique exceptionnelles pour tout ce que vous imprimez chez vous

Description

Qualité photographique immédiate, sans changer de cartouche
papier ordinaire ou recyclé, papier Photo, transparents, banderoles, transferts sur tee-shirts et cartes de voeux
Réalisation simple et créative d'invitations colorées, de projets scolaires, de mémos personnels, de papier à en-tête.
Compacité et silence exceptionnel
Installation facile et fonctionnement sans souci

CARACTÉRISTIQUES TECHNIQUES :
- Vitesse : jusqu'à 6 pages/mn noir, 3 pages/mn couleur
- Interface :Centronics parallèle

- Notez les termes, expressions ou sigles qui vous paraissent mystérieux dans cette publicité :

....

....

B. Quelles sont les caractéristiques d'une imprimante à jet d'encre ?

1. Comment fonctionne la technologie du jet d'encre ?

La technologie du jet d'encre a été inventée par la société Canon. L'encre est stockée dans une buse (tuyau) dont la température est portée à 400°. Lorsque l'encre est chauffée des bulles apparaissent. Celles-ci provoquent le jaillissement de l'encre en dehors de la buse. La projection de l'encre sur le papier forme un élément du caractère ou du dessin à imprimer :

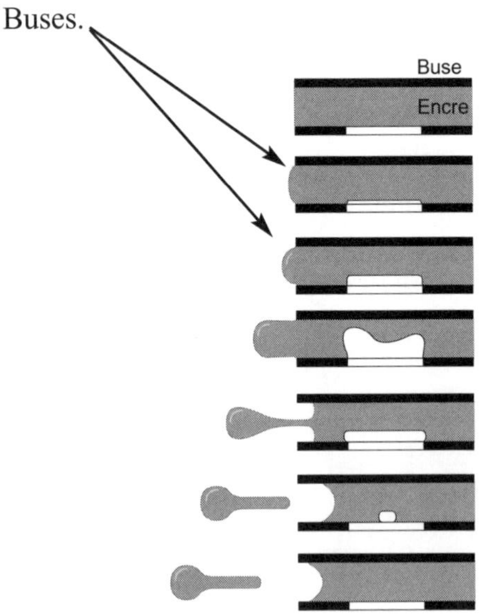

La résistance chauffe.
Une bulle se crée.
La bulle grossit.
La bulle chasse l'encre.
La bulle refroidit et se contracte.
De l'encre remplit à nouveau la buse.
Prêt pour une nouvelle projection.

2. Comment sont dessinés les caractères ?

Les têtes des imprimantes sont composées de nombreuses buses : jusqu'à 256. La mise en action de ces buses permet de tracer les caractères à imprimer, ou le détail d'un dessin ou d'une photo :

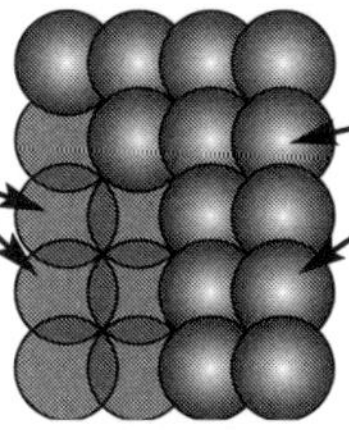

3. Qu'est-ce qu'une imprimante polyvalente ?

Les imprimantes à jet d'encre sont **polyvalentes**. Cela signifie qu'elles peuvent imprimer en noir ou en couleur. Pour cela, elles disposent de deux cartouches. L'une contient de l'encre noire, l'autre les trois couleurs primaires bleu, rouge et jaune. Le mélange de ces trois couleurs permet d'obtenir les nuances souhaitées.

C. Suis-je capable de choisir une imprimante à jet d'encre pour mon entreprise ?

Deux critères techniques et un critère économique sont à prendre en compte : la **résolution de l'impression**, la **vitesse d'impression** et le **coût de l'impression** :

1. Qu'est-ce que la résolution de l'impression ?

La **résolution de l'impression** est le nombre de points que l'imprimante peut imprimer par pouce. Ce nombre varie entre 720 x 360 et 1 440 x 720 points par pouce.

2. Quelle est la vitesse d'impression des imprimantes à jet d'encre ?

Le nombre de pages imprimées par minute permet de classer les imprimantes. Il y a une vitesse pour l'impression en noire (entre 4 et 12 pages par minute) et une pour l'impression en couleur (entre 2 et 12 pages par minute).

3. Quel est le coût de l'impression ?

Pour choisir, il faut inclure dans la prise de décision, le **coût de l'impression**. Celui-ci comprend :

- le prix d'achat de l'imprimante,
- le prix des cartouches d'encre,
- le nombre de pages par cartouche imprimables,
- le nombre de pages à imprimer pendant la durée de vie prévisionnelle de l'imprimante,
- le prix du papier.

Synonyme

Le mot **définition** est un synonyme du mot **résolution**.

À retenir !

La résolution de l'impression est le nombre de points que l'imprimante peut imprimer par pouce.

À retenir !

Le nombre de pages imprimées par minute permet de classer les imprimantes.

Application 1 : Une imprimante pour l'entreprise Com'Pro

L'entreprise Com'Pro a acheté une imprimante à jet d'encre polyvalente. Elle a coûté 630 €. Le prix d'une cartouche est de 60 €. Le nombre de pages imprimables par cartouche est de 300. Le nombre de pages à imprimer est de 5 000 par an. Durée de vie prévisionnelle de l'imprimante : 3 ans. Une ramette de papier de 500 feuilles coûte 5 €.

1. Calculez le coût de l'encre utilisée pendant la durée de vie du bien :

....

....

....

2. Comparez le coût de l'encre utilisée avec celui de l'imprimante. Qu'en concluez-vous ?

....

....

....

....

3. Calculez le coût global d'impression :

....

....

....

4. Calculez le coût de revient unitaire d'une page imprimée :

....

....

....

Application 2 : Une imprimante pour l'assistante du chef comptable

L'assistante du chef comptable de l'entreprise Technique 3000 souhaite acquérir une imprimante à jet d'encre pour son activité de secrétariat au sein du service. Elle doit concevoir de nombreux courriers classiques et chaque mois, un rapport de gestion est envoyé à la maison mère de Technique 3000. Ce rapport contient de nombreux graphiques en couleur. La vitesse, la qualité de l'impression et le coût sont les priorités de l'assistante. Aidez-la à faire son choix :

Prix des imprimantes	Modèle d'imprimantes	Définition	Vitesse (pages/minute) Noir/couleur	Nombre de pages par cartouche en mode couleur
moins de **150 €**	**CANON BJC-2000**	720x360	5/2	25
moins de **170 €**	**CANON BJC-4400 P**	720x360	6,5/2,3	37
moins de **340 €**	**CANON BJC-6000**	1440x720	8/5	58
moins de **400 €**	**CANON BJC-7100**	1200x600	8/5	75
moins de **170 €**	**EPSON Stylus Color 440**	720x720	4 / 2,5	65
moins de **210 €**	**EPSON Stylus Color 640**	1440x720	5 / 3,5	68
moins de **250 €**	**EPSON Stylus Photo 700**	1440x720	3,5 / 3,5	70
moins de **300 €**	**EPSON Stylus Color 740**	1440x720	6 / 6	70
moins de **340 €**	**EPSON Stylus Photo 750**	1440x720	6 / 5,5	40
moins de **500 €**	**EPSON Stylus Color 900**	1440x720	12 / 11,5	90
moins de **600 €**	**EPSON Stylus Photo 1200**	1440x720	6 / 5,5	40
moins de **170 €**	**H P DeskJet 695C**	600x300	5/1,7	50
moins de **250 €**	**H P DeskJet 710C**	NS	6/5,5	60
moins de **340 €**	**H P DeskJet 880C**	NS	8/7,5	63
moins de **400 €**	**H P DeskJet 895 Cxi**	NS	10/9	60

NS : non significatif.

....

....

....

....

II. Dans quel cas faut-il choisir une imprimante laser ?

A. Suis-je capable de comprendre une documentation informatique ?

Sur le site Internet d'un distributeur de produits informatiques, on observe le descriptif de l'imprimante suivante :

OKIPAGE 10EX

Description

C'est l'imprimante idéale pour les forts volumes
et sait parfaitement répondre aux besoins des petites et moyennes
entreprises. Elle allie rapidité d'impression avec son moteur de 10 pages minutes et
qualité en résolution 600 x 1200 Dpi.
Vitesse : 10 pages/minute- 1re page : 12 secondes) Résolution : 600 x 600 Dpi
2Mo ext. à 35 Mo standard -Bac papier : 250 feuilles formats : A4, A5
15000 pages/mois maximum Drivers fournis : Windows 3.XX, 95, 98, NT 3.51 et 4.0.

- Notez les termes, expressions ou sigles qui vous paraissent mystérieux :

....

....

B. Quelles sont les caractéristiques d'une imprimante laser ?

L'intérieur d'une imprimante laser se présente ainsi :

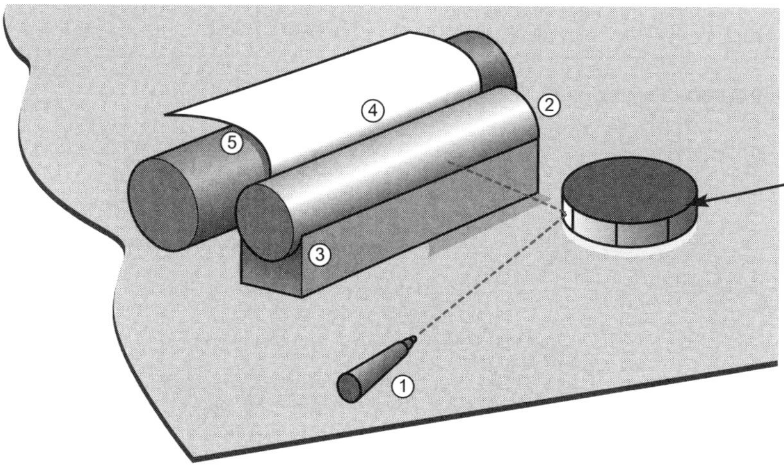

Un miroir en mouvement permet de déplacer le point d'impact du laser sur le tambour.

Un rayon laser provoque le dépôt de particules d'électricité positive sur le tambour (rouleau) de l'imprimante.

Le tambour tourne...

et passe dans le bac à toner (poudre d'encre) chargé de particules d'électricité négatives. Le toner se fixe sur les parties positives du tambour.

Le tambour continue sa rotation et vient déposer l'encre sur la feuille de papier.

Le papier passe ensuite dans un four pour fixer l'encre au papier.

C. Suis-je capable de choisir une imprimante laser pour mon entreprise ?

Les critères sont les mêmes que ceux retenus pour les imprimantes à jet d'encre. Le nombre de pages imprimées est de 6 à 10 pages par minute. La résolution de l'impression peut aller de 600 x 600 points par pouce à 1 200 x 1 200 points par pouce.

Les imprimantes sont également dotées d'une mémoire vive afin de placer les travaux en attente d'impression. La taille de cette mémoire est au minimum de deux millions d'octets. Le prix d'achat d'une imprimante est plus élevé mais le coût de l'encre est plus faible. Une cartouche de toner permet d'imprimer en général 5 000 pages.

Application : Une laser pour l'expert-comptable

M. Joël Noble, expert-comptable souhaite acquérir une imprimante laser. Chaque mois, il doit imprimer les balances des comptes de ses clients (10 pages par client), leurs journaux (100 pages par client) et leurs grands-livres (une cinquantaine de pages par client). En fin d'année, il doit imprimer en plus, les liasses fiscales (10 pages par client) de ses clients (une soixantaine).

À partir du tableau ci-dessous, décrivant les capacités d'imprimantes laser, proposez, en justifiant votre choix, à M. Joël Noble, une imprimante adaptée à ses besoins :

Modèle d'imprimante	Prix de l'imprimante	Définition [1] de l'imprimante	vitesse [2] d'impression	Taille mémoire vive
Brother HL 820	Moins de 300 €	600 x 600	8	2 Mo
Brother HL 1050-A	Moins de 500 €	1 200 x 600	10	4 Mo
Canon LBP-660	Moins de 300 €	600 x 600	6	2 Mo
HP Laserjet 1100	Moins de 500 €	600 x 600	8	2 Mo
HP Laserjet 2100	Moins de 1 000 €	1 200 x 1 200	10	4 Mo
Textronix Phaser 740N	Moins de 3 000 €	600 x 600	16/5	32 Mo
Xerox DocuPrint P8e	Moins de 400 €	600 x 600	8	4 Mo

1. Nombre de points par pouce. 2. Nombre de pages par minute.

....

....

....

....

....

....

....

....

....

....

....

D. Comment choisir entre une imprimante à jet d'encre et une imprimante laser ?

L'imprimante à jet d'encre est, grâce à la couleur, plus polyvalente. Son prix d'achat est également plus bas. Par contre le coût de la consommation d'encre est très élevé. Pour obtenir un résultat parfait, il faut également un papier spécial. Celui-ci est donc plus coûteux. Enfin la vitesse d'impression est en général faible.

L'imprimante laser est rapide, la qualité d'impression parfaite, le coût de l'impression très faible. Il est possible de lui adjoindre une carte réseau et donc de la partager en réseau. Son coût d'achat est plus élevé. Seule l'impression en noir est à un prix accessible.

En conclusion, l'imprimante à jet d'encre couleur est plutôt réservée à un usage individuel ou à un petit secrétariat. L'imprimante laser sera préférée pour les travaux de groupe.

III. Comment choisir une imprimante réseau ?

A. Qu'est-ce qu'une imprimante réseau ?

Sur le site de la société Hewlett-Packard, on observe le modèle d'imprimante réseau suivant :

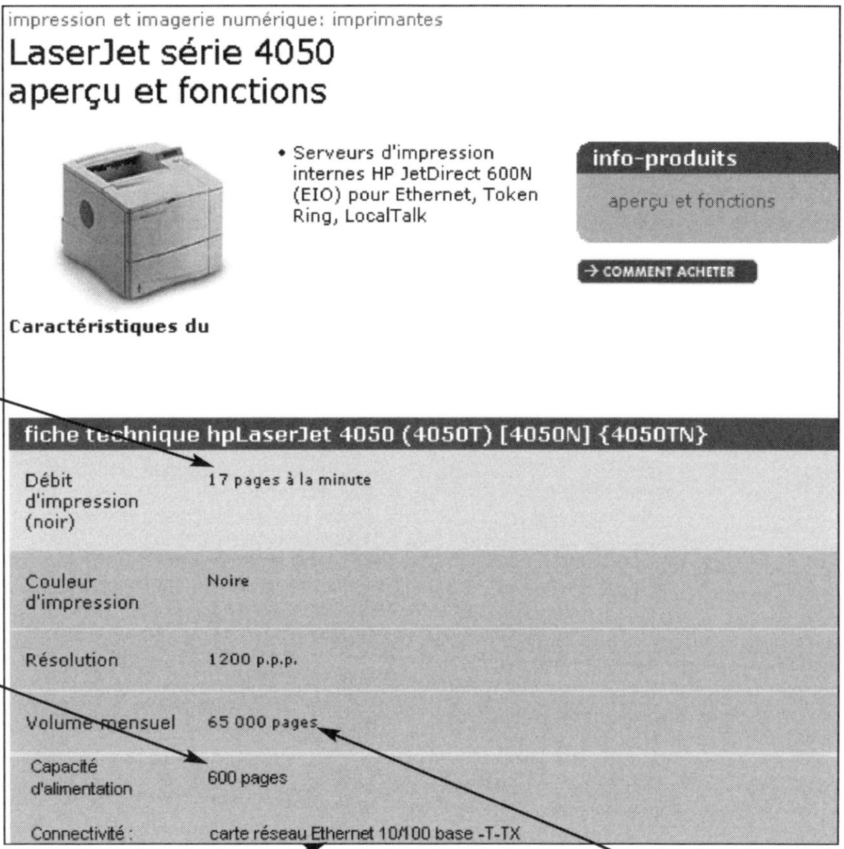

L'imprimante réseau doit avoir un fort débit d'impression pour répondre aux demandes d'impression d'un service par exemple.

L'imprimante réseau doit disposer de bacs d'alimentation en papier important afin d'éviter les manipulations fréquentes.

Une imprimante réseau doit être compatible avec un protocole de réseau comme Ethernet que nous verrons dans le dossier 10.

L'imprimante réseau doit être capable de répondre à un volume d'activité important.

L'imprimante réseau doit disposer d'une carte réseau. Elle sera ainsi assimilée à un ordinateur qui répondra à tout instant aux demandes d'impression.

B. Faire la synthèse

- Résumez en quelques lignes les caractéristiques essentielles d'une imprimante réseau :

....

....

....

....

....

....

....

....

....

....

Compétence **9**

Quels sont les périphériques d'entrée d'information ?

Éléments du programme traités

Compétences techniques

- Installer, paramétrer et maintenir son poste de travail sur les plans matériel et logiciel
- Tenir et mettre à jour la documentation informatique de son poste de travail

Objectifs à atteindre

- Est-ce que je connais bien le rôle de la souris ?
- Est-ce que je connais la fonction de toutes les touches de mon clavier ?
- Quelle est l'utilité du scanner dans le domaine de la gestion ?
- Comment fonctionnent les lecteurs de codes-barres ?

Mots-clés

apprentissage du clavier - AZERTY - clavier - code-barres - DPI - logiciel de dessin - logiciel OCR - majuscule temporaire - majuscule bloquée - numérisation du document - Paint - Photoshop - pointeur - QWERTY - reconnaissance de caractères - reconnaissance optique des caractères - retouche d'image - scanner - signaux infrarouges - souris - stockage des documents - touche Alt Gr - touche de tabulation - touche Echap - touche Entrée - touche Impression écran - touche Origine - touche Retour arrière - touche Suppression - touche Verrouillage numérique - *Trackpoint*

Connaître le contexte professionnel du dossier

Beaucoup d'appareils comme la souris, le clavier, le scanner... appelés périphériques d'entrée d'information entourent l'ordinateur. Quel est le rôle exact de ces appareils ? Quels sont les critères de choix de ces appareils ? Quelle est l'utilité de ces appareils pour le comptable dans l'exercice de son travail ? Tels sont les thèmes qui seront traités dans ce dossier.

Qui a inventé la souris ?

Outil devenu banal, la souris a été inventée en 1969 par Douglas Engelbart, chercheur dans l'entreprise Xerox en Californie :

Une des premières souris !!!

Les périphériques d'entrée d'information sont nombreux : souris, clavier, scanner, lecteur de codes-barres, stylet (objet pour pointer un élément de l'écran, utile pour les ordinateurs de poche en particulier), microphone. Nous allons présenter dans ce dossier les trois premiers périphériques.

I. Est-ce que je connais bien le rôle de la souris ?

A. Qu'est-ce qu'une souris ?

La souris est un **dispositif de pointage**. Le déplacement de la souris sur une surface plane permet de déplacer le plus souvent une flèche appelée **pointeur**. Celui-ci permet de **désigner** (**pointer**) un élément de l'écran :

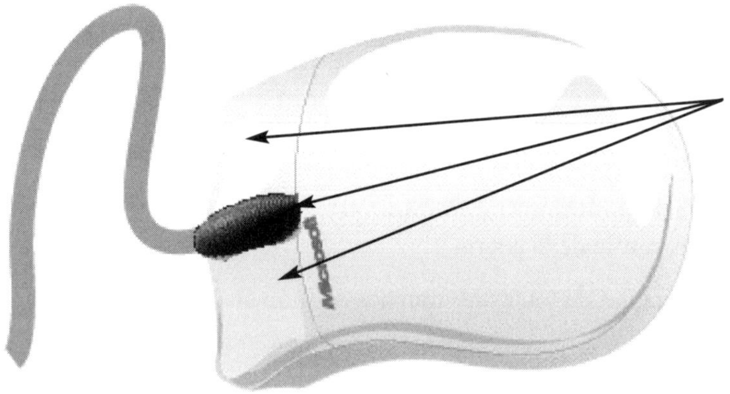

Un, deux boutons, parfois une roulette permettant de sélectionner un élément de l'écran, d'afficher un menu contextuel ou de faire défiler le contenu d'une fenêtre.

B. Comment fonctionne la souris ?

Le déplacement de la souris, provoque le déplacement d'une boule ① :

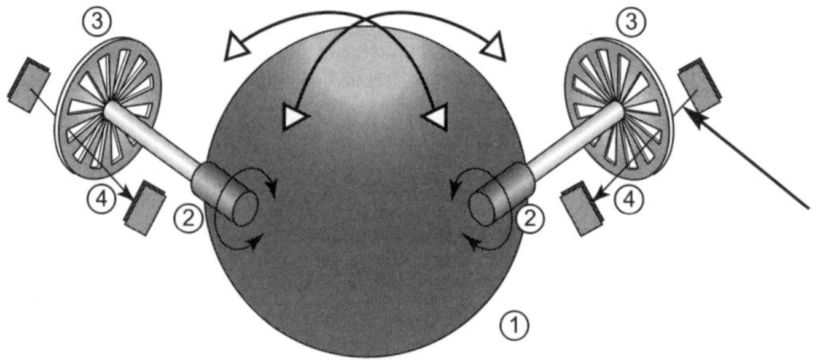

Rayon lumineux.

Celle-ci met en mouvement des petits galets ② qui a leur tour provoquent la rotation de petites roues ③. Celles-ci laissent passer ou interromptent le passage d'un rayon lumineux ④. Ce dispositif génère une information binaire (0,1). L'ordinateur détermine ainsi la position du pointeur sur l'écran.

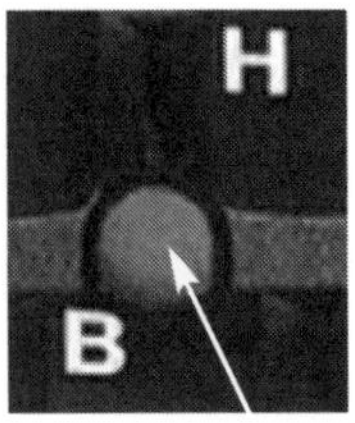

Au milieu du clavier apparaît le Trackpoint.

La souris a connu de nombreuses variantes. Le câble électrique qui relie la souris à l'ordinateur peut être remplacé par un dispositif de transmission de signaux infrarouges. La boule est également remplacée par une micro-caméra qui repère tous les déplacements de la souris.

C. Comment remplacer la souris lorsque j'utilise mon ordinateur en voyage ?

Sur les ordinateurs portables, la souris est remplacée par un ***trackpoint*** (petit batonnet placé entre les touches du clavier) ou une **plaque sensitive** qui réagit au déplacement d'un doigt sur sa surface.

II. Est-ce que je connais la fonction de toutes les touches de mon clavier ?

Le clavier est un dispositif qui permet la saisie des caractères :

Le clavier comporte en général 105 touches. À la page suivante, la fonction de chaque touche est décrite.

Quelques questions à un(e) futur(e) professionnel(le)...

À partir du clavier reproduit à la page 78, répondez aux questions suivantes :

1. Comment supprime-t-on un caractère à gauche du curseur ?

....

2. Comment supprime-t-on un caractère à droite du curseur ?

....

3. Comment génère-t-on le troisième caractère gravé sur certaines touches ?

....

4. Comment rejoint-on rapidement le premier caractère d'une ligne ? Le dernier caractère d'une ligne ?

....

5. Quel est le rôle de la touche Echap ?

....

6. Quelles sont les fonctions de la touche Majuscule temporaire ?

....

....

7. Pourquoi parle-t-on de touche Majuscule temporaire et Majuscule bloquée ?

....

....

8. Comment sait-on que la touche Majuscule bloquée est activée ?

....

9. Le mot Tabulation désigne plusieurs réalités. Pouvez-vous les citer ?

....

....

10. Quel est l'intérêt de la touche Impression écran ?

....

Quel est le futur de la reconnaissance vocale ?

La reconnaissance vocale est une technique reconstituant les mots à partir des sons perçus lorsque l'utilisateur dicte son texte dans un microphone. Par exemple, le livre que vous avez entre les mains est entièrement saisi à l'aide d'un logiciel de reconnaissance vocale.

Quel est l'intérêt de la reconnaissance vocale ?

La vitesse de saisie des informations est extrêmement rapide : 160 mots par minute, la fatigue est moindre.

Quel est l'inconvénient du logiciel de reconnaissance vocale ?

L'orthographe et la grammaire d'une langue sont des ensembles extrêmement complexes qu'il est difficile d'informatiser.

Pour cette raison le texte saisi comporte de nombreuses erreurs. Il faut donc ensuite une relecture attentive du texte.

Néanmoins le bilan est positif : gain de temps et moins de fatigue.

*La touche de **tabulation** permet de rejoindre un repère (une tabulation) placé sur la règle dans un traitement de texte ou de passer de champ en champ dans une fenêtre de dialogue d'un logiciel pour préciser ses choix.*

*La touche **Echap** (ou Esc) permet de quitter une activité.*

*Le rôle des touches de **fonction** est défini dans chaque logiciel.*

*La touche **Retour arrière** permet de supprimer le caractère <u>à gauche</u> du curseur.*

*La touche **Entrée** confirme une saisie d'information.*

*Indique si la touche **Verrouillage numérique** est enfoncée.*

*Indique si la touche **Majuscule bloquée** est enfoncée.*

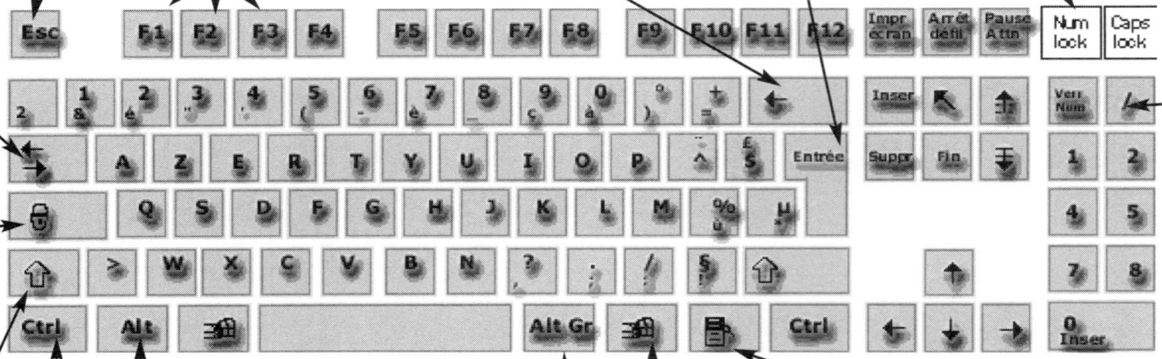

*La touche **Verrouillage numérique** active les touches du clavier numérique.*

*La touche **Majuscule bloquée** génère les caractères majuscules et les caractères en haut des touches lorsque celles-ci comprennent plusieurs caractères.*

*La touche **Majuscule temporaire** permet de sélectionner **ponctuellement** la première ligne des touches ou d'obtenir des caractères majuscules. Si la touche **Majuscule temporaire** est enfoncée, la touche **Majuscule bloquée** est désactivée.*

*La touche **Alt Gr** (alternative groupée) remplace l'utilisation simultanée des touches **Ctrl** et **Alt.** Elle permet en particulier d'obtenir le <u>troisième caractère</u> de certaines touches telles que @, #...*

*La touche **Windows** affiche le menu **Démarrer** dans Windows.*

*Cette touche permet d'afficher un **menu contextuel**.*

*La touche **Impression écran** permet de faire une copie de l'écran dans le **presse-papiers** (mémoire temporaire qui permet de transférer des données entre logiciels). Il est ensuite possible d'imprimer ou de modifier l'écran.*

*La touche **Origine** permet de revenir au début d'une ligne, d'un texte, d'un tableau...*

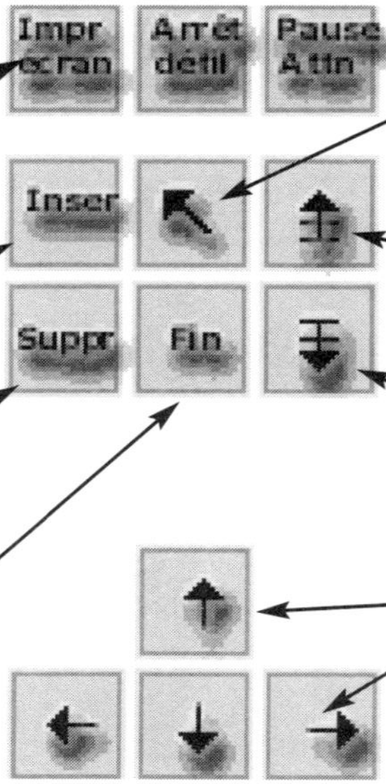

*La touche **Page précédente** permet de revenir à la page précédente.*

*La touche **Insertion** permet d'insérer le contenu du presse-papiers.*

*La touche **Page suivante** permet de passer à la page suivante.*

*La touche **Suppression** permet de supprimer le caractère <u>à droite</u> du curseur ou l'élément sélectionné.*

*La touche **Fin** permet d'aller à la fin d'une ligne, d'un texte...*

*Les **touches de direction** permettent de se déplacer dans un document, un tableau.*

<u>Distinguer les claviers</u>

Les cinq premières lettres du clavier sont AZERTY pour les claviers français et QWERTY pour les claviers anglo-saxons.

Il existe de nombreux logiciels d'apprentissage du clavier comme **Dactylog** ou **Tip Tap Top** aux Éditions Bertrand-Lacoste.

III. Quelle est l'utilité du scanner dans le domaine de la gestion ?

A. Suis-je capable de comprendre une documentation informatique ?

Soit la publicité observée sur le site Internet d'un distributeur de produits informatiques :

HP ScanJet 3200C

Description

HP Precision Scan LT permet de numériser simultanément les textes et les images d'un document évitant ainsi de numériser chaque élément séparément. Le lien direct vers les applications permet d'envoyer directement ou par le presse-papier le ou les éléments numérisés vers les applications afin de faciliter leur intégration.

CARACTERISTIQUES TECHNIQUES :

- Numérisation simultanée des textes et des photos
- Résolution : 600 x 1200 interface parallèle
- Logiciel d'OCR
- Logiciel de retouche
- Support technique et évolution logicielle

• Relevez tous les termes, sigles, expressions qui vous semblent mystérieux :

....

....

B. Comment fonctionne un scanner ?

Le scanner est un appareil capable d'examiner un document point par point. Chacun de ces points est converti en un **0** ou un **1** pour une exploitation informatique. On parle de **numérisation du document** :

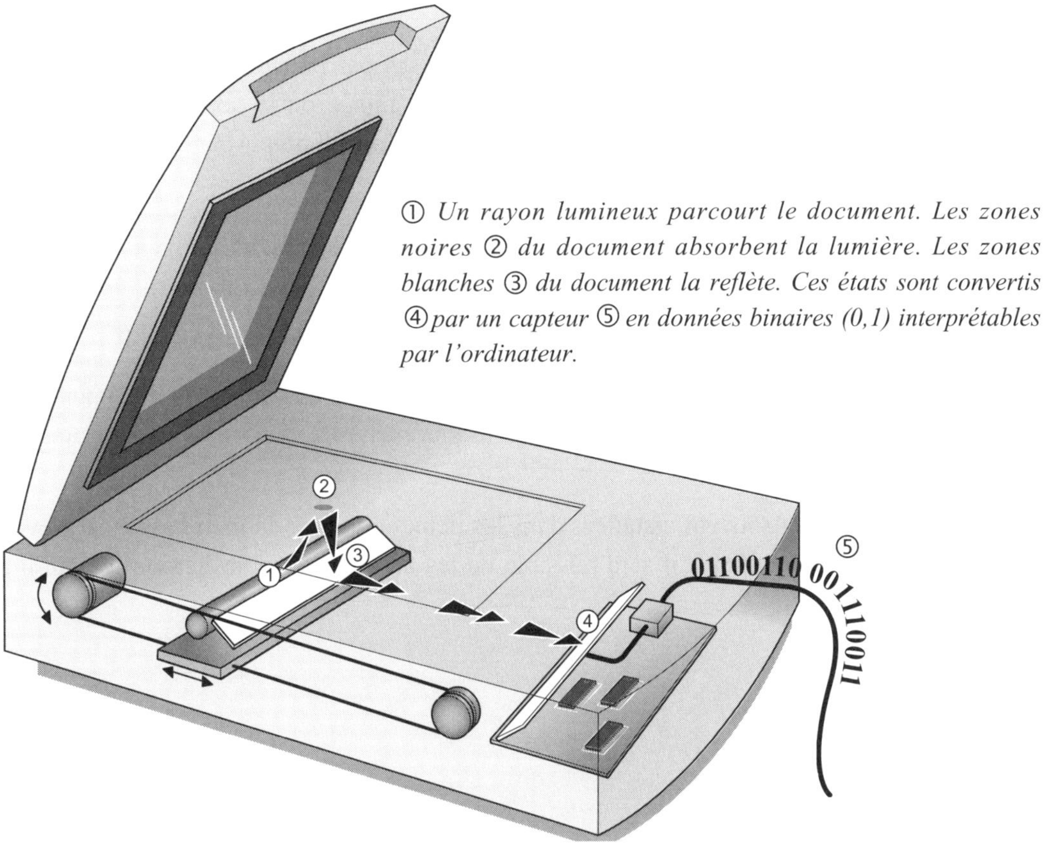

Le périphérique du futur

L'imprimante, le scanner et le photocopieur devrait, dans le futur se trouver rassemblés dans une seule machine.

C. Quels sont les logiciels qui exploitent les données numérisées ?

1. Quelle est l'utilité d'un logiciel de retouche d'image ?

Si le document numérisé est une **image**, il est possible de **retoucher** (corriger) l'image dans un **logiciel de dessin** comme **Paint** ou de **retouche d'image** comme **Photoshop** de la société Adobe.

2. À quoi sert un logiciel de reconnaissance des caractères ?

Si le document est un texte, un **logiciel de reconnaissance de caractères** appelé encore logiciel **OCR** (*Optical Caracter Recognition* [reconnaissance optique des caractères]) permet de récupérer le texte :

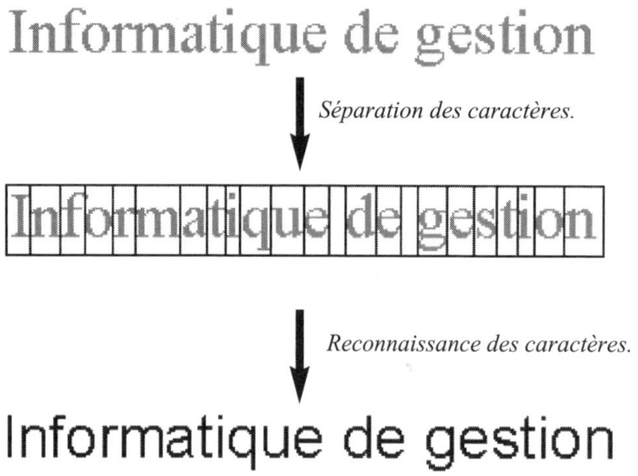

D. Suis-je capable de choisir un scanner pour mon entreprise ?

La **résolution** du scanner et sa **vitesse** permettent de distinguer les scanners.

1. La résolution

La résolution est exprimée en nombre de points scannérisés par pouce (DPI [*dot per inch* - point par pouce -]). Plus cette résolution est élevée, plus l'image ou le texte scannerisé sera fidèle à l'original. La résolution varie entre 300 x 600 et 600 x 1 200 points par pouce.

2. La vitesse

La vitesse de numérisation dépend de la résolution souhaitée, de la taille de l'image, de l'utilisation de la couleur ou de niveaux de gris.

E. Quelle est l'utilité du scanner pour ma future vie professionnelle ?

Le scanner peut être utilisé pour incorporer des images ou des textes dans des documents. Il permet également le stockage des documents (archives par exemple) et offre donc des gains de place importants dans une entreprise.

En effet, les entreprises sont souvent installées dans les lieux où le prix du mètre carré est élevé. Après numérisation des documents, il sera possible de les archiver dans un lieu où le coût du stockage sera plus faible.

IV. Comment fonctionnent les lecteurs de codes-barres ?

A. Qu'est-ce qu'un code-barres ?

Le **code-barres** est une combinaison de petites barres verticales dont l'épaisseur et l'espace entre les barres constituent le codage :

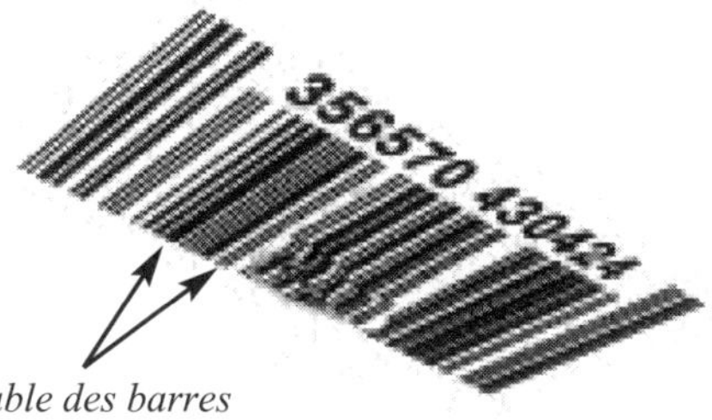

L'épaisseur variable des barres et des espaces permet de représenter l'information.

B. Comment lire un code-barres ?

Un lecteur optique permet de lire les éléments du code :

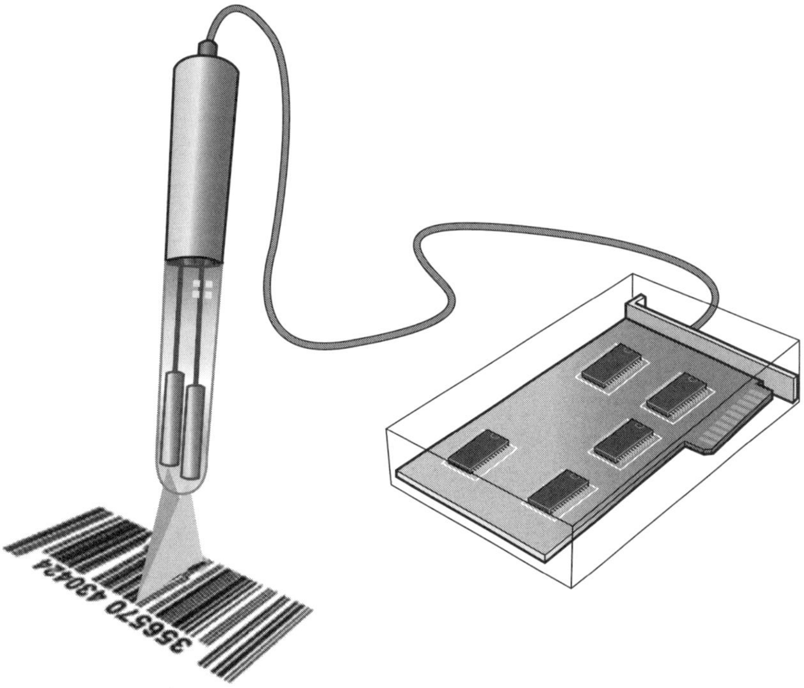

C. Suis-je capable de repérer l'utilité des codes-barres dans le domaine de la gestion ?

Très utilisé dans les magasins, le code-barres permet également dans les autres entreprises d'identifier les immobilisations, les chèques... De plus les données issues des codes-barres sont ensuite exploitées dans les logiciels de gestion (facturation, comptabilité, paye...).

Quelques questions à un futur professionnel ?

1. Qu'est-ce que la numérisation des documents ?

....

....

....

Les autres périphériques d'entrées d'information

L'appareil photo numérique :

la caméra numérique :

et la *webcam* (caméra numérique connectée à Internet) :

constituent d'autres périphériques d'entrée d'information.

2. Quelle est l'utilité de la numérisation ?

....

....

3. La numérisation est-elle une activité marginale ou fondamentale du monde actuel ? Pourquoi ?

....

....

4. Pouvez-vous citer d'autres domaines de la numérisation ?

....

....

5. Quels sont les logiciels qui accompagnent la numérisation des documents ?

....

....

6. Quelle est l'utilité des logiciels de reconnaissance de caractères ?

....

....

7. Dans le domaine de la comptabilité, pourriez-vous citer des exemples où le scanner peut-être utile ?

....

....

8. Dans le domaine de la comptabilité, citez des exemples où le logiciel de reconnaissance de caractères peut-être utilisé ?

....

....

9. Qu'est-ce qu'un code-barres ?

....

....

10. Pour quelles raisons le code-barres est-il utilisé dans de nombreuses activités ?

....

....

Repérer l'importance des réseaux informatiques

10. Qu'est-ce qu'un réseau informatique ?
11. Quels sont les composants d'un réseau informatique ?
12. Qu'est-ce qu'Internet ?
13. Comment exploiter les ressources d'Internet ?

Compétence

10 Qu'est-ce qu'un réseau informatique ?

Éléments du programme traités

Compétence technique

- Définir des besoins en ressources dans un environnement de réseau local

Compétence en organisation

- Déterminer les besoins, les contraintes liées à la sécurité et à la confidentialité

Compétence en communication

- Décrire et expliquer les ressources disponibles accessibles à un utilisateur ou un groupe d'utilisateurs

Objectifs à atteindre

- Suis-je capable de comprendre une documentation informatique ?
- Qu'est-ce qu'un réseau informatique ?

Mots-clés

administrateur de réseau - câblage - droits - LAN - mot de passe - Netware - nom d'utilisateur - Novell - opérateur téléphonique - partager des ressources - permission - réseau étendu - réseau informatique - réseau local - ressource - sécurité du réseau - serveur - serveur de réseau - système d'exploitation de réseau - WAN - Windows 2000 - Windows NT

Connaître le contexte professionnel du dossier

Le réseau d'ordinateurs est devenu l'environnement courant du comptable et du gestionnaire. Il faut donc s'attacher à définir ce qu'est un réseau, à repérer les éléments matériels et logiciels d'un réseau et à montrer comment l'activité comptable s'insère dans un réseau.

Service d'ouverture de session

Lorsqu'un utilisateur se connecte à un réseau son nom d'utilisateur et son mot de passe sont comparés à une base de données gérée sur le serveur par le système d'exploitation de réseau. Ce contrôle s'appelle un **service d'ouverture de session de travail sur le réseau**.

Serveur d'applications et de bases de données

Lorsqu'une application est exécutée dans la mémoire vive du serveur et qu'elle est mise en œuvre par plusieurs utilisateurs nous sommes en présence d'un « serveur d'applications ». Il en est de même pour un serveur de bases de données.

Internet et intranet

Internet est un ensemble d'ordinateurs utilisant le même protocole de communication
Un **intranet** est un réseau local utilisant le protocole Internet. Ces notions seront développées dans les chapitres suivants.

I. Suis-je capable de comprendre une documentation informatique ?

Soit une publicité concernant un serveur de réseau :

CHOIX D'UNE SÉRIE DE SERVEURS

Conception très souple pour le partage de fichiers et d'imprimantes et les applications réseau de base

Un vrai serveur dès sa conception, avec les qualités de fiabilité et d'administration que vous attendez.

PowerEdge 1300 | **PowerEdge 2300** | **PowerEdge 2400**

Partage en Réseau

Ces serveurs permettent à de multiples utilisateurs d'accéder aux ressources de fichiers et d'impression sur le réseau. Ils peuvent comporter des services d'ouverture de session pour vérifier que l'utilisateur a un accès autorisé.

Applications

Les serveurs d'applications et de bases de données permettent à de multiples utilisateurs d'accéder simultanément aux applications et de partager l'information. Généralement pilotées à partir de la base de données, les applications peuvent comporter des serveurs spécifiques aux divers services de l'entreprise. Il arrive d'ailleurs souvent qu'un serveur gère plusieurs applications en même temps.

Intranet & Internet

Votre société possède peut-être un site Internet ou un Intranet, c'est-à-dire un réseau conçu pour traiter l'information à l'intérieur de l'entreprise. Les serveurs qui gèrent de telles applications vous permettent d'accéder à Internet ou à l'Intranet, ainsi qu'à d'autres services tels que le commerce électronique, les serveurs coupe-feu et les serveurs proxy.

1. Relevez les termes, sigles et expressions qui vous paraissent mystérieux dans cette publicité :

....

....

2. À partir de cette publicité, indiquez l'intérêt d'un réseau :

....

....

....

....

....

II. Qu'est-ce qu'un réseau informatique ?

A. Définition

Un **réseau informatique** est un ensemble d'ordinateurs reliés entre eux par un **câblage**, géré par un serveur grâce à un **système d'exploitation de réseau** afin de partager des ressources.

B. Exemple

Voici un exemple de réseau informatique :

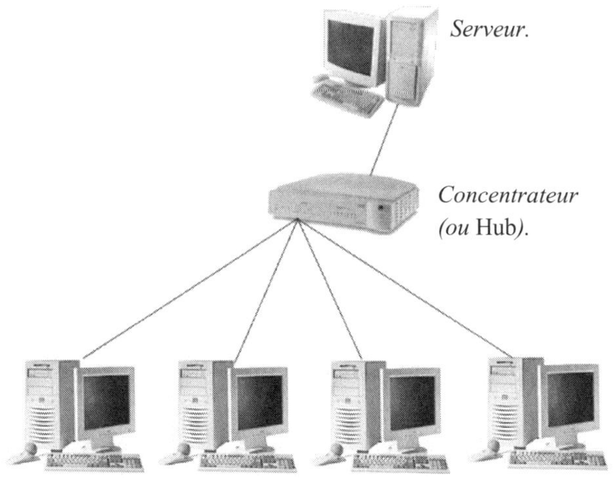

C. Connaître les différents types de réseaux

Géographiquement, il existe plusieurs types de réseaux. Des **réseaux locaux** (ou LAN [*Local Area Network* - réseau local-]), des **réseaux étendus** ou WAN (*Wide Area Network* [réseau étendu]).

1. Quand parle-t-on de réseau local ?

Il y a **réseau local** d'entreprise tant que celle-ci ne fait pas appel à un **opérateur téléphonique** comme France Telecom ou Cégétel pour faire communiquer ses ordinateurs entre eux. Un opérateur téléphonique est une entreprise qui met à la disposition des entreprises comme des particuliers des lignes téléphoniques.

Un **réseau local** est un ensemble d'ordinateurs reliés entre eux dans un même bâtiment ou dans plusieurs bâtiments figurant sur le même terrain.

2. Qu'est-ce qu'un réseau étendu ?

Dès qu'une entreprise fait appel à un opérateur téléphonique, on parle de **réseau étendu**. Les ordinateurs pourront être dispersés sur tout le territoire français ou dans le monde entier :

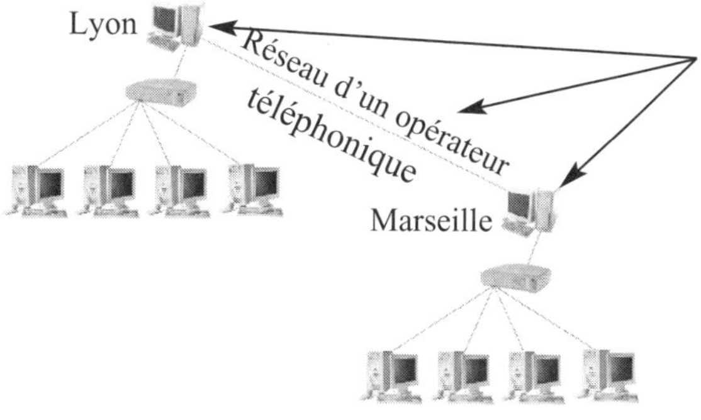

Serveur coupe-feu

Les disques durs des ordinateurs connectés au réseau Internet peuvent être consultés, modifiés par des intrus (*hackers* [pirates informatiques]). Un serveur coupe-feu (ou *firewall*) est un logiciel complété parfois par des cartes électroniques qui a pour fonction d'empêcher les intrusions dans le réseau.

Serveur proxy

Le rôle d'un serveur proxy (proximité) est de mémoriser les adresses et les pages des sites Internet consultés par les membres d'une organisation. Lors de consultations ultérieures, le serveur restitue aussitôt les pages mémorisées, si une personne de l'organisation en fait la demande. L'intérêt d'un serveur proxy est donc le gain de temps.

Quelques questions à un(e) futur(e) professionnel(le)...

1. Qu'est-ce qu'un réseau informatique ?

....

....

2. À partir de quand parle-t-on de réseau étendu ?

....

D. À quoi sert le serveur ?

1. Qu'est-ce qu'un serveur ?

Un serveur de réseau de micro-ordinateurs est un micro-ordinateur plus puissant que les autres contenant le système d'exploitation du réseau et coordonnant l'activité du réseau.

2. Observer un exemple de serveur

Sur le site Internet d'un vendeur de réseaux, on observe la description du matériel suivante :

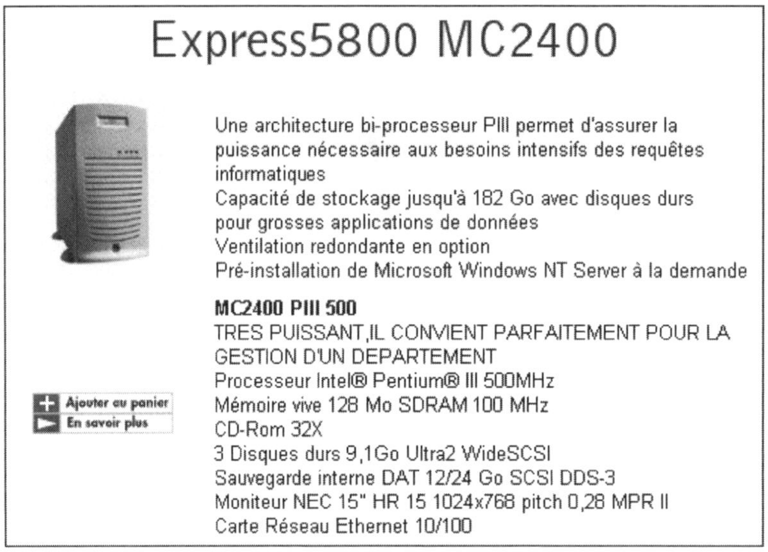
Express5800 MC2400

Une architecture bi-processeur PIII permet d'assurer la puissance nécessaire aux besoins intensifs des requêtes informatiques
Capacité de stockage jusqu'à 182 Go avec disques durs pour grosses applications de données
Ventilation redondante en option
Pré-installation de Microsoft Windows NT Server à la demande

MC2400 PIII 500
TRES PUISSANT,IL CONVIENT PARFAITEMENT POUR LA GESTION D'UN DEPARTEMENT
Processeur Intel® Pentium® III 500MHz
Mémoire vive 128 Mo SDRAM 100 MHz
CD-Rom 32X
3 Disques durs 9,1Go Ultra2 WideSCSI
Sauvegarde interne DAT 12/24 Go SCSI DDS-3
Moniteur NEC 15" HR 15 1024x768 pitch 0,28 MPR II
Carte Réseau Ethernet 10/100

Ajouter au panier
En savoir plus

- Quels sont les termes, styles, expressions qui vous semblent mystérieux ?

....

....

3. Quelle est la différence entre un serveur et une station de travail ?

Le microprocesseur d'un serveur sera plus puissant, la taille de la mémoire vive, du disque dur sera beaucoup plus importante et la vitesse de transfert de données plus élevée.

E. Quelle est la fonction du système d'exploitation du réseau ?

Pour gérer, coordonner les différents éléments d'un réseau, il faut un **système d'exploitation de réseau**. Les trois principaux systèmes d'exploitation de réseau sont **Windows 2000** (ou Windows NT [Nouvelle Technologie]) de la société Microsoft, **Netware** de la société Novell et **Linux** est un logiciel système d'exploitation libre de droits d'auteur :

Microsoft Windows 2000 — NetWare 5 Novell — Linux

Construire son réseau personnel

Les réseaux envahissent également les domiciles des particuliers. Partage de périphériques, de lignes à haut débit, jeux en réseau... sont à l'origine de ces réseaux domestiques. Pour mettre en place un petit réseau, il suffit de disposer de deux câbles, d'un concentrateur, et de deux cartes réseau. Sur chaque ordinateur, il faudra préciser le protocole de réseau utilisé (en principe Internet), la carte réseau mise en œuvre. Le réseau obtenu sera un réseau **poste à poste**. Il offrira toutes les fonctionnalités d'un réseau d'entreprise avec serveur, sans la sécurité néanmoins.

Qu'est-ce qu'un logiciel libre ?

Un logiciel est libre de droits d'auteur lorsqu'on peut consulter les instructions qui le forme, le modifier et le redistribuer, c'est-à-dire le donner ou le revendre sans avoir à payer des droits à l'auteur du programme.

Le système d'exploitation du réseau assure de nombreuses fonctions :

1. Pourquoi faut-il assurer la sécurité du réseau ?

Le système d'exploitation du réseau va assurer la sécurité du réseau. Les utilisateurs ne pourront se connecter au réseau que s'ils possèdent un **nom d'utilisateur** et un **mot de passe** :

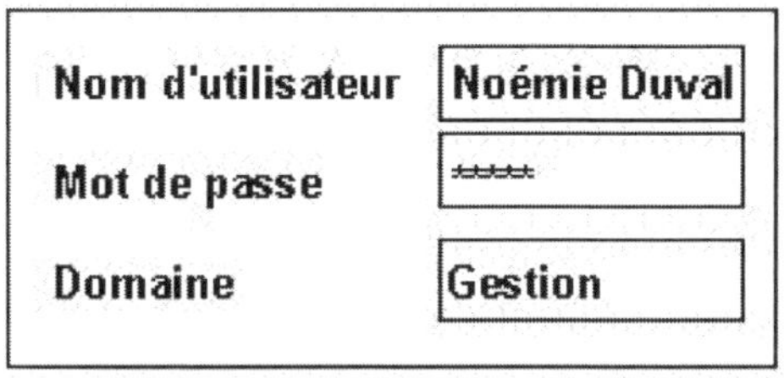

a. Limiter l'action des utilisateurs

Par ailleurs les limites de l'action des utilisateurs sont définies. Pour des raisons techniques, les utilisateurs du réseau ne pourront pas, par exemple, accéder au dossier contenant le système d'exploitation du réseau. Dans le cas contraire, le réseau risquerait d'être fortement perturbé. Pour des raisons de confidentialité, seul le service Paye, par exemple, pourra accéder aux données de la paye de l'entreprise.

b. Accorder des droits aux utilisateurs

Lorsqu'on déclare un utilisateur dans un réseau pour la première fois, son action au sein du réseau est très limitée. Pour lui permettre d'assurer son activité professionnelle, l'**administrateur du réseau** va lui accorder des **droits** (ou **permissions**). Un droit, c'est la définition de ce que peut faire un utilisateur sur le réseau.

S'il s'agit d'un comptable, par exemple, l'administrateur du réseau va lui accorder le droit de consulter et de modifier le dossier contenant la comptabilité.

L'**administrateur de réseau** est la personne chargée de gérer le réseau d'une organisation. Elle installe le matériel, les logiciels et organise l'utilisation du réseau : création des utilisateurs, de leurs droits... L'exemple suivant montre l'intérêt des droits :

*Noémie Duval, responsable de la comptabilité **Clients** peut seulement **modifier** le dossier **Comptabilité**.*

*Pierre Léna est le chef comptable. Il a donc le **contrôle total** sur le dossier **Comptabilité**.*

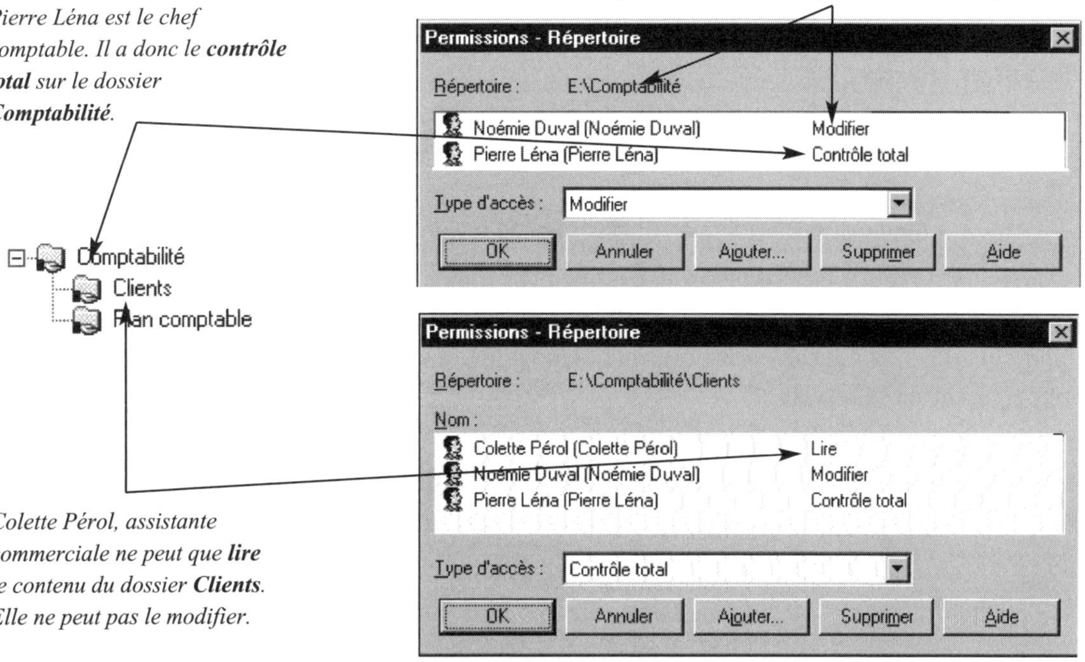

*Colette Pérol, assistante commerciale ne peut que **lire** le contenu du dossier **Clients**. Elle ne peut pas le modifier.*

L'inventeur du système d'exploitation Linux

Le système d'exploitation Linux a été mis au point par le finlandais Linus Torvalds en 1991.

Quelle est l'utilité du lecteur de bande DAT ?

Dans le chapitre 4, nous avions étudié le lecteur de sauvegarde des données sur bandes DAT. Cet appareil est obligatoirement associé à un serveur, pour faire une copie de sécurité des données des utilisateurs stockés sur le serveur :

Quelle est l'utilité d'un onduleur ?

Un onduleur est un appareil qui anticipe les coupures de courant et fournit, grâce à des batteries, du courant au serveur, pendant une dizaine de minutes, le temps de sauvegarder les travaux en cours sur le serveur :

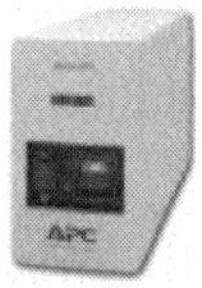

Application 1 : La paye des salariés

Dans l'entreprise **Caravane Évasion**, on observe les dossiers suivants :

- Paye
  - Paye des cadres supérieurs
  - Paye des autres salariés

Les règles de gestion de cette entreprise sont les suivantes :

- le responsable du service Paye peut consulter, modifier et supprimer la paye de tous les salariés,
- le personnel du service Paye peut consulter et modifier la paye des autres salariés. Il ne peut consulter la paye des cadres supérieurs,
- le personnel du service Comptabilité peut consulter la paye des autres salariés,
- le reste du personnel ne peut pas accéder aux dossiers de la paye.

Liste des personnes travaillant dans l'entreprise	
Louis Parot	Responsable service Paye
Émilie Mécoba	Assistante paye
Pascal Rizo	Comptable
Rolland Taoc	Personnel de production

Liste des droits possibles
Aucun accès
Lire
Modifier
Contrôle total

Règle : les droits d'un utilisateur sur un dossier A sont au minimum égaux ou supérieurs aux droits de ce même utilisateur sur le sous-dossier du dossier A. Ils ne peuvent être inférieurs.

- Complétez le tableau suivant :

	Louis Parot	**Emilie Mécoba**	**Pascal Rizo**	**Rolland Taoc**
Dossier Paye	Contrôle total			
Dossier Paye des cadres supérieurs				
Dossier Paye des autres salariés				

Application 2 : Qui connaît les coûts de revient ?

Le directeur de la société Audiovisuel Équipement souhaite que le coût de revient des produits que fabrique son entreprise soit entouré d'une importante confidentialité. Cela lui permettra une grande liberté, si la concurrence le permet, dans la fixation des prix de vente. Les dossiers suivants figurent sur le serveur :

- Comptabilité
  - Comptabilité générale
  - Comptabilité analytique

Les agents commerciaux, comme Francis Perret, peuvent consulter les coûts de revient des produits fabriqués par l'entreprise. La directrice de la comptabilité, Cécile Dusser a un accès total à tous les dossiers de la comptabilité.

La responsable de la comptabilité analytique, Béatrice Rivet a le contrôle total des coûts de revient. Elle peut consulter les données de la comptabilité générale. Georges Mélis appartient au service Comptabilité clients. Il peut modifier le dossier Comptabilité générale. Il n'a pas accès à la comptabilité analytique.

Les autres personnels de l'entreprise comme Franck Falck du service logistique, n'ont aucun accès aux dossiers de la comptabilité.

Liste des droits possibles
Aucun accès
Lire
Modifier
Contrôle total

- Introduisez dans ce tableau les droits des utilisateurs de l'entreprise Audiovisuel Équipement sur les différents dossiers de l'organisation :

c. Quel est le rôle du mot de passe ?

Le mot de passe, par sa confidentialité, permet de vérifier que l'utilisateur qui se connecte sous une identité est bien le détenteur de cette identité.

Quelques questions à un(e) futur(e) professionnel(le)...

1. Qu'est-ce qu'un serveur de réseau ?

....

....

....

....

2. Qu'est-ce qu'un système d'exploitation de réseau ?

3. Pour quelles raisons faut-il assurer la sécurité d'un réseau ?

4. Qu'est-ce qu'un droit ? Quel est l'intérêt des droits ?

2. Quel est l'intérêt de partager les ressources d'un réseau ?

À retenir ! On appelle **ressources** tous les matériels, logiciels ou données qui peuvent être mis en œuvre par un utilisateur du réseau pour accomplir sa tâche.

L'intérêt fondamental du réseau est le partage des ressources du réseau. On appelle **ressources** tous les matériels, logiciels ou données qui peuvent être mis en œuvre par un utilisateur du réseau pour accomplir sa tâche. Une imprimante, un logiciel de traitement de texte, les adresses des clients sont des ressources.

Ces ressources peuvent être partagées au sein d'un réseau. Ce partage est assuré par le système d'exploitation du réseau :

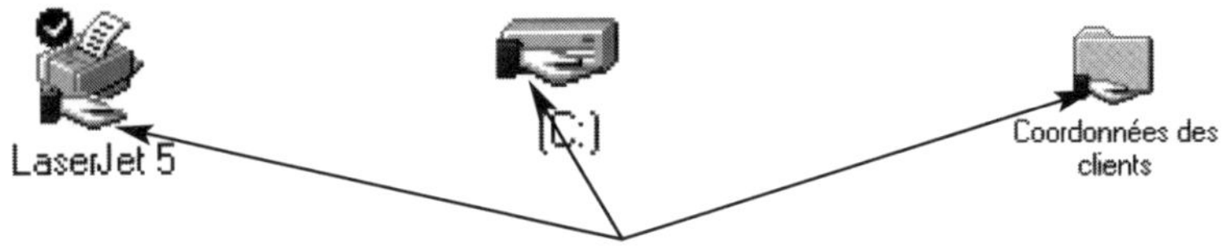

La main est le symbole du partage dans les réseaux Windows.

Quelques questions à un(e) futur(e) professionnel(le)...

1. Qu'est-ce qu'une ressource dans un réseau ?

2. Pouvez-vous donner des exemples de ressources dans un réseau ?

3. Qu'est-ce que le partage des ressources dans un réseau et quel est son intérêt ?

Compétence

11 Quels sont les composants d'un réseau informatique ?

Éléments du programme traités

Compétence technique

- Exploiter les ressources et participer à l'évolution des potentialités d'un réseau étendu, en particulier en matières de services intranet, extranet, Internet

Objectifs à atteindre

- Quel est l'intérêt du réseau local ?
- Est-ce que je connais les composants principaux d'un réseau ?

Mots-clés

10 base T - antivirus - architecture réseau - bande de base - base de données - câblage - câble à paires de fils torsadés - câble coaxial - carte réseau - *chat* - concentrateur - conversation immédiate - CSMA/CD - Ethernet - Fast Ethernet - fibre optique - forum de discussions - *hub* - intérêt d'un réseau - liste des diffusion - maintenance informatique - messagerie électronique - méthode d'accès au réseau - parc informatique - RJ45 - station de travail - terminal - topologie - topologie en étoile - topologies : en bus, en anneau, en étoile, maillé - travail coopératif - vidéo conférence

Connaître le contexte professionnel du dossier

Le réseau est composé de multiples éléments organisationnels, matériels et logiciels. Il est donc très important pour le comptable et le gestionnaire de repérer chacun de ces éléments afin de pouvoir les choisir avec pertinence.

Les réseaux se sont répandus dans les organisations de manière très rapide. Il faut rechercher les causes de ce phénomène et repérer ainsi l'intérêt des réseaux pour les organisations en général et pour les comptables en particulier.

La norme 10 base T

Les spécifications des réseaux ont donné lieu à l'élaboration de la norme **IEEE 802.3**. L'IEEE (*Institute of Electrical and Electronics Engineers* [Institut des Ingénieurs en Électricité et en Électronique]) joue un rôle très important dans l'élaboration des normes informatiques.

Cette norme, encore appelée norme **10 base T** (**10** Mb/s, **bande de base**, câble à paire **torsadée**), est la plus répandue. Elle permet de connecter 1 024 ordinateurs sans composant supplémentaire.

La **bande de base** est un mode de transmission de données en réseau. Les informations sont représentées par des impulsions électriques ou de lumière (lorsque le câble est en fibre optique). Ces signaux utilisent une seule fréquence. Dans ce cas, toute la capacité du câble est mobilisée par la transmission.

I. Est-ce que je connais les composants principaux d'un réseau ?

Pour réaliser un réseau, il faut une **architecture réseau**, des **composants matériels** et **logiciels**.

A. Qu'est-ce qu'une architecture réseau ?

L'architecture d'un réseau désigne : la **méthode d'accès** à l'information sur le réseau et le **débit de l'information**.

L'architecture réseau la plus répandue est l'architecture **Ethernet**. L'architecture Ethernet est caractérisée par les éléments suivants :

- la méthode d'accès au réseau **CSMA/CD** ou méthode de déctection des collisions (*Carrier Sens Multiple Access* [accès multiple par écoute de la **porteuse** avec détection de collision]),
- le débit de l'information sur le réseau (**10** ou **100** mégabits par seconde [Mb/s]).

1. Qu'est-ce qu'une méthode d'accès au réseau ?

Le rôle des méthodes d'accès au réseau est de placer les données sur le câble et de les transmettre dans le réseau en toute sécurité. La méthode est sûre lorsque les données arrivent à leur destination et en totalité.

Dans la méthode CSMA/CD, chaque ordinateur du réseau « écoute » le câble afin de savoir si des informations circulent sur le réseau. Si la voie est libre, l'ordinateur envoie ses données.

Dans cette méthode, il y a un risque majeur : deux ordinateurs « écoutent » en même temps le câble, constatent qu'il n'y a aucun trafic et émettent donc simultanément. Dans ce cas, leurs messages se percutent, se mélangent. On parle de **collision**.

En cas de collision, la méthode CSMA/CD prévoit que les ordinateurs cessent d'émettre pendant une durée aléatoire, puis essaient de reprendre la transmission. D'où la justification de l'expression CSMA/CD (*Carrier Sens Multiple Access* (accès multiple [plusieurs ordinateurs veulent accéder au réseau] par écoute de la **porteuse** avec détection de collision).

La porteuse désigne l'onde qui porte l'information dans le réseau. Cette méthode a été mise au point à la fin des années 60 par l'université de Hawaii.

2. Quel est le débit de l'information de la norme Ethernet ?

La seconde caractéristique d'un réseau Ethernet est le débit de l'information. Si les concepteurs du premier réseau Ethernet en 1972, Robert Metcalfe et David Boggs, proposèrent un débit de 2,94 mégabits par seconde, rapidement, le débit de **10 mégabits** par seconde s'est imposé. Aujourd'hui, un nouveau débit de **100 mégabits** par seconde, appelé **Fast Ethernet** (Ethernet rapide), est également disponible.

3. Quelques questions à un(e) futur(e) professionnel(le)...

1. Comment définit-on une architecture réseau ?

   ....

   ....

2. Quelle est l'architecture réseau la plus répandue dans le monde ?

   ....

   ....

3. Quelles sont les caractéristiques de la norme Ethernet ?

....

....

4. Quel est le rôle d'une méthode d'accès au réseau ?

....

....

B. Quels sont les composants matériels d'un réseau ?

La mise en place d'un réseau nécessite la réunion des éléments suivants : un **serveur**, des **stations de travail**, des **cartes réseau**, des **câbles** et souvent un **concentrateur** (ou *hub* [concentrateur]).

1. Le serveur

Nous avons déjà présenté le serveur dans le dossier précédent .

2. Pourquoi parle-t-on de stations de travail ?

Les stations de travail sont des micro-ordinateurs qui permettent aux personnes reliées au réseau de réaliser leurs tâches quotidiennes. On les appelle **station de travail** pour les distinguer du serveur qui peut être un micro-ordinateur :

CHOIX D'UNE SÉRIE DE STATIONS

Les stations de travail Precision WorkStations, mettent la performance à la portée de toutes les bourses. Vos applications spécialisées n'ont qu'à bien se tenir!

Les stations de travail Precision exploitent les technologies standard les plus poussées. Aussi, assurent-elles la pérennité de votre investissement. De plus, elles jouissent du support des principaux éditeurs de logiciels indépendants au monde.

À retenir !
Une station de travail est un micro-ordinateur ou un terminal relié à un serveur.

De plus, dans certaines entreprises, l'expression station de travail désigne parfois un **terminal**. Celui-ci est un dispositif muni d'un écran, d'un clavier, d'une carte réseau. Le terminal est totalement dépendant du serveur. En effet, il ne possède pas de microprocesseur et n'a donc pas d'autonomie.

3. À quoi sert la carte réseau ?

Chaque ordinateur connecté au réseau doit posséder une **carte réseau** :

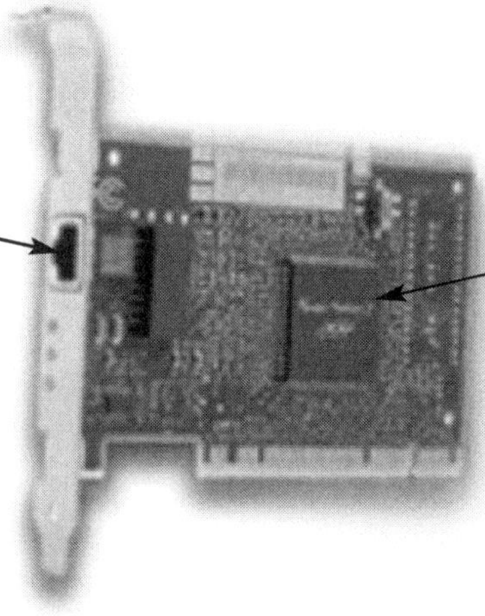

Le câble doté d'une prise RJ45 se connectera dans la carte réseau.

Les composants électroniques de la carte réseau préparent l'acheminement des données à transmettre sur le réseau.

10 Base 2
La norme **10 base 2** est moins répandue, mais peut se rencontrer dans certaines organisations.

10 base 2

La norme **10 base 2** prévoit la transmission des données à 10 mégabits par seconde sur un câble en bande de base et peut transporter un signal sur environ deux fois cent mètres (la distance réelle est en fait de 185 mètres).

Ce type de norme utilise un câble coaxial :

L'information circule sur ces deux supports, d'où le terme ***coaxial.***

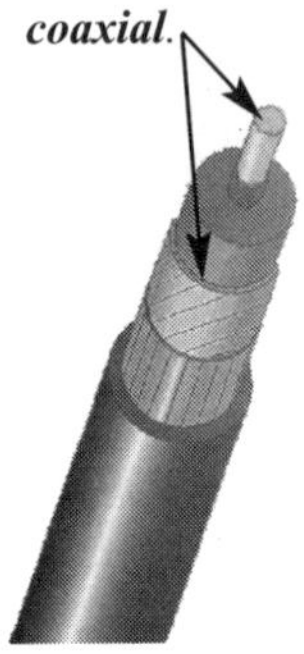

avec des connecteurs BNC (*British Naval Connector*) :

La carte réseau est le lien physique entre le micro-ordinateur et le câble du réseau. Les cartes sont insérées dans un connecteur d'extension (appelé également *slot*) sur chaque station de travail et sur le serveur du réseau.

a. Quelle est la fonction de la carte réseau ?

La fonction de la carte réseau est de :

- préparer les données émises par la station de travail ou le serveur pour les acheminer sur le câble du réseau,
- contrôler le flux des données entre l'ordinateur et le câble,
- transférer les données vers un autre ordinateur,
- recevoir des données venues du câble et de les traduire en octets afin que le microprocesseur puisse les interpréter.

La carte réseau doit également indiquer son adresse (emplacement) au reste du réseau. Chaque carte (et donc chaque ordinateur) a un numéro d'identification unique dans le réseau.

b. Comment s'établit l'échange de données entre deux ordinateurs ?

Avant que la carte émettrice n'envoie réellement les données sur le réseau, elle dialogue avec la carte réceptrice afin qu'elles s'accordent sur la taille maximale des groupes de données à envoyer, le volume de données à envoyer, la vitesse… En effet, les cartes réseau peuvent être de nature différente.

Quelques questions à un(e) futur(e) professionnel(le)...

1. Quelle est la différence entre un micro-ordinateur et un terminal ?

....

....

2. Pourquoi utilise-t-on l'expression Station de travail ?

....

....

3. Quelles sont les fonctions de la carte réseau ?

....

....

....

4. Quel câblage choisir ?

Pour assurer la transmission de données entre les éléments du réseau, il faut un **câblage**. Les types de câblage sont nombreux. Nous nous limiterons au câble **à paires de fils torsadés** et à la **fibre optique**. Ces câbles sont les plus utilisés.

a. Câble à paires de fils de cuivre torsadés

- **Présentation**

Le câble à paires de fils torsadés se compose de deux brins en cuivre recouverts d'isolant et entrelacés en torsade :

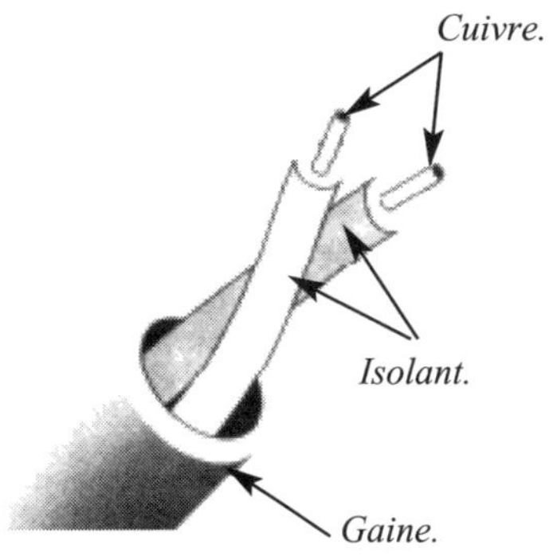

Schéma montrant la structure de base d'un câble à paires de fils torsadés.

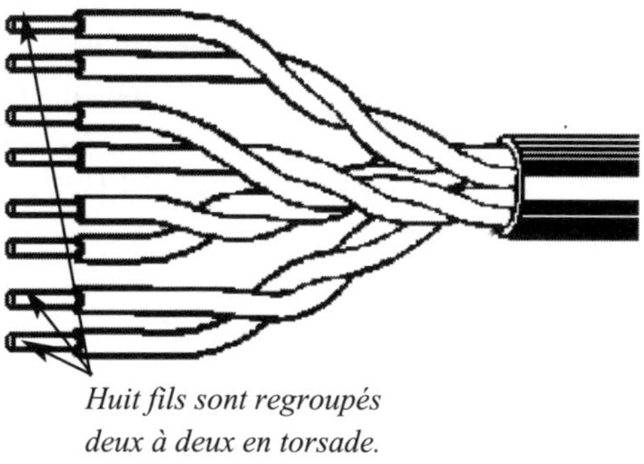

Câble à paire de fils torsadés de catégorie 3.

Dans la réalité, un câble à paire de fils torsadés est composé de plusieurs paires de fils torsadés comme celui de catégorie 3 reproduit ci-dessus à droite. Les câbles sont classés en catégorie pour définir leurs performances. Le câble le plus répandu est celui de catégorie 3. Il garantit une vitesse de transmission de 10 Mb/s (c'est-à-dire la norme Ethernet). Il est composé de quatre paires de fils torsadés. Le câble de catégorie 3 tend à être remplacé par les câbles de catégorie 5. Ceux-ci garantissent un débit de 100 Mb/s.

- **Pourquoi les fils sont-ils torsadés ?**

L'entrelacement des fils évite les interférences électriques qui pourraient se produire entre les fils ou avec d'autres sources d'électricité. Il y a **interférence** lorsque les signaux d'une ligne se mélangent à ceux d'une autre ligne.

- **Quelle est la longueur maximale d'un câble à paires de fils torsadés ?**

La longueur maximale d'un câble à paires de fils torsadés est de 100 mètres. Au-delà, il faut un **répéteur** (matériel électronique qui régénère les signaux électriques).

- **Quel est le rôle de la prise RJ45 ?**

Le câble à paires de fils torsadés se branche à la carte réseau de l'ordinateur à l'aide d'une prise **RJ** (*remote jack* [prise - ... informatique- éloignée] **45** disposant de huit connecteurs correspondant aux huit fils du câble à paires de fils torsadés :

b. Quel est l'intérêt du câble à fibre optique ?

Dans un câble en fibre optique, les données sont représentées sous forme d'impulsions lumineuses modulées. La fibre optique est un bon support pour le transport de gros volumes de données à haut débit en raison de la pureté, des signaux qui ne sont pas affaiblis :

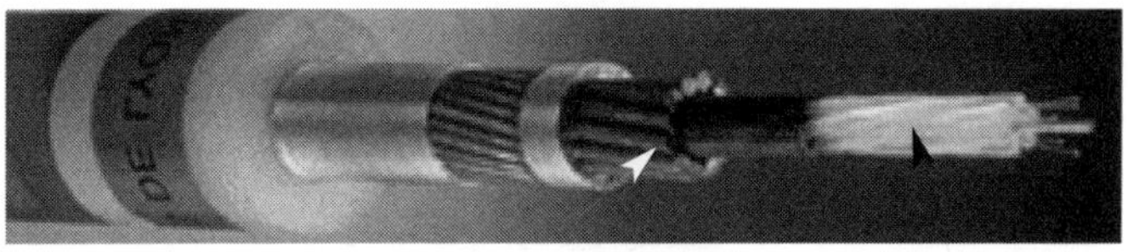

Couche de matière plastique. *Fibre de verre.*

Approfondissement

Les adresses des cartes réseau sont définies par l'IEEE (*Institute of Electrical and Electronics Engineers* [Institut des Ingénieurs en Électricité et en Électronique]).

Cet organisme attribue à chaque constructeur de cartes des plages d'adresses.

Les fabricants inscrivent ces adresses sur les composants électroniques des cartes réseau. On parle d'adresse MAC (*medium access control* [contrôle d'accès au support]).

Approfondissement

La fibre optique se compose d'un cylindre de verre extrêmement fin, appelé **cœur**, qui est entouré d'une couche de cuivre appelée gaine optique. Chaque fibre de verre transmet les signaux dans un seul sens.

De ce fait, un câble se compose de **deux fibres** enveloppées dans des gaines distinctes. Une fibre émet et l'autre reçoit. Une couche de matière plastique entoure et protège chaque fibre de verre. Enfin, une couche de kelvar garantit la solidité du câble.

La fibre optique est insensible aux interférences électriques et constitue un support extrêmement performant (environ 100 Mb/s en général, avec des pointes pouvant dépasser 1 gigabits/s). La fibre optique peut véhiculer un signal sur une très longue distance.

c. Les liaisons sans fil (*wireless*) locales

Les liaisons sans fil (ou liaisons par ondes hertziennes ou liaisons radio [du latin *radius* - rayon -]) se développent fortement dans les réseaux informatiques.

• Qu'est-ce qu'une liaison sans fil ?

Au lieu d'être transportées par un câble, les informations sont portées par des ondes électromagnétiques qui peuvent traverser la matière :

Le physicien allemand Hertz a réussi, en 1887, à émettre les premières ondes radio, d'où l'expression « ondes hertziennes ». Le rythme d'émission des ondes par seconde (fréquence) permet de classer les liaisons sans fil. La fréquence des liaisons sans fil, utilisée pour les réseaux, étant ultra courte, elle n'est pas soumise à une réglementation. Elle peut donc être exploitée par tout le monde.

• Quel est l'intérêt des liaisons sans fil ?

L'intérêt est multiple. L'organisation n'a pas à installer un coûteux câblage. La mobilité des appareils est totale :

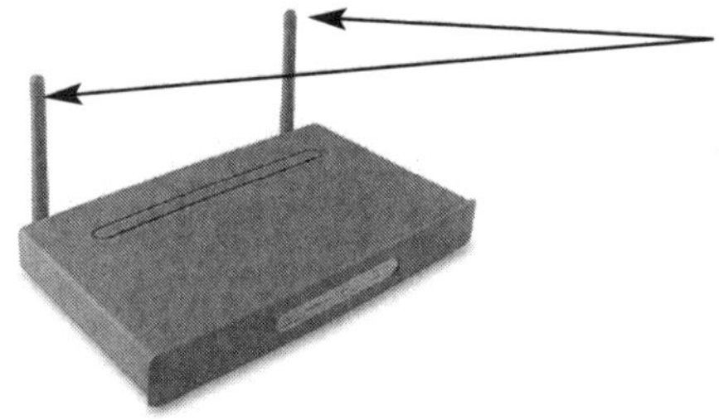

Quelles sont les normes des liaisons sans fil locales ?

Les débits pour les liaisons sans fil locales (WiFi [*Wireless frequencies* - fréquences sans fil -]) s'élèvent à 11 millions de bits par seconde. Ces débits passeront dans un futur proche à 54 millions de bits par seconde (norme 802.11a) dans un rayon de 50 à 150 mètres.

• Quel est l'inconvénient des liaisons sans fil ?

C'est une technologie naissante. Le savoir-faire n'est donc pas encore totalement maîtrisé. Les périphériques sont assez coûteux. Ils ne sont pas, en effet, produits encore en grande série. Voici un exemple d'organisation sans fil :

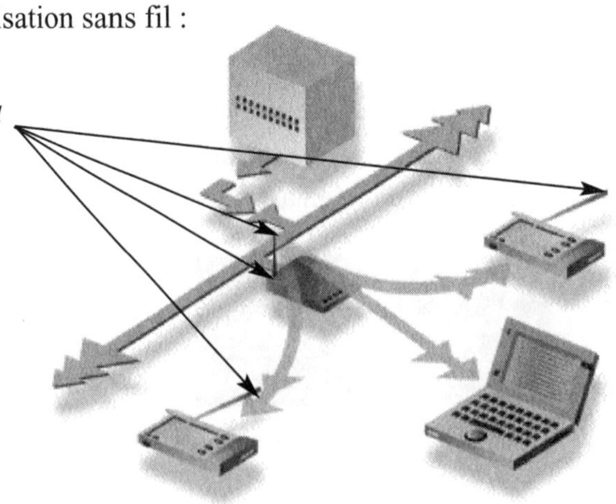

Quelques questions à un(e) futur(e) professionnel(le)...

1. Pourquoi parle-t-on de câbles à paires de fils torsadés ?

....

2. Pour quelles raisons la fibre optique est-elle un support de transmission de données intéressant ?

....

5. Le concentrateur (ou *hub*)

Le concentrateur (ou *hub* [concentrateur]) est un appareil électronique qui a pour fonction de démultiplier les prises informatiques pour accéder au serveur et de diffuser l'information dans le réseau :

Le concentrateur reçoit les données en provenance d'un ordinateur et les diffuse à tous les autres ordinateurs. Les ordinateurs destinataires ne tiennent compte que des informations qui les concernent. Le concentrateur est lié à un mode d'organisation du réseau, appelé encore **topologie en étoile**.

a. Qu'est-ce qu'une topologie ?

La **topologie** est la manière de disposer les stations de travail par rapport au serveur. Il existe plusieurs topologies : en **bus**, en **anneau**, en **étoile**, **maillé**. Nous allons privilégier la topologie en étoile. En effet, celle-ci est la plus répandue.

b. Comment se présente la topologie en étoile ?

La topologie en étoile se présente ainsi :

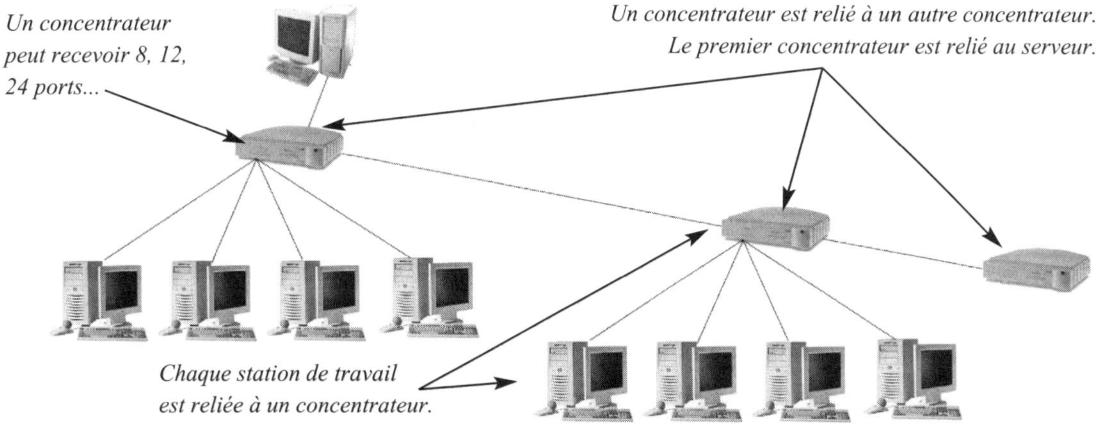

c. Quels sont les avantages et les inconvénients de la topologie en étoile ?

- **Avantages de la topologie en étoile**

La topologie en étoile est d'une très grande souplesse. Il est très facile de rajouter des postes supplémentaires soit en connectant une station à un port libre sur un concentrateur, soit en ajoutant un concentrateur supplémentaire au réseau. Lorsqu'une branche de l'étoile est en panne, cela ne perturbe pas le réseau et la panne est facile à détecter (un témoin lumineux sur le concentrateur est éteint) et à réparer.

- **Inconvénients de la topologie en étoile**

La topologie en étoile nécessite beaucoup de câbles : il faut en effet avoir un câble par station pour rejoindre le concentrateur. Cette topologie est plus coûteuse. Il faut intégrer dans le coût de l'installation le prix des concentrateurs. Il y a enfin un risque de panne générale. Si le serveur tombe en panne, le réseau est arrêté. Il est donc conseillé de disposer d'un serveur de secours. Malgré ces défauts, la topologie en étoile est d'une grande efficacité d'où son succès.

Quels sont les débits des autres normes sans fil ?

Les normes sans fil pour les téléphones mobiles sont les suivantes : GSM (*global system mobile* [système global mobile]) : 9 600 bits par seconde, GPRS (*general packet radio service* [service général de transmission d'information par paquet et par radio]) : 54 400 bits par seconde et UMTS (*universal mobil telecommunication system* [système universel de télécommunications mobile]) : 150 000 bits par seconde.

Les liaisons égal à éga (ou *peer to peer*) popularisées par les logiciels de partage de fichiers musicaux MP3 ou vidéo permettent de partager les ressources des ordinateurs (disques durs et microprocesseurs) souvent sous exploitées. L'inconvénient de cette organisation est la propagation possible des virus et le risque d'intrusion de pirates informatiques dans les données personnelles des utilisateurs.

6. Le commutateur (ou *switch*)

Le commutateur est un appareil électronique qui diffuse, comme le concentrateur, l'information dans le réseau. Mais au lieu de transmettre l'information reçue à l'ensemble des ordinateurs, il repère, grâce à des tables, l'ordinateur destinataire de l'information, et lui achemine directement l'information :

Les délais de transmission de l'information sont donc considérablement réduits. Le réseau est alors plus efficace.

C. Le système d'exploitation du réseau

Comme nous l'avons indiqué plus haut, le système d'exploitation du réseau est l'élément discret mais fondamental du réseau. Il assure le partage des ressources de réseau et la sécurité du réseau :

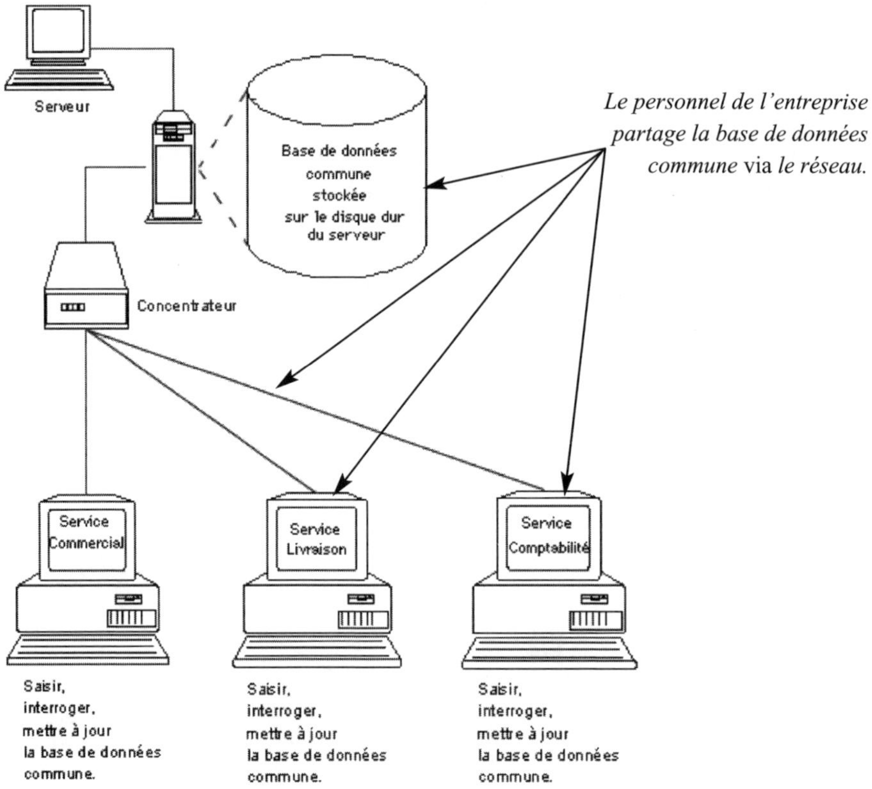

Une **base de données** est un ensemble structuré d'informations.

Quelques questions à un(e) futur(e) professionnel(le)...

1. Définissez le terme topologie :

....

....

....

....

2. Quel est l'élément fondamental d'une topologie en étoile ?

....

....

3. Quels sont les avantages et les inconvénients d'une topologie en étoile ?

....

....

II. Quel est l'intérêt d'un réseau ?

A. Partager les logiciels et les périphériques

Le réseau permet de partager les logiciels et les périphériques. Le personnel d'une organisation peut accéder à de nombreux logiciels et périphériques tels que des imprimantes, les modems, les scanners. Ces éléments seraient inaccessibles si le personnel de l'organisation possédait des postes isolés.

B. Permettre le travail coopératif

Le **travail coopératif** désigne l'activité de plusieurs personnes au sein d'un réseau travaillant sur un **même projet**. Pour préparer un salon commercial, par exemple, les services Communication, Commercial, Logistique vont travailler ensemble.

Ils pourront au sein du réseau partager un dossier **Salon commercial** pour y rassembler l'information nécessaire au projet et concevoir des documents en commun.

Grâce au réseau, le partage des données, la circulation de l'information seront accélérés, les déplacements évités et les gains de temps seront très importants.

Synonymes : « travail coopératif » et « travail collaboratif » sont des expressions synonymes.

C. Faciliter la communication

Le réseau local et Internet facilitent la communication au sein d'une organisation. En utilisant des logiciels de **messagerie électronique**, le personnel de l'organisation peut transmettre des messages, joindre à ces messages des documents comme un rapport, participer à des **forums de discussions**, participer à des **conversations immédiates (*chat*)**, à des **vidéos conférences** (*netmeeting*), faire partie de **listes des diffusion**. Nous définirons ces termes dans le dossier suivant.

D. Faciliter la maintenance du parc informatique

1. Qu'est-ce qu'un parc informatique ?

L'ensemble des ordinateurs d'une organisation est désignée par l'expression **parc informatique**. La taille de ce parc peut varier de quelques ordinateurs à plusieurs milliers.

2. Qu'est-ce que la maintenance informatique ?

La mise en réseau de ces ordinateurs facilite la **maintenance informatique**. Cette expression désigne tous les travaux qui sont nécessaires pour permettre le fonctionnement des ordinateurs : installation des logiciels, mise à jour des logiciels **antivirus**, installation des nouvelles versions de logiciel, réparation des ordinateurs (écrans défectueux, lecteurs de disque en panne...).

À retenir !

Un **virus** est un programme informatique se reproduisant rapidement et qui a pour fonction de perturber les ordinateurs.

a. **Qu'est-ce qu'un virus ?**

Un **virus** est un programme informatique se reproduisant rapidement et qui a pour fonction de perturber les ordinateurs. La perturbation peut-être légère : message divers ou très grave : formatage des disques durs par exemple.

b. **Qu'est-ce qu'un logiciel antivirus à jour ?**

Pour se prémunir contre les virus, il faut posséder un logiciel antivirus à jour. Celui-ci doit en effet posséder les caractéristiques (appelées aussi **signatures**) de tous les virus les plus récents.

Les sites **www.macafee.com** et **www.symantec.com** regroupent de nombreuses informations sur les virus.

À retenir !

Pour qu'un logiciel antivirus soit à jour, il faut télécharger régulièrement sa base de données des signatures de virus.

Cette procédure peut être automatisée.

3. Quel est l'enjeu de la maintenance informatique ?

La maintenance d'un parc informatique peut nécessiter énormément de temps. Pour installer correctement un ordinateur, trois heures sont souvent nécessaires. La mise en réseau facilite la maintenance. Une seule version du logiciel peut-être installée sur le serveur à laquelle accèdent les stations de travail (client serveur).

4. Créer des images des stations de travail

Une **image des stations de travail** est également stockée sur le serveur. L'expression **Image d'une station de travail** désigne l'ensemble des logiciels, système d'exploitation, réglages nécessaires au fonctionnement d'un ordinateur stocké dans un dossier sur le serveur :

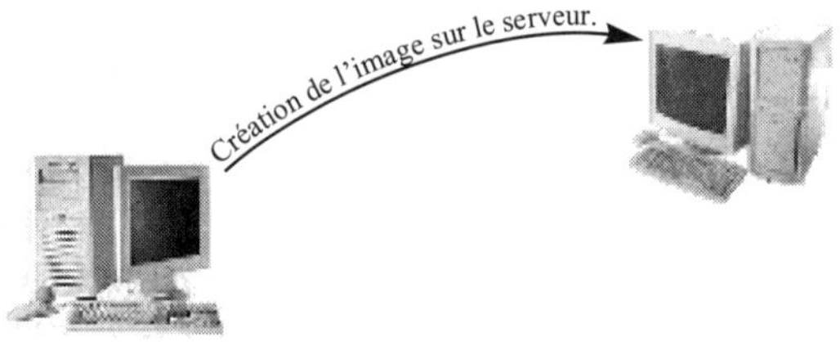

Lorsque la station de travail est défaillante, on recopie l'image sur la station de travail pour lui permettre de fonctionner correctement :

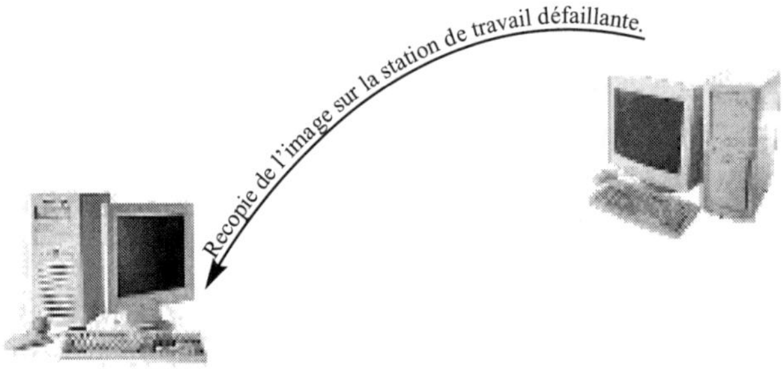

La recopie se fait en dix minutes au lieu de trois heures. Cette méthode permet également d'installer rapidement de nouveaux ordinateurs, de faire des mises à jour de logiciel.

Quelques questions à un(e) futur(e) professionnel(le)

1. Pour quelles raisons les organisations se mettent-elles en réseau ?

....

....

2. Quelles économies une organisation peut-elle faire en se mettant en réseau ?

....

....

3. Quels coûts supplémentaires entraîne un réseau ?

....

....

4. Les économies réalisées par la mise en réseau compensent-elles les dépenses générées par les réseaux ?

....

....

5. Une organisation peut-elle se passer de réseau ?

....

....

6. Qu'est-ce que le travail coopératif ?

....

....

7. Quel est l'intérêt du travail coopératif ?

....

....

8. Que signifie l'expression parc informatique ?

....

....

9. Que désigne l'expression maintenance informatique ?

....

....

10. Pour quelle raison les organisations portent-elles beaucoup d'attention à la maintenance informatique ?

....

....

11. Qu'est-ce que l'image d'une station de travail ?

....

....

12. Quel est l'intérêt de créer une image d'une station de travail ?

....

III. Ouvrir le réseau local sur Internet

A. Qu'est-ce qu'Internet ?

Nous allons dans le dossier suivant étudier **Internet**. Donnons ici une première définition. Internet est un ensemble de réseaux d'ordinateurs utilisant le même **protocole** de communication. Internet signifie entre (inter) réseaux (*net* [mot anglais]) :

À retenir !

Internet est un ensemble de réseaux d'ordinateurs utilisant le même **protocole** de communication.

À retenir !

Un **protocole** est un langage informatique permettant à des ordinateurs éventuellement de nature différente de dialoguer entre eux.

Un **protocole** est un langage informatique permettant à des ordinateurs éventuellement de nature différente (ordinateur PC et ordinateur de la marque Apple, gros ordinateurs et micro-ordinateur) de dialoguer entre eux. Nous l'étudierons également dans le dossier suivant.

B. Quel est l'intérêt de connecter un réseau local à Internet ?

Internet présente beaucoup d'intérêts tant pour le particulier, que pour une organisation. Internet, c'est :

- une source d'informations très importante,
- un outil de communication,
- un moyen de faire du commerce électronique.

Il est donc fondamental pour une organisation de pouvoir se connecter à Internet et d'intégrer la culture Internet. Dans le cas contraire, elle risque d'être rapidement inadaptée.

En effet dans ce domaine on parle de nouvelle économie. Celle-ci est caractérisée par de nouvelles entreprises (ou *start-up* [ou jeunes pousses]) ayant des activités liées à Internet et utilisant des méthodes de fonctionnement particulières pour s'adapter à Internet.

C. Comment connecter un réseau local à Internet ?

Pour se connecter à Internet (nous approfondirons également dans le dossier suivant cette notion), il faut des éléments matériels, logiciels et financiers.

1. Les éléments matériels

Pour relier un réseau local à Internet, il faut une ligne téléphonique et un routeur.

a. Une ligne téléphonique

Pour se connecter à Internet, il faut une ligne téléphonique, ou un câble ou une liaison satellite. Nous verrons au chapitre suivant les différentes possibilités.

b. Le routeur

Le **routeur** est un appareil électronique qui stocke les demandes d'accès à Internet des micro-ordinateurs. Dès que la ligne téléphonique est libre, il achemine les demandes d'informations vers Internet. Lorsque les réponses aux demandes d'information arrivent le routeur les transmet aux micro-ordinateurs qui en ont fait la demande. Dès qu'il faut relier deux réseaux (réseau local et réseau Internet, par exemple), il faut installer un routeur. Celui-ci dispose de son propre système d'exploitation et d'un logiciel qui sert à acheminer (router) l'information au sein des réseaux :

2. Les éléments logiciels

Il faut un abonnement à un Fournisseur d'accès Internet. Nous verrons également cette notion dans le dossier suivant.

Compétence

12 Qu'est-ce qu'Internet ?

Éléments du programme traités

Compétence technique

- Exploiter les ressources et participer à l'évolution des potentialités d'un réseau étendu, en particulier en matières de services intranet, extranet, Internet

Compétence en organisation

- Repérer les différents domaines et sous-domaines réseaux et sous-réseaux, la localisation des différents types de services

Objectifs à atteindre

- Qu'est-ce qu'Internet ?
- Quels sont les éléments nécessaires pour se connecter à Internet ?

Mots-clés

abonnement à un fournisseur d'accès à Internet - adresse d'un site Internet - ADSL - AOL - câble de la télévision - client-serveur - club-Internet - DNS - domaine - domaine Internet - donnée analogique - donnée numérique - fournisseur d'accès à Internet - HTML - HTTP - internaute - Internet - Internet Explorer - langage hypertexte - lien hypertexte - ligne ADLS - ligne RNIS - ligne RTC - logiciel client- logiciel de navigation - logiciel serveur - Lybertysurf - Marc Andresseen - modem - Netscape - nom de domaine - Numéris - numéro IP - Ordre des experts-comptables - page hypertexte - page web - protocole - protocole Internet - protocole TCP/IP - résolution de noms de domaine - RNIS - Robert Cailliau - Robert Kahn - routeur - RTC - satellite - serveur de noms de domaine - site Internet - site web - sous-domaine - TCP/IP - Ted Nelson - Tim Benners-Lee - transmission par paquets - Vinton Cerf - voie ascendante - voie descendante - Wanadoo - *World Wide Web* - WWW

Connaître le contexte professionnel du dossier

Internet a envahi la vie des organisations et des particuliers. Qu'est-ce qu'Internet ? Quels sont les composants d'Internet ? Pour quelle raison le réseau Internet a-t-il un tel succès ? Quels profits le comptable et le gestionnaire peuvent-ils tirer de l'utilisation d'Internet dans l'exercice de leur métier ?

I. Qu'est-ce qu'Internet ?

A. Définition (*rappel*)

Vinton Cerf

Internet est un ensemble d'ordinateurs répartis dans le monde, connectés entre eux et utilisant le même protocole de communication.

B. D'où vient le mot Internet ?

Le mot **Internet** désigne les liens entre les réseaux. Le mot Internet a été introduit pour la première fois en 1974 par les américains **Vinton Cerf** et **Robert Kahn**.

C. Qu'est-ce qu'un protocole de communication ?

1. Définition (*rappel*)

Robert Kahn

Un **protocole de communication** est un langage informatique permettant à des ordinateurs de nature éventuellement différente (ordinateur PC et ordinateur de la marque Apple, gros ordinateurs et mini-ordinateurs...) de dialoguer entre eux.

Un protocole de communication comprend des instructions telles « envoyez-moi le fichier xxx », « bien reçu... ».

2. Qu'est-ce que le protocole TCP/IP ?

Le protocole TCP/IP (*Transfert Control Protocol* [protocole de contrôle des transferts -.des données-] *Internet Protocol* [protocole Internet]) est le protocole de communication d'Internet.

À retenir !

Le protocole TCP/IP (*Transfert Control Protocol* [protocole de contrôle des transferts des données-] *Internet Protocol* [protocole Internet]) est le protocole de communication d'Internet.

Il a été publié en mai 1974 par une commission réunie à Washington et présidée par les américains Vinton Cerf et Robert Kahn.

Cette commission avait pour objectif de favoriser l'interconnexion des réseaux, de trouver un langage commun aux ordinateurs afin qu'il puisse communiquer entre eux.

3. Quel est l'intérêt du protocole TCP/IP ?

Le protocole TCP/IP a deux fonctions. Il permet de transférer les données entre deux ordinateurs en toute sécurité. Il identifie également de manière unique chaque ordinateur connecté au réseau Internet.

a. Transférer les données en toute sécurité

La première partie du protocole (TCP [protocole de contrôle des transferts -... des données-]) permet d'acheminer les données entre deux ordinateurs de manière sécurisée.

Le risque lorsqu'on achemine les données entre deux ordinateurs est de perdre une partie des données. La rupture d'un câble, la panne d'un ordinateur, une interférence électrique peuvent provoquer la perte des données acheminées.

Histoire

La transmission par paquets a été mise au point en 1969 par l'anglais Donald Davis.

Il faut donc trouver un procédé pour transférer de manière fiable les données entre deux ordinateurs. Le protocole TCP appelé encore **protocole de transmission par paquets** assure cette fonction. Lorsqu'un document est envoyé sur le réseau Internet, il est découpé en paquets de données :

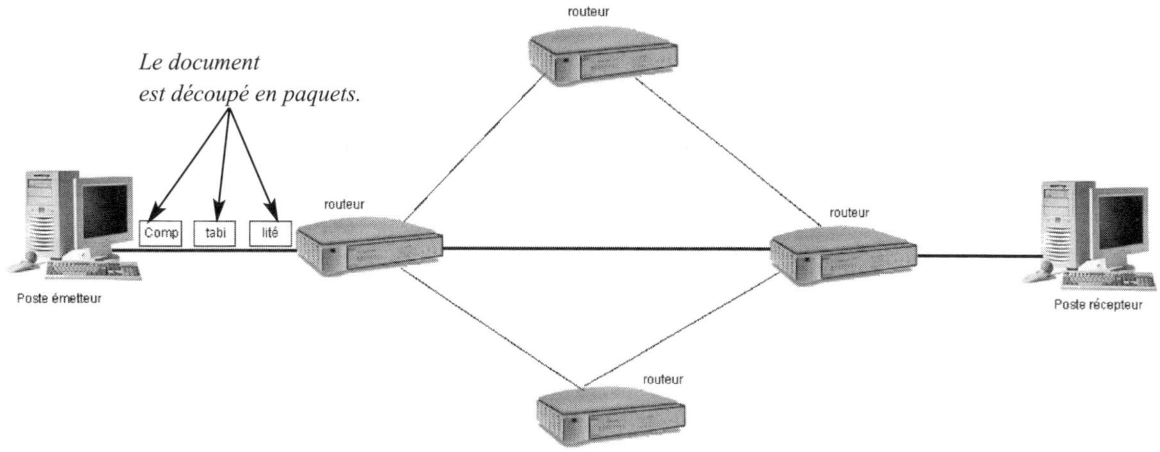

Chaque paquet contient les données à transmettre, un numéro d'identification, le numéro du document auquel il se rattache, le numéro de l'ordinateur émetteur et celui de l'ordinateur destinataire. Les paquets de données peuvent prendre des chemins différents pour atteindre l'ordinateur du destinataire :

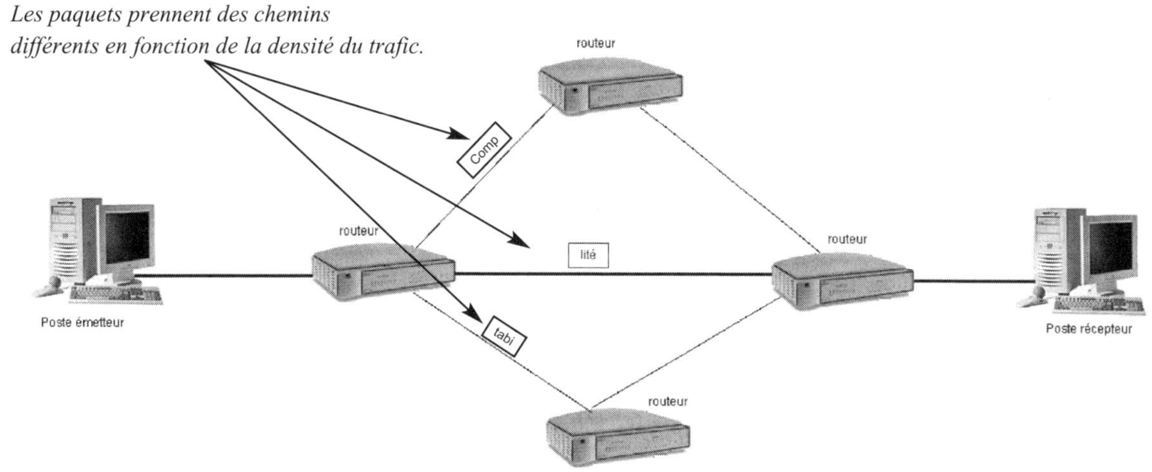

Des appareils électroniques, appelés **routeurs**, analysent le trafic des données sur le câble. Si une voie est trop encombrée, le routeur peut proposer <u>une autre route</u> (d'où l'expression **routeur**) pour acheminer les données. La transmission par paquets permet donc d'<u>optimiser</u> l'utilisation du réseau Internet. Lorsque les données arrivent dans l'ordinateur destinataire, celui-ci compte les paquets. Si un paquet a disparu, l'ordinateur destinataire réclame à l'ordinateur émetteur le paquet manquant :

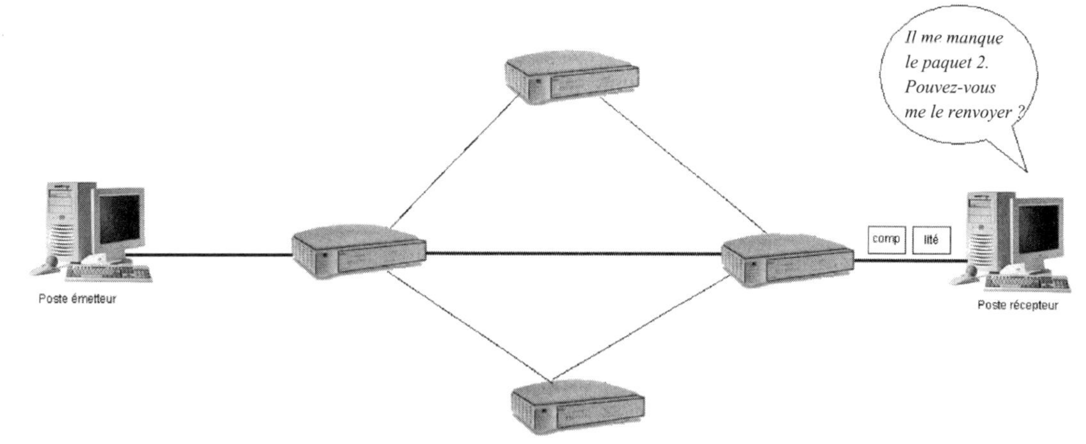

Routeur
C'est une sorte de sous-ordinateur. La gestion du trafic sur Internet est confiée à un ensemble de routeurs. Chaque ordinateur connecté à Internet est relié à un routeur :

Lorsque les paquets de données sortent de l'ordinateur émetteur du message, le routeur recherche le numéro de l'ordinateur destinataire. Le routeur recherche ensuite le routeur suivant le plus proche capable d'acheminer les données :

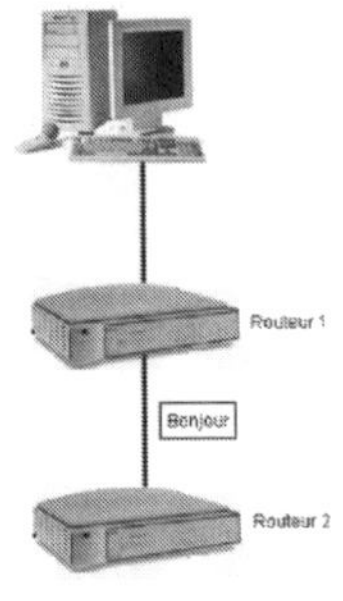

Le routeur 2 recherche à son tour un troisième routeur pour acheminer les données et ainsi de suite jusqu'à l'ordinateur destinataire.

La transmission des données par paquets est donc un système extrêmement fiable. Cette fiabilité sera l'une des causes du succès d'Internet.

Quelques questions à un(e) futur(e) professionnel(le)...

1. Qu'est-ce qui uni les ordinateurs connectés à Internet ?

   ....

2. Pourquoi a-t-on mis en place le protocole TCP/IP ?

   ....

3. Quel est le double intérêt du protocole TCP/IP ?

   ....

4. Pour quelle raison le protocole TCP/IP est-il également appelé protocole de transmission par paquets ?

   ....

5. Pour quelle raison la transmission par paquets est-elle un protocole « sûr » ?

   ....

6. Qu'est-ce qu'un routeur ?

   ....

7. Quel est le rôle des routeurs dans Internet ?

   ....

b. Identifier de manière unique chaque ordinateur connecté à Internet

La deuxième partie de TCP/IP est le protocole IP (*Internet Protocol*). Celui-ci est fondé sur l'attribution d'un numéro IP (appelé aussi « adresse IP ») à chaque machine (ordinateur, imprimante, routeur...) connectée au réseau. Ce numéro peut se présenter ainsi :

12.32.23.15

Des groupes de trois chiffres pouvant aller jusqu'au nombre 255, séparés par un point constituent une adresse IP.

Repérer l'aspect binaire et décimal qu'une adresse IP

Une adresse IP se présente le plus souvent sous une **forme décimale** : 12.32.23.15. Le protocole Internet manie cependant la **forme binaire** d'une adresse IP.

Dans notre exemple, celle-ci est 00001100.0010000.00010111.00001111. Pour identifier les machines 4 octets ou 32 bits sont donc utilisés.

Le protocole Internet prévoit un octet (8 chiffres binaires [0,1]) pour chaque partie du numéro IP. Il est donc possible d'obtenir 256 nombres (2^8) pour chaque partie de l'adresse IP. La séquence des numéros est de 0 à 255.

Les adresses IP peuvent donc, en théorie, adopter la séquence 0.0.0.0 à 255.255.255.255, soit un peu plus de 4 milliards de machines (2^{32}) identifiées.

En pratique, pour faciliter l'accès aux machines (routage), les adresses IP, sous forme binaire, ont été divisées en deux parties : une partie identifie le réseau et l'autre identifie la machine. Dans notre exemple, les deux parties se présentent ainsi :

<u>0000110</u>.<u>0010000.00010111.00001111</u>

Identification du réseau fondée sur un octet. *Identification des machines fondée sur trois octets*

d. Pourquoi les numéros IP sont-ils remplacés par des noms de domaine ?

Pour les utilisateurs, les numéros des ordinateurs connectés à Internet sont difficiles à mémoriser. Pour surmonter cette difficulté, des **noms de domaine** ont été attribués à chaque ordinateur connecté à Internet. Ainsi pour atteindre l'ordinateur du Conseil national de l'ordre des experts comptables, il est possible de composer le nom (complexe mais néanmoins plus facile à retenir) suivant :

www.experts-comptables.fr

Des tables de correspondance entre les numéros IP et les noms de domaine ont été mises en place :

Numéro IP	Noms de domaine
195.48.75.132	www.experts-comptables.fr
195.68.62.168	www.grouperf.com (Groupe La Revue Fiduciaire)
193.106.8.239	www.efl.fr (Éditions Francis Lefebvre)
194.254.38.79	www.insee.fr

Des ordinateurs connectés à Internet sont chargés de gérer ces tables et donc de rechercher les numéros IP correspondant aux noms de domaine composés par les internautes. Un **internaute** est une personne qui utilise Internet. Ces ordinateurs s'appellent des **serveurs de noms de domaine** (ou DNS [*domaine name server*]). L'activité consistant à rechercher les numéros IP correspondant aux noms de domaine s'appelle la **résolution de noms de domaine**.

e. Qu'est-ce qu'un domaine Internet ?

Pour permettre de classer les noms d'ordinateurs connectés à Internet, des **domaines** et des **sous-domaines** ont été mis en place. Le critère de classement est soit l'activité, soit le pays dans lequel se trouve l'ordinateur nommé :

Noms des ordinateurs connectés à Internet

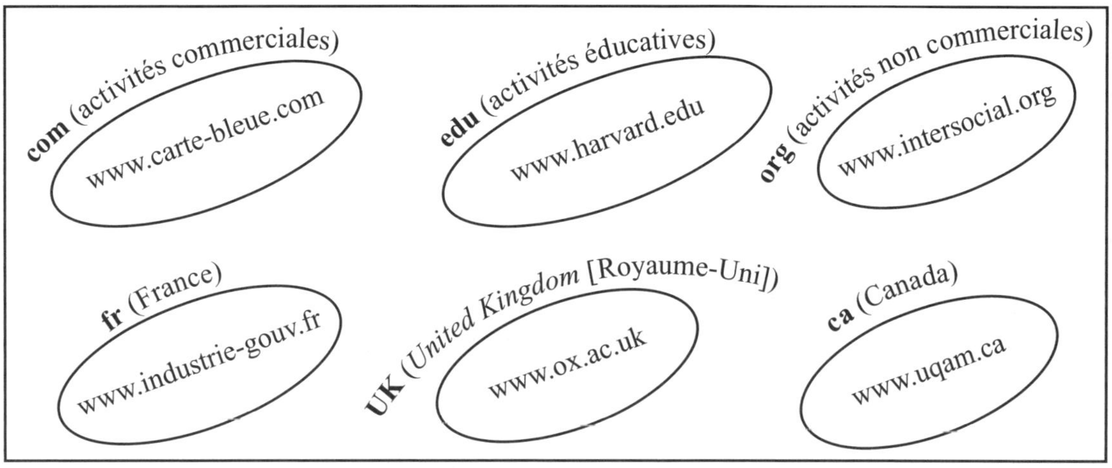

Un **domaine Internet** est donc un regroupement de noms d'ordinateurs suivant le critère de l'activité ou du nom de pays dans lequel se trouve l'ordinateur.

D. Comment lire un nom de domaine ?

Les domaines peuvent être divisés en **sous-domaines** comme le montre l'exemple ci-dessous :

Qu'est-ce qu'une adresse IP privée ?

Des plages d'adresses (10.x.x.x, 172.x.x.x et 192.x.x.x) sont réservées aux réseaux internes des organisations. Elles ne sont pas utilisables sur Internet. Cela permet d'utiliser le protocole Internet dans les organisations sans puiser dans le stock, limité, des numéros IP.

Qui attribue les numéros IP publics ?

Les numéros IP publics sont attribués, en théorie, par le NIC (*Network information center* [centre d'informations sur les réseaux]). Dans la pratique, les fournisseurs d'accès à Internet détiennent ces numéros et les attribuent, ponctuellement, à leurs abonnés, le temps d'une connexion.

À retenir !

Un **domaine Internet** est un regroupement de noms d'ordinateurs suivant le critère de l'activité ou du nom de pays dans lequel se trouve l'ordinateur.

Lyc-saint-exupery est un sous-domaine du domaine ***ac-lyon****.*

Ac-lyon *est un sous-domaine du domaine* ***fr****.*

www.lyc-saint-exupery.ac-lyon.fr ← *Domaine* ***fr****.*

Le point (.) est le séparateur des noms de domaine. Il ne peut pas être utilisé à autre chose dans le nom d'un ordinateur connecté à Internet.

Un nom de domaine se lit donc de la droite vers la gauche :

←

www.lyc-saint-exupery.ac-lyon.fr

Qui a mis au point le système de liens hypertexte ?

1751 : **Diderot** publie l'*Encyclopédie* avec un système de renvois préfigurant les systèmes hypertexte.

Diderot

1945 : **Vannevar Bush**, conseiller du président Roosevelt, décrit les principes d'un système hypertexte.

Vannevar Bush

1965 : L'Américain **Ted Nelson** invente le mot **hypertexte**.

Ted Nelson

Application : vous êtes responsable du service Contrôle de gestion de l'entreprise Mécanique SA. Celle-ci travaille uniquement sur le territoire français. Vous souhaitez avoir un nom de domaine. Faites une proposition de nom de domaine pour identifier votre service :

....

E. Qu'est-ce qu'une adresse d'un site Internet ?

Un **site Internet** est un ordinateur contenant des informations consultables par les internautes. Une adresse d'un site Internet se présente ainsi :

*Le sigle http (*hypertext transmission protocol *[protocole de transmission -... de liens -hypertexte]) signifie que l'on utilise le protocole Internet de transmission de liens hypertexte pour se connecter à l'ordinateur de l'ordre des experts-comptables.*

Le sigle www *signifie* World Wide Web *(large toile mondiale). Cela signifie que le site de l'ordre des experts-comptables contient des pages hypertexte.*

http://www.experts-comptables.fr ← ***Domaine*** *auquel appartient le site Internet de l'ordre des experts-comptables.*

Les deux points (:) et les barres obliques // sont des ***séparateurs*** *pour distinguer le nom du protocole du nom de l'ordinateur.*

Nom de l'ordinateur *contenant le site Internet (ou sous-domaine du domaine* ***fr****).*

F. Qu'est-ce qu'un lien hypertexte ?

Un **lien hypertexte** est un lien qui unit un mot (ou un groupe de mots) ou une image d'un document à un autre document. Ainsi en cliquant sur la phrase **Vous souhaitez devenir EC** (expert-comptable), l'internaute accède à un autre document :

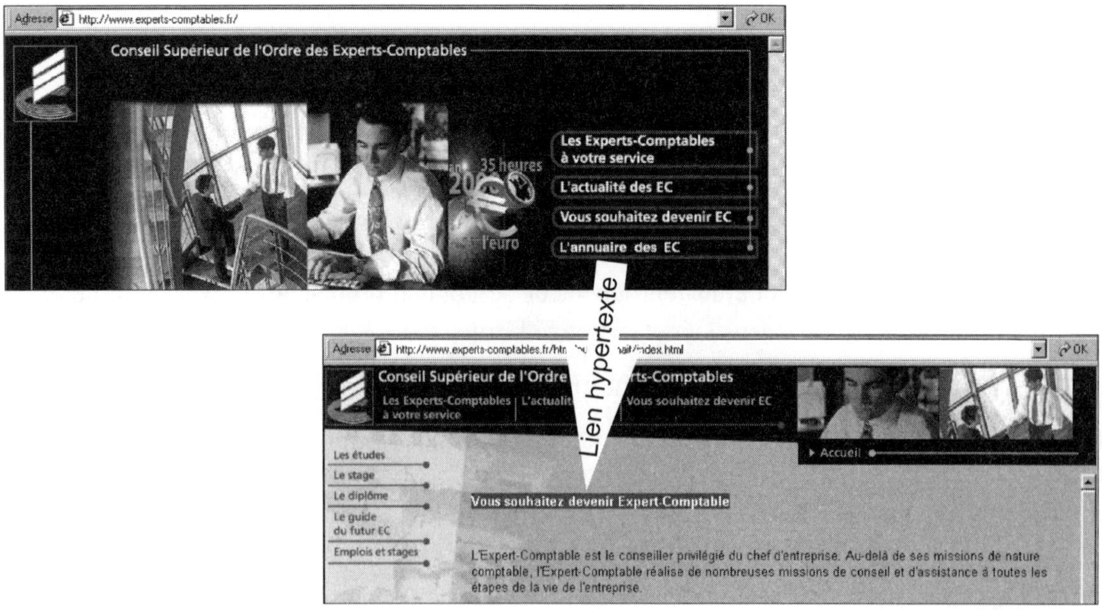

G. Qu'est-ce que le *World Wide Web* ?

Les liens hypertexte peuvent unir des documents se trouvant sur le même ordinateur (notre exemple ci-dessus) ou sur des ordinateurs dispersés dans le monde entier. Ces liens hypertexte unissant les cinquante millions d'ordinateurs à Internet forment une large (*wide*) toile (*web*) mondiale (*world*) :

Les liens hypertexte unissant les ordinateurs connectés à Internet.

Histoire

1989 : Deux chercheurs du CERN (Centre européen de recherche nucléaire), **Tim Benners-Lee** et **Robert Cailliau** mettent au point le langage hypertexte HTML (*Hypertext Markup Language*).

Tim Benners-Lee

Robert Caillau

H. Internet, intranet et extranet

Le protocole TCP/IP a été repris par les organisations pour gérer les réseaux privés. On parle d'intranet lorsque le protocole TCP/IP est utilisé pour gérer un réseau local. On parle d'extranet lorsque les partenaires d'une organisation (clients, fournisseurs...) peuvent accéder au réseau d'une organisation en utilisant le protocole TCP/IP.

Quelques questions à un(e) futur(e) professionnel(le)...

1. Quel est le rôle des serveurs de noms de domaine ?

   ....

2. Pour quelle raison les noms de domaine ont-ils été mis en place ?

   ....

3. Quelle est la fonction des domaines Internet ?

   ....

4. Pour quelle raison dit-on qu'un nom de domaine se lit de la droite vers la gauche ?

   ....

5. Pouvez-vous donner un exemple d'adresse de site Internet, en dehors de ceux cités dans le livre ?

   ....

6. Quel est l'intérêt (ou les intérêts) des liens hypertexte ?

   ....

7. D'où vient l'expression *World Wide Web* ?

   ....

II. Quels sont les éléments nécessaires pour se connecter à Internet ?

Pour se connecter à Internet, il faut réunir des éléments matériels, financiers et logiciels.

A. Quels sont les éléments matériels nécessaires à une connection à Internet ?

La connection à Internet nécessite un modem ou un adaptateur ou un routeur et une ligne téléphonique. Il faut distinguer deux situations : un seul ordinateur est à connecter sur Internet ou au contraire un groupe d'ordinateurs doit être connecté.

1. Un seul ordinateur doit être connecté

Pour connecter un ordinateur à Internet, il faut un modem ou un adaptateur.

a. Qu'est-ce qu'un modem ?

Un modem (modulation démodulation) est une carte électronique qui transforme les **données numériques** (0,1) issues de l'ordinateur en **données analogiques** ∿ :

À retenir !

Un modem (modulation démodulation) est une carte électronique qui transforme les **données numériques** (0,1) issues de l'ordinateur en **données analogiques** ∿.

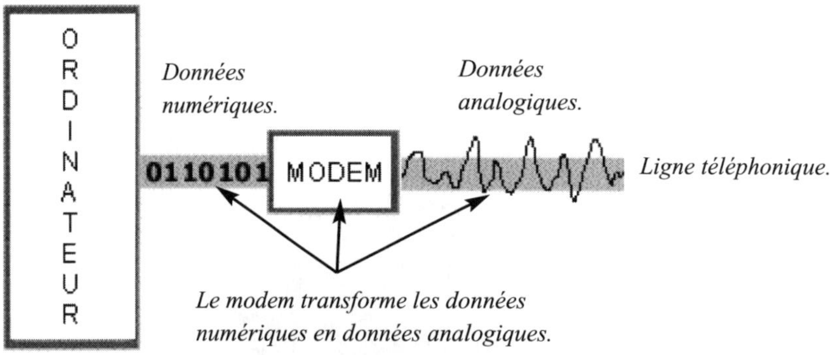

Les lignes téléphoniques traditionnelles, dites lignes RTC (réseau téléphonique commuté) n'acceptent que des **signaux analogiques**. Le son qui subit une modulation (∿) représente l'information transportée (∿) sur la ligne téléphonique. Les données qui sortent de l'ordinateur sont numériques. Il faut donc les transformer en données analogiques pour pouvoir les acheminer sur les lignes RTC. Le modem assure cette transformation.

- **Comment choisir un modem ?**

Les modems respectent des normes. La norme V90 est la plus récente. Elle fixe un débit de 56 000 bits par seconde. Un modem respectant cette norme transmet donc l'information sur la ligne téléphonique à la vitesse maximale de 56 000 bits par seconde.

b. Qu'est-ce qu'un adaptateur ?

En dehors de la ligne téléphonique RTC, il est possible d'utiliser des lignes RNIS (réseau numérique à intégration de service), **ADSL** (*asynchronous digital subscriber line* [ligne d'abonné numérique asynchrone]), le **câble** de la télévision et le **satellite**. Dans tous les cas, il faut un appareil appelé **adaptateur** qui sera suivant les cas un adaptateur RNIS, ADSL, câble ou satellite. On parle d'adaptateur car il s'agit plus d'établir un lien entre l'ordinateur et la ligne que de faire une conversion de données.

c. Quelles lignes téléphoniques ou quel câble ?

Pour choisir entre les différentes lignes téléphoniques, il faut introduire trois critères : la **performance**, la **disponibilité** de la technologie et le **coût** du support de transmission.

- **La ligne RNIS**

La ligne RNIS dont le nom commercial est **Numéris** permet d'acheminer les données à la vitesse de 64 000 ou 128 000 bits par seconde. Le coût de l'abonnement à une ligne RNIS est beaucoup plus élevé qu'une ligne RTC. Il est facile pour une entreprise comme pour un particulier d'obtenir une ligne RNIS. Pour les autres technologies, il n'en est pas de même. Il faut ajouter à cela le coût des communications téléphoniques facturées en fonction de la durée.

- **La ligne ADLS**

La ligne ADLS permet théoriquement un débit de 640 000 bits par seconde de l'ordinateur de l'internaute vers le serveur (appelé aussi **voie ascendante**) et de 8 millions de bits par seconde du serveur vers l'ordinateur (appelé aussi **voie descendante**).

Dans la pratique, l'offre des opérateurs téléphoniques est plus faible pour la voie descendante : un million de bits par seconde pour les entreprises et 512 000 bits par seconde pour les particuliers ; pour la voie ascendante : 256 000 bits par seconde pour les entreprises et 128 000 pour les particuliers.

Le coût d'abonnement à une ligne ADSL est également nettement plus élevé. Il n'y a pas cependant de facturation supplémentaire pour l'utilisation de la ligne ADSL contrairement à la ligne RNIS. Le temps d'utilisation de la ligne n'est pas facturé. Entre 2000 et 2003, 150 à 200 villes devraient pouvoir accéder à des lignes ADSL. Ce n'est donc pas tout le territoire français qui peut profiter des performances des lignes ADSL. De plus, lorsqu'un utilisateur est éloigné d'un central téléphonique ADSL (distance supérieure à 5 km), le procédé fonctionne mal.

- **Le câble**

Lorsqu'une ville est câblée, il est possible d'accéder à Internet *via* le câble. Les débits proposés par les opérateurs sont de 512 000 bits par seconde pour la voie descendante et 128 000 bits pour la voie montante. L'abonnement est facturé. Il n'y a pas de facturation supplémentaire en fonction de la durée d'utilisation du câble. La disponibilité de cette technique est donc fonction du câblage des villes.

- **Le satellite**

Les liaisons par satellite sont possibles. Des débits de 512 000 bits par seconde pour la voie descendante et 128 000 bits pour la voie montante sont proposés. Un abonnement est facturé. Toute connexion au-delà de 128 000 bits par seconde pour la voie descendante est également facturée en plus.

2. Un groupe d'ordinateurs en réseau doit être connecté à Internet

Lorsqu'un groupe d'ordinateurs doit être connecté à Internet, il faut utiliser un routeur. Le **routeur** est un appareil électronique qui stocke les demandes d'accès à Internet des micro-ordinateurs ainsi que les réponses à ces demandes des serveurs Internet :

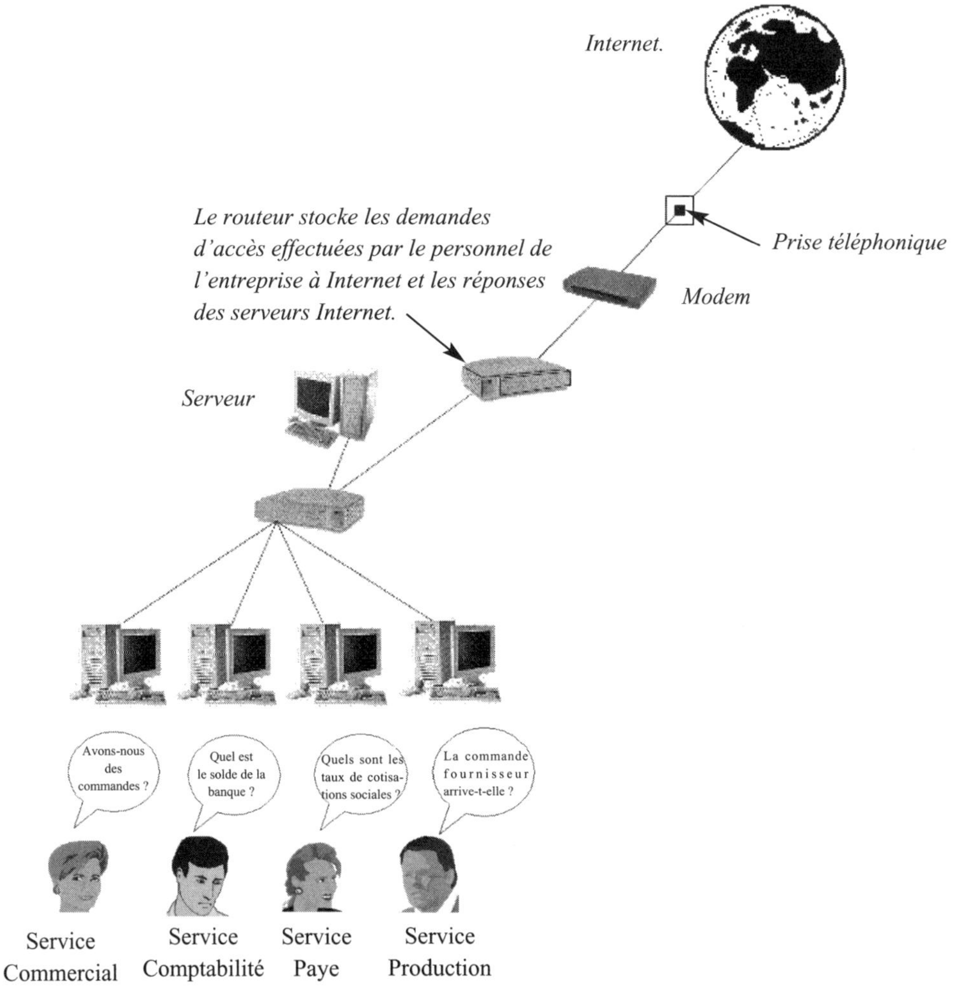

Dès que la ligne téléphonique est libre, il achemine les demandes d'informations vers Internet. Lorsque les réponses aux demandes d'information arrivent, le routeur les transmet aux micro-ordinateurs qui en ont fait la demande.

B. Quels sont les coûts financiers générés par un accès à Internet ?

Outre le coût de l'abonnement à la ligne téléphonique comme RNIS ou RTC, une connexion à Internet génère deux autres coûts : l'**abonnement à un fournisseur d'accès à Internet** et le **coût des communications téléphoniques**.

1. Qu'est-ce qu'un fournisseur d'accès à Internet ?

À retenir !

Un **fournisseur d'accès à Internet** est une entreprise qui met à la disposition de l'utilisateur des **lignes à gros débits.**

Un **fournisseur d'accès à Internet** est une entreprise qui met à la disposition de l'utilisateur des **lignes à gros débits** :

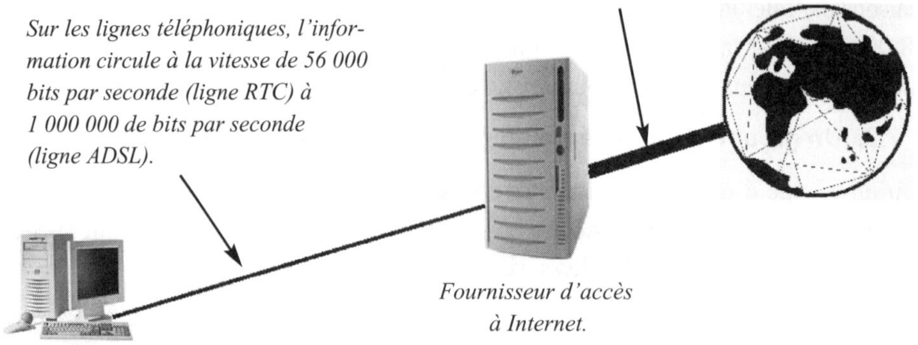

Nous avons vu que même en utilisant des lignes très performantes comme ADSL, le débit n'excédait pas un million de bits par seconde. Le fournisseur d'accès à Internet met à la disposition des utilisateurs des lignes dont le débit est de deux millions de bits par seconde.

Longtemps payant, l'abonnement à un fournisseur d'accès à Internet tend à devenir gratuit. Les grands fournisseurs d'accès sont Wanadoo, AOL, Club-Internet, Lybertysurf.

2. Quel est le coût des communications téléphoniques ?

Si l'internaute peut consulter les sites Internet du monde entier, une tarification locale s'applique, comme s'il téléphonait dans une aire géographique proche de son lieu de connexion. Ce principe est l'une des causes du succès d'Internet. Par ailleurs, sous la pression de la concurrence, les tarifs de connexion à Internet deviennent très faibles. Pour une ligne ADSL, il n'y a pas de facturation en fonction du temps des communications téléphoniques.

Quelques questions à un(e) futur(e) professionnel(le)...

1. Quel est le (ou les) matériel(s) nécessaires pour connecter un poste de travail à Internet et quel est le matériel utile pour connecter plusieurs ordinateurs simultanément à Internet ?

....

....

....

....

....

2. Quel est le rôle du modem ?

....

....

....

3. Pourquoi parle-t-on de données numériques et de données analogiques ?

....

....

....

4. Quelle est la différence entre un adaptateur et un modem ?

....

....

....

5. Comment un routeur permet-il le partage d'une ligne téléphonique ?

....

....

....

6. Pourquoi parle-t-on pour certaines lignes de voie descendante et montante ?

....

....

....

7. Vous travaillez dans un service de comptabilité. Le responsable de votre service vous demande d'établir un tableau comparatif des différentes possibilités de lignes téléphoniques pour se connecter à Internet :

8. Quel est le rôle d'un fournisseur d'accès à Internet ?

....

....

....

9. Pour quelle raison, le coût de la communication téléphonique est-il considéré comme une des causes de succès d'Internet ?

....

....

Qui a inventé le logiciel de navigation ?

1993 : Des chercheurs de l'université de l'Illinois mettent au point un logiciel de navigation (Mosaic).

Welcome to the University of Illinois Urbana-Champaign

L'un des chercheurs, **Marc Andresseen** fonde la société Netscape qui diffuse le logiciel du même nom.

Marc Andresseen

Le logiciel de navigation rend facile l'utilisation d'Internet. Il va donc contribuer de manière essentielle à la diffusion d'Internet.

D. Quels sont les éléments logiciels nécessaires à une connexion à Internet ?

1. Qu'est-ce qu'un logiciel de navigation ?

Pour consulter les sites Internet, il faut également un logiciel particulier : le **logiciel de navigation**. Ce logiciel permet d'introduire l'adresse d'un site Internet que l'utilisateur souhaite consulter et de lire les pages hypertexte transmises par l'ordinateur serveur qui gère le site Internet :

Ordinateur de l'utilisateur (appelé aussi ordinateur client).

Serveur gérant le site Internet.

Le logiciel de navigation est également appelé **logiciel client**. Il demande des informations à un autre ordinateur appelé **serveur**. On parle d'architecture (d'organisation) **Client-serveur**. Sur l'ordinateur serveur, un **logiciel serveur** de pages hypertexte est chargé de répondre aux demandes des logiciels de navigation.

Deux logiciels de navigation sont beaucoup utilisés **Netscape** et **Internet Explorer**. Le mot navigation vient du fait qu'un internaute, grâce au logiciel de navigation, va d'un site Internet à un autre, comme un bateau va d'un port à un autre.

Une page **hypertexte** est une page contenant des liens hypertexte. Une **page web** est un synonyme de l'expression page hypertexte. Un **site web** est un synonyme de l'expression **site Internet**.

2. Comment se présente un logiciel de navigation ?

Si vous disposez d'un micro-ordinateur connecté à Internet, vous pouvez effectuer les manipulations qui suivent, sinon les notions essentielles d'Internet apparaissent par la lecture des pages qui suivent :

1. Lancez éventuellement l'exécution de votre logiciel de navigation et composez l'adresse du site Internet de l'ordre des experts-comptables *http://www.experts-comptables.fr*.
2. Vous obtenez la page-écran suivante :

3. La barre d'outils du logiciel de navigation Internet Explorer assure les fonctions suivantes :

Permet de passer d'une page hypertexte à une autre.

Permet d'arrêter le chargement d'une page hypertexte trop longue à s'afficher et ainsi débloquer l'ordinateur.

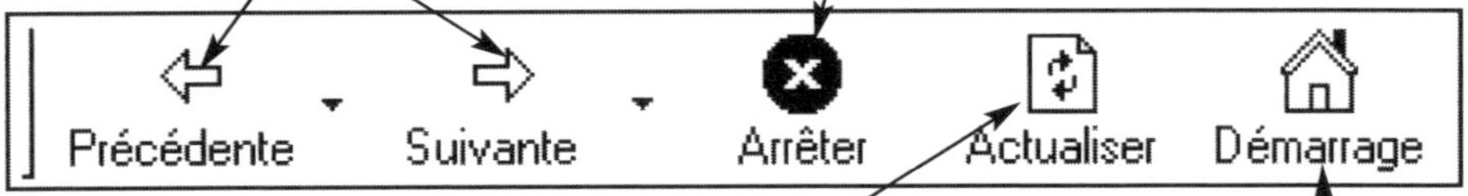

Demande la ***réactualisation*** *d'une page hypertexte dont le contenu se renouvelle très vite (cours de la Bourse par exemple).*

Permet de revenir à la ***première page*** *affichée lors du lancement du logiciel de navigation. Utile lorsqu'on est perdu. dans un site Internet.*

Permet de rechercher de l'information sur Internet.

Affiche la liste des adresses récemment consultées.

Affiche sur la totalité de l'écran le logiciel de navigation.

Un ***favori*** *est la mémorisation d'une adresse d'un site fréquemment consulté. Il évite la saisie fastidieuse d'une adresse Internet.*

3. Comment repérer les liens hypertexte dans une page ?

1. Lorsqu'on approche le pointeur de la souris de certains mots ou de certaines images, le pointeur se transforme en une main (☝) révélant la présence d'un lien hypertexte :

2. Cliquez éventuellement sur le libellé **Vous souhaitez devenir EC**. Vous obtenez une nouvelle page hypertexte :

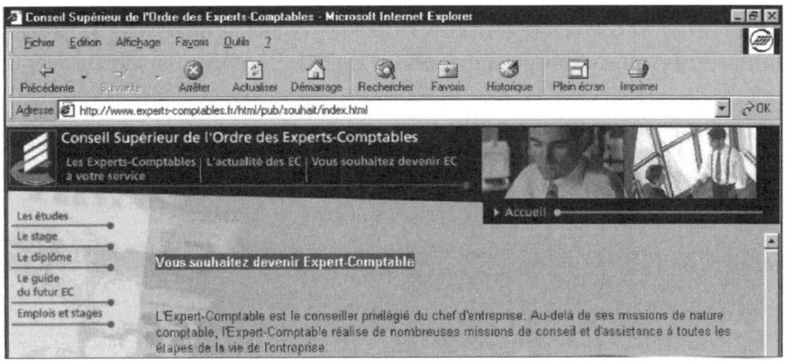

3. Des <u>mots soulignés</u> révèlent également des liens hypertexte :

Les mots soulignés révèlent des liens hypertexte.

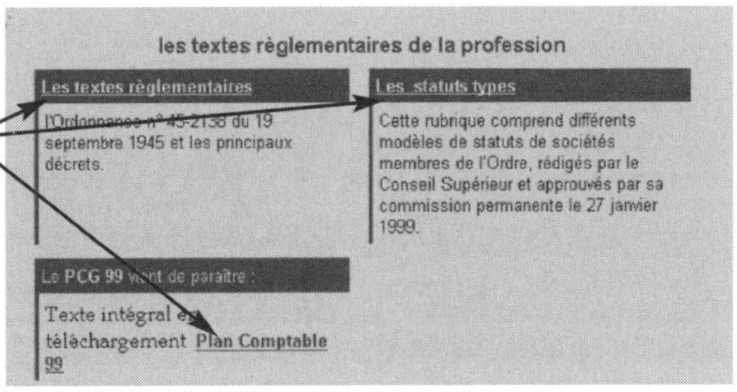

Quelques questions à un(e) futur(e) professionnel(le)...

1. Quel est le rôle du logiciel de navigation ?

....

....

....

2. Pourquoi parle-t-on de logiciel de navigation ?

....

....

....

3. Qu'est-ce qu'une architecture Client-serveur ?

....

....

....

4. Qu'est-ce qu'une page hypertexte ?

....

....

....

5. Qu'est-ce qu'un « favori » dans un logiciel de navigation ?

....

....

....

6. Quel est l'intérêt du bouton Arrêter dans un logiciel de navigation ?

....

....

....

7. Quel est l'intérêt du bouton Actualiser dans un logiciel de navigation ?

....

....

....

8. Comment repère-t-on un lien hypertexte dans une page ?

....

....

....

Compétence 13 Comment exploiter les ressources d'internet ?

Éléments du programme traités

Compétences en communication

- Dialoguer avec un administrateur de réseau, des prestataires de services informatiques et des décideurs en utilisant les outils de communication électronique
- Choisir la forme et le moyen de communication appropriés
- Recourir à toute forme d'aide et d'assistance (documentations, aides en ligne...)

Objectifs à atteindre

- Quelle est l'utilité d'un moteur de recherche ?
- Quelles sont les causes du succès de la messagerie électronique ?
- Quelle est l'utilité des forums de discussion dans le domaine de la gestion ?
- Peut-on dialoguer en direct sur Internet ?
- Comment organiser sa veille juridique avec les listes de diffusion ?
- Comment présenter son organisation sur Internet ?

Mots-clés

@ - adresse électronique - Altavista - annuaire - arobase - boîte aux lettres électroniques - *chat* - Copernic - courriel - *electronic mail* - *e-mail* - forum de discussion - fournisseur d'adresses électroniques - fournisseur de sites Internet - FTP - *Internet Relay Chat* - IRC - Jim Illis - liste de diffusion - logiciel client de messagerie - logiciel serveur de messagerie - Lotus Notes - mél - messagerie électronique - message électronique - messagerie instantanée - métamoteur - Microsoft Exchange Server - moteur de recherche - Outlook - Peter Deutsch - protocole de messagerie électronique Internet - protocole FTP - Ray Tomlinson - téléconférence - Tom Truscott - veille juridique - visioconférence - Yahoo!

Connaître le contexte professionnel du dossier

Le comptable et le gestionnaire doivent constamment mettre à jour leurs connaissances, disposer de l'information la plus récente. En effet, les éléments de leurs activités tels que la législation fiscale et sociale, les données économiques se modifient constamment. Grâce à Internet, aux moteurs de recherche, le comptable et le gestionnaire peuvent effectuer leur veille juridique, économique et technique. Le comptable et le gestionnaire ont besoin de communiquer efficacement. La messagerie électronique et le site Internet sont une réponse à ce besoin.

I. Quelle est l'utilité d'un moteur de recherche ?

Qui a inventé le moteur de recherche ?

1992 : Le canadien **Peter Deutsch** met au point le premier logiciel moteur de recherche nommé Archie :

Peter Deutsch

A. Qu'est-ce qu'un moteur de recherche ?

Un **moteur de recherche** est un logiciel composé de deux fonctions : l'**indexation des pages hypertexte** et le **traitement de demandes d'information**.

1. L'indexation des pages hypertexte

Le moteur de recherche interroge dans un premier temps les ordinateurs connectés à Internet. Il examine le contenu des pages hypertexte stockées sur ces ordinateurs, repère les mots fréquemment employés comme **expert-comptable** sur le site de l'ordre des experts-comptable et les classe dans un index avec les références des documents contenant ces mots et un bref résumé :

2. Le traitement des demandes d'information

La deuxième fonction du moteur est de satisfaire les demandes d'information des internautes. Ceux-ci composent leurs demandes. Le moteur de recherche compare les demandes à son index et affiche un bref résumé de tous les documents contenant les mots recherchés. Si l'internaute est intéressé par un document, il clique sur le titre du document pour l'afficher dans son intégralité.

Vous pouvez faire la manipulation avec le moteur de recherche http://www.voila.fr :

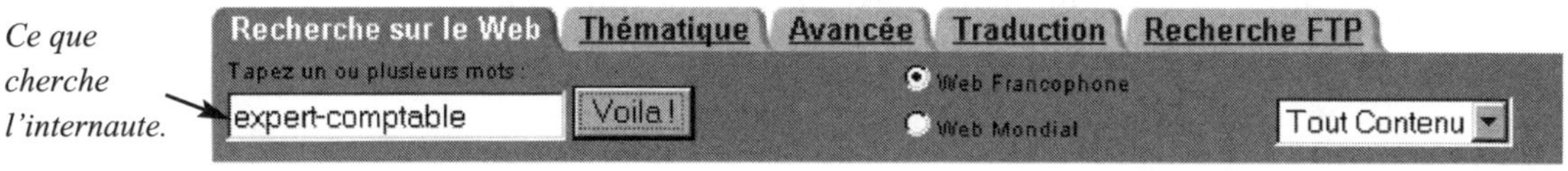

Après avoir lancé la recherche, le moteur de recherche affiche le résultat de sa recherche :

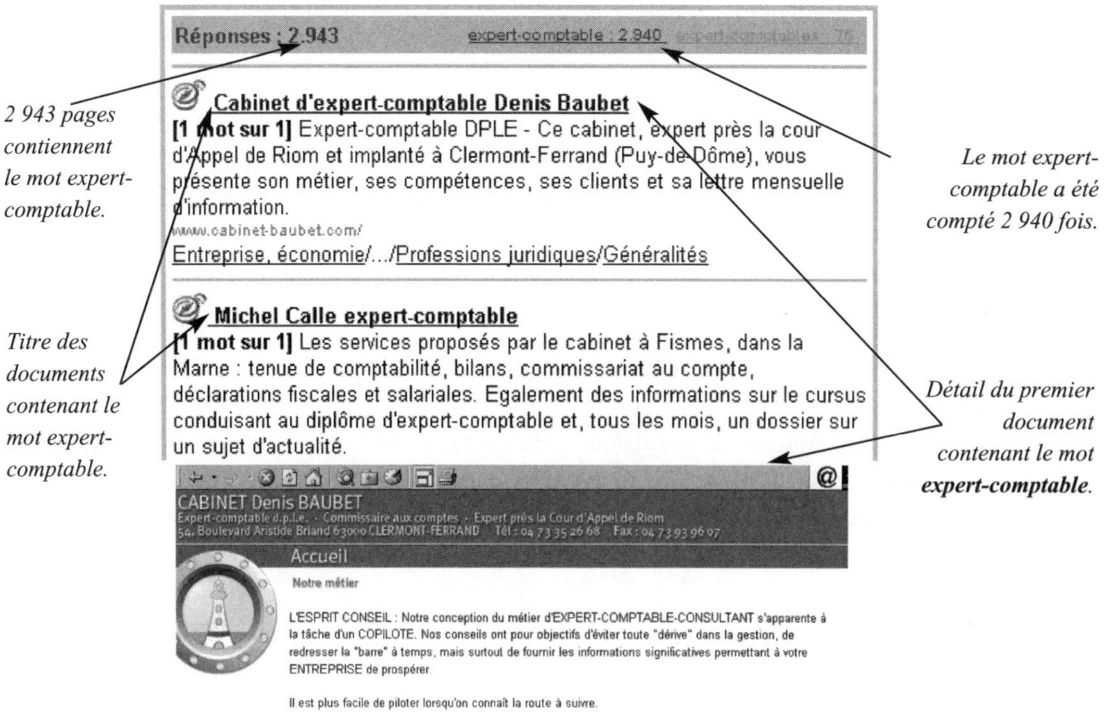

Le moteur de recherche est un outil fondamental. Il transforme Internet en une vase base documentaire.

En l'an 2000, on estimait le nombre de documents stockés sur Internet à 800 millions. Néanmoins, seulement 100 millions de ces documents sont indexés par les moteurs de recherche.

Par ailleurs, aucun contrôle n'est effectué sur le contenu de ces documents. Tout internaute peut être producteur de documents. Les documents consultés peuvent donc comporter des erreurs.

Il existe de nombreux moteurs de recherche : **Google** (www.google.com) **Altavista** (www.altavista.fr)... et des **métamoteurs** comme **Copernic** (www.copernic.com). Ceux-ci à partir d'une demande de l'utilisateur, déclenchent une investigation dans plusieurs moteurs de recherche.

B. Quelle est la différence entre un moteur de recherche et un annuaire ?

Certains logiciels sont proches des moteurs de recherche, tout en ayant une organisation tout à fait différente : il s'agit des **annuaires**. Alors que dans un moteur de recherche, l'analyse des documents stockés sur Internet se fait automatiquement, dans un annuaire, l'analyse et le classement des documents dans des rubriques sont faits manuellement.

Le personnel des entreprises gérant ces annuaires analyse les sites, définisse les mots clés, classe les documents et rédige le texte résumant les documents. Par ailleurs, les créateurs de sites Internet enrichissent eux-mêmes l'annuaire. Ils se font référencer dans les annuaires. Cela signifie qu'ils remplissent un formulaire décrivant avec soin leur site, les mots-clés et le transmettent aux entreprises gérant les annuaires.

Le résultat de la recherche dans un annuaire est donc de plus grande qualité. L'inconvénient de cette démarche est la lenteur de l'élaboration de la base documentaire. En effet, l'intervention étant humaine, le nombre de documents indexés est beaucoup plus faible que dans un moteur de recherche. L'annuaire **Yahoo!** (fr.yahoo.com) est un exemple de cette démarche.

Quelques questions à un(e) futur(e) professionnel(le)...

1. Quelle définition donneriez-vous du moteur de recherche ?

2. Comment le moteur de recherche crée-t-il son index ?

3. Pour quelle raison le moteur de recherche est-il une découverte importante ?

4. Pour quelle raison l'information issue d'Internet n'est-elle pas forcément fiable ?

5. Qu'est-ce qui différencie un moteur de recherche d'un annuaire ?

6. Quels sont les avantages et les inconvénients des moteurs de recherche et des annuaires ?

II. Quelles sont les causes du succès de la messagerie électronique ?

A. Qu'est-ce que la messagerie électronique ?

À retenir !
L'expression **messagerie électronique** désigne l'ensemble des opérations de création, d'envoi, de réception et d'organisation des messages électroniques.

L'expression **messagerie électronique** désigne l'ensemble des opérations de création, d'envoi, de réception et d'organisation des messages électroniques :

L'utilisateur du logiciel de messagerie peut créer de nouveaux messages électroniques, répondre aux courriers, les transférer.

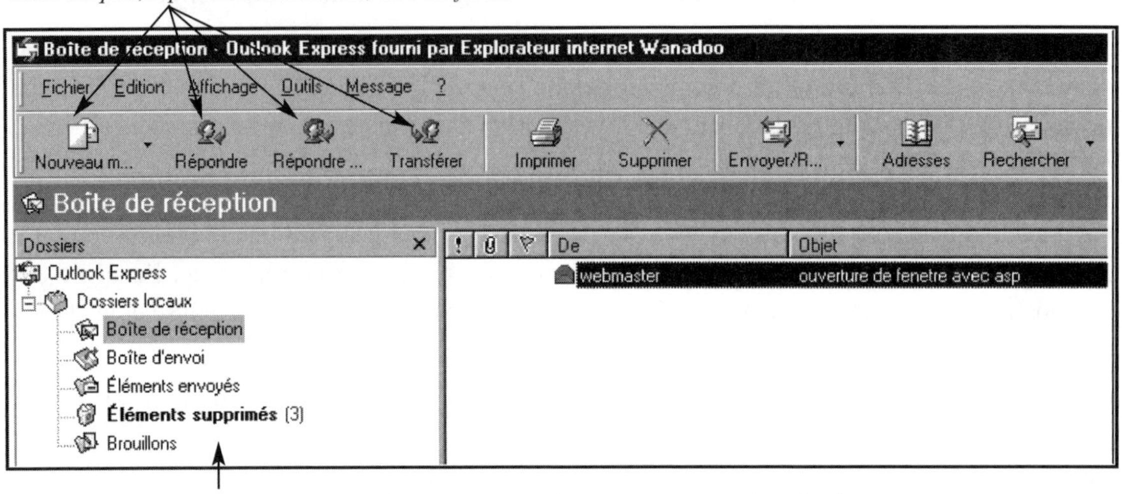

L'utilisateur du logiciel de messagerie électronique peut classer son courrier dans des dossiers.

À retenir !
Un **message électronique** est un texte que l'on envoie *via* le réseau local ou *via* Internet à un correspondant

B. Qu'est-ce qu'un message électronique ?

Un **message électronique** est un texte que l'on envoie *via* le réseau local ou *via* Internet à un correspondant :

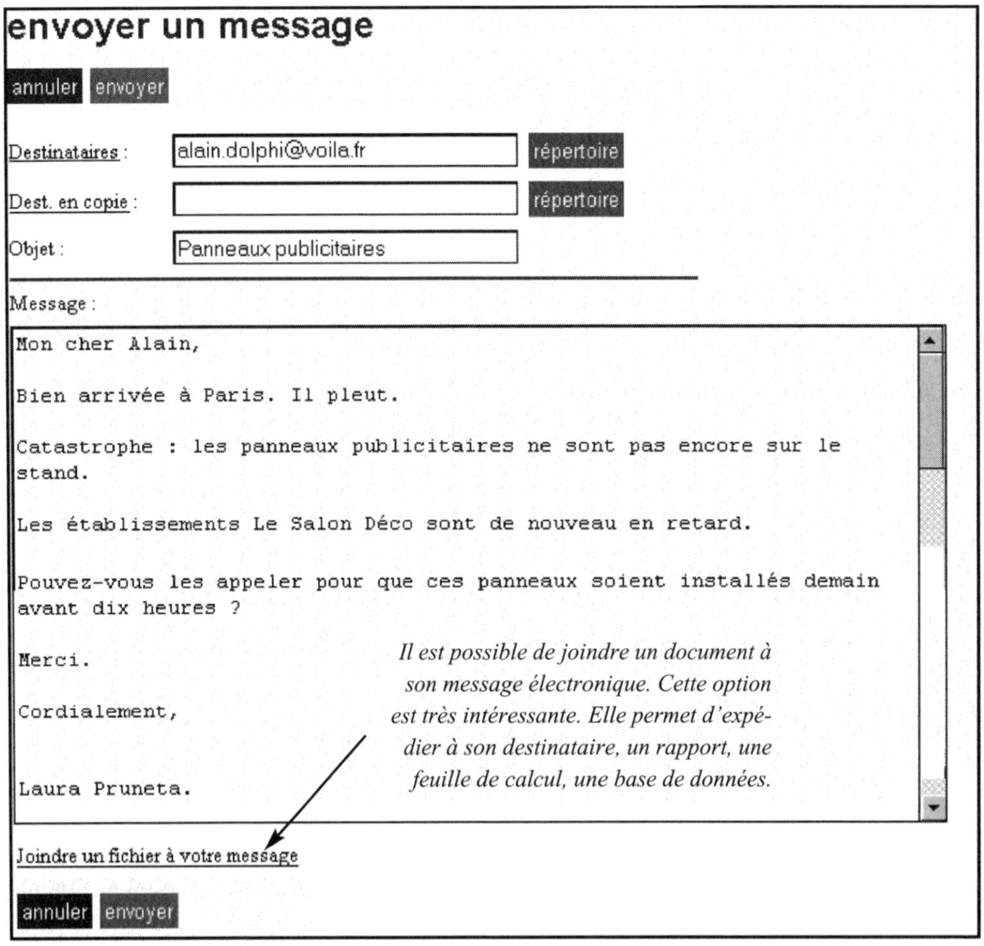

Il est possible de joindre un document à son message électronique. Cette option est très intéressante. Elle permet d'expédier à son destinataire, un rapport, une feuille de calcul, une base de données.

C. Qu'est-ce qu'une adresse électronique ?

Une **adresse électronique** est un espace sur le disque dur d'un ordinateur identifié par un nom. Cet espace sur le disque sert à stocker le courrier reçu par le propriétaire de l'adresse électronique. Une adresse électronique respectant le protocole de messagerie électronique Internet se présente ainsi :

Nom de l'utilisateur de l'adresse électronique. *Nom du* ***fournisseur d'adresses électroniques****.*

jean.martin@wanadoo.fr

*L'****arobase*** *@ est un séparateur permettant de distinguer le nom de l'utilisateur de celui du fournisseur de messagerie électronique.*
L'adresse électronique peut se lire ainsi : Jean Martin chez (@ : at *[anglais]) le fournisseur de messagerie Wanadoo.*

D. Comment fonctionne le courrier électronique ?

Pour réaliser du courrier électronique, il faut disposer d'une adresse électronique et d'un logiciel de gestion du courrier électronique.

1. Comment obtenir une adresse électronique ?

Dans une entreprise de taille assez importante, il y a en général un **logiciel serveur de messagerie**. Celui-ci est chargé de créer les boîtes aux lettres et de gérer le courrier entrant et sortant. Pour le cabinet expertise comptable Durand par exemple, l'adresse électronique sera :

pierre.dupont@cabinet-durand.fr

Les logiciels serveurs de messagerie comme **Microsoft Exchange Server** et **Lotus Notes** permettent d'assurer ces tâches.

Il est également possible d'obtenir une adresse électronique auprès de son fournisseur d'accès d'Internet. Par exemple, pour le fournisseur d'accès Internet **www.libertysurf.com**, l'adresse deviendra :

pierre.dupont@libertysurf.com

Enfin, il est possible d'obtenir une adresse électronique gratuite auprès d'un fournisseur d'adresses électroniques gratuit comme **www.voila.fr** ou **www.caramail.com**. Ces fournisseurs financent leurs dépenses par la publicité.

2. Comment le courrier est-il acheminé dans les boîtes aux lettres électroniques ?

Le schéma suivant résume le fonctionnement de la messagerie :

Qui a inventé la messagerie électronique ?

Ray Tomlinson est l'inventeur du courrier électronique. C'est lui qui envoie en 1972 le premier message électronique de l'histoire et qui a introduit le caractère **arobase @** pour séparer le nom de l'utilisateur du nom du fournisseur d'adresses électroniques.

À retenir !

Une **adresse électronique** est un espace sur le disque dur d'un ordinateur identifié par un nom.

À retenir !

un **logiciel serveur de messagerie** est chargé de créer les boîtes aux lettres et de gérer le courrier entrant et sortant.

Synonymes

De nombreux mots, expressions sont synonymes d'adresses électroniques : boîte aux lettres électroniques, *e-mail* (*electronic mail* [courrier électronique]), le mél, courriel...

Où se trouve stocké le courrier électronique ?

Deux situations sont à envisager. Si vous utilisez le logiciel de navigation pour consulter votre courrier sur un site Internet (Laposte, Caramail...), votre courrier reste stocké sur le site Internet de votre fournisseur de boîte aux lettres. Si vous utilisez un logiciel **client de messagerie** comme Outlook, le courrier est stocké sur votre ordinateur ou dans votre dossier personnel sur le serveur de votre établissement scolaire.

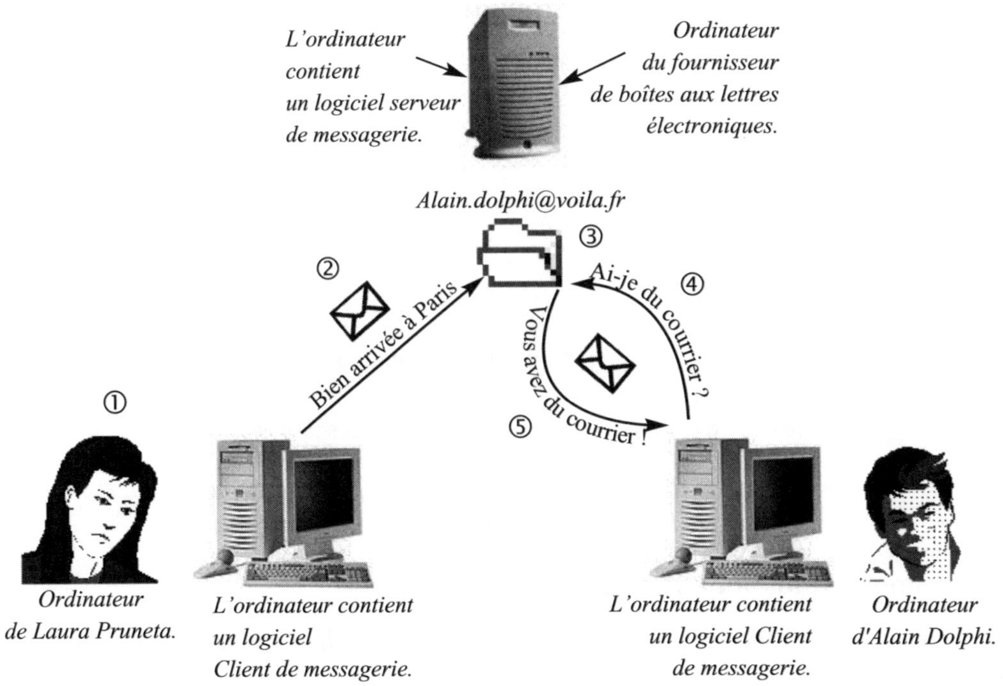

Dans notre exemple, Laura Pruneta veut adresser un courrier à Alain Dolphi :

Laura Pruneta lance l'exécution de son logiciel Client de messagerie. Un **logiciel Client de messagerie** est un logiciel qui interroge le logiciel serveur de messagerie pour expédier et réceptionner le courrier (le logiciel **Outlook** de la société Microsoft par exemple), saisit l'adresse électronique de son destinataire Alain.Dolphi@voila.fr, par exemple, rédige son message et l'expédie.

Le protocole de messagerie Internet recherche l'ordinateur du fournisseur d'adresses électroniques (**Voila**, dans notre exemple).

Le logiciel serveur de messagerie du fournisseur d'adresses électroniques range le courrier de Laura Pruneta dans la boîte aux lettres d'Alain Dolphi.

Alain Dolphi lance son logiciel Client de messagerie et demande au serveur de messagerie **Voila** de lui remettre son courrier.

Le serveur de messagerie **Voila** remet à Alain Dolphi le courrier de Laura Pruneta.

Quelques questions à un(e) futur(e) professionnel(le)...

1. Pouvez-vous définir les termes suivants :
   - Messagerie électronique :

   ....

   ....

   - Message électronique :

   ....

   ....

   - Adresse électronique :

   ....

   ....

2. Quel est l'intérêt de la fonction Joindre un fichier à votre message ?

....

....

3. Quel est le rôle de l'arobase @ dans une adresse électronique ?

....

4. Quels sont les éléments nécessaires au fonctionnement d'une messagerie électronique ?

....

....

Qui a inventé les forums de discussion sur Internet ?

1979 : Les étudiants américains **Tom Truscott** et **Jim Illis** mettent au point un logiciel de gestion de forums de discussion.

III. Quelle est l'utilité des forums de discussion dans le domaine de la gestion ?

A. Qu'est-ce qu'un forum de discussion ?

Un forum de discussion est un espace sur le disque dur d'un ordinateur dans lequel des personnes déposent des messages contenant des opinions ou des questions.

Par exemple, une personne pourra émettre l'opinion suivante : « Était-il opportun de supprimer les comptes de comptabilité analytique dans le plan comptable 1999 ? » Une autre personne demandera une aide « Quelqu'un peut-il m'aider à paramétrer le logiciel Ciel Paye ? ».

D'autres personnes se connecteront au forum de discussion et réagiront aux opinions ou apporteront des réponses aux questions posées.

À retenir !

Un forum de discussion est un espace sur le disque dur d'un ordinateur dans lequel des personnes déposent des messages contenant des opinions ou des questions.

B. Observer un forum de discussion

Sur le site du fournisseur d'adresses électroniques gratuites **www.caramail.com**, on peut observer un forum de discussion consacré à la comptabilité :

Émilie Bodar titulaire d'un compte chez le fournisseur d'adresses s'est abonnée à trois forums de discussion.

Noms des émetteurs des messages

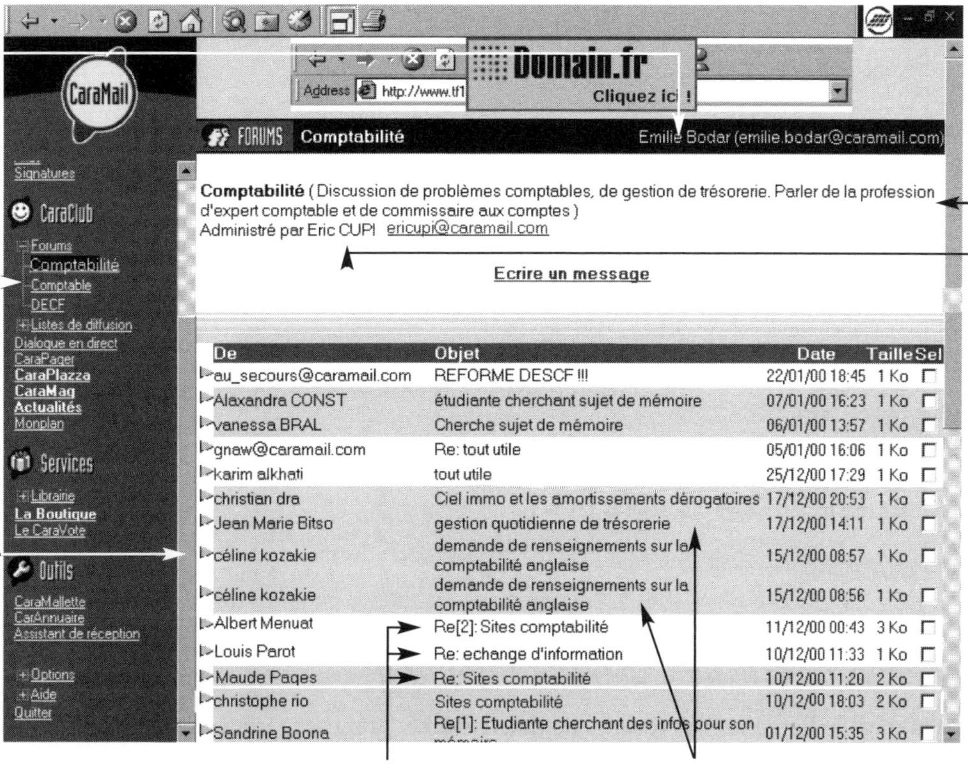

Un texte définit l'objet du forum de discussion.

Éric Cupi est le créateur du forum. Il en est aussi l'administrateur. Il a en particulier le rôle de modérateur de forum. Il veille à ce que les messages soient conformes à l'objet du forum et aux bonnes mœurs.

Lorsqu'un objet de message est précédé des lettres Re cela signifie que l'auteur du message Répond au message dont l'intitulé est reproduit.

Objet des messages.

Cliquons sur le message **Christophe Rio Sites comptabilité** :

La demande d'information est adressée au forum ***Comptabilité****. Les membres du forum pourront donc consulter ce message.*

FORUMS **Message** Emilie Bodar (emilie.bodar@caramail.com)

Répondre | Répondre à l'expéditeur | Transférer | Télécharger
Précédent | Retour à la liste | **Suivant**

De:christopherio <chrystofe@caramail.com> [Ajouter au carnet d'adresses]
Sujet: Sites comptabilité
A:Comptabilité
Date:01/12/0. 12:32:34

bonjour,
je m'appelle Christophe, à partir du 01/01/200.
je serai stagiaire d'expertise comptable.
Merci de bien vouloir me donner une liste des différents sites intéressants qui parle de compta.
Pour vous quel est l'intérêt d'internet pour la cpta.

Christophe, collaborateur comptable à Cognac (16).

Conditions d'utilisation

Cliquons maintenant sur une réponse au message de Christophe Rio, **Albert Menuat Re[2] Sites comptabilité** :

La réponse est adressée au forum de discussion ***Comptabilité****. Christophe Rio bénéficiera de l'information mais aussi les membres du forum.*

FORUMS **Message** Emilie Bodar (emilie.bodar@caramail.com)

Répondre | Répondre à l'expéditeur | Transférer | Télécharger
Précédent | Retour à la liste | **Suivant**

De: albertmenuat@caramail.com
Sujet: Re[2]: Sites comptabilité
A:Comptabilité
Date:11/12/0. 00:43:54

Tu pourras trouver des informations sur les sites suivants :
revue fiduciaire avec le nouveau droit cptable 99 :
www.grouperf.com
www.bourse-de-paris.com
www.cotations.com
www.abcbourse.com pr débuter dans les titres..
les-echos.fr
sans oublier
lerevenu.com
mieuxvivre.fr
il y a parfois des dossiers intéressants sur la fiscalité
sans que tu sois obligé d'acheter la revue !!

Albert Menuat

Comment trouver la liste des forums ?

Aux adresses suivantes vous trouverez la liste de nombreux forums :

news.voila.fr et www.deja.com

Quelques questions à un(e) futur(e) professionnel(le)...

1. Quel est le lien entre les forums de discussion et la messagerie électronique ?

....

....

2. Pourquoi parle-t-on de forum de discussion ?

3. Pour un comptable quelle peut être l'utilité d'un forum de discussion ?

4. Comment fonctionne un forum de discussion ?

5. Quel est le rôle du modérateur de forum ?

IV. Peut-on dialoguer en direct sur Internet ?

A. Qu'est-ce que le protocole *Internet Relay Chat* (IRC) ?

Le protocole IRC *(Internet Relay Chat* [retransmission de conversation - *chat* - sur Internet] permet de converser en temps réel sur Internet. On parle aussi de téléconférence, c'est-à-dire d'un dialogue à distance entre plusieurs personnes.

À retenir !

Le protocole IRC *(Internet Relay Chat* [retransmission de conversation - *chat* - sur Internet] permet de converser en temps réel sur Internet. On parle aussi de téléconférence, c'est-à-dire d'un dialogue à distance entre plusieurs personnes.

B. Observer un exemple de téléconférence

Voici un exemple de téléconférence :

Actuellement, l'utilisateur de la messagerie peut dialoguer avec trois autres personnes qui sont connectées au <u>même moment</u> que lui à Internet.

Les messages échangés entre deux correspondants apparaissent aussitôt dans une zone de discussion commune aux deux interlocuteurs. Il sera également possible de montrer un schéma à son correspondant.

Contrairement au courrier électronique, le message est envoyé directement au correspondant sans transiter par un serveur de messagerie. La communication est donc instantanée.

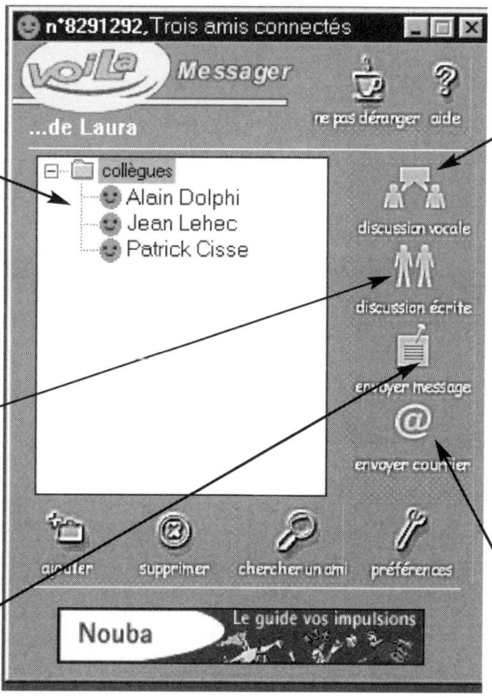

Si votre ordinateur et celui de votre correspondant possède un microphone et des haut-parleurs, il est possible d'engager une conversation orale ; on parle aussi d'audio-conférence. La qualité du son dépend du débit (nombre de bits par seconde) de la liaison Internet. Si vous et votre correspondant possédez une caméra connectée à l'ordinateur, il sera possible aux interlocuteurs de se voir. La qualité de l'image dépend également et très fortement du débit de votre liaison Internet. On parle aussi de visio-conférence.

Pour envoyer un courrier électronique.

C. Quel est l'intérêt de la messagerie instantanée dans le domaine de la gestion ?

La messagerie instantanée permet de faire des téléconférences ou des visioconférences entre les membres d'une organisation dispersés géographiquement. Elles évitent le déplacement des personnes et donc constituent un gain de temps. Le débit de l'information constitue encore un frein à la diffusion de ces pratiques.

Quelques questions à un(e) future professionnel(le)...

1. Quelle est la différence entre la messagerie instantanée et la messagerie « classique » ?

2. Quelles conditions faut-il réunir pour faire de la messagerie instantanée ?

3. Indiquez toutes les formes de communication possibles dans Internet et indiquez celles qui vous paraissent réellement opérationnelles et pourquoi ?

4. Quel est l'apport de la messagerie instantanée dans la vie des organisations ? Quelle est la (ou les) limite(s) ?

V. Comment organiser sa veille juridique avec les listes de diffusion ?

La législation fiscale, sociale et comptable évolue très rapidement. Une manière de mettre à jour ses connaissances, d'organiser sa veille juridique est de s'inscrire à une **liste de diffusion**.

A. Qu'est-ce qu'une liste de diffusion?

Une **liste de diffusion** est une liste d'adresses électroniques qui vont être destinataires des messages en provenance d'un seul émetteur ou de tous les membres de la liste :

À retenir !

Une **liste de diffusion** est une liste d'adresses électroniques qui vont être destinataires des messages en provenance d'un seul émetteur ou de tous les membres de la liste.

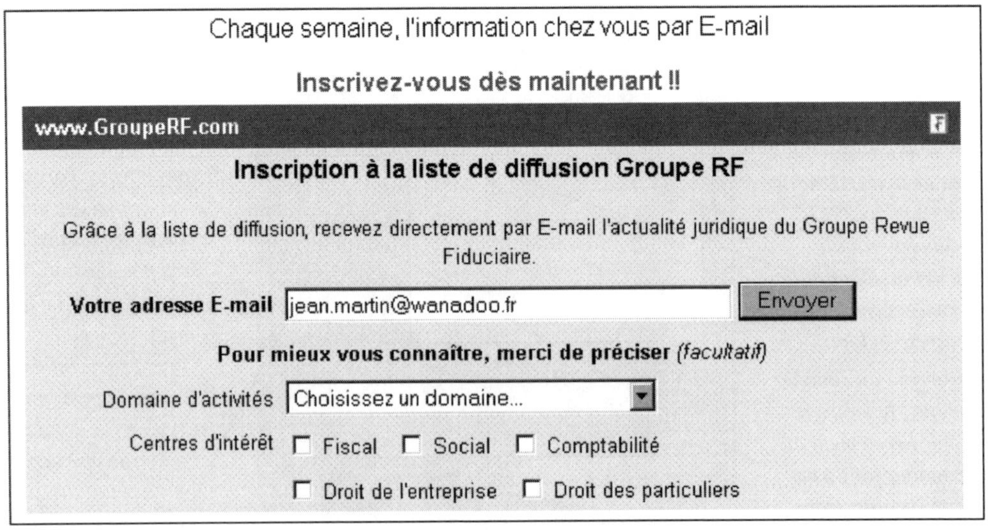
Chaque semaine, l'information chez vous par E-mail

Inscrivez-vous dès maintenant !!

www.GroupeRF.com

Inscription à la liste de diffusion Groupe RF

Grâce à la liste de diffusion, recevez directement par E-mail l'actualité juridique du Groupe Revue Fiduciaire.

Votre adresse E-mail jean.martin@wanadoo.fr Envoyer

Pour mieux vous connaître, merci de préciser *(facultatif)*

Domaine d'activités Choisissez un domaine...

Centres d'intérêt ☐ Fiscal ☐ Social ☐ Comptabilité

☐ Droit de l'entreprise ☐ Droit des particuliers

Dans l'exemple ci-dessus, l'éditeur d'informations juridiques **La Revue Fiduciaire**, envoie chaque semaine, aux personnes inscrites sur sa liste de diffusion, l'actualité juridique. Les Éditions Francis Lefebvre (www.efl.com) procèdent de même.

B. Quelle est la différence entre une liste de diffusion et un forum de discussion ?

Dans un forum de discussion, l'utilisateur doit aller chercher l'information. Il se connecte au forum de discussion. Dans une liste de diffusion, l'information vient vers l'utilisateur. En ouvrant sa boîte aux lettres, il reçoit l'information.

Comment trouver une liste de diffusion ?

L'annuaire des listes de diffusion est disponible à : www.cru.fr/listes

Quelques questions à un(e) futur(e) professionnel(le) ?

1. Qu'est-ce que la veille juridique ?

....

....

....

2. Est-ce que le comptable doit se limiter à la veille juridique pour exercer correctement son métier ? Sinon quelle(s) autre(s) veille(s) lui suggérez-vous ?

....

....

....

3. En dehors des listes de diffusion, quelles peuvent être les autres sources de veille ?

....

....

....

4. Qu'est-ce qu'une liste de diffusion ?

....

....

....

5. En quoi la liste de diffusion se différencie-t-elle du forum de discussion ?

....

....

....

VI. Comment présenter son organisation sur Internet ?

Pour présenter son organisation (ou un projet personnel) sur Internet, il faut en général passer par quatre étapes :

- conception des pages hypertexte de son site,
- installation de son propre serveur de pages hypertexte ou réservation d'un espace chez un fournisseur de sites Internet,
- transfert des pages hypertexte sur le serveur de pages hypertexte ou chez le fournisseur de sites Internet,
- tests avec un logiciel de navigation, le bon fonctionnement du site du point de vue de l'internaute.

A. Créer les pages hypertexte de son site

Pour créer un site, il faut

- définir le contenu du message que l'on souhaite faire passer aux internautes,
- découper ce contenu en pages-écran en veillant à ce que ces pages soient faciles à lire sur un écran,
- créer des liens hypertexte entre ces pages pour permettre la navigation dans le site :

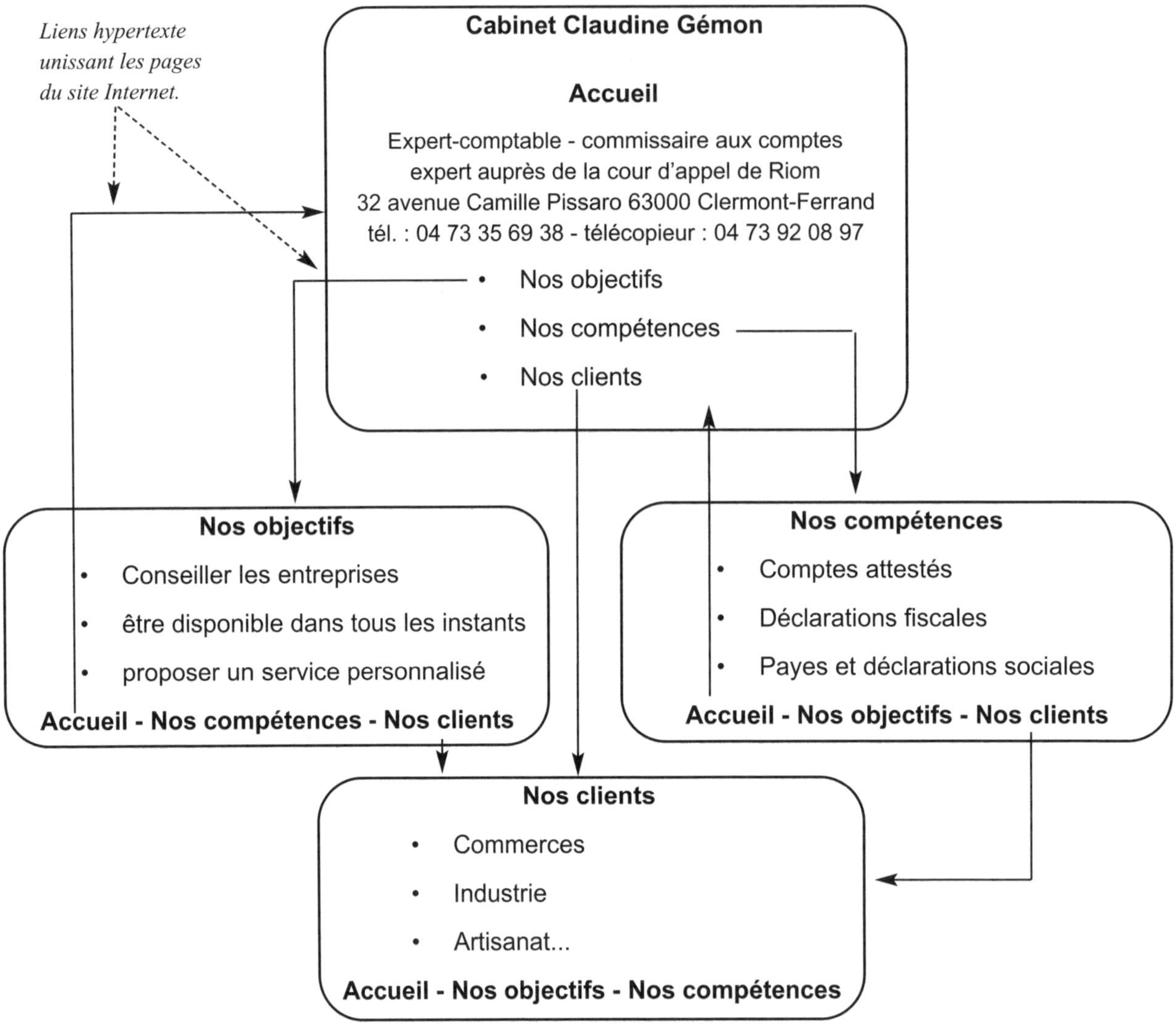

Pour ne pas surcharger le schéma, tous les liens hypertexte ne sont pas représentés.

Pour réaliser des pages hypertexte, un traitement de texte comme Word peut suffire. Pour des sites plus complexes, un gestionnaire de sites Internet comme **FrontPage** de la société Microsoft ou **Dreamweaver** de la société Macromédia est nécessaire.

B. Réserver un espace pour le site Internet

À retenir !
Un fournisseur de sites Internet met à la disposition de ses clients un espace sur le disque dur de son serveur de pages hypertexte.

L'organisation peut installer son propre serveur de pages hypertexte. La démarche nécessite néanmoins de solides compétences en informatique. Aussi l'entreprise aura-t-elle souvent recours à un **fournisseur de sites Internet**.

Celui-ci met à la disposition de ses clients un espace sur le disque dur de son serveur de pages hypertexte. Le serveur est par ailleurs constamment accessible aux internautes.

Il existe également de nombreux fournisseurs de sites Internet gratuits comme www.multimania.com ou www.altern.org.

C. Transférer les pages hypertexte sur le serveur de pages hypertexte

Pour transférer les pages hypertexte entre l'ordinateur du client et l'ordinateur du fournisseur de sites Internet, il faut utiliser un nouveau protocole Internet : le **protocole FTP** (*Files Transfert Protocol* [protocole de transfert de fichiers]) :

Ordinateur du client souhaitant créer un site Internet.

Ordinateur du fournisseur de sites Internet.

Le programme WS_FTP disponible sur le site **www.ispwitch.com** permet le transfert de fichiers entre deux ordinateurs en utilisant le protocole FTP.

D. Contrôler le bon fonctionnement du site

Il faut ensuite, à l'aide d'un logiciel de navigation, vérifier le bon fonctionnement du site.

Quelques questions à un(e) futur(e) professionnel(le) ?

1. Quel est l'intérêt de présenter son organisation sur Internet ?

2. Comment procède-t-on pour créer un site Internet ?

3. Qu'est-ce qu'un fournisseur de sites Internet ?

4. Rappelez tous les types de fournisseurs de services Internet que vous avez vu dans cet ouvrage :

5. Pour quelle raison y a-t-il des fournisseurs de sites Internet gratuits ?

6. Intérêt et limite des fournisseurs de sites Internet gratuits ?

Se situer dans le système d'information de son organisation

- METTRE EN PLACE LE SYSTÈME D'INFORMATION D'UNE ORGANISATION
- REPRÉSENTER LE TRAITEMENT DES DONNÉES D'UNE ORGANISATION
- PRÉPARER L'EXPLOITATION DES DONNÉES D'UNE ORGANISATION
- EXPLOITER LES DONNÉES D'UNE ORGANISATION

METTRE EN PLACE LE SYSTÈME D'INFORMATION D'UNE ORGANISATION

Compétence 14 — Comment repérer le système d'information d'une organisation ?

Éléments du programme traités

Compétence en communication

- Dans une note ou un rapport : décrire, commenter, critiquer une organisation existante, décrire les besoins d'évolution

Objectifs à atteindre

- Comment déceler les mauvais fonctionnements des systèmes d'information des organisations ?
- Pourquoi a-t-on mis en place des modèles de données ?

Mots-clés

ANSI - conceptuel - donnée - Hubert Tardieu - information - MERISE - MERISE 2 - modèle - modèle conceptuel des données - modèle entité-association - modèle physique des données - modélisation - niveau conceptuel - niveau logique - niveau physique - système de pilotage - système d'information - système opérant

Connaître le contexte professionnel du dossier

Les systèmes d'information des organisations fonctionnent souvent mal. L'information dans ces organisations est redondante, incomplète, mal rangée, difficile à trouver.

Ce mauvais fonctionnement est à l'origine d'une perte de temps considérable pour les acteurs de cette organisation et donc de productivité.

Cette situation augmente les coûts de l'organisation et diminue ses résultats.

Pour cette raison, l'amélioration des systèmes d'information est devenu un enjeu majeur pour toutes les organisations.

Qu'est-ce qu'un système d'information ? Comment construit-on un système d'information ? Quels sont les outils qui permettent d'améliorer le système d'information d'une organisation ? telles seront les questions qui seront abordées dans les dossiers qui suivent.

I. Comment déceler les mauvais fonctionnements des systèmes d'information des organisations ?

A. Connaître la situation de l'organisation

Adèle Abasse, la directrice générale de la société Kayak Plaisir n'est pas satisfaite de sa relation avec ses fournisseurs. Elle demande à Benoît Dufis, un stagiaire de classe de technicien supérieur d'analyser la situation :

« Qu'est-ce qui ne fonctionne pas dans vos services ? demande Benoît Dufis.
- Eh bien, répond Adèle Abasse, la semaine dernière le service Clients d'un de nos fournisseurs nous a contacté.
- Que voulait-il ? interroge le stagiaire.
- Il nous reprochait de pas honorer nos factures ! s'exclame Adèle Abasse.
- Vous avez des problèmes de trésorerie ? s'inquiète Benoît Dufis.
- Pas du tout ! s'écrie la directrice générale, nous avions envoyé les règlements à une mauvaise adresse !
- Ce cas doit-être exceptionnel ! assure, diplomate, le stagiaire.
- Hélas non ! et ce n'est pas tout ! continue Adèle Adasse. Il y a peu de temps, je souhaitais contacter le commercial de la société Plasti'form...
- Et que s'est-il passé ? demande Benoît Dufis.
- Je me suis retrouvée en ligne avec leur atelier de production ! s'exclame la directrice. Je cherche un commercial et je me retrouve dans la production. Quelle perte de temps !
- D'où viennent vos soucis ? questionne le stagiaire.
- Mauvaise information à la mauvaise place ! s'écrie Adèle Abasse, informations non à jour ! Que d'énergie perdue à rechercher la bonne information !
- Bref, résume Benoît Dufis, vous aimeriez avoir la bonne information au bon endroit et au bon moment.
- Tout à fait réenchérit la directrice, notre efficacité serait décuplée.
- Et que dois-je faire ? interroge le stagiaire.
- Vous allez passer quelques jours dans les différents services de l'enteprise indique la directrice.
- Pourquoi faire ? demande Benoît Dufis.
- Vous rassemblerez toutes les informations concernant les fournisseurs manipulées par mes services » précise Adèle Adasse.

- Benoît Dufis résume, dans une note à l'attention de Mme Abasse, ce qu'il a compris de la situation de l'entreprise, les causes et les inconvénients de cette situation. Rédigez cette note :

B. Observer le fonctionnement de l'organisation

- Quelques jours plus tard, le stagiaire rapporte les fiches et la copie d'écran suivants :

Service Comptabilité

Code fournisseur : PF62 **Adresse :** 22 rue Marie Debos 62000 ARRAS

Désignation entreprise : Plasti'Form SARL **Portable :** 06 28 37 05 48

Responsable : Auguy **Fax :** 03 21 51 47 89

N° INSEE : 345 352 880 00012 - **E-mail :** contacts@plasti-form.fr - **Site web :** www.plasti-form.fr

Service Gestion des stocks

Consultation des fournisseurs

Matricule fournisseur : PF62 **N° TVA** : FR 42 382 496 909

Libellé fournisseur : Plasti'Form **Contact :** Auguy **Tél. contact :** 06 28 37 05 48

Adresse usine : 31 rue Guy Mollet 59000 LILLE

Téléphone : 03 21 51 53 05 **Télécopieur :** 03 21 51 47 89

Service Achats

FICHE FOURNISSEUR

N° du fournisseur : PF62

Nom du fournisseur : Plasti'Form

Nom du contact chez le fournisseur : Auguy Pierre

Titre du contact : Commercial

Adresse rue : 22 rue Marie Debos

Code postal : 62000

Ville : ARRAS

N° Siret : 345 352 880 000 12

N° téléphone : 03 21 51 53 05

N° télécopieur : 03 21 51 47 89

Adresse électronique : auguy@plasti-form.fr

Site Internet : http://www.plasti-form.fr

N° d'identification TVA : FR 42 382496909

1. Qu'observez-vous ?

....

....

....

2. Quels sont les inconvénients de cette situation ?

....

....

3. Rédigez une note à l'attention de Mme Abasse mettant en valeur vos observations et les conséquences sur l'entreprise Kayak Plaisir :

Remarque importante : notre exemple a porté sur une entreprise. Les mêmes remarques peuvent porter sur une administration ou une association. Aussi parlerons-nous dans la suite des dossiers d'organisation et non d'entreprise afin de décrire toutes les réalités professionnelles.

II. Pourquoi a-t-on mis en place des modèles de données ?

A. Un peu d'histoire

Dans les années 1970, les observations que vous venez de faire ci-dessus, des personnes les ont faites dans de nombreuses organisations telles que les entreprises, les administrations et les associations.

MERISE
Méthode d'étude et de réalisation informatique par le sous-ensemble (partie d'une organisation que l'on va modèliser)

Cela les a conduit à élaborer des méthodes pour organiser les données, éviter la répétition d'informations et lever les ambiguïtés. Aux États-Unis, Peter Chen définit en 1976 un exemple de modèle de données : le modèle entité association (*Entity Relationship Model*).

En 1983, Hubert Tardieu, Arnold Rochfeld et René Colletti publie la méthode MERISE. Cette méthode est fondée également sur les notions d'entité et d'association.

En 1994, une mise à jour importante paraît sous le titre MERISE 2 effectuée par Georges Panet et Raymond Letouche. En 1997, les américains Grady Booch, James Rumbaugh et Ivar Jacobson conçoivent un langage de modélisation unifié : UML (*Unified Modelin Language*).

L'objectif de ces méthodes est d'améliorer le système d'information des organisations en rendant, en particulier, une information unique dans une organisation.

À retenir !
Un système d'information est un ensemble d'éléments matériels et immatériels qui, en interaction, transforme un ensemble d'informations élémentaires en informations élaborées pour permettre la prise de décision.

1. Qu'est-ce qu'un système d'information ?

Un **système d'information** est un ensemble d'éléments matériels (individus, ordinateurs, locaux…) et immatériels (procédures, méthodes, règles…) qui, en interaction, transforme un ensemble d'informations élémentaires en informations élaborées pour permettre la prise de décision.

La comptabilité est un élément du système d'information :

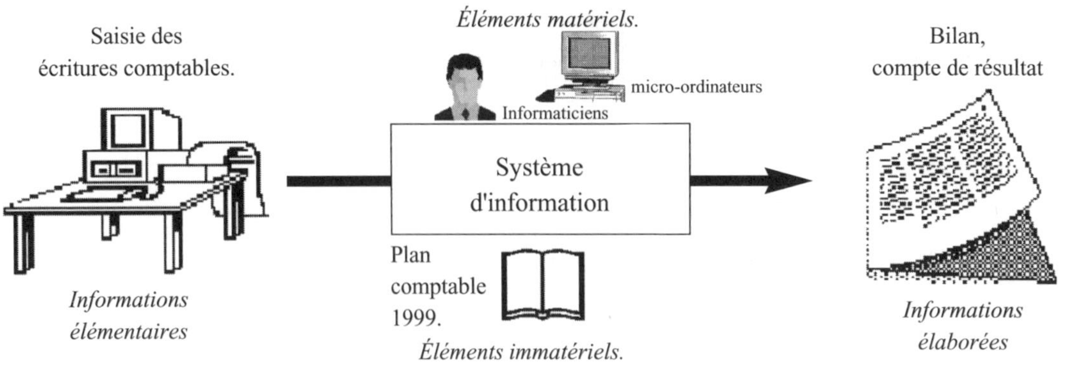

Application : La comptabilité, un système d'information

- En reprenant la définition du système d'information, démontrez que la comptabilité est un élément du système d'information :

....

....

2. Les trois systèmes d'une organisation

Comme le montre le schéma suivant, on distingue trois systèmes dans une organisation : le système de pilotage, le système d'information et le système opérant.

Le **système de pilotage** dirige les autres systèmes de l'entreprise. La direction d'une entreprise (directeurs, conseil d'administration…) constitue le système de pilotage d'une entreprise.

Le **système opérant** transforme des flux physiques d'entrée en flux physiques de sortie élaborés. Une usine transforme des matières premières (flux physiques d'entrée) en produits finis (flux physiques de sortie).

Les flux physiques désignent également les flux financiers et de services. Une agence bancaire qui collecte des fonds pour effectuer ensuite des placements ou réaliser des prêts fera partie du système opérant.

Le schéma suivant résume les relations entre les différents systèmes :

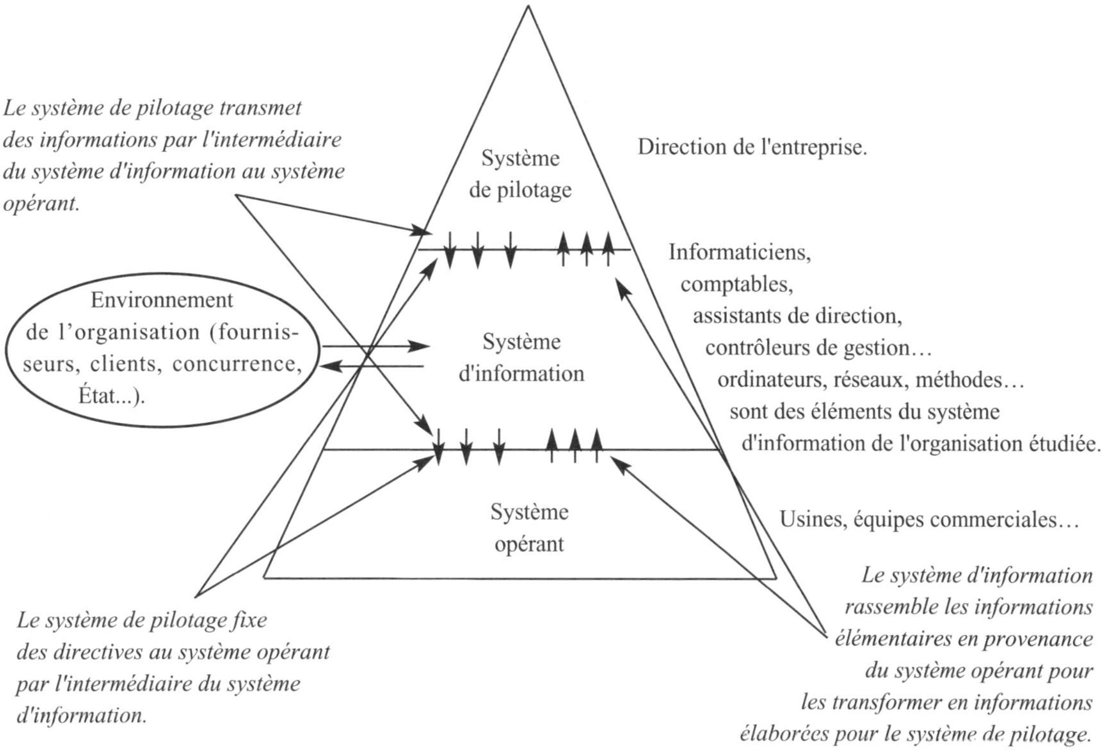

1. Quel est le rôle du système de pilotage ?

....

....

2. Quelle est la fonction du système opérant ?

....

....

Application 1 : L'entreprise Élag'Arbres

L'entreprise **Élag'Arbres** est spécialisée dans l'élagage des arbres. Le directeur général fixe des objectifs de chiffre d'affaires à ses équipes commerciales.

Les clients demandent des devis. Les services commerciaux établissent des devis et les transmettent aux clients. Les fournisseurs adressent des factures à l'entreprise Élag'Arbres. Après contrôle, le service Achats règle les factures.

En fin de mois les équipes commerciales font un compte-rendu de l'activité commerciale à l'attention de la direction commerciale de l'entreprise. Le directeur commercial rédige ensuite une synthèse sur l'activité commerciale de l'entreprise qui sera exploitée par le comité de direction.

- Replacez le maximum d'éléments du texte ci-dessus dans le schéma :

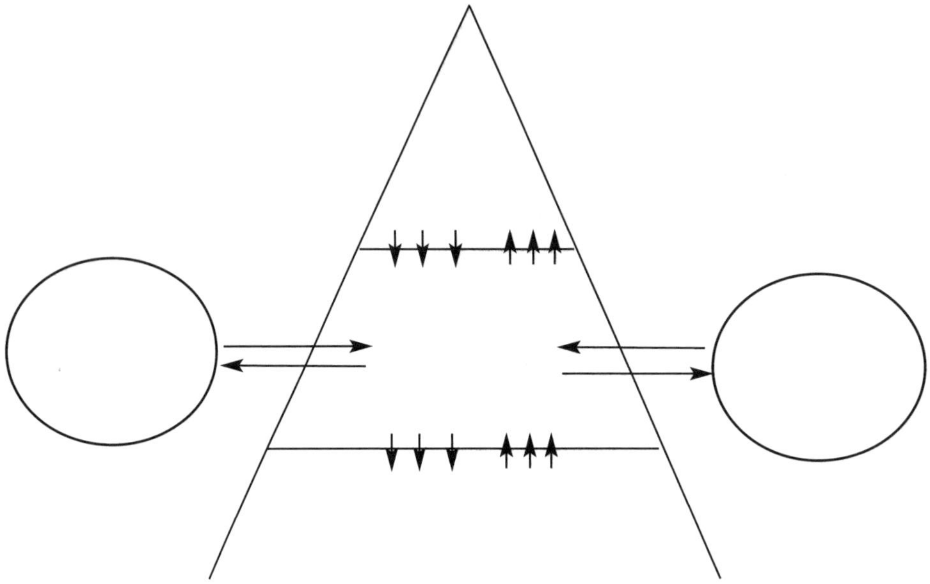

Application 2 : Les systèmes du lycée

1. Recherchez et définissez avec précision dans votre lycée :
   - le système de pilotage :

   ....

   ....

   ....

   ....

   - le système d'information :

   ....

   ....

   ....

   - le système opérant :

   ....

   ....

   ....

   ....

2. Recherchez des flux d'informations circulant dans votre établissement scolaire, entre le système de pilotage, le système d'information, le système opérant, l'environnement et complétez le schéma suivant :

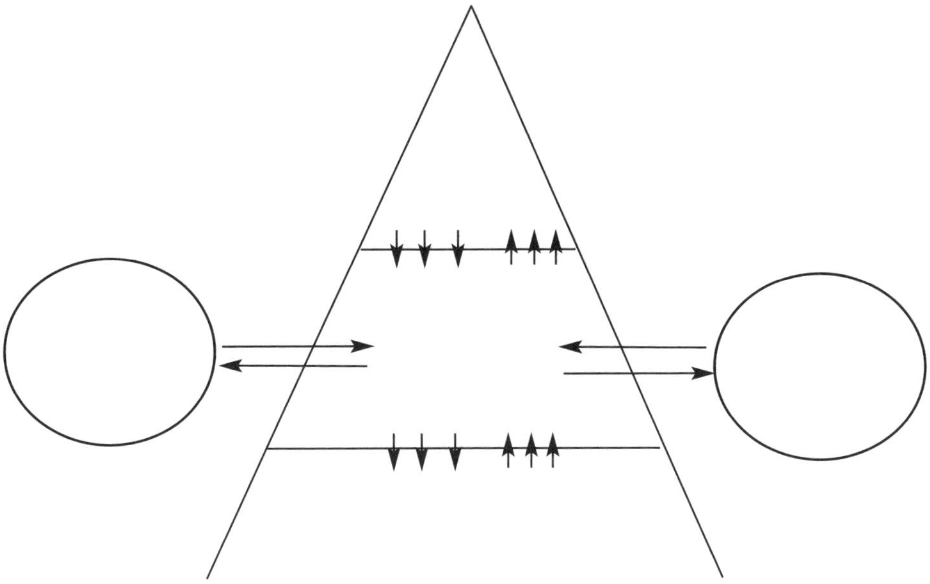

Application 3 : Les systèmes dans votre entreprise

1. Recherchez dans l'entreprise où vous avez effectué un stage les différents systèmes et définissez avec précision les expressions suivantes :
   - le système de pilotage :

     ....

   - le système d'information :

     ....

   - le système opérant :

     ....

2. Recherchez des flux d'informations circulant entre le système de pilotage, le système d'information, le système opérant, l'environnement de votre entreprise et complétez le schéma suivant :

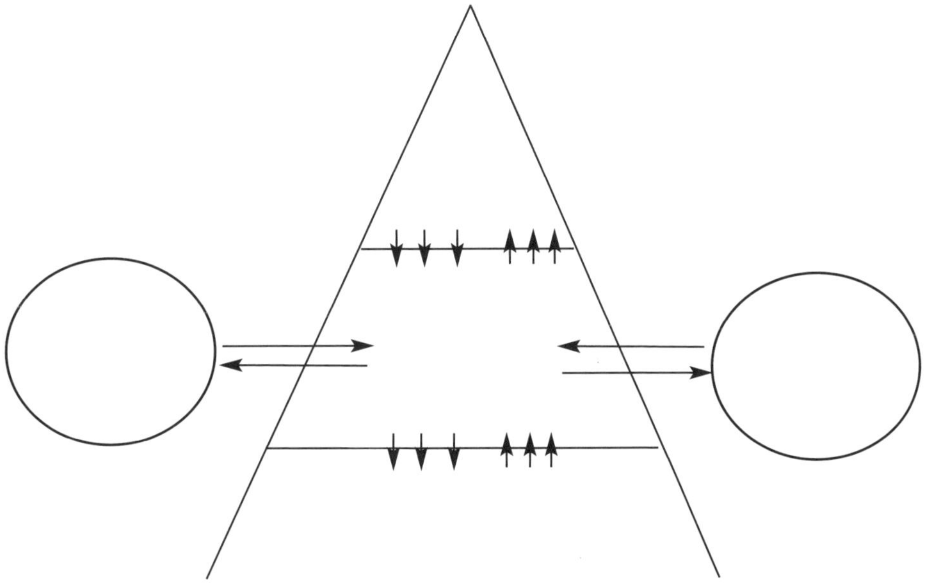

B. Pourquoi faut-il modéliser les données ?

Pour organiser, représenter les données d'une organisation (entreprise, administration, association) il est intéressant de modéliser les données.

À retenir !

Une **donnée** est une information stockée sur un support.

1. Qu'est-ce qu'une donnée ?

Une **donnée** est une information stockée sur un support. Dans la fiche ci-dessous, **PF62, Plasti'form, Auguy Pierre, commercial, 22 rue Marie Debos 62000 ARRAS** sont des données :

FICHE FOURNISSEUR
Numéro du fournisseur : PF62
Nom du fournisseur : Plasti'form
Nom du contact : Auguy Pierre
Titre du contact : Commercial
Adresse rue : 22 rue Marie Debos
Code postal : 62000
Ville : ARRAS

Une donnée peut prendre différentes formes : texte, image, son et se trouver sur de nombreux supports : papier, disque magnétique (disquette, disque dur), disque optique (cédérom, disques numériques polyvalents [ou DVD], bande magnétique et numérique.

À retenir !

Une **information** est un fait qui accroît la connaissance d'un individu.

2. Qu'est-ce qu'une information ?

Une **information** est un fait qui accroît la connaissance d'un individu. En lisant la fiche fournisseur ci-dessus, l'utilisateur apprend que le fournisseur Plasti'form est installé à Arras. Il a augmenté ses connaissances sur son fournisseur.

3. Qu'est-ce qu'un modèle ?

Un **modèle** est une représentation simplifiée de la réalité. Si nous prenons le cas de l'agent commercial Pierre Auguy de la société Plasti'form, nous avons plusieurs représentations possible de l'individu Pierre Auguy. Complétez le schéma ci-dessous.

À retenir !

La **modélisation** consiste donc à choisir les informations qui vont le mieux décrire la réalité d'une entreprise par rapport à ses objectifs, ses besoins.

Vous dirigez une équipe de rugby. Les informations qui vous intéressent chez Pierre Auguy sont : son âge, sa taille, son poids, l'état de sa santé, ses compétences en rugby.

Vous dirigez un centre de Sécurité sociale. Le numéro INSEE, le nom, le prénom, le nombre d'heures effectuées par Pierre Auguy dans les trois derniers mois vous intéressent.

Vous dirigez une agence de voyage. Les revenus, les goûts en matière de voyage, la situation familiale, etc., de Pierre Auguy vous intéressent.

Vous dirigez une entreprise. Vous voulez embaucher Pierre Auguy. Quelles informations vous intéressent chez Pierre Auguy ?

....

....

Application : Comment voyez-vous la voiture ?

- Complétez le schéma suivant :

Vous êtes un acheteur potentiel de cette voiture. Vous vous intéressez à :

....

....

Vous êtes organisateur d'une course d'automobiles à laquelle participe cette voiture. Vous vous intéressez à :

....

....

Vous êtes réparateur automobile de cette voiture. Vous vous intéressez à :

....

Vous êtes assureur d'automobiles. Vous devez assurer cette voiture. Vous vous intéressez à :

....

III. Quels sont les quatre niveaux de la modélisation ?

La modélisation des données peut se faire selon quatre niveaux : conceptuel, logique, organisationnel, physique. Le schéma suivant résume les liens entre le monde réel d'une organisation et les différents niveaux de modélisation :

Monde réel

Niveau conceptuel (Quoi ?)

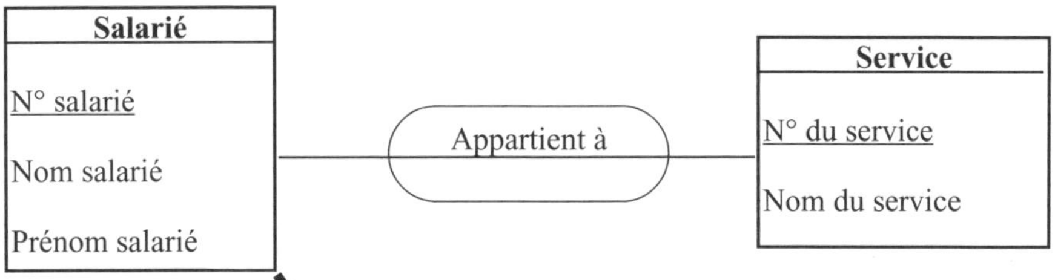

Décomposition en niveau

Cette décomposition en niveau a été préconisée en 1975 par le rapport ANSI/ SPARC (*American National Standards Institut* [Institut Américain de normalisation - comme l'AFNOR-])

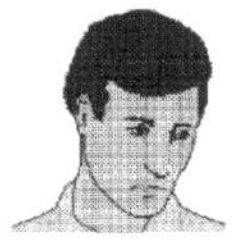

Niveau organisationnel (Qui fait quoi ? Comment ? Quand ? Où ?)

Vue du responsable du personnel

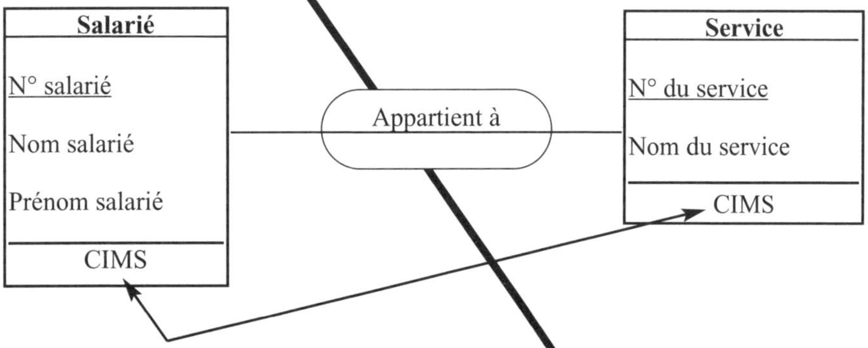

Le responsable du personnel a tous les droits sur les données du personnel. Il peut les créer (C), les interroger (I), les modifier (M) ou les supprimer (S).

Niveau logique (rendre exploitables les données par un logiciel)

Salarié(<u>N° salarié</u>, nom, prénom, adresse, #n° service)

Service(<u>N° service</u>, nom du service)

Niveau physique (exploitation des données par un logiciel)

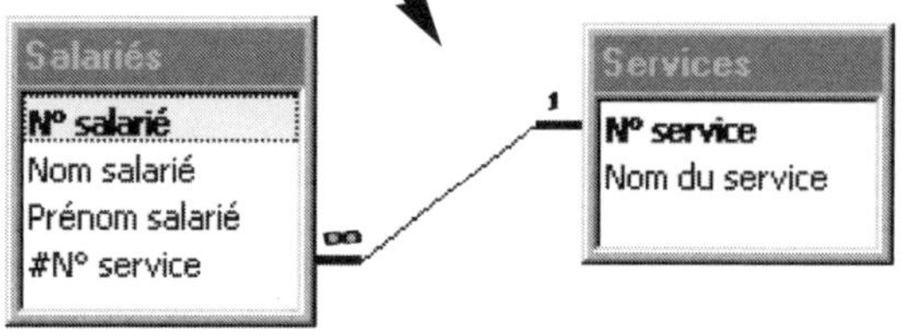

A. Qu'est-ce qu'un modèle conceptuel des données (ou MCD) ?

Au niveau conceptuel, on se contente de définir ce qui est à modéliser. Dans une entreprise par exemple, les clients, les produits, les salariés seront modélisés. On recherche les informations nécessaires à l'entreprise pour fonctionner et les liens entre ces informations.

À ce niveau, on conçoit, on réfléchit, on imagine l'organisation des données sans se préoccuper des moyens tels que les ordinateurs et les logiciels à mettre en œuvre pour obtenir l'information d'où l'expression **Modèle conceptuel des données** (ou schéma conceptuel des données).

Approfondissement

Conceptuel, ce qui est issu de l'esprit, de l'imagination des individus.

Par exemple, le modèle conceptuel des données suivant indique qu'il y a des salariés dans cette organisation et qu'ils appartiennent à des services :

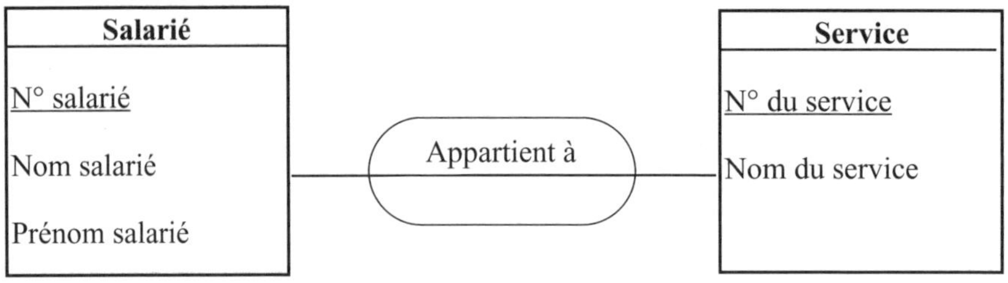

Application : Les élèves du lycée Henri-Matisse

Dans le lycée Henri-Matisse, les élèves sont décrits par un numéro d'élève, leurs nom et prénom. Les classes sont identifiées par leur nom. On connaît également l'effectif de chaque classe.

- Établissez le modèle conceptuel des données de l'établissement scolaire Henri Matisse montrant que les élèves appartiennent à des classes :

B. Quel est l'objet du modèle organisationnel des données ?

1. Définition

Le modèle organisationnel des données définit :

- qui peut manipuler les données de l'entreprise, de l'administration ou de l'association,
- ce que peuvent faire les individus sur les données (créer, interroger, modifier, supprimer)
- la durée de vie des données,
- la manière dont sont générées les données (manuellement ou automatiquement).

2. Exemple

Grâce au modèle organisationnel des données, nous obtiendrons les informations suivantes :

Les données des salariés sont introduites manuellement.

Le chef du personnel a le contrôle total sur les données des salariés.

N° salarié	Nom	Prénom
1	Delca	Audrick
2	Fourt	Sahra

Les données des salariés seront conservées dix ans à compter du départ de ceux-ci de l'entreprise.

Le personnel de l'entreprise en dehors de ceux travaillant au service du personnel, ne pourront pas accéder aux données des salariés.

Application : Les élèves du lycée Henri-Matisse (*suite*)

Les moyennes des élèves du lycée Henri-Matisse sont stockées de la manière suivante :

N° élève	Année	Classe	Matière	Période	Moyenne
1	2003	TSGCO	Fiscalité	S1	11
2	2004	TSAD1	Économie	S2	13

1. Définissez les droits :
   - des élèves : ....
   - des professeurs : ....
   - des parents : ....
2. Indiquez la durée de vie possible de ces données :

....

....

3. Indiquez comment sont générées ces données :

....

....

C. Quel est le rôle du modèle logique des données (ou MLD) ?

À ce niveau, il faut se préoccuper d'organiser logiquement, rationnellement les données pour les rendre exploitables par un logiciel. Ainsi un salarié d'une entreprise pourra être décrit de la manière suivante :

Cet attribut montre l'appartenance du salarié à un service.

Salariés(<u>N° salarié</u>, nom, prénom, adresse, #n° service)

Les propriétés permettant de décrire un salarié ont été rassemblées pour être exploitées par un logiciel gérant les bases de données.

Cela permettra d'obtenir dans un SGBDR (système de gestion de base de données relationnelle) le résultat suivant :

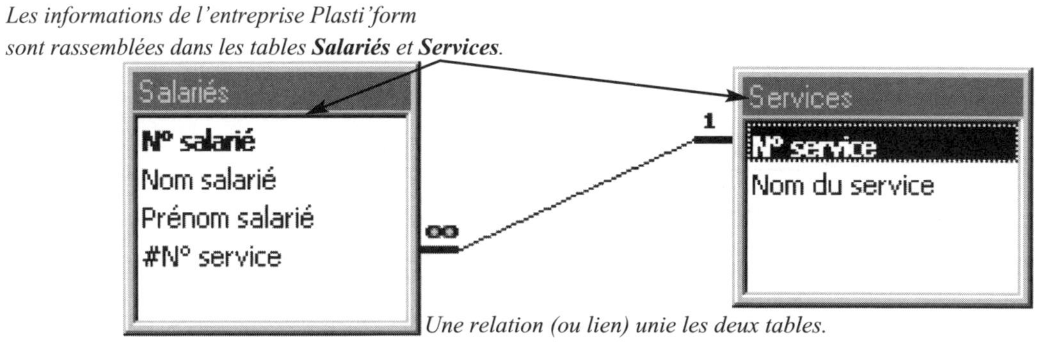

Application : Les élèves du lycée Henri Matisse (suite)

- En vous inspirant de l'exemple ci-dessus, concevez le modèle logique du lycée Henri Matisse :

  ....

  ....

D. Quand introduit-on le modèle physique des données ?

À ce niveau, la modélisation est très précise. Il s'agit de faire fonctionner le logiciel qui va gérer les données, stocker physiquement les données sur les disques de l'ordinateur d'où l'expression **modèle physique**.

Ainsi, pour le nom du salarié, on précisera que les données sont du texte, que la taille des noms des salariés ne devra pas, par exemple, excéder 30 caractères :

Quelques questions à un(e) futur(e) professionnel(le)

1. Lorsque vous aviez observé les données de l'entreprise **Kayak'Plaisir**, qu'aviez-vous remarqué ?

   ....

   ....

2. Quel est le système qui assure la circulation des données dans l'entreprise ?

   ....

   ....

3. Quels sont les éléments du système d'information ?

   ....

4. Qu'est-ce qu'un système d'information ? Donnez des exemples d'éléments du système d'information :

....

....

5. Qu'est-ce qu'un système de pilotage ? Donnez des exemples d'éléments du système de pilotage :

....

....

6. Quelle est la différence entre une donnée et une information ?

....

....

7. Qu'est-ce qu'un modèle et quelle est son utilité ?

....

....

8. Qu'est-ce qui distingue le modèle conceptuel, des modèles logique, organisationnel et physique des données ?

Nom du modèle	Fonction du modèle
....	....
....	....
....	....
....	....
....	....
....	....
....	....
....	....

Applications de synthèse

Application n° 1 : Les malades de la clinique Ambroise Paré

Les malades de la clinique **Ambroise Paré** sont décrits, suivant les services, de la manière suivante :

Service Gestion des chambres

Fiche Malade
Code SS : 1 88 06 630 58 021
Identité du malade : Soucy Davy
Adresse du malade : 17 rue J. Guesde 63000 CLERMONT-FERRAND
Téléphone : 04 73 43 64 69
Date de naissance : 15/06/88
Médecin consulté : Brice Fiquet
Date de consultation : 15/09/200.

Service des urgences

PATIENT

Identification du patient

Nom : Soucy

Prénom : Davy

Matricule : 1 88 06 630 58 021

Date naissance : 15/06/88 Age : 17 ans

Adresse : 28 rue Perrinin 63200 RIOM

Tél. : 06 68 23 40 97

Mutuelle

Nom : MAAF

Consultation

Docteur	Consultation
Fiquet	15/09/200.

Direction financière

Fiche Patient

N° immatriculation à la SS : 1 88 06 630 58 021

Nom du patient : Soucy

Prénom du patient : Davy

Age : 17

Adresse rue : 17 rue J. Guesde

Code postal : 63000

Ville : Clermont-Ferrand

N° téléphone : 04 73 43 64 69

Nom de la mutuelle : MAAF

Nom du docteur consulté : Fiquet

Date dernière consultation : 15/09/200.

1. Qu'observez-vous ?

   ....

   ....

2. Quels sont les inconvénients de cette situation ?

   ....

   ....

3. Concevez le contenu d'un nouvel écran permettant de remédier aux défauts observés dans la clinique Ambroise Paré et d'être utilisé par tous les services de la clinique :

Application n° 2 : Comment voyez-vous le scooter ?

Vous êtes un lycéen. De quelles informations avez-vous besoin sur ce scooter ?

....

....

Vous êtes les parents d'un lycéen. Quelles informations souhaitez-vous obtenir sur ce scooter ?

....

....

Vous êtes un vendeur de scooter. Qu'aimeriez-vous savoir sur ce scooter ?

....

....

Vous êtes le futur fabricant de ce scooter. Que souhaitez-vous connaître sur ce scooter ?

....

....

Compétence

15 Quel est l'intérêt des modèles de flux conceptuels ?

Conseil pédagogique : ce chapitre est très lié au modèle organisationnel des traitements analytique (chapitre 24). Il sera possible d'étudier ces deux chapitres ensemble, en deuxième année.

Éléments du programme traités

Compétence technique

- Interpréter et compléter les schémas représentant des flux d'informations

Compétence en organisation

- Reconnaître un domaine d'étude, en repérer les données pertinentes, en identifier les acteurs concernés et leur rôle

Objectifs à atteindre

- Repérer les domaines d'étude et les activités
- Repérer l'environnement du domaine d'étude
- Repérer les flux d'informations
- Recenser tous les flux d'informations d'un domaine d'étude : le modèle de contexte
- Les modèles de flux conceptuels

Mots-clés

activité - domaine d'étude

Connaître le contexte professionnel du dossier

Pour élaborer un système d'information fiable, il faut d'une part repérer les donnés nécessaires à une organisation et d'autre part mettre en valeur les traitements effectués sur ces données.

Pour repérer les traitements, il faut déceler les flux d'informations échangés entre l'organisation et ses partenaires (clients, fournisseurs...)

Les modèles de flux conceptuel permettent de recenser ces flux d'informations.

I. Repérer les domaines d'étude et les activités

Les travaux, les actions d'une organisation sont souvent très complexes à modéliser. Pour diminuer la complexité de la modélisation, on divise l'activité de l'organisation en **domaines d'étude**.

A. Qu'est-ce qu'un domaine d'étude ?

À retenir !
Un **domaine d'étude** est une partie de l'activité d'une organisation qui est modélisée.

1. Définition

Un **domaine d'étude** est une partie de l'activité d'une organisation qui est modélisée.

2. Exemple

L'entreprise **L'Arlequin** est spécialisée dans la location de vêtements pour les spectacles. Les clients demandent des devis. Après consultation des tarifs et des stocks, les devis sont établis. Le client peut éventuellement passer une commande. Le devis est alors transformé en bon de commande. À partir de celui-ci, les vêtements sont sortis du stock. Un bon de livraison est établi. Le bon de commande est alors transformé en facture.

Dans cette entreprise, les domaines d'étude suivants peuvent être observés :

Domaines d'étude possibles de l'entreprise L'Arlequin.

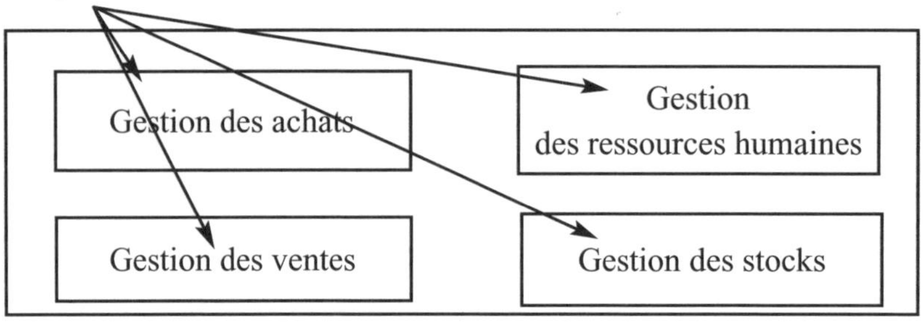

Attention ! : ne pas confondre **domaine d'étude** et élément d'une organisation tel qu'un service, une direction ou un département. Le domaine d'étude **Gestion des achats** est différent de la **Direction des achats**. Dans le domaine d'étude **Gestion des achats**, on définit les traitements à effectuer (QUOI FAIRE ?). Dans la **Direction des achats**, on définit QUI fait les traitements dans le processus des achats. Nous étudierons dans le dossier 24 le modèle organisationnel des traitements. Celui-ci a pour fonction, justement, de définir QUI fait les traitements.

B. Qu'est-ce qu'une activité ?

À retenir !
Une **activité** est un ensemble de opérations effectuées de manière ininterrompue.

1. Définition

Une **activité** est un ensemble d'opérations effectuées de manière ininterrompue.

2. Exemple

Dans l'entreprise **L'Arlequin**, l'arrivée des marchandises en provenance des fournisseurs fait l'objet de deux contrôles : un contrôle en volume et un contrôle de qualité des marchandises livrées. L'activité **Arrivée des marchandises** regroupe donc les opérations **Contrôle des volumes** et **Contrôle de qualité**. On peut donc établir le schéma suivant :

Domaine d'étude : Gestion des stocks

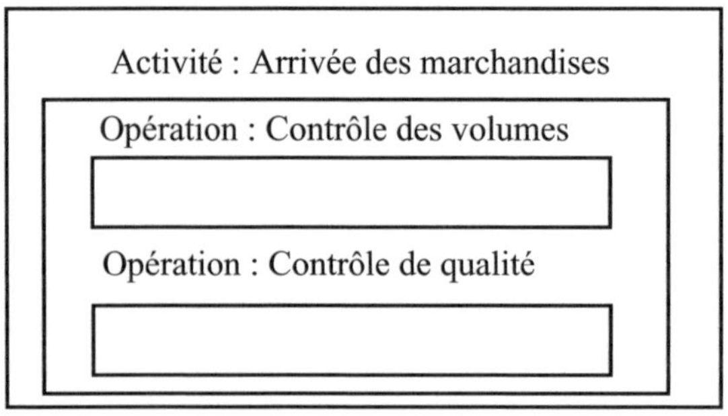

C. Qu'est-ce qu'une opération ?

1. Définition

Une **opération** est un ensemble de tâches effectuées de manière ininterrompue.

À retenir !
Une **opération** est un ensemble de tâches effectuées de manière ininterrompue.

2. Exemple

La opération **Contrôle des volumes** de l'entreprise L'Arlequin peut regrouper les tâches suivantes : prendre le bon de livraison, compter les paquets livrés, comparer le résultat du comptage avec les quantités figurant sur le bon livraison, signer le bon de livraison si accord, noter les remarques sur le bon de livraison s'il y a une différence.

D. Qu'est-ce qu'une tâche ?

À retenir !
Une **tâche** est la plus petite unité de traitement retenue dans un modèle de traitement des données.

1. Définition

Une **tâche** est la plus petite unité de traitement retenue dans un modèle de traitement des données.

2. Exemple

Prendre le bon de livraison, compter des paquets livrés sont des tâches. Finalement on obtient le schéma suivant :

Domaine d'étude : Gestion des stocks

> Activité : Arrivée des marchandises
>
> > Opération : Contrôle des volumes
> >
> > - Prendre le bon de livraison
> > - Compter les paquets livrés
> > - Comparer le résultat du comptage avec les quantités figurant sur le bon de livraison
> > - Signer le bordereau de livraison si accord
> > - Noter remarque si désaccord

Quelques questions à un(e) futur(e) professionnel(le) ?

1. Pour quelle raison crée-t-on des domaines d'étude ?

   ....

   ....

2. Qu'est-ce qu'une activité ?

   ....

   ....

3. Quelle est la plus petite unité de traitement dans un modèle de traitement des données ?

   ....

   ....

4. Qu'est-ce qu'une opération ?

   ....

   ....

II. Repérer l'environnement du domaine d'étude

Le domaine d'étude peut-être entouré d'acteurs externes et de domaines connexes.

A. Qu'est-ce qu'un acteur externe ?

À retenir !
Un **acteur externe** au domaine d'étude est une source ou une destination de flux qui échange des informations avec le domaine étudié.

1. Définition

Un **acteur externe** au domaine d'étude est un individu ou une organisation qui échange des informations avec le domaine étudié.

2. Exemple

Les clients, les fournisseurs, l'administration fiscale sont des acteurs externes au domaine d'étude :

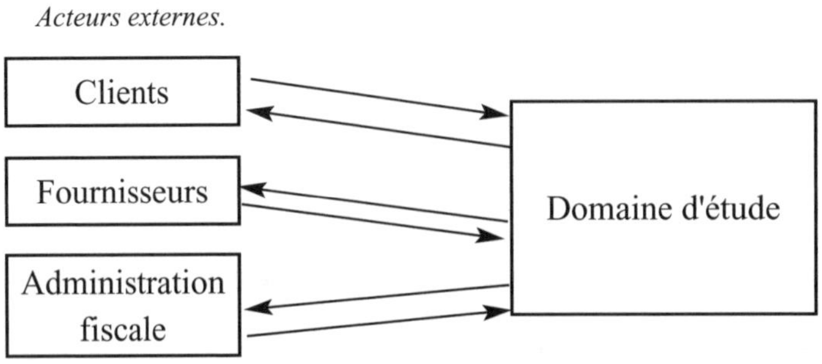

B. Qu'est-ce qu'un domaine connexe ?

À retenir !
Un **domaine connexe** est un domaine d'étude dont l'analyse n'est pas privilégiée à un moment donné, mais qui échange des flux d'informations avec le domaine d'étude analysé.

1. Définition

Un **domaine connexe** est un domaine d'étude dont l'analyse n'est pas privilégiée à un moment donné, mais qui échange des flux d'informations avec le domaine d'étude analysé :

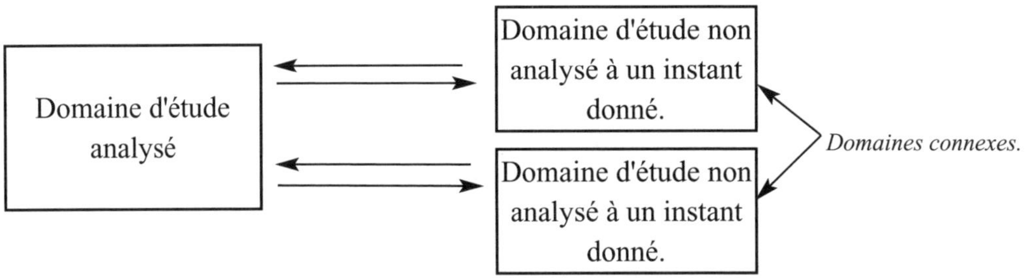

2. Exemple : La gestion des commandes de l'entreprise L'Arlequin

Le schéma ci-dessous met en valeur un acteur externe et un domaine connexe :

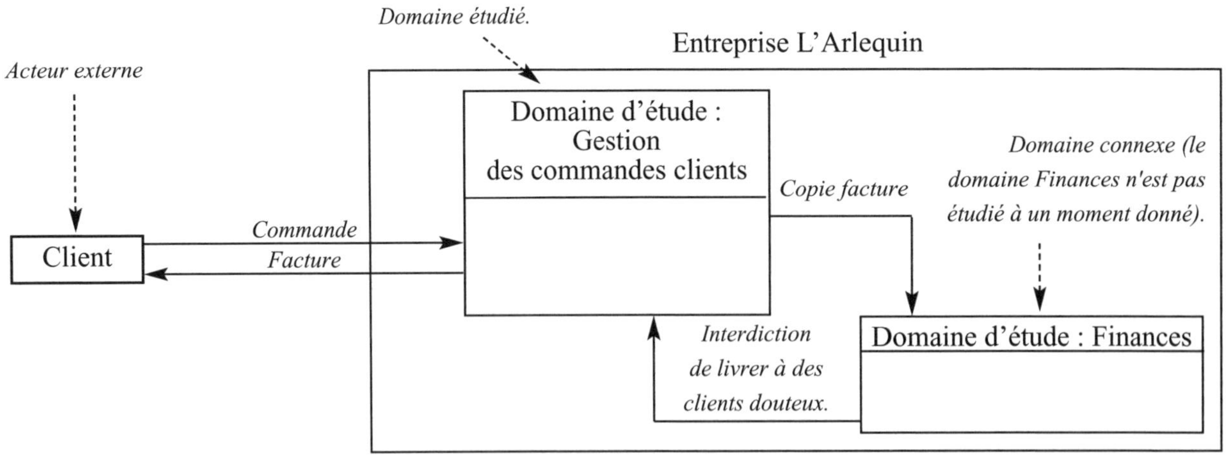

Application : Les finances de l'entreprise L'Arlequin

Dans l'entreprise **L'Arlequin**, le domaine étudié est maintenant la finance. Soit une liste d'acteurs externes ou de domaines connexes : Agence de conseil juridique - Gestion des stocks - Administration fiscale - Cabinet d'avocats - Gestion des commandes clients - Entreprise d'affacturage - Gestion des livraisons - Fournisseurs - Gestion du personnel - URSSAF.

- Classez-les dans les catégories suivantes :

Acteurs externes	Domaines connexes

Quelques questions à un(e) futur(e) professionnel(le) ?

1. Pour quelle raison a-t-on besoin de représenter parfois les domaines connexes ?

   ....

   ....

2. Recherchez d'autres exemples d'acteurs externes :

   ....

   ....

III. Repérer les flux d'informations

A. Qu'est-ce qu'un flux d'informations ?

1. Définition

Un **flux d'informations** est un ensemble d'informations transmises d'un point à un autre.

2. Exemple

Une commande d'un client est un flux d'informations. Effectivement, sur la commande du client figurent de nombreuses informations telles que le numéro de commande, la date, l'adresse du fournisseur, le nom des articles commandés… Ces informations partent du client pour aboutir chez le fournisseur.

À retenir !

Un **flux d'informations** est un ensemble d'informations transmises d'un point à un autre.

Application : Les flux de l'entreprise L'Arlequin

- Recherchez des exemples de flux d'informations dans l'entreprise L'Arlequin :

....

....

....

B. Représenter graphiquement un flux d'informations

Un flux d'informations est représenté de la manière suivante :

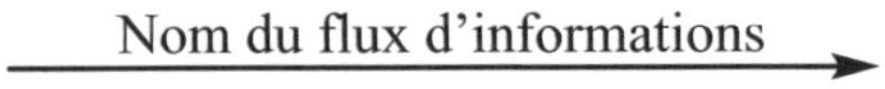

Aussi, le flux d'informations **Commande** sera représenté ainsi :

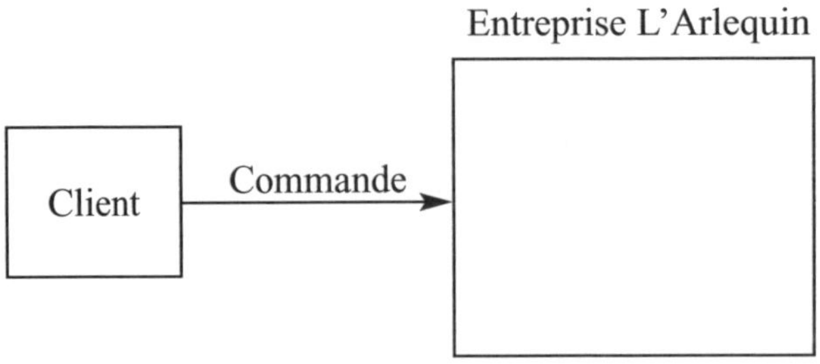

IV. Recenser tous les flux d'informations d'un domaine d'étude : le modèle de contexte (ou modèle de flux conceptuel de niveau de 0)

A. Définition

À retenir !

Le **modèle de contexte** est un schéma faisant apparaître le domaine étudié, les acteurs externes et les domaines connexes échangeant des flux avec le domaine étudié et tous les flux d'informations échangés.

Le **modèle** (ou **diagramme**) **de contexte** est un schéma faisant apparaître le domaine étudié, les acteurs externes et les domaines connexes échangeant des flux avec le domaine étudié et tous les flux d'informations échangés.

Le modèle de contexte a pour fonction de faire l'inventaire de tous les flux d'informations échangés avec un domaine d'étude.

B. Exemple

L'entreprise **Enchères publiques** organise chaque mois des ventes publiques d'objets de grande qualité déposés par des particuliers.

Lorsqu'une personne veut vendre un objet, elle remplit un bordereau de dépôt. Un expert, salarié de l'entreprise, examine l'objet. Si le bien est de grande qualité, un accusé de réception de dépôt est établi avec une fixation de la mise à prix de l'objet et remis au vendeur potentiel.

Dans le cas contraire, l'expert notifie le refus de dépôt sur le bordereau de dépôt.

Le jour de la vente, la mise à prix du bien est affichée sur un grand tableau électronique. Les acheteurs potentiels font des enchères. Seule la dernière enchère avec le montant du règlement est enregistrée par l'entreprise **Enchères publiques**.

Les règlements se font par chèque. En fin de journée, un bordereau de remise de chèques est établi par les organisateurs de la vente et transmis à la comptabilité. Celle-ci constitue un autre domaine d'étude.

1. Comment pourriez-vous nommer le domaine d'étude principal de cette entreprise ?

....

....

2. Quels sont les acteurs externes ?

....

....

3. Y a-t-il un ou plusieurs domaines connexes ?

....

....

....

4. Établissez la liste des flux d'informations que vous observez dans cette entreprise :

....

....

....

5. Placez les différents flux obtenus dans le diagramme suivant :

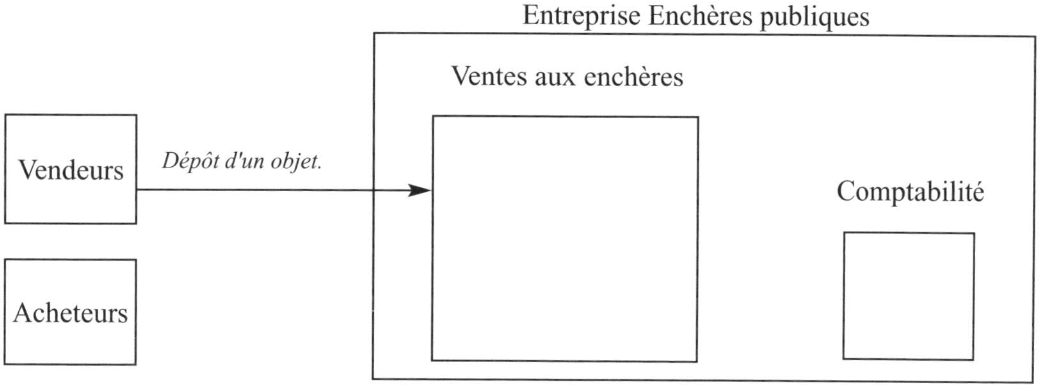

Remarque : les flux inter-acteurs ne sont pas représentés dans le diagramme des flux. On pourrait imaginer un flux entre les acheteurs et les vendeurs (transmission d'un certificat d'authenticité de l'objet vendu par exemple). Cela ne nous concerne pas. En effet, nous nous intéressons aux traitements de <u>l'organisation à modéliser</u>.

Application : Séjours'Langues

L'entreprise **Séjours'Langues** propose aux adolescents des séjours dans différents pays de l'Europe et aux États-Unis pour perfectionner l'apprentissage d'une langue étrangère. Les parents des adolescents doivent faire, par courrier, une demande d'inscription à un séjour à l'entreprise **Séjours'Langues** accompagnée d'un acompte égal à 20 % du montant du séjour.

Si la demande d'inscription est complète (formulaire d'inscription correctement rempli et présence du chèque d'acompte), elle est enregistrée. Le chèque d'acompte est transmis à la comptabilité. Dans le cas contraire, la demande est rejetée avec une lettre expliquant les motifs du rejet.

Un mois avant le début du séjour, les responsables de Séjours'Langues examinent le nombre de personnes inscrites à un séjour. Si ce nombre est inférieur à sept, le séjour est annulé. L'entreprise **Séjours'Langues** informe les parents et leur propose d'autres séjours. En cas de refus, l'entreprise **Séjours'Langues** rembourse immédiatement l'acompte versé. Si l'effectif est supérieur ou égal à sept, l'entreprise demande aux familles de payer le solde.

1. Quel nom donneriez-vous au domaine principal de cette étude ?

....

2. Indiquez le nom des acteurs externes :

....

3. Indiquez le nom des domaines connexes :

....

....

4. Établissez la liste des flux d'informations que vous observez dans cette entreprise.

....

....

....

5. Établissez le modèle de contexte :

6. Quel est l'intérêt du diagramme de contexte ?

....

....

V. Les modèles de flux conceptuels

À retenir !

Un modèle de flux conceptuel est une description des flux d'informations échangés au sein d'un domaine d'étude entre un composant d'un domaine d'étude.

On distingue les modèles de flux conceptuels de niveau 1 et les modèles de flux conceptuels de niveau 2.

A. Qu'est-ce qu'un modèle de flux conceptuel de niveau 1 ?

1. Définition

Un modèle de flux conceptuel de niveau 1 décrit les flux d'informations échangés entre :

- les activités d'un domaine d'étude et les acteurs externes et/ou les domaines connexes de l'organisation,
- les activités d'un domaine d'étude.

2. Exemple

Dans l'entreprise **L'Arlequin**, le modèle de flux conceptuel de niveau 1 du domaine d'étude **Gestion des stocks** se présente ainsi :

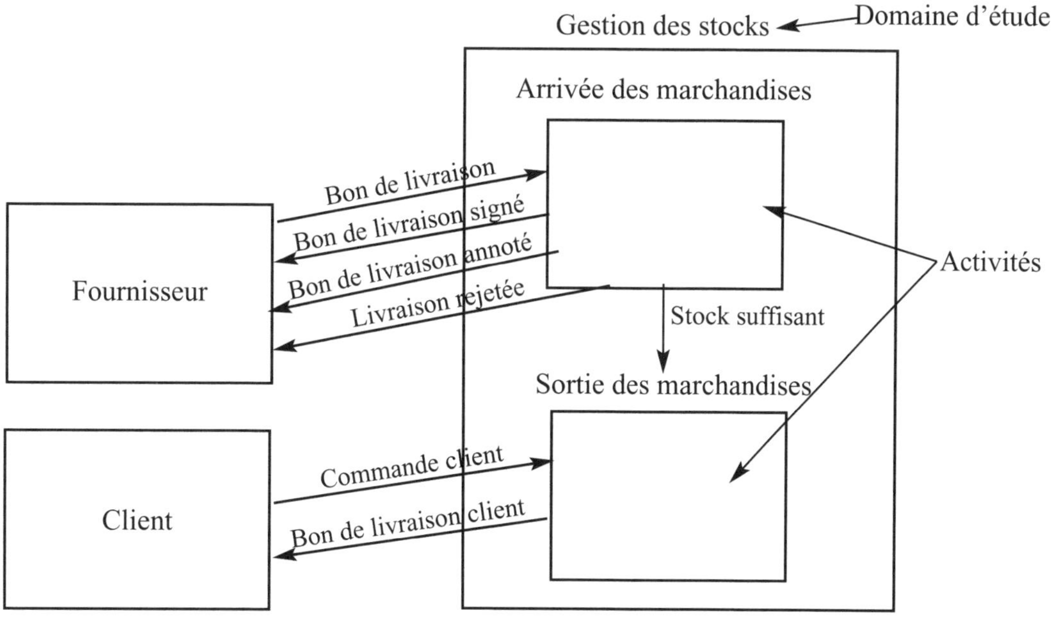

Application : La Leçon de Yoga

Dans le domaine d'étude **Gestion des cours** de l'association La Leçon de Yoga, on note les règles et flux suivants : pour pouvoir s'inscrire à un cours, il faut être adhérent (adhésion gratuite). La demande d'adhésion est acceptée automatiquement pour les personnes majeures. Une carte d'adhérent est émise. Une autorisation écrite est nécessaire pour les mineurs. La demande du mineur est rejetée dans le cas contraire. L'adhérent peut demander à s'inscrire à un cours. La demande d'inscription à un cours est confirmée à l'adhérent. La demande d'inscription de l'adhérent à un cours est rejetée (non adhérent, cotisation non payée...). L'adhérent règle le montant de son inscription à un cours. Le règlement est rejeté (chèque incomplet, numéro de carte bancaire erroné...). La carte d'inscription à un cours est délivrée à l'adhérent. Les paiements des adhérents sont transmis à la comptabilité en fin de journée.

1. Établissez le modèle de contexte de la gestion des inscriptions aux cours :

2. Recherchez la ou les activités du domaine d'étude Gestion des inscriptions :

   ....

   ....

3. Établissez le modèle conceptuel des flux de niveau 1 pour la gestion des inscriptions :

4. Qu'apporte le modèle de flux conceptuel de niveau 1 par rapport au diagramme de contexte ?

....

B. Qu'est-ce que le modèle de flux conceptuel de niveau 2

1. Définition

Le modèle conceptuel de flux de niveau 2 est une description des flux échangés entre les opérations (ou opérations) d'un domaine d'étude et les acteurs externes et/ou les domaines connexes de cet environnement.

Rappel : une opération est un ensemble de tâches effectuées de manière ininterrompue. Une tâche est la plus petite unité de traitement observable dans une organisation.

2. Exemple

Dans l'entreprise **L'Arlequin**, le modèle de flux conceptuel de niveau 2 se présente ainsi :

Entreprise L'Arlequin

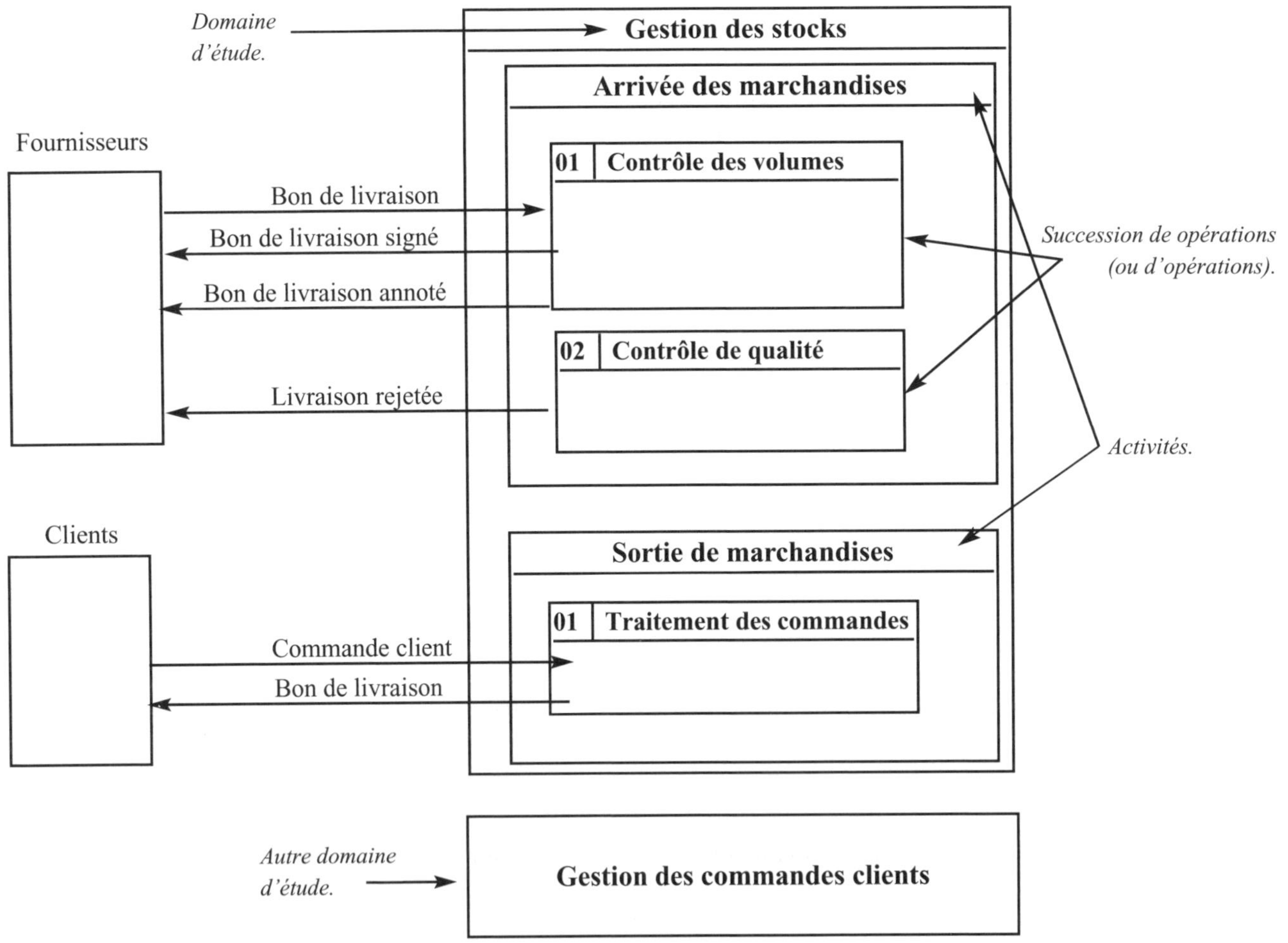

Application : La Leçon de Yoga (*suite*)

Pour l'activité **Gestion des paiements des inscriptions à un cours** dans l'association **La Leçon de Yoga**, on vous fournit les informations complémentaires suivantes : lors de la réception du règlement à un cours, un contrôle est effectué (montant du paiement, date, signature, numéro carte bancaire...).

Si le règlement est conforme, la date d'arrivée du règlement est compostée sur le chèque et la carte d'inscription à un cours est remise. Si le règlement, n'est pas conforme, celui-ci est rendu à l'adhérent avec les explications sur le motif du refus.

Les caractéristiques des règlements acceptés sont saisis dans un logiciel. Lorsque le dixième chèque est saisi, le logiciel imprime automatiquement un bordereau de remise de chèques. Celui-ci est transmis avec les chèques correspondants à la comptabilité en fin de journée.

Conseil pédagogique

Il sera possible d'étudier à la suite de ce chapitre, le chapitre 24 sur le modèle organisationnel de traitements analytique. Celui-ci est très lié aux modèles de flux conceptuels des données.

1. Dans l'activité **Gestion des paiements des inscriptions à un cours**, repérez la ou les opérations :

   ....

   ....

   ....

   ....

2. Établissez le modèle de flux conceptuel de niveau 2 pour l'activité **Gestion des paiements des inscriptions à un cours** :

Applications de synthèse

Application n° 1 : Dans le port du Soleil Levant

Le port du **Soleil Levant** accueille les bateaux de plaisance. Lorsqu'un bateau pénètre pour la première fois dans le port, son propriétaire doit se présenter à la capitainerie du port pour réserver un emplacement (appelé anneau). Si un emplacement est disponible, l'identité du bateau et de son propriétaire sont saisies, l'anneau attribué au nouvel arrivant est mis en état de réservation. Un bon d'entrée dans le port récapitulant la situation du plaisancier est émis. Lorsque le plaisancier informe la capitainerie qu'il quitte le port, la durée du séjour, les taxes portuaires sont facturées. Le client particulier doit régler comptant. Les entreprises louant des emplacements ont un délai de 30 jours pour régler. Passé ce délai, la facture est mise en recouvrement. Une lettre est adressée au cabinet **Factor S.A.** chargé du recouvrement.

1. Établissez le diagramme de contexte :

2. Complétez le diagramme de contexte ci-dessus, de manière à obtenir le modèle de flux conceptuel de niveau 1.
3. Complétez le modèle de flux conceptuel de niveau 1 ci-dessus, de manière à obtenir le modèle de flux conceptuel de niveau 2.

Application n° 2 : La Tirelire électronique

- En partant d'un magasin, établissez le modèle des flux conceptuel de niveau 2 de l'organisation suivante.

Pour lutter contre la concurrence des grandes surfaces, les magasins de certains centres-villes ont créé une association qui gère une tirelire électronique. Celle-ci met en œuvre :

- une carte à puce détenue par le client et jouant le rôle de la tirelire électronique,
- un lecteur de cartes à puce détenu par le commerçant participant au processus,
- un serveur détenu par l'association des commerçants gérant globalement le processus.

Lorsqu'un client est intéressé par la tirelire électronique, il demande une carte à puce Tirelire électronique à un commerçant membre de l'association. Cette carte est attribuée sans condition.

Lorsqu'un client fait un achat dans un magasin participant à l'opération, sa carte Tirelire électronique est créditée d'un montant d'épargne égal à un pourcentage du montant de son achat. Sur le lecteur de cartes électroniques du commerçant, l'épargne distribuée est mémorisée. Elle sera transmise en fin de mois au serveur de l'association pour effectuer les compensations avec l'épargne utilisée.

Lorsque le cumul d'épargne d'un client a atteint un seuil fixé par l'association, le client peut demander à utiliser son épargne dans un magasin participant à l'opération qui sera en général différent de celui où l'épargne a été constituée. Un contrôle est effectué. Si le seuil d'épargne n'est pas atteint, le client ne pourra pas utiliser son épargne. Dans le cas contraire, son épargne sera débitée du montant de l'achat. Quant au commerçant ayant délivré « gratuitement » le bien financé par l'épargne, un avoir est mémorisé sur son lecteur de carte.

En fin de mois, l'épargne distribuée et les avoirs obtenus par les commerçants sont envoyés par modem au serveur de l'association.

Une compensation est effectuée entre l'épargne distribuée et les avoirs obtenus. Un virement ou un prélèvement est effectué le 5 du mois suivant sur le compte bancaire du commerçant. 10 000 magasins et deux millions de porteurs de carte participent à ce processus.

Compétence

16 Quels sont les éléments fondamentaux du modèle entité-association ?

Éléments du programme traités

Compétence technique

- Interpréter et compléter les schémas représentant une organisation des données

Objectifs à atteindre

- Quelles sont les trois notions fondamentales du modèle entité-association ?
- Comment représenter graphiquement une entité ?

Mots-clés

attribut - attribut concaténé - caractéristique - concaténé - entité - identifiant - information élémentaire - occurrence - propriété - valeur

Connaître le contexte professionnel du dossier

Pour repérer les données d'une organisation et les représenter de manière unique, le modèle entité-association est un bon outil.

Le modèle entité-association permet de recenser les objets, les individus, les concepts (on parlera d'entités) essentiels à la vie d'une organisation et les liens entre eux (on parlera d'association).

Dans le dossier n° 14, nous avons distingué trois niveaux de modélisation :

- conceptuel,
- logique,
- et physique.

Dans ce dossier, nous allons nous intéresser au niveau conceptuel. Il existe plusieurs manières de modéliser les données au niveau conceptuel. Le **modèle entité-association** est la manière la plus répandue. Nous retiendrons donc cette méthode dans cet ouvrage.

I. Quelles sont les trois notions fondamentales du modèle entité-association ?

Le modèle entité-association repose sur trois notions : l'**entité**, l'**attribut** et l'**association**. Nous verrons les deux premières notions dans ce dossier. Nous étudierons la notion d'association dans le dossier n° 17.

A. Qu'est-ce qu'une entité ?

Approfondissement

Le mot **entité** vient du latin *entis*, être. Le mot **être** désigne tout ce qui existe. Le modèle entité-association s'intéresse à tout ce qui existe dans une organisation et qui est retenu par le système d'information.

Tout groupe d'objets, d'individus, de concepts retenus par le système d'information d'une organisation est une entité.

Les produits d'une entreprise, ses clients, les commandes aux fournisseurs sont des entités. Les produits sont des objets, les clients, des individus et les commandes des concepts. Un **concept** est une réalité immatérielle nécessaire à une organisation. Un service, un compte est un concept.

Application 1 : Les entités du lycée

- Recherchez dans votre lycée, des exemples d'entités :

....

....

....

....

Remarque importante : l'organisation à modéliser ne doit pas être retenue comme entité. En effet, nous sommes à l'intérieur de cette entité, donc nous ne la « voyons » pas. Ainsi dans notre exemple, l'entité **Lycée** ne doit pas apparaître dans la liste des entités. En effet, nous sommes à l'intérieur du lycée. Par contre du point de vue de l'académie, l'entité **Lycée** va apparaître :

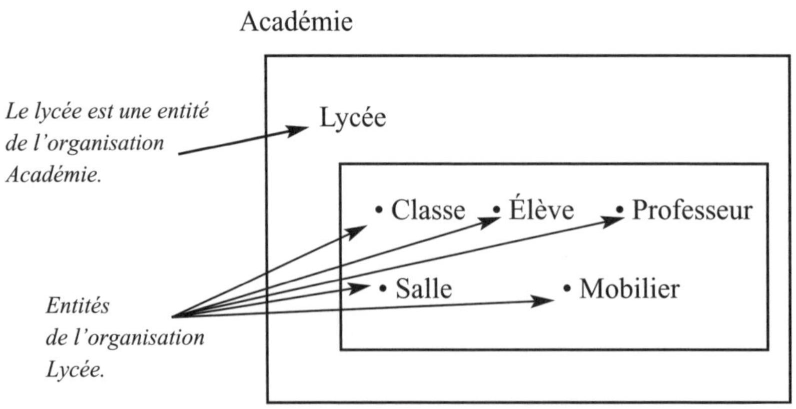

Application 2 : Les entités de l'association Médecins Aide Afrique

L'association d'aide humanitaire **Médecins Aide Afrique** dispose de bureaux régionaux dans les grandes villes françaises. À chaque bureau sont rattachés des médecins susceptibles d'être mobilisés pour des actions humanitaires principalement en Afrique et des véhicules de transport. Une action humanitaire concerne obligatoirement un pays. Si plusieurs pays sont concernés par une catastrophe on ouvrira une action humanitaire par pays.

1. Recherchez les différentes entités de l'association **Médecins Aide Afrique** :

....

....

....

....

....

....

2. Classez ces entités dans les catégories **Individu**, **Objet** et **Concept** :

Individu	
Objet	
Concept	

B. Qu'est-ce qu'un attribut ?

1. Définition

Un **attribut** est une caractéristique d'une entité. Un attribut permet de préciser, de décrire une entité.

2. Exemples

Exemple 1 : un **produit** dans une entreprise sera décrit par les attributs **référence**, **désignation**, **prix**, **conditionnement** par exemple.

Exemple 2 : un **service** dans une administration sera défini par le **numéro du service**, son **nom**, le **nom de son responsable**, l'**effectif** du service par exemple.

Les termes **Propriété**, **Caractéristique**, **Rubrique** sont synonymes du mot **attribut**. Un attribut est défini par un libellé (exemple : **Nom de service**) et des valeurs (exemple : **Service commercial**, **Service comptabilité**...).

Une valeur est la réalisation, le contenu d'un attribut. Le mot **valeur** désigne des nombres (exemple, pour le numéro de service : **250**, **251**...) mais aussi des libellés (exemple, pour le nom du service, **Service commercial**, **Service comptabilité**...).

Application : Les attributs de l'entité Bien à louer

Une agence souhaite recenser tous les attributs permettant de décrire les biens qu'elle loue (appartement, maison, garage...). Elle vous demande d'établir dans le tableau ci-dessous une liste des attributs décrivant les biens à louer et un exemple de valeurs des attributs retenus :

Nom de l'attribut	Valeur de l'attribut
N° du bien à louer	150
....	....
....	....
....	....

C. Pourquoi ne faut-il pas confondre le libellé et la valeur d'un attribut ?

1. Repérer la difficulté

Parfois des valeurs d'attribut risquent d'être retenues comme des libellés d'attribut.

2. Exemple : Abrasif'Pro

Dans l'entreprise **Abrasif'Pro** le personnel peut se déplacer par avion, par train, par automobile ou par bateau. Pour définir les attributs, deux solutions semblent apparaître :

Solution ①

Attribut	Valeurs de l'attribut
Avion	Oui/non
Train	Oui/non
Automobile	Oui/non
Bateau	Oui/non

Solution ②

Attribut	Valeurs de l'attribut
Mode de transport	Avion, train, automobile, bateau

Seule la solution ② est à retenir. En effet la solution ① conduit à multiplier les attributs et donc à alourdir le système d'information et les manipulations d'information.

Application : Le statut des salariés

Dans l'entreprise **Vitre Sécur**, le personnel peut être sous contrat à durée indéterminée, déterminé, en contrat de qualification ou d'apprentissage ou faire l'objet d'une convention de stage.

- Présentez dans le tableau ci-dessous le ou les attributs ainsi que leurs valeurs permettant de décrire le statut des salariés :

Libellé de l'attribut	Valeurs de l'attribut

D. Qu'est-ce qu'une information élémentaire ?

1. Définir une information élémentaire

Une information est élémentaire lorsqu'elle est non décomposable.

À retenir !
Une information est élémentaire lorsqu'elle est non décomposable.

2. Exemple : L'entreprise Toile Voile

Dans l'entreprise **Toile Voile**, le client est décrit de la manière suivante :

Plaisancier	
N° du plaisancier	: 132
Nom du plaisancier	: Jegat
Adresse du plaisancier	: 32 rue St Joseph 97400 Saint-Denis-de-la Réunion

Les attributs **N° du plaisancier**, **Nom du plaisancier** sont des attributs élémentaires. Par contre l'attribut **Adresse du plaisancier** est décomposable en **Adresse-rue**, **Code postal** et **Ville**.

Application : La Boule de billard

Dans l'entreprise **La Boule de billard**, les bar-cafés, clients de l'entreprise sont décrits de la manière suivante :

Fiche client
Identification du bar-café : 232W
Nom du responsable du bar-café : Monsieur Yves Sallet, gérant
Adresse du bar-café : Bar-café Le Flaubert, Centre commercial Jeanne d'Arc, niveau 1, 20 rue Genève 76000 ROUEN, France
Mode de règlement : Billet à ordre le 10 du mois - 60 jours
Téléphone et télécopieur : 02 35 71 41 91 et 02 35 71 42 95
Site Internet et adresse de courrier électronique : http://www.bar-cafe-le-flaubert-rouen.fr - accueil@bar-cafe-le-flaubert-rouen.fr

1. Qu'observez-vous ? Quel est l'inconvénient de cette situation ?

....

....

2. Proposez une nouvelle fiche pour décrire les clients de l'entreprise **La Boule de billard** :

E. L'identifiant, un attribut particulier

1. Définition

À retenir !

Un **identifiant** est un attribut dont les valeurs permettent de distinguer chaque occurrence de l'entité.

Un **identifiant** est un attribut dont les valeurs sont uniques. Elles permettent de distinguer chaque occurrence de l'entité. Une **occurrence** est un ensemble de valeurs décrivant une réalisation d'une entité.

2. Exemple : Le Bagage moderne

L'entreprise **Le Bagage moderne** décrit les articles qu'elle fabrique de la manière suivante :

À retenir !

Une **occurrence** est un ensemble de valeurs décrivant une réalisation d'une entité.

*Occurrence de l'entité **Article**.*

Article			
Code modèle	**Désignation du modèle**	**Couleur**	**Prix (€)**
42844	Sac à dos scolaire	Bleu	30
42845	Sac à dos scolaire	Rouge	30
42850	Sac ceinture	Jaune	15
42862	Sac polochon	Or	45

*Valeurs de l'attribut **Couleur**.*

On observe que l'attribut **Code modèle** est l'identifiant de l'entité **Articles**. En effet l'attribut **Désignation** du modèle ne permet pas de distinguer chaque article. Il y a deux libellés identiques (Sac à dos scolaire) qui décrivent deux réalités différentes (un sac rouge et un sac bleu).

Chaque ligne du tableau forme une occurrence de l'entité **Articles**. Les valeurs **42850**, **Sac ceinture**, **jaune**, **15** constituent une occurrence de l'entité **Articles**.

Application : Un abri de chantier

L'entreprise **L'Abri de chantier moderne** loue à des entreprises de travaux publiques des baraques de chantier :

Baraque de chantier			
Désignation	**Dimension**	**Matériau**	**Prix de location mensuelle (€)**
Modèle grand chantier	10 m x 4	Bois	500
Modèle grand chantier	10 m x 4	Fer	530
Modèle Canada	8 m x 3,5	Bois	470
Modèle Sibérie	8 m x 4	Bois	480

1. À partir des désignations des modèles, l'entreprise peut-elle identifier chaque baraque qu'elle propose en location ?

....

2. Quelle solution proposez-vous ?

....

3. Proposez des valeurs de l'attribut que vous avez retenu comme identifiant :

....

4. Donnez un exemple d'occurrence de l'entité Baraque :

....

F. Qu'est-ce qu'un attribut concaténé ?

1. Définition

Un **attribut concaténé** est un attribut composé de plusieurs attributs. Si un seul attribut ne permet pas de distinguer les occurrences d'une entité, il sera possible de combiner plusieurs attributs pour différencier ces occurrences.

À retenir !
Un **attribut concaténé** est un attribut composé de plusieurs attributs.

2. Exemple

Ainsi l'identifiant **Nom + Prénom** sera souvent préféré à l'identifiant **Nom** pour éviter les homonymies. Cette addition de plusieurs attributs constitue un **attribut concaténé** (latin : *catena* [chaîne]).

Si le nombre d'attributs composant l'identifiant devient trop important, il sera préférable de créer un code pour distinguer chaque occurrence de l'entité étudiée.

Les attributs **Numéro d'immatriculation**, **Code client**, **Numéro fournisseur**, **Matricule salarié** sont des exemples d'identifiant fondés sur un code.

Application : Identifier l'élève

1. Soit l'individu **Jean Martin**, élève du lycée Camille-Claudel. Proposez un identifiant pour repérer cet élève au niveau de :
   - sa classe :

   ....

   - son lycée (deux solutions) :

   ....

   - la France :

   ....

2. À partir de cet exemple, déduisez de quoi dépend le choix d'un identifiant ?

....

....

G. Pourquoi un attribut doit-il être unique dans un modèle de données ?

Un attribut ne doit apparaître qu'une fois dans un modèle de données. En effet la raison d'être des modèles est la suppression des informations redondantes (qui se répètent). Le modèle suivant est mal conçu :

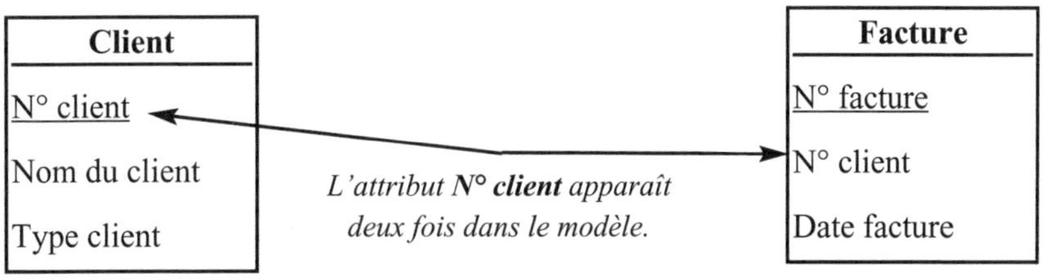

Nous verrons dans le dossier suivant qu'une association entre les entités **Client** et **Facture** permettra de supprimer l'attribut **N° client** dans l'entité **Facture**.

II. Comment représenter graphiquement une entité ?

Une entité dans le modèle **entité-association** sera présentée de la manière suivante :

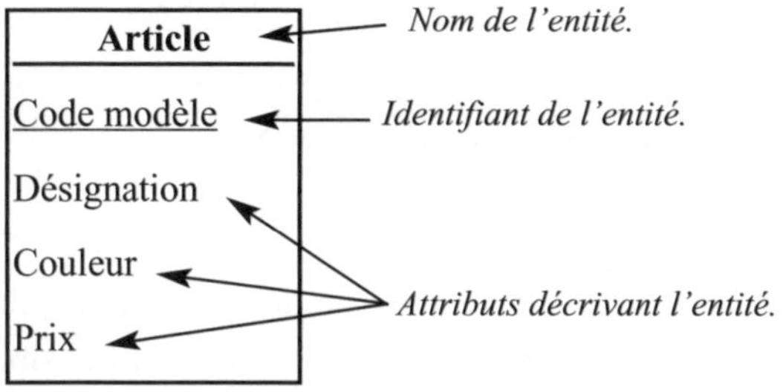

Application : Hivernage Plaisance

L'entreprise **Hivernage Plaisance** loue à des plaisanciers des emplacements dans un hangar pour leur permettre de mettre à l'abri leur bateau pendant l'hiver.

- Chaque bateau est décrit par son code d'immatriculation, son nom, sa longueur, son tirant d'eau, son tonnage. Représentez cette entité :

Quelques questions à un(e) futur(e) professionnel(le)

1. Quel est l'intérêt (ou les intérêts) de créer un modèle conceptuel des données pour une organisation ?

....

....

2. Donnez un exemple de modèle conceptuel de données :

....

....

3. Pour quelle raison le modèle entité-association est-il retenu pour décrire les organisations ?

....

....

4. Qu'est-ce qu'une **entité** ?

....

....

5. Qu'est-ce qu'un **attribut** ?

....

....

6. Donnez des synonymes du mot **attribut** :

....

....

7. Quelles précautions faut-il prendre lors du choix d'un attribut pour décrire une entité ?

....

....

8. Qu'est-ce qu'un **identifiant** ?

....

....

9. Quel est l'intérêt d'un identifiant ?

....

....

10. Qu'est-ce qu'un **attribut concaténé** ?

....

....

11. Dans quel cas utilise-t-on un attribut concaténé ?

....

....

12. De quoi dépend le choix d'un identifiant ?

....

....

13. Qu'est-ce que la **valeur** d'un attribut ?

....

....

14. Qu'est-ce qu'une **occurrence** d'une entité ?

....

....

Applications de synthèse

Application n° 1 : Négoce'Bois

Dans l'entreprise **Négoce'Bois**, les clients peuvent régler leurs factures en euros, dollars ou yens et utiliser comme modes de paiement la lettre de change, le virement bancaire et le chèque.

- Proposez dans le tableau ci-dessous la liste de (ou des) attribut(s) nécessaire(s) au règlement des clients ainsi que les valeurs de ces attributs :

Libellé de l'attribut	Valeurs de l'attribut

Application n° 2 : Pub'Ciel

L'entreprise **Pub'Ciel** met à la disposition des entreprises qui souhaitent faire de la publicité, de petits avions, des montgolfières et des dirigeables qui vont traîner dans le ciel une banderolle pour promouvoir un produit ou un service.

L'entreprise **Pub'Ciel** ne possède pas elle-même les avions, des montgolfières et des dirigeables. Elle les loue à des entreprises ou à des particuliers.

Les campagnes publicitaires font l'objet d'un contrat avec les annonceurs. Ces contrats sont obtenus après le démarchage des agents commerciaux de l'entreprise **Pub'Ciel** auprès des entreprises susceptibles de faire de la publicité.

1. Recherchez dans ce texte toutes les entités mentionnées :

   ....

   ....

2. Proposez pour chaque entité, des attributs permettant de décrire ces entités :

   ....

   ....

3. Proposez pour chaque entité un identifiant :

   ....

   ....

4. Proposez pour l'entité **Annonceur** une occurrence :

   ....

   ....

5. Pour chaque attribut de l'entité **Annonceur**, proposez deux valeurs de ces attributs :

   ....

   ....

6. Pour l'entité **Agent commercial**, proposez un identifiant composé d'attributs concaténés :

   ....

   ....

7. Représentez graphiquement les différentes entités de l'entreprise **Pub'Ciel** :

Compétence

17 Comment repérer les associations dans le modèle entité-association ?

Éléments du programme traités

Compétence technique

- Interpréter et compléter les schémas représentant une organisation des données

Objectifs à atteindre

- Comment repérer les associations entre les entités ?
- Comment représenter les cardinalités dans une association ?
- Quels sont les différents types d'association ?
- Qu'est-ce qu'une association réflexive ?

Mots-clés

association - association hiérarchique - association non hiérarchique - association père-fils - association réflexive - cardinalité - CIF - CIM - contrainte d'intégrité fonctionnelle - contrainte d'intégrité multiple - père-fils

Connaître le contexte professionnel du dossier

Les objets, individus ou concepts repérés dans une organisation ont des liens logiques entre eux : un client passe une commande, un salarié appartient à un service. Ces liens logiques s'appellent des **associations**.

Qu'est-ce qu'une association ? Comment représenter la participation des occurrences d'une entité aux associations ? Y a-t-il des types d'association ? Tels seront les thèmes abordés dans ce dossier.

Dans le dossier précédent nous avons étudié deux éléments importants du modèle entité-association : l'entité et l'attribut. Il nous reste à aborder :

- la notion d'association,
- les différents types d'association.

I. Comment repérer les associations entre les entités ?

A. Qu'est-ce qu'une association ?

1. Définition

À retenir !
Une **association** est un lien existant entre les occurrences de deux ou plusieurs entités.

Une **association** est un lien logique existant entre les occurrences de deux ou plusieurs entités. Une association est généralement identifiée par un verbe. Un élève travaille dans une classe. Un salarié appartient à un service.

2. Exemple : L'élève du lycée

Dans un lycée, l'élève **Claude Tiva** (occurrence de l'entité **Étudiant**) appartient à la classe de **Technicien supérieur de comptabilité et gestion des organisations** (occurrence de l'entité **Classe**). **Appartient** représente l'association entre les occurrences de l'entité **Étudiant** et de l'entité **Classe**.

B. Comment représenter graphiquement une association ?

Graphiquement l'association **Appartient** sera représentée ainsi :

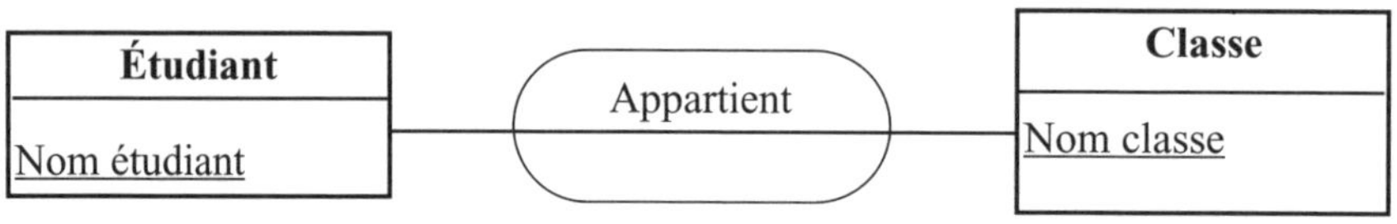

Application : Suivre l'activité des casinos

Le ministère de l'Intérieur suit l'activité des casinos en France. Il recense :

- les jeux proposés par les casinos tels que le Black Jack, le Chemin de fer...
- et les villes dans lesquelles ces casinos sont installés.

1. Recensez les différentes entités présentes dans ce texte :

....

....

2. Repérez les associations entre ces entités :

....

....

3. Représentez graphiquement l'activité des casinos du point de vue du ministère de l'Intérieur :

II. Comment représenter les cardinalités dans une association ?

A. Qu'est-ce qu'une cardinalité ?

À retenir !
Les **cardinalités** d'une entité mesurent la participation d'une occurrence de l'entité à une association.

Les **cardinalités** d'une entité sont un couple de valeurs exprimant le nombre minimum et maximum de fois qu'une occurrence d'une entité participe à une association.

Remarque : un nombre **cardinal** exprime une **quantité** par opposition à un nombre **ordinal** qui indique un **ordre**. Effectivement une cardinalité dans les modèles entité-association exprime une quantité : le nombre de fois qu'une occurrence d'une entité participe à une association.

Exemple : Un signal pour la route

Dans l'entreprise **Signal'Route**, le salarié **Denis Soumer** (occurrence de l'entité **Salarié**) appartient au minimum à un service (un salarié est toujours rattaché à un service) et au maximum à un seul service.

Les cardinalités de l'entité **Salarié** seront représentées ainsi dans le modèle entité-association :

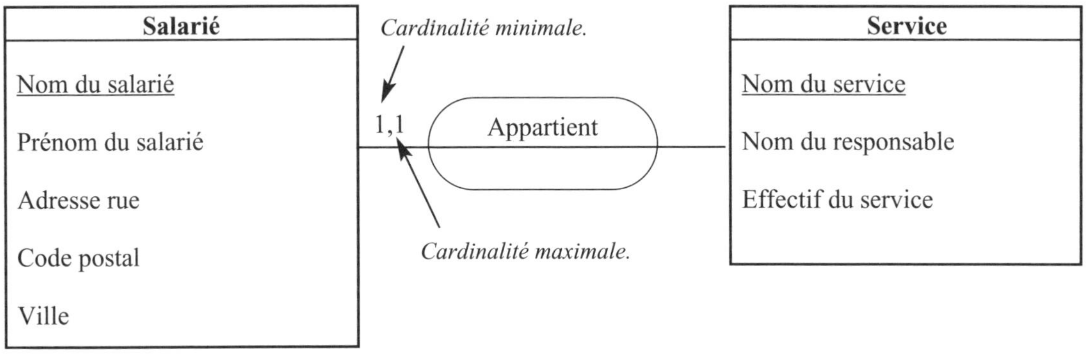

B. Comment évaluer les cardinalités ?

Intéressons-nous maintenant aux cardinalités de l'entité **Service**. L'entreprise dispose de deux services : le service **Marquage** et le service **Achat**. On observe les occurrences des associations suivantes :

Denis Soumer appartient au service **Marquage**

Annie Bez appartient au service **Achat**

Diane Trang appartient au service **Marquage**

Occurrences de l'association Appartient.

1. Comment rechercher la cardinalité minimale d'une entité ?

À la question « Est-ce que toutes les occurrences de l'entité Service apparaissent ? » la réponse est « Oui ». Les occurrences **Marquage** et **Achat** participent à l'association **Appartient**.

La cardinalité minimale de l'entité **Service** est donc **1** :

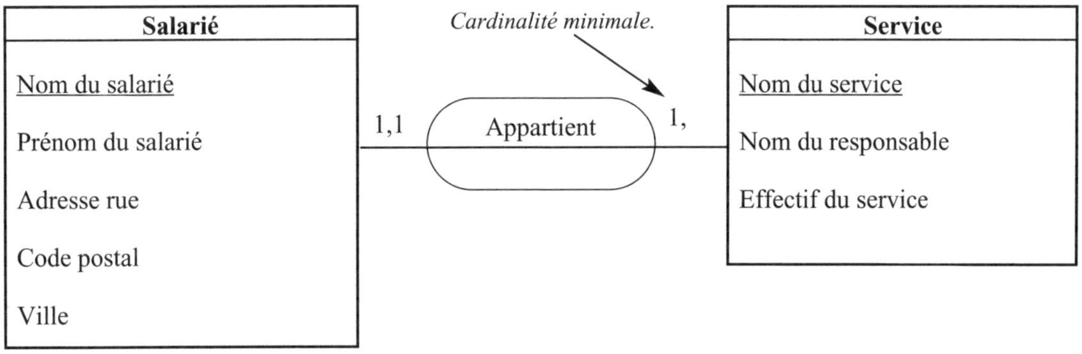

Si l'occurrence d'un des services n'était pas apparu, la cardinalité minimale de l'entité **Service** aurait été **0** :

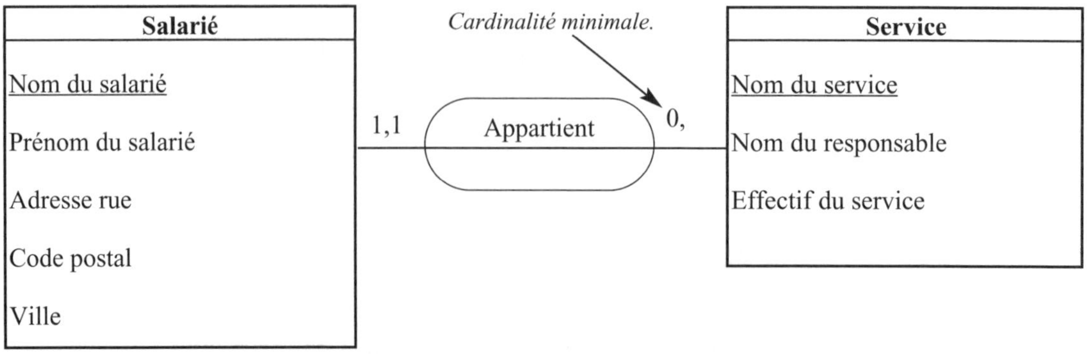

Cette situation correspondrait, par exemple, à un service récemment créé pour lequel aucun employé n'aurait été encore recruté.

2. Comment rechercher la cardinalité maximale d'une entité ?

À la question « Pouvez-vous préciser le nombre de fois que l'occurrence d'un service peut apparaître dans l'association Appartient ? » trois réponses sont possibles :

- l'occurrence d'un service n'apparaît qu'une fois. Cela signifie que dans cette entreprise, un service a au maximum un salarié. La cardinalité maximale est notée **1** :

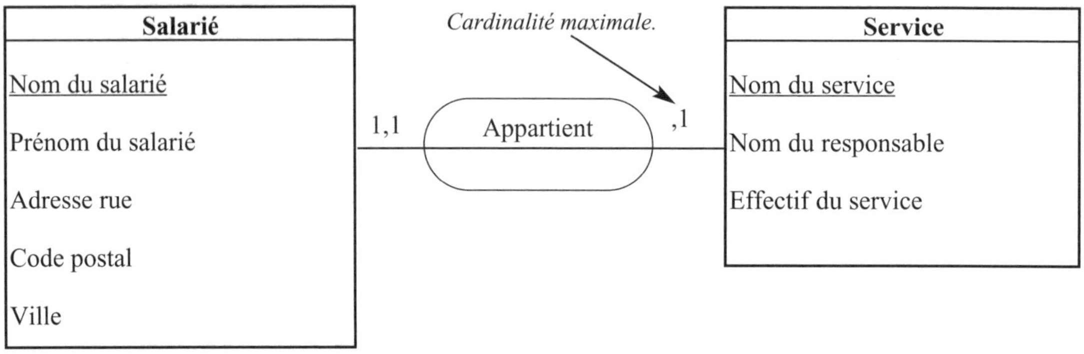

- l'occurrence d'un service peut apparaître de nombreuses fois sans qu'il soit possible de définir le maximum. La cardinalité maximale est dans ce cas notée **n** :

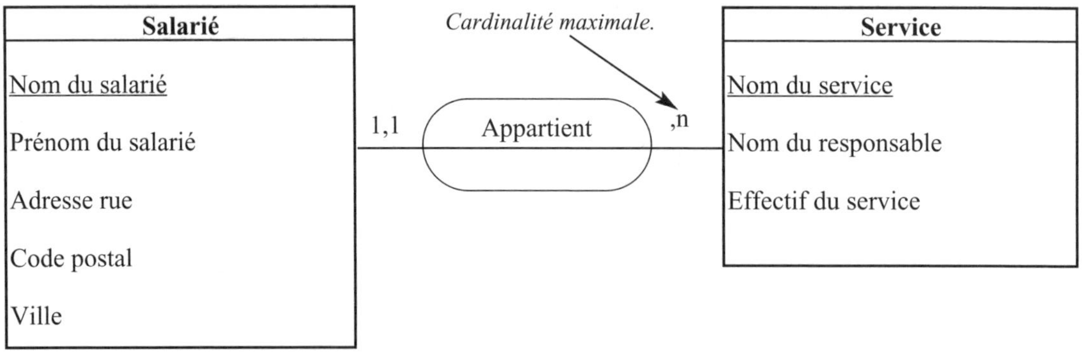

La cardinalité **n** indique qu'un service a plusieurs salariés.

- l'occurrence d'un service peut apparaître un nombre fini de fois. Par exemple, une entreprise peut fixer comme règle que la taille d'un service n'excédera pas dix salariés. On note dans ce cas la cardinalité maximale comme ceci :

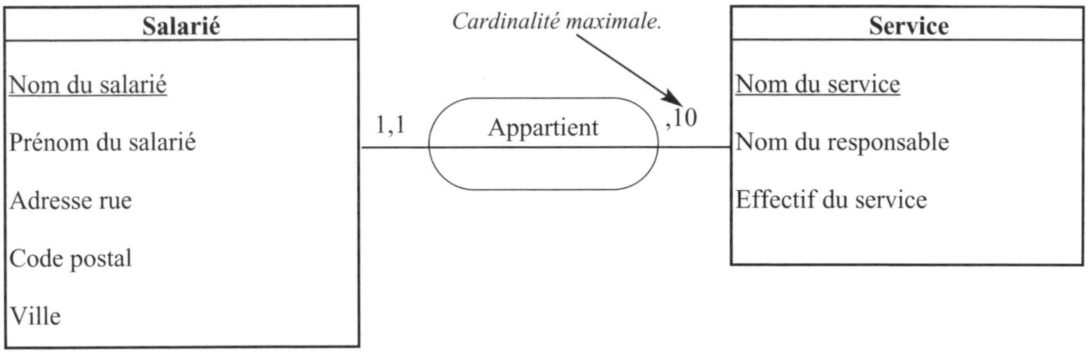

La cardinalité **10** indique qu'un service aura au maximum dix salariés. La phrase « La taille d'un service n'excédera pas dix salariés » est une **règle de gestion**.

Finalement en supposant que dans l'entreprise **Signal'Route**, il y a au minimum un salarié par service et pas de maximum, le modèle entité association devient :

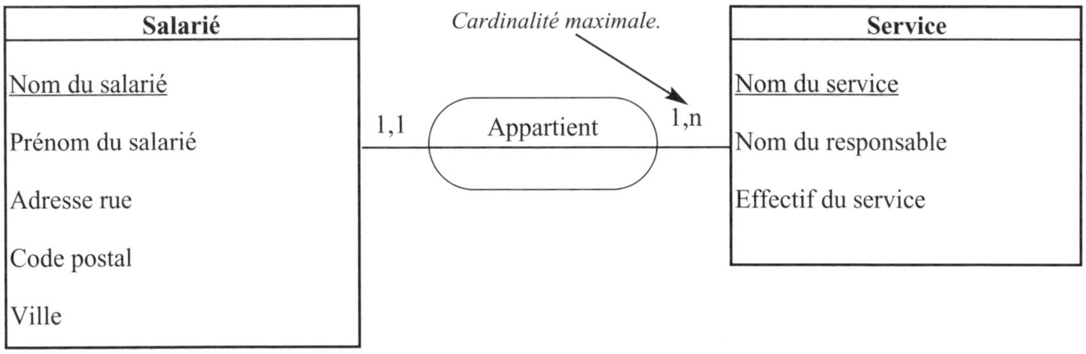

On parle également d'**association père-fils**. À une occurrence de l'entité **Salarié** (fils) correspond une occurrence et une seule de l'entité **Service** (père). Un fils a un seul père. Par contre à une occurrence de l'entité **Service**, peuvent être associées plusieurs occurrences de l'entité **Salarié**. Un père peut avoir plusieurs enfants.

Application 1 : Le client et la facture

- Indiquez les cardinalités dans l'association suivante :

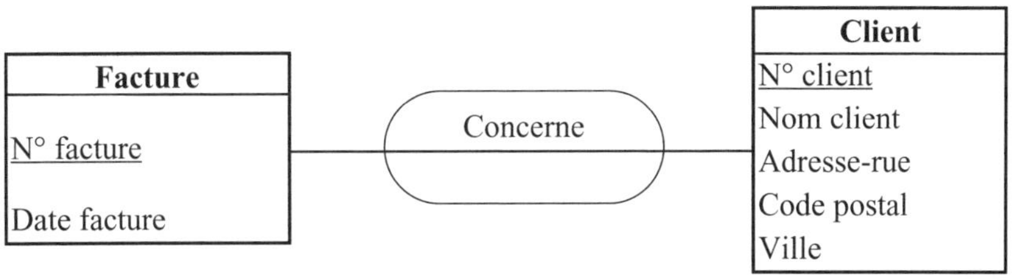

Application 2 : Le véhicule de l'étudiant

Pour une université, on souhaite, afin de gérer l'espace des parkings, décrire les liens entre les étudiants et les véhicules motorisés. Le modèle suivant a été conçu :

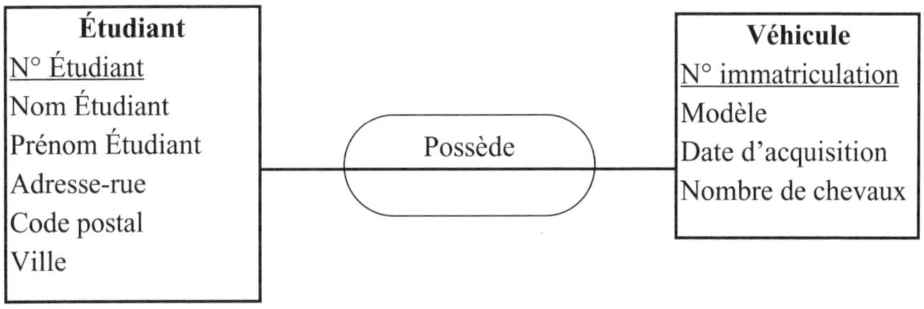

- Indiquez ci-dessus les cardinalités des deux entités.

Application 3 : L'Automobile verte

Dans l'entreprise **L'Automobile verte**, les modèles de voitures sont composés d'un ensemble de pièces détachées entièrement recyclabes. Celles-ci peuvent, parfois, être montées sur plusieurs modèles. Indiquez les cardinalités des deux entités :

C. Faire la synthèse sur les cardinalités

1. Quels sont les différents cas de cardinalités ?

Les cardinalités d'une entité peuvent être : 0,1 ; 1,1 ; 0,n ; 1,n.

2. À quel niveau du système d'information faut-il raisonner ?

Pour déterminer les cardinalités, il faut raisonner au niveau d'une occurrence d'une entité. Dans notre exemple, nous nous sommes intéressés au salarié **Denis Soumer** et au service **Marquage**.

3. Utiliser des exemples concrets

Pour trouver les cardinalités, vous pouvez raisonner sur des exemples concrets comme ceux-ci :

Salariés 1,1

L'occurrence **Denis Soumer** *ne peut apparaître qu'une fois dans l'association* ***Appartient.***

Le salarié **Denis Soumer** appartient au service **Marquage**.

Le salarié**Denis Soumer** appartient au service **Achats**.

L'occurrence **Denis Soumer** *ne peut apparaître plusieurs fois dans l'association* ***Appartient.*** *Un salarié appartient à un service et un seul.*

Exemples d'occurrences que vous pouvez créer par vous-mêmes pour trouver les cardinalités.

Services 1,n

L'occurrence service ***Marquage*** *apparaît de nombreuses fois sans qu'il soit possible de préciser le maximum.*

Le salarié **Denis Soumer** appartient au **service Marquage**.

La salariée **Diane Tran** appartient au **service Achat**.

La salariée **Ella Touzé** appartient au **service Marquage**.

L'établissement de ces petits exemples permettent de trouver facilement les cardinalités d'une entité.

À retenir !

Les cardinalités précisent le fonctionnement d'une organisation.

4. Quel est le rôle des cardinalités ?

Les cardinalités précisent le fonctionnement d'une organisation. Elles permettent de synthétiser ses règles de gestion. Nous voyons dans notre exemple qu'un salarié appartient à un service et un seul et qu'un service a au moins un salarié. Il peut en avoir plusieurs.

III. Quels sont les différents types d'association ?

Il y deux types d'association : les associations non porteuses de propriétés et les associations porteuses de propriétés.

A. Qu'est-ce qu'une association non porteuse de propriétés (ou associations hiérarchiques) ?

1. Définition

Une association est **hiérarchique** lorsqu'une occurrence d'une entité ne peut pas exister tant qu'une occurrence de l'autre entité participant à l'association n'est pas créée.

À retenir !

Une association est **hiérarchique** lorsqu'une occurrence d'une entité ne peut pas exister tant qu'une occurrence de l'autre entité participant à l'association n'est pas créée.

2. Exemple : Le Meuble de rotin

Dans l'entreprise **Le Meuble de rotin**, les différents modèles de meuble proposés à la clientèle sont stockés dans des entrepôts précis. Un modèle de meuble est stocké dans un entrepôt et un seul. Le modèle entité-association de cette organisation est le suivant :

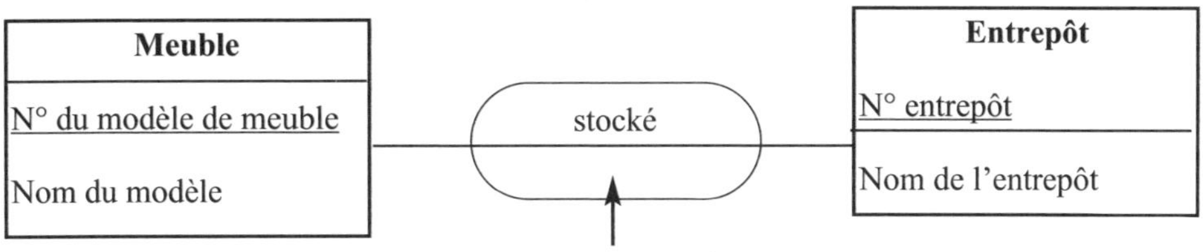

Absence de propriété dans l'association.

À retenir !

Une association **hiérarchique** (cardinalités : 1,1) n'est jamais porteuse de propriétés.

- Recherchez les cardinalités de l'association **Stocké**.

On est en présence d'une <u>association non porteuse de propriétés</u>. Cela signifie que toutes les propriétés appartiennent aux différentes entités, qu'il n'y a pas de propriétés dépendant des deux entités à la fois.

La présence d'une cardinalité (1,1) révèle une **association hiérarchique**. Une occurrence de l'entité **Meuble** ne pourra exister tant que l'occurrence correspondante de l'entité **Entrepôt** n'est pas créée. Autres exemples : on ne peut créer une facture dans une organisation tant que le client n'est pas défini. On ne peut créer une réservation tant que le train ou le vol n'est pas défini dans une entreprise de transport.

Il y a donc une <u>hiérarchie</u> dans la création des occurrences. On parle également de **contrainte d'intégrité fonctionnelle** (CIF). Pour que le système d'information fonctionne (fonctionnel), il y a une <u>contrainte</u> sur le contenu (<u>intégrité</u>) des données : l'entrepôt comme nous l'avons déjà précisé doit être créé <u>avant</u> les modèles de meuble.

L'occurrence d'une entité (appelée également **Père**) doit être créée avant l'occurrence de l'autre entité (appelé aussi **Fils**). On parle aussi de structure **père-fils**.

Application : L'élève et sa classe

Dans un établissement scolaire, on veut décrire les liens entre les élèves et les classes. Modélisez cette situation :

B. Qu'est-ce qu'une association éventuellement porteuse de propriétés (ou associations non hiérarchiques) ?

1. Comment repérer les associations porteuses de propriétés ?

a. Règle

Lorsque les valeurs d'une propriété dépendent des valeurs de deux ou plusieurs autres propriétés, il faut placer la propriété dans une association.

b. Exemple : Le Matériel du golfeur

Dans la boutique **Le Matériel du golfeur**, on relève les éléments de factures suivants :

N° facture	Quantité facturée	Réf. article	Désignation
G108	10	BG1	Balle de golf Prestige
G108	2	CG2	Canne de golf
G109	35	BG1	Balle de golf Prestige

Il est possible de repérer les entités et association suivantes :

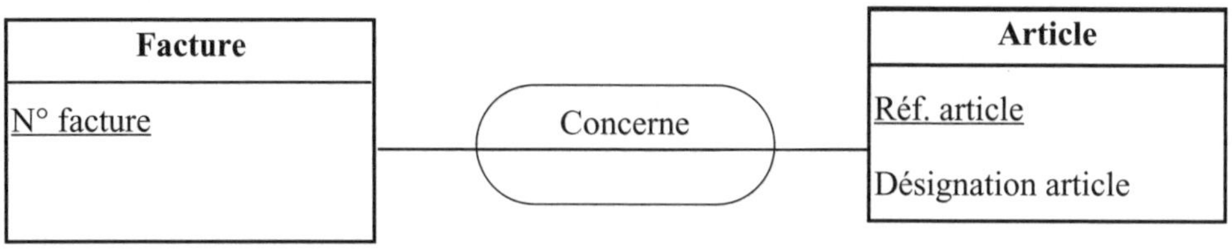

Nous sommes gênés pour placer la propriété **Quantité facturée.** En effet, nous ne pouvons pas placer cette propriété dans l'entité **Facture**. Pour la facture **G108**, il y a deux valeurs **10** et **2** pour la propriété **Quantité facturée**.

Nous ne pouvons pas placer non plus cette propriété dans l'entité **Article**, car il y a également deux valeurs pour un article précis : **10** et **35** pour l'article **BG11 Balle de golf** par exemple.

Solution : il faut donc placer la propriété **Quantité facturée** dans l'association **Concerne** :

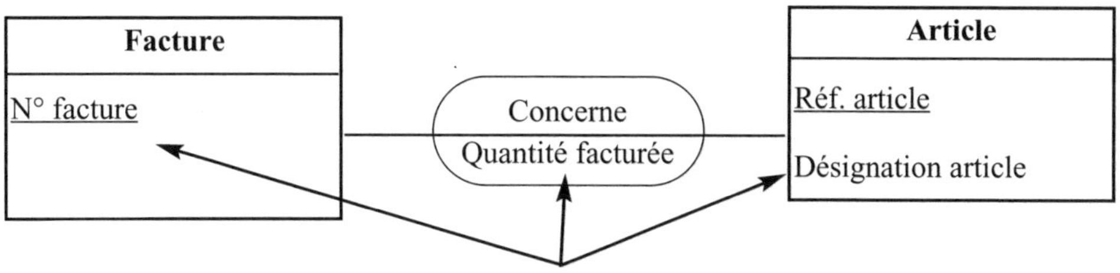

La quantité facturée dépend du numéro de la facture et de la référence de l'article :

N° facture	Réf. article	Qté facturée
G108	**BG1**	**10**
G109	**BG1**	**35**
G108	**CG2**	**2**

- Recherchez les cardinalités de l'association **Concerne**.

À retenir !
Une association est non hiérarchique lorsque l'ordre de création des occurrences importe peu.

Cette association est une **association non hiérarchique** ou avec des **contraintes d'intégrité multiples** (CIM).

L'association est non hiérarchique car l'ordre de création des occurrences dans l'entité **Facture** et **Article** importe peu. Il est possible de créer d'abord l'occurrence de l'entité **Facture** puis celle de l'entité **Article** ou l'inverse.

L'association est avec une contrainte multiple. En effet une occurrence de l'association **Concerne** ne peut exister que si une occurrence de l'entité **Facture** et une occurrence de l'entité **Article** existent. Il faut par exemple que la facture **G108** et l'article **BG1** existent pour introduire la quantité facturée **10** dans l'association **Concerne**.

Application : Les notes des élèves

L'élève **Blaise Dufour** a eu à trois devoirs les notes suivantes : **12**, **8**, **13** en **français** et l'élève **Léa Reis** a eu **14**, **9**, **11** en **mathématiques**.

- Concevez le modèle entité-association de cette situation :

2. Comment repérer les associations non hiérarchiques non porteuses de propriétés ?

Parfois il n'y a pas de lien « spontané » entre deux entités. Par exemple, dans un club de cheval de course, on a deux entités sans association apparente :

Pourtant, il est important pour le club de connaître la participation des chevaux aux courses. Il faudra donc créer une association représentant cette réalité avec les cardinalités suivantes (en supposant que tous les chevaux participent à au moins une course) :

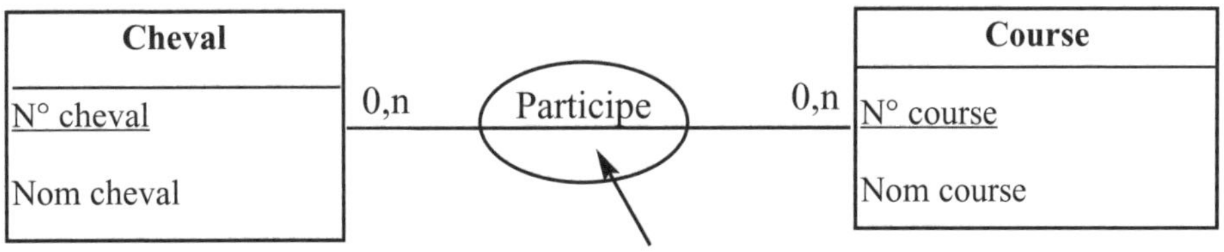

L'association non hiérarchique est non porteuse de propriété.

Vous pouvez donc observer que l'association **Participe** est non hiérarchique et non porteuse de propriété.

Approfondissement

Réflexif : en relation avec lui-même (du verbe latin *reflectere* [réfléchir, au sens un miroir réfléchi l'image des objets, des individus placés devant]).

IV. Les associations réflexives

A. Qu'est-ce qu'une association réflexive ?

1. Définition

Il y a **association réflexive** lorsqu'il y a des liens entre les occurrences d'une <u>même entité</u>.

2. Exemple : Publications Jeunesse

Pour développer ses ventes, l'éditeur **Publications Jeunesse** a lancé une campagne de parrainage auprès de ses jeunes abonnés. Si ceux-ci peuvent amener un nouvel abonné à l'éditeur **Publications Jeunesse**, ils reçoivent un cédérom de jeux. On observe dans la base d'information de l'éditeur, les occurrences suivantes :

Approfondissement

On peut classer les associations en fonction du nombre d'entités concernées : association **unaire** (une entité), **binaire** (deux entités), **ternaire** (trois entités), où **n-aire** (plus de trois entités [cas rare, provenant, le plus souvent, d'une analyse insuffisante de la réalité]). On parle aussi de **dimension** de l'association. Une association binaire est de dimension deux.

Benoît Dufis a parrainé **Léa Reis**

Rose Ray a parrainé **Yves Sallet**

De part et d'autre de l'association **A parrainé** apparaît la même entité **Abonné**. **Benoît Dufis** et **Léa Reis** sont, par exemple, des abonnés. Nous sommes donc en présence d'une association réflexive. Il y a un lien entre deux occurrences de la même entité.

B. Comment représenter graphiquement l'association réflexive ?

1. Principe

L'association réflexive peut être représentée ainsi :

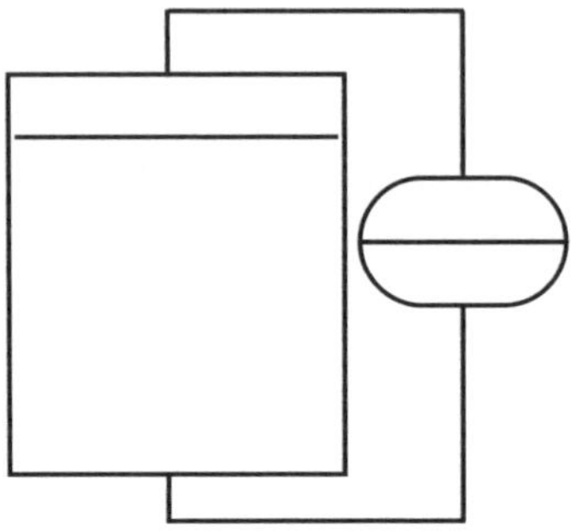

2. Exemple : Publications Jeunesse

Appliquée à l'entreprise **Publications Jeunesse**, l'association réflexive entre les abonnés se présente ainsi :

À retenir !

Il y a **association réflexive** lorsqu'il y a des liens entre les occurrences d'une même entité.

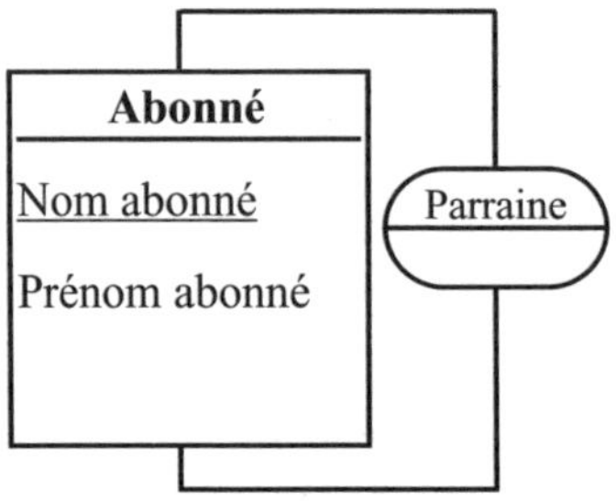

Critique : le schéma ne fait pas apparaître le parrain et le parrainé. La notion de **rôle** évoqué au paragraphe suivant va nous permettre de préciser le modèle de données.

C. Quel est l'intérêt de préciser le rôle d'une entité dans une association ?

1. Définition

À retenir !

Un **rôle** est un commentaire placé sur une branche d'une association précisant la fonction d'une entité dans une association.

Un rôle est un commentaire placé sur une branche d'une association précisant la fonction d'une entité dans une association. Le modèle devient plus lisible, plus compréhensible.

2. Exemple : Publication Jeunesse (*suite*)

Dans l'entreprise **Publications Jeunesse**, le modèle devient, par exemple :

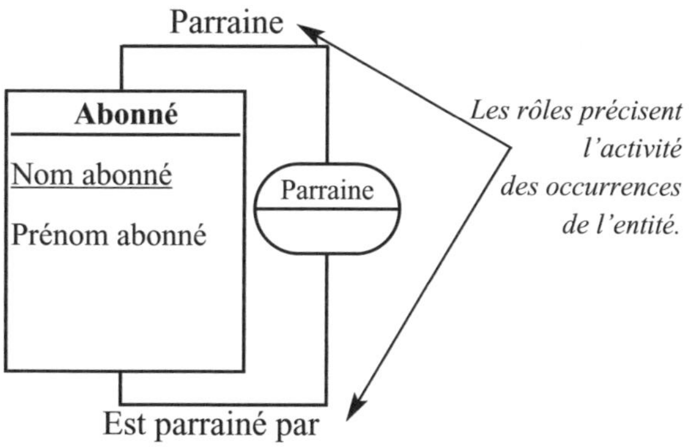

Indiquez les cardinalités dans le modèle entité-association ci-dessus.

Application : La Généalogie du village

Dans le village Berg-sur-Avranchen, le maire souhaite faire apparaître les liens de parenté entre les villageois. On se limitera aux liens parents-enfants. Il note, par exemple, les situations suivantes :

Sabine Rego est enfant d'**Igor Rego**

Jean Niot est enfant d'**Henry Niot**.

• Concevez le modèle entité-association de cette situation :

Quelques questions à un(e) futur(e) professionnel(le)...

1. Qu'est-ce qu'une **association** ?

....

....

2. Qu'est-ce que les **cardinalités** d'une association ?

....

....

3. Quel est l'intérêt des cardinalités dans le modèle entité-association ?

....

....

4. Comment repère-t-on une association **père-fils** ?

....

....

5. Quelle est la méthode pour évaluer les cardinalités ?

.....

.....

6. Qu'est-ce qu'une **association hiérarchique** ?

.....

.....

8. Pourquoi parle-t-on d'association **père-fils** pour les associations hiérarchiques ?

.....

.....

9. Dans quel cas une association est-elle **porteuse de propriétés** ?

.....

.....

10. Pourquoi parle-t-on de **contrainte d'intégrité multiple** pour les associations porteuses de propriétés ?

.....

.....

11. Qu'est-ce qu'une association **réflexive** ?

.....

.....

12. Qu'est-ce qu'un **rôle** dans une association ?

.....

.....

Applications de synthèse

Application n° 1 : Les Meubles Beaux Bois

L'entreprise **Les Meubles Beaux Bois** ont 180 magasins répartis dans 20 pays. Chaque magasin est décrit par un numéro de magasin, un nom et une adresse. Dans chaque pays, définit par son nom, sa capitale, possédant des magasins, il y a un correspondant commercial. Celui-ci décrit par son nom et son adresse. Un correspondant ne s'occupe que d'un pays.

- Concevez le modèle entité-association de l'entreprise **Les Meubles Beaux Bois** :

Application n° 2 : L'entreprise Le Véhicule Tout Terrain

L'entreprise **Le Véhicule Tout Terrain** a une dizaine de concessionnaires identifiés par un numéro et un nom. Dans chaque concession, elle présente plusieurs modèles de véhicules décrit par un numéro de modèle et un nom.

L'entreprise **Le Véhicule Tout Terrain** souhaite connaître le nombre de véhicules possédés par chaque concession et pour chaque modèle.

1. Concevez le modèle entité-association de l'entreprise **Le Véhicule Tout Terrain** :

2. Par ailleurs, les concessions participent à des manifestations commerciales identifiées par un nom. Ainsi la concession de Dijon va participer à la fête des vignerons de Beaune. Modifiez le modèle entité-association ci-dessus pour décrire la nouvelle entité. Pour chaque manifestation, un responsable identifié par son nom est nommé au sein de chaque concession.

Application n° 3 : Le chef et les subordonnés

Dans l'entreprise **Enchères sur le Net**, il y a plusieurs services regroupant plusieurs salariés. Chaque salarié est décrit par un matricule salarié, son nom, son adresse, sa fonction et le montant de son salaire. Le directeur des ressources humaines souhaite connaître les liens hiérarchiques entre les salariés. Il souhaite, par exemple, obtenir les résultats suivants :

Gilles Lafon est responsable de **Kévin Osère**

Kévin Osère est le collaborateur de **Gilles Lafon** et de lui seul

- Concevez, en précisant éventuellement les rôles du (ou des) association(s), le modèle entité-association de l'entreprise **Enchères sur le Net** :

Compétence	18	Comment établir les dépendances fonctionnelles entre les attributs ?

Compétence 18 — Comment établir les dépendances fonctionnelles entre les attributs ?

Éléments du programme traités

Compétence technique

- Interpréter et compléter les schémas représentant une organisation des données

Objectifs à atteindre

- Qu'est-ce qu'une dépendance fonctionnelle ?
- Comment établir le graphe des dépendances fonctionnelles ?
- Comment repérer les entités à partir du graphe des dépendances fonctionnelles ?
- Repérer les associations non porteuses de propriétés à partir du graphe des dépendances fonctionnelles
- Comment repérer les associations porteuses de propriétés à partir du graphe des dépendances fonctionnelles
- Comment rechercher les dépendances fonctionnelles élémentaires directes ?

Mots-clés

association non porteuse de propriétés - association porteuse de propriétés - attribut but - attribut source - dépendance fonctionnelle - dépendance fonctionnelle élémentaire - dépendance fonctionnelle élémentaire directe - graphe des dépendances fonctionnelles

Connaître le contexte professionnel du dossier

Pour construire rigoureusement un modèle entité-association, la dépendance fonctionnelle entre les propriétés d'une organisation est un puissant outil.

Qu'est-ce qu'une dépendance fonctionnelle ? Comment établir un graphe des dépendances fonctionnelles ? Comment passer du graphe des dépendances fonctionnelles au modèle entité-association tels seront les thèmes abordés dans ce dossier.

I. Les dépendances fonctionnelles

A. Qu'est-ce qu'une dépendance fonctionnelle ?

1. Définition

Il y a **dépendance fonctionnelle** entre deux attributs **a** et **b**, si, connaissant <u>une valeur</u> de l'attribut **a**, on obtient une valeur de l'attribut **b** et <u>une seule</u>.

2. Exemple

L'agence **Loc'Meublé** loue des logements meublés. Chaque logement est décrit dans une fiche comme celle-ci :

Loc'Meublé	*Fiche Logement*		
N° logement	: 28A	N° propriétaire	: 19L
Nom immeuble	: Résidence Paul Cézanne	Nom propriétaire	: Livin
Adresse rue	: 2 rue Croix	Code agent commercial	: A53
Code postal	: 13600	Nom agent commercial	: Vison
Ville	: LA CIOTAT	Code type logement	: A
Nombre de pièces	: 2	Type logement	: Luxe
Surface	: 46 m^2	Montant loyer	: 380 €

À retenir !

Il y a dépendance fonctionnelle entre deux attributs **a** et **b**, si, connaissant une valeur de l'attribut **a**, on obtient une valeur de l'attribut **b** et une seule.

Il y a une dépendance fonctionnelle entre les attributs **N° logement** et **Nom immeuble**. En effet, à la valeur **28A** de l'attribut **N° logement** correspond **une valeur** et **une seule** (**Résidence Paul Cézanne**) de l'attribut **Nom immeuble**. Pour le code **28A**, il ne peut exister une valeur, **Résidence Henri Matisse**, par exemple.

Notation : On peut représenter graphiquement la dépendance fonctionnelle par une flèche :

N° logement ⟶ Nom immeuble

28A ⟶ Résidence Paul Cézanne

B. D'où vient l'expression « dépendance fonctionnelle » ?

1. Notion de dépendance

L'origine du mot **dépendance** apparaît clairement. Un attribut dépend d'un autre attribut. L'attribut **Nom de l'immeuble**, dans notre exemple, dépend de l'attribut **N° du logement**.

2. Utilisation du terme « fonctionnel »

L'utilisation du terme **fonctionnel** vient des mathématiques. Une fonction, en mathématique, est une grandeur dépendant d'une ou plusieurs variables. L'attribut **Nom de l'immeuble** dépend, comme nous l'avons déjà montré, de l'attribut **N° du logement**.

Application 1 : Loc'Meublé

- Recherchez dans la fiche logement ci-dessus les dépendances fonctionnelles existant entre tous les attributs et représentez-les graphiquement :

N° logement ⟶ Nom immeuble

....
....
....
....
....
....

Application 2 : Chirurgie esthétique et plastique

Dans la clinique **Chirurgie esthétique et plastique**, on note la fiche d'intervention suivante :

Clinique Chirurgie esthétique et plastique		***Fiche d'intervention***
N° intervention : 28Z	Date intervention : 3/7/..	Nature intervention : rhinoplastie
N° patient : 258J		Code docteur : 232B
Nom patient : Jacquin		Nom docteur : Beni
Adresse rue : 32 rue des Peupliers		Titre : Chirurgien
Code postal : 92100		N° bloc opératoire : 3
Ville : BOULOGNE		Nom bloc opératoire : Rubis

- Recherchez dans la fiche d'intervention ci-dessus, les dépendances fonctionnelles existant entre tous les attributs et représentez-les graphiquement :

....
....
....
....
....
....

Application 2 : Pub'Néon

L'entreprise **Pub'Néon** conçoit, fabrique, installe et assure la maintenance d'enseignes lumineuses à base de tubes de néon. On note dans son organisation, la fiche **Projet** suivante :

Pub'Néon	***FICHE PROJET***	
N° projet :732N	Date de commande : 4/7/..	Date d'installation : 4/9/..
État du projet : fabrication		Code commercial :25PL
Code client : 38NT		Nom commercial : Lelay
Nom client : Chaîne hôtelière Nuit Tranquille		Code atelier : 52CM
Montant budget : 50 000 €		Nom atelier : Chatenay-Malabry

- Recherchez dans la fiche de projet ci-dessus, les dépendances fonctionnelles existant entre tous les attributs et représentez-les graphiquement :

....
....
....
....
....
....

C. Attributs source et but d'une dépendance fonctionnelle

1. Attribut source d'une dépendance fonctionnelle

L'attribut dont la valeur permet de trouver la valeur d'un autre attribut et une seule, est appelé **attribut source de dépendance fonctionnelle** :

***Attribut source** d'une dépendance fonctionnelle*

N° logement ⟶ Nom immeuble

2. Attribut but d'une dépendance fonctionnelle

L'attribut objet de la dépendance fonctionnelle est appelé **attribut but** (ou destination) de la dépendance fonctionnelle :

***Attribut but** de la dépendance fonctionnelle.*

N° logement ⟶ Nom immeuble

Application : Agri'Machine

Chez le distributeur de machines agricoles **Agri'Machine**, on relève la fiche suivante :

Agri'Machine		**Fiche Produit**	
Code machine	: 52	Code catégorie	: 346MB
Nom du modèle	: Arizona JD	Nom de la catégorie	: Moissonneuse-batteuse
Prix	: 30 000 €	Code marque	: 29JD
Date de commercialisation	: 15/05/200.	Nom de la marque	: John Deer
N° chef de produit	: 56C	Nom chef de produit	:Charcot

- Recherchez les dépendances fonctionnelles entre ces attributs et classez-les en attributs sources et buts de dépendance fonctionnelle.

II. Établir le graphe des dépendances fonctionnelles

A. Comment établir le graphe des dépendances fonctionnelles ?

1. Définition

Un **graphe des dépendances fonctionnelles** est une représentation graphique de toutes les dépendances fonctionnelles existant entre les attributs.

À retenir !

Un **graphe des dépendances fonctionnelles** est une représentation graphique de toutes les dépendances fonctionnelles existant entre les attributs.

2. Exemple

Soit le graphe des dépendances fonctionnelles pour attributs décrivant un logement dans l'agence **Loc'Meublé** :

<u>N° logement</u> ← *Convention : l'attribut source de dépendances fonctionnelles est **<u>souligné</u>**.*

→ Nom immeuble
→ Adresse rue
→ Code postal
→ Ville
→ Nbre pièces
→ Surface
→ Montant loyer

Application : Agri'Machine (suite)

- Établissez le graphe représentant les dépendances fonctionnelles entre les attributs relevés dans l'entreprise Agri'Machine :

B. Comment repérer les entités et les associations à partir du graphe des dépendances fonctionnelles ?

Il existe trois règles de passage du graphe des dépendances fonctionnelles au modèle entité-association. Examinons la première règle maintenant.

1. Règle 1 du passage du graphe des dépendances fonctionnelles au modèle entité-association

À tout attribut source de dépendance fonctionnelle correspond une entité. L'attribut source de dépendance fonctionnelle constitue la clé d'identification de l'entité révélée.

2. Exemple

Le **numéro du logement** dans le cas **Loc'Meublé** est source de dépendance fonctionnelle. Il a permis de rassembler toutes les propriétés décrivant un logement. Il révèle l'entité **Logement** avec, comme clé d'identification, l'attribut **N° Logement**. Nous obtenons donc l'entité **Logement** :

Logement
N° Logement
Nom immeuble
Adresse rue
Code postal
Ville
Nombre de pièces
Surface
Montant loyer

Application : Agri'Machine (*suite*)

Passez du graphe des dépendances fonctionnelles au modèle entité-association pour la société **Agri'Machine** :

C. Comment repérer les associations non porteuses de propriétés à partir du graphe des dépendances fonctionnelles ?

1. Règle 2 du passage du graphe des dépendances fonctionnelles au modèle entité-association

Une dépendance fonctionnelle entre deux attributs sources de dépendance fonctionnelle révèle une association non porteuse de propriété.

2. Exemple : Champs Pétrolifères Exploitation

1. L'entreprise **Champs Pétrolifères Exploitation** possède des puits de pétrole dans de nombreux pays. Chaque puits de pétrole est décrit de la manière suivante :

Champs Pétrolifères Exploitation	
Fiche Puits de pétrole	
Matricule du puits	: GG3
Nom du puits	: Golf de Guinée 3
Date d'ouverture du puits	: 01/06/2000
Volume du gisement (baril)	: 100 millions
Débit journalier (baril)	: 1 000
Code pays	: 72NA
Nom du pays	: Nigéria
Capitale du pays	: Abuja

1. Recherchez toutes les dépendances fonctionnelles existant entre ces attributs :

2. Établissez le graphe des dépendances fonctionnelles :

3. Le graphe des dépendances fonctionnelles révèle une dépendance fonctionnelle entre deux attributs sources de dépendance fonctionnelle **(Matricule du puits** et **Code pays)** :

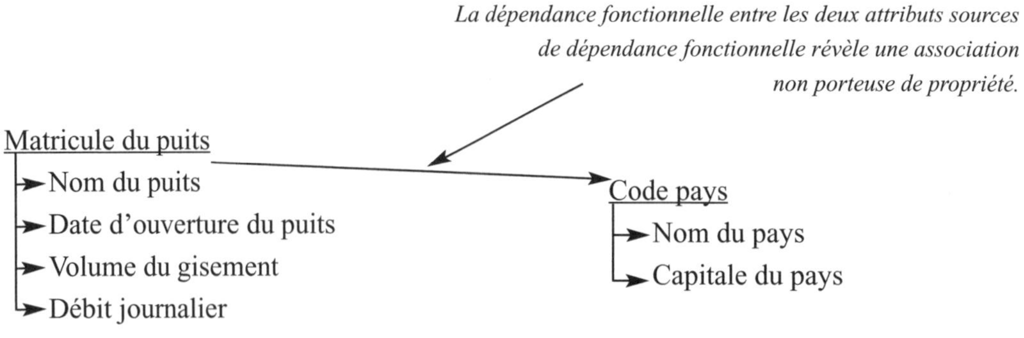

La dépendance fonctionnelle entre les deux attributs sources de dépendance fonctionnelle révèle une association non porteuse de propriété. Appliquons les règles 1 et 2 de passage du graphe de dépendance fonctionnelle au modèle entité-association :

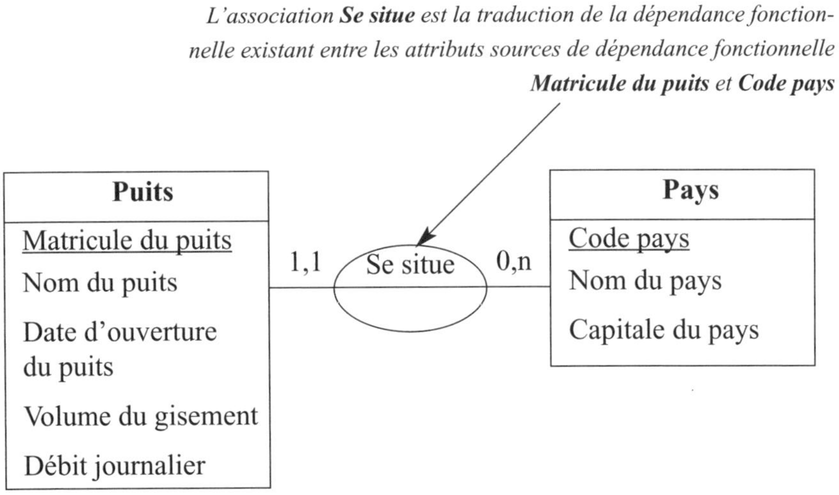

L'association **Se situe** ne possède pas de propriété. Elle est dite **association non porteuse de propriété**.

4. Justifiez les cardinalités de l'association **Se situe** :

Association	Entité	Cardinalités	Commentaire
Se situe	Puits	1, 1	....
	Pays	0, n	....

Application : Minoterie Tradition

L'entreprise **Minoterie Tradition** transforme les céréales, que lui fournissent des agriculteurs regroupés en coopérative, en farine. Un agriculteur ne cultive qu'une céréale et n'appartient qu'à une coopérative. Une céréale peut être produite par plusieurs agriculteurs. Sur un sac de céréales arrivé à la minoterie, l'étiquette suivante est collée :

Céréale		
Code céréale :	Nom céréale :	
Producteur		
N° agriculteur :	Nom agriculteur :	
Nom du village :	Code postal :	
Commune :		
Coopérative		
N° coopérative :	Nom coopérative :	
Adresse rue :	Code postal :	Ville :

1. Établissez la liste des dépendances fonctionnelles :

....

....

....

....

....

....

....

....

....

2. Établissez le graphe des dépendances fonctionnelles :

3. Établissez le modèle entité-association :

D. Comment repérer les associations porteuses de propriétés à partir du graphe des dépendances fonctionnelles ?

1. Règle 3 du passage du graphe des dépendances fonctionnelles au modèle entité-association

La présence d'un attribut concaténé dans un graphe des dépendances fonctionnelles révèle une **association porteuse de propriétés**.

Rappel : un attribut concaténé est un attribut composé de deux ou plusieurs attributs.

2. Exemple : Noémie

Noémie est une entreprise livrant à domicile des aliments pour chiens et chats. Elle a émis le bon de livraison suivant :

Noémie		Date : le 03/11/200. Bon de livraison n° 27311 Madame Eldin Lucie 8 cours Aristide Briand
Code client : EL84		84100 ORANGE
Réf. article	**Désignation**	**Quantité livrée**
CP01	Croquettes de poisson	10
ACB02	Ali Chien BIO	5

1. Complétez la liste des dépendances fonctionnelles suivantes :

....

....

....

....

....

....

....

....

....

N° BL + Réf. article ⟶ Quantité livrée

*Pour rompre l'isolement de la propriété **Quantité livrée** qui n'est ni source de dépendance fonctionnelle, ni but d'une dépendance fonctionnelle, il faut créer une propriété concaténée.*

Propriété isolée qui n'est ni source, ni but d'une dépendance fonctionnelle.

2. La dépendance fonctionnelle entre l'attribut concaténé **N° BL + Réf. article** et l'attribut **Quantité livrée** se lit ainsi : connaissant une valeur de l'attribut **N° BL** et une valeur de l'attribut **Réf. article** on connaît <u>une valeur et une seule</u> de l'attribut **Quantité livrée** :

N° BL + Réf. article ⟶ **Quantité livrée**

27311 + CP01 ⟶ 10

27311 + ACB02 ⟶ 5

- Connaissant le numéro du bon de livraison, pouvait-on obtenir la quantité commandée ? Pourquoi ?

  ....

- Connaissant le code du client, pouvait-on obtenir la quantité commandée ? Pourquoi ?

  ....

  ....

  ....

  ....

- Connaissant la référence de l'article, pouvait-on obtenir la quantité commandée ? Pourquoi ?

  ....

  ....

  ....

  ....

3. Pour représenter un attribut concaténé dans le graphe des dépendances fonctionnelles, il faut procéder comme suit :

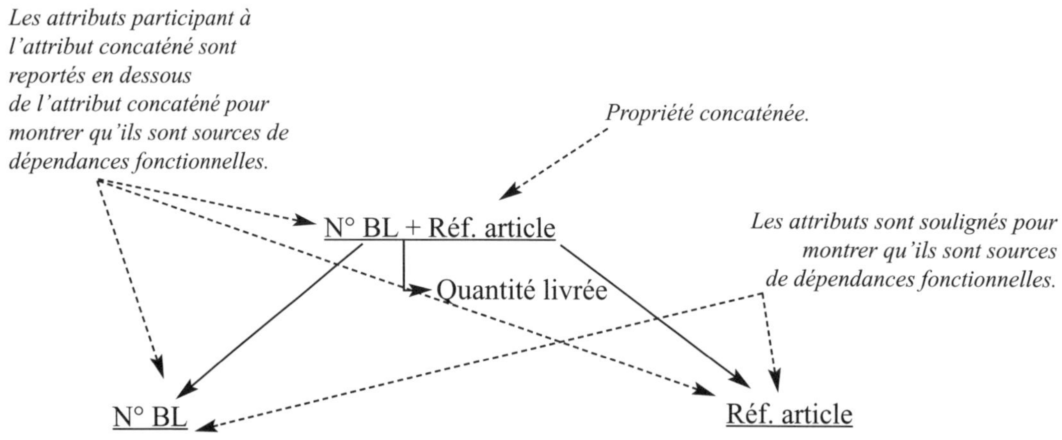

4. Complétez le graphe ci-dessus.

5. Nous avons dit ci-dessus qu'un attribut concaténé révèle une association porteuse de propriétés. Dans notre exemple, la propriété concaténée est représentée ainsi dans le modèle entité-association :

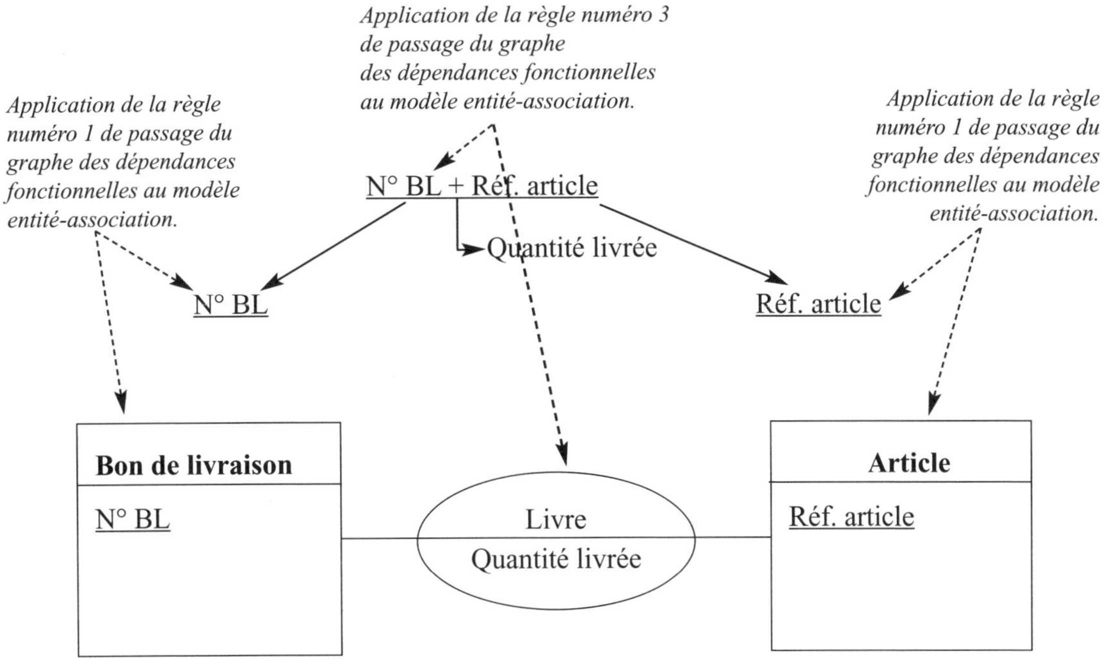

6. Rappelez les règles 1 et 2 de passage du graphe des dépendances fonctionnelles au modèle entité-association et terminez le modèle entité-association en indiquant les cardinalités :

....

....

....

....

....

7. Justifiez les cardinalités suivantes :

Association	Entités	Cardinalités	Commentaire
Livre	Bon de livraison	1, n	....
	Réf. article	0, n	....

Application : Marine'Moteurs

La société Marine'Moteurs adresse la facture suivante (*extrait*) à son client Richard Rimsky pour son trimaran :

Marine'Moteurs Facture n° MAM8015
Doit
Monsieur Richard RIMSKY
4 boulevard Frédéric Mistral
13700 MARIGNANE

N° client : RIM009
Code catégorie client : E01
Nom catégorie : Entreprise le 26/01/200.

Réf. article	**Libellé**	**Quantité facturée**
DR05	Drisse	5
CA02	Cabestan	1
FO08	Foc	1

1. Recherchez tous les attributs dans ce document :

....
....
....
....
....
....
....
....

2. Recherchez toutes les dépendances fonctionnelles entre les attributs :

....
....
....
....
....
....
....
....
....
....
....
....
....
....
....

3. Établissez le graphe des dépendances fonctionnelles :

4. Établissez le modèle entité-association :

III. Comment rechercher les dépendances fonctionnelles élémentaires directes ?

Lorsqu'on établit la liste des dépendances fonctionnelles, des attributs sources sont parfois superflus ou des dépendances fonctionnelles sont redondantes. Nous allons apprendre dans cette section à les repérer.

A. Rechercher les dépendances fonctionnelles élémentaires

À retenir !

Une dépendance fonctionnelle est **élémentaire**, lorsqu'aucune partie de l'attribut source n'est source de dépendance fonctionnelle sur l'attribut but.

1. Définition

Une dépendance fonctionnelle est **élémentaire**, lorsqu'aucune partie de l'attribut source n'est source de dépendance fonctionnelle sur l'attribut but.

2. Exemple : Photo'Presse

Dans l'entreprise **Photo'Presse**, on observe la dépendance fonctionnelle suivante :

N° client + Nom du client ⟶ Adresse du client

La dépendance fonctionnelle ci-dessus n'est pas élémentaire. Une partie de l'attribut **N° client + Nom du client** est source de dépendance fonctionnelle. L'attribut **N° client** permet de trouver l'adresse du client. L'attribut **Nom du client** est donc superflu :

N° Client + ~~Nom du client~~ ⟶ Adresse du client

Pour connaître l'adresse du client, il suffit de connaître le numéro du client.

N° Client ⟶ Adresse du client

Dépendance fonctionnelle élémentaire.

Application : Mareyeurs du Cotentin

Dans l'entreprise **Mareyeurs du Cotentin**, on observe les dépendances fonctionnelles suivantes :

N° facture + Référence crustacé ⟶ Quantité facturée
Référence crustacé + Nom de la catégorie du crustacé ⟶ Prix
Code Fournisseur + N° Facture ⟶ Montant de la facture
N° commande + Date de commande ⟶ Nom du client

- Recherchez les anomalies éventuelles dans les dépendances fonctionnelles ci-dessus et dressez la liste des dépendances fonctionnelles élémentaires de l'entreprise **Mareyeurs du Cotentin**.

....
....
....
....
....
....
....

B. Rechercher les dépendances fonctionnelles élémentaires directes

1. Définition

Il y a **dépendance fonctionnelle élémentaire directe** entre deux attributs lorsqu'il n'y a aucun attribut intermédiaire entre ces attributs.

À retenir !

Il y a dépendance fonctionnelle élémentaire directe entre deux attributs lorsqu'il n'y a aucun attribut intermédiaire entre ces attributs.

2. Exemple : Parapente'Loisirs

Dans l'entreprise **Parapente'Loisirs**, on observe les dépendances fonctionnelles suivantes :

N° stage ⟶ N° moniteur

N° stage ⟶ Nom moniteur

N° moniteur ⟶ Nom moniteur

La dépendance fonctionnelle **N° stage ⟶ Nom moniteur** n'est pas directe. En effct, nous avons un attribut intermédiaire, **N° moniteur** entre ces deux attributs :

N° stage ⟶ N° moniteur ⟶ Nom moniteur

Aussi la dépendance fonctionnelle N° stage ⟶ Nom moniteur est superflue. Il faut la supprimer :

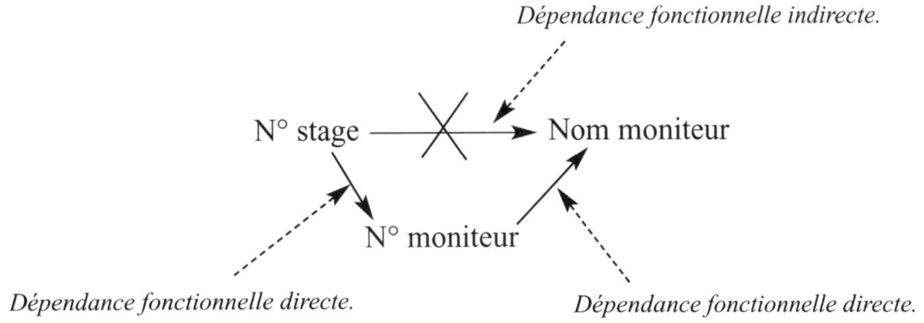

Application 1 : Art'Verrerie

Dans l'entreprise **Art'Verrerie**, on observe les dépendances fonctionnelles suivantes :

N° atelier ⟶ Effectif de l'atelier

N° souffleur ⟶ Effectif de l'atelier

N° souffleur ⟶ N° atelier

N° atelier ⟶ Nom du chef d'atelier

N° souffleur ⟶ Nom du chef d'atelier

- Dressez la liste des dépendances fonctionnelles élémentaires directes :

....

....

....

....

....

....

Application 2 : Paris Haute Couture

Dans l'entreprise **Paris Haute Couture**, on vous communique les règles suivantes. La présence de plusieurs mannequins peut être facturée sur la même facture. Il y a un taux horaire par catégorie de mannequin. Les dépendances fonctionnelles suivantes sont observées :

N° mannequin ⟶ N° agence de mannequins

N° mannequin + Nom mannequin ⟶ N° téléphone d'un mannequin

N° mannequin ⟶ Nom du directeur de l'agence de mannequins

N° facture + N° mannequin ⟶ Nombre d'heures de présence du mannequin

N° mannequin + N° catégorie mannequin ⟶ Taux horaire du mannequin

N° mannequin ⟶ Adresse de l'agence de mannequins

N° agence de mannequins ⟶ Nom du directeur de l'agence de mannequins

- Dressez la liste des dépendances fonctionnelles élémentaires directes :

....

....

....

....

....

Conseil pédagogique

Il sera possible, en première année, de passer directement au chapitre 26, afin de montrer aux élèves comment passer du mode conceptuel au modèle logique, dans des cas simples.

Quelques questions à un(e) futur(e) professionnel(le)...

1. Qu'est-ce qu'une dépendance fonctionnelle ?

....

....

2. Qu'est-ce qu'un attribut source de dépendance fonctionnelle ?

....

....

3. Qu'est-ce qu'un attribut but d'une dépendance fonctionnelle ?

....

....

4. Qu'est-ce qu'un graphe des dépendances fonctionnelles ?

....

....

5. Indiquez les trois règles de passage du graphe de dépendances fonctionnelles au modèle entité-association :

....

....

....

....

6. Qu'est-ce qu'un attribut concaténé ?

....

....

7. Qu'est-ce qu'une dépendance fonctionnelle élémentaire ?

....

....

8. Qu'est-ce qu'une dépendance fonctionnelle élémentaire directe ?

....

Applications de synthèse

Application n° 1 : Œnologie'Laboratoire

L'entreprise **Œnologie'Laboratoire** est chargée d'analyser et d'évaluer les vins produits par différentes régions de France. On relève dans cette entreprise les documents suivants :

Tableau des vins à analyser

N° du vin	Vin	AOC [1]	Propriétaire récoltant	Cépage [2] Merlot	Cépage Cabernet blanc	Cépage Cabernet Sauvignon	Température de consommation du vin
VB001	Château Planteit	Bordeaux	Sallet	50 %	30 %	20 %	17°
VB002	Château Margon	Bordeaux	Midy	45 %	25 %	30 %	16°

1. AOC : Appellation d'origine contrôlée. Nom donné au lieu d'origine d'un produit. Les conditions de productions de ce produit sont strictements contrôlées.
2. Cépage : plant de vigne. Merlot, Cabernet... sont des catégories de plants de vigne.

Propriétaire récoltant

N° propriétaire	: 5
Nom	: SALLET
Prénom	: Yves
Commune	: AVEYRES
Code postal	: 33500
Bureau distributeur	: LIBOURNE

1. Établissez la liste des attributs :

....

....

....

....

2. Établissez le graphe des dépendances fonctionnelles :

3. Établissez le modèle entité-association :

Application n° 2 : Planète des arbres

L'association **Planète des arbres** regroupe plusieurs arboretums dispersés en France. On observe les documents suivants dans l'association :

Code	Arbre	Durée de vie	Continent[1]	Botaniste[2] spécialisé
CV01	Chêne vert	250 ans	Europe	Delile
EJ05	Érable du Japon	200 ans	Asie	Eveno

1. On ne mentionne qu'un seul continent : celui où l'arbre est principalement observé.
2. Pour un arbre, il y a un seul spécialiste. Un botaniste peut néanmoins s'occuper d'autres arbres.

Arboretum de Nogent-sur-Vernon
Ouvert tous les jours de 10 h à 18 heures du 15 avril au 15 novembre
Tarif*
Adulte : 4,00 €
Enfant : 2,00 €
Age d'or : 2,50 €
Famille : 6,00 €

* Les arboretums ont des tarifs différents.

Fiche botaniste
208*
Delile Anne
Maître de conférence à Paris VII
Attachée à l'arboretum de Nogent-sur-Vernon

* code du botaniste.

Table des continents

Code continent	Nom continent
01	Europe
02	Asie
…	…

Inventaire des espèces

N° arboretum	Arboretum	Arbre	Quantité
NV01	Nogent-sur-Vernon	Chêne vert	30
BA15	Barrot	Érable du Japon	5
BA15	Barrot	Chêne vert	15

Un botaniste travaille dans un seul arboretum.

1. Établissez la liste des attributs :

....

....

2. Établissez le graphe des dépendances fonctionnelles :

3. Établissez le modèle entité-association :

Compétence

19 Comment établir les dépendances fonctionnelles entre les attributs : les cas particuliers

Conseil pédagogique : Les chapitres 19 à 25 pourront être étudiés en seconde année.

Éléments du programme traités

Compétence technique

- Interpréter et compléter les schémas représentant une organisation des données

Objectifs à atteindre

- Comment représenter le temps dans le modèle entité-association ?
- Qu'est-ce qu'une entité dépendante ?
- Comment repérer les pseudo-entités ?
- Comment repérer les sous-ensembles d'entité ?

Mots-clés

agrégation d'entités - attributs temps - entité dépendante - entité générique - entité spécifique - généralisation spécialisation - pseudo-entité - sous-ensembles d'entité

Connaître le contexte professionnel du dossier

Il est possible d'affiner un modèle entité-association en mettant en valeur certaines situations telles que les entités dépendantes, des pseudo-entités ou les sous-ensembles d'entités. Comment repérer ces situations ? Quel est l'apport de ces modélisations tels seront les thèmes abordés dans ce dossier.

I. Comment représenter le temps dans le modèle entité-association ?

A. Repérer les attributs Temps

1. Les attributs Date et Heure

Les attributs **Date** et **Heure** représentent le temps dans les modèles de données. Parfois, ces attributs sont sources de dépendance fonctionnelle. Dans ce cas, une entité représentant le temps apparaît. D'autres fois, ils sont buts d'une dépendance fonctionnelle.

2. Exemple : Loc'Montagne

L'agence immobilière **Loc'Montagne** loue des appartements dans des stations de ski, aux tarifs suivants pour une semaine :

	01/12	20/12	10/12	15/03
2 pièces	458 €	686 €	762 €	686 €
3 pièces	762 €	990 €	1 143 €	838 €

Relevons les attributs :

- Date de location
- Type de logement
- Montant de la location

Pour connaître le montant d'une location, il faut connaître le type de logement et la date de location.

Type de logement + Date de location ⟶ Montant de la location

Établissons le graphe des dépendances fonctionnelles :

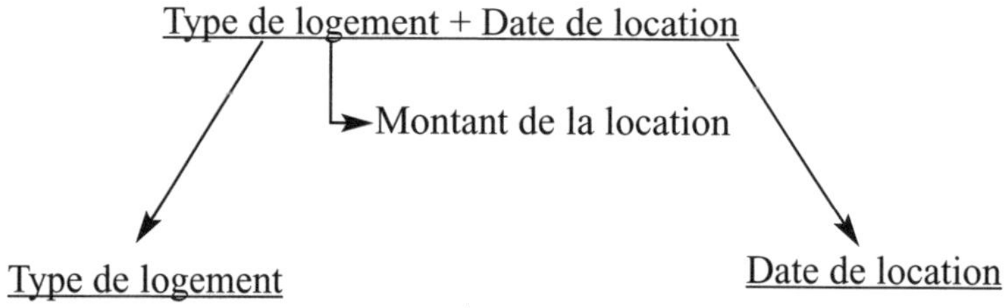

Établissons le modèle entité-association :

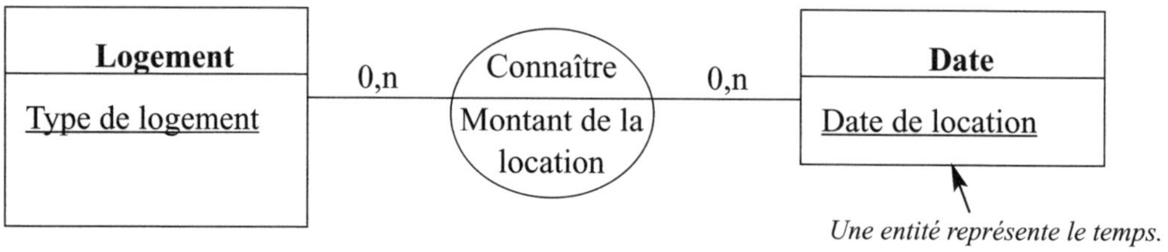

Application : La Dernière Séance

Le cinéma **La Dernière Séance** présente ses tarifs :

	Lundi	Mardi	Mercredi	Jeudi	Vendredi	Samedi	Dimanche
11 h	4,50 €	4,50 €	4,50 €	4,50 €	4,50 €	4,50 €	4,50 €
Avant 19 h	5,50 €	5,50 €	5,50 €	5,50 €	5,50 €	7,00 €	7,00 €
Après 19 h	6,00 €	7,00 €	7,00 €	7,00 €	7,00 €	7,00 €	7,00 €

1. Établissez la liste des attributs :

....

....

....

2. Établissez le graphe des dépendances fonctionnelles :

3. Établissez le modèle entité-association :

II. Comment repérer une entité dépendante ?

A. Qu'est-ce qu'une entité dépendante ?

1. Définition

Une **entité dépendante** est une entité dont les occurrences n'existent que par rapport aux occurrences d'une autre entité. On parle dans ce cas de contrainte d'identification.

2. Exemple : Camping européen

Le **Camping européen** est une chaîne de terrains de camping quatre étoiles implantée dans toute l'Europe.

Les clients peuvent réserver de n'importe où un emplacement dans les terrains de camping affiliés à la chaîne.

Chaque emplacement dans un terrain de camping est identifié par un numéro d'ordre allant de 1 à 500 (taille maximale des campings affiliés à la chaîne).

Pour distinguer chaque emplacement, il faut donc ajouter, au numéro de l'emplacement, le code d'identification du terrain de camping. Nous aurons par exemple :

Code identifiant le camping. *Numéro d'ordre dans le camping.*

LMD005 Emplacement n° 5 au camping Le Mont-Dore (France).

GEN005 Emplacement n° 5 au camping de Gênes (Italie)

*La présence de plusieurs numéros d'ordres identiques empêche que l'entité **Emplacement** soit indépendante.*

L'entité **Emplacement** ne peut exister par elle-même dans l'entreprise **Le Camping européen**. Elle dépend de l'entité **Camping**. L'entité **Emplacement** est un sous-ensemble de l'entité **Camping**. On parle dans ce cas d'entité dépendante. On peut modéliser cette situation de la manière suivante :

À retenir !

Un identifiant est relatif lorsqu'une partie cet identifiant figure dans une autre entité.

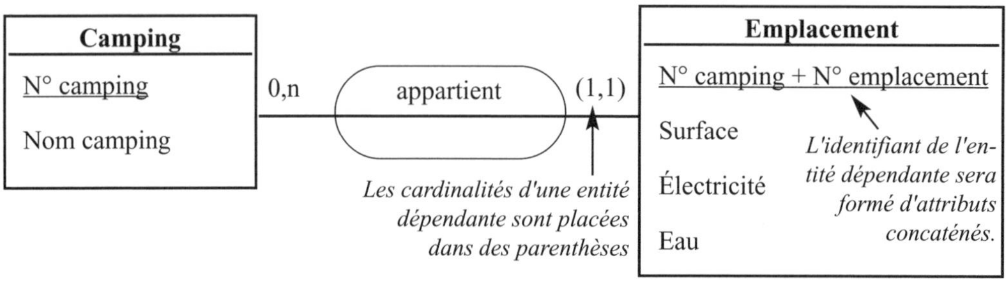

Numéro de camping + Numéro emplacement est un **identifiant relatif**. Cela signifie qu'une partie de l'identifiant relatif est constitué d'un attribut appartenant à une autre entité.

Effectivement, dans notre exemple, l'attribut **Numéro camping** appartient à l'entité **Camping**. On parle dans ce cas d'entité faible ou d'entité relative..

Application : Vidéo'Loc

L'entreprise **Vidéo'Loc** loue à ses abonnés des cassettes vidéo. On note dans ses fiches de stock les informations suivantes :

Code du film	Nom du film	Réalisateur	Nbre d'exemplaires	Date d'acquisition	Éditeur
LV1	Les Visiteurs 1	Poiré	12	1997	Médiapro
LV1	Les Visiteurs 1	Poiré	18	1998	Vid'Pro
SC1	Scream 1	Craven	10	1998	Vid'Pro
SC2	Scream 2	Craven	15	1999	Médiapro
SC2	Scream 2	Craven	32	2000	Vid'Pro
LV2	Les Visiteurs 2	Poiré	20	1999	Vid'Pro
SC3	Scream 3	Craven	19	2000	Vid'Pro

Le nombre d'exemplaires d'un même film n'excède pas 100. Les exemplaires d'un même film peuvent donc être identifiés par les nombres 1 à 100.

1. Proposez aux dirigeants de l'entreprise, un système de codification des cassettes permettant d'identifier chaque exemplaire des cassettes mis en location :

....

2. Modélisez cette situation :

3. Quelle est l'entité dépendante ?

....

III. Comment repérer les pseudo-entités (ou agrégation d'entités) ?

A. Qu'est-ce qu'une pseudo-entité ?

Une **pseudo-entité** est un groupe d'entités qui a un lien avec une autre entité. L'expression **pseudo** est retenue car l'une des entités de l'association n'est pas une vraie entité mais un groupe d'entités. On parle aussi d'agrégation d'entités. Une pseudo-entité se présente ainsi :

À retenir !
Une **pseudo-entité** est un groupe d'entités qui a un lien avec une autre entité.

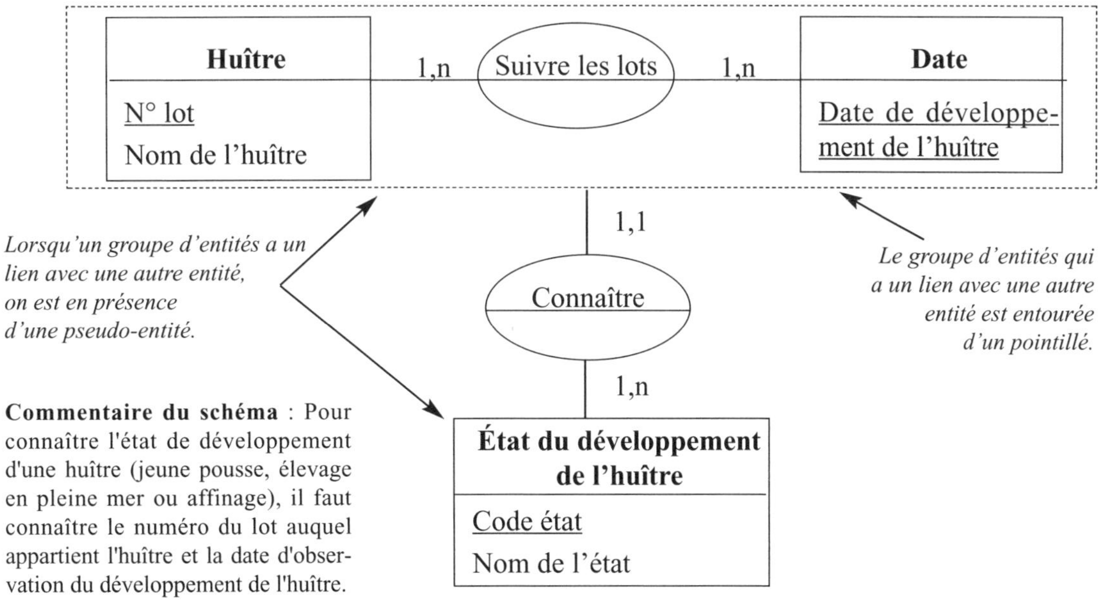

Commentaire du schéma : Pour connaître l'état de développement d'une huître (jeune pousse, élevage en pleine mer ou affinage), il faut connaître le numéro du lot auquel appartient l'huître et la date d'observation du développement de l'huître.

B. Comment repérer une pseudo-entité ?

Lorsqu'il y a une dépendance fonctionnelle entre au moins deux attributs sources de dépendance fonctionnelle et un troisième attribut source lui-même de dépendance fonctionnelle, il y a une pseudo-entité.

Exemple : Les Ostréiculteurs de l'Atlantique

Dans l'entreprise **Les Ostréiculteurs de l'Atlantique**, on relève les documents suivants :

Fiche du suivi de développement des huîtres			
N° lot	**Nom de l'huître**	**Date début phase de dév.**	**État de dév. de l'huître**
FC01	Fine claire	01/06/2002	Pousse
BE01	Belon	01/09/2002	Pousse
FC01	Fine claire	01/01/2004	Élevage en pleine mer
BE01	Belon	01/03/2004	Élevage en pleine mer
FC01	Fine claire	01/01/2005	Affinage

Fiche des états de développement des huîtres	
ED01	Pousse
ED02	Élevage pleine mer
ED03	Affinage

Lorsqu'elle se reproduit, l'huître abandonne à la mer ses œufs qui se fixent sur des collecteurs. Au bout de 18 mois, l'œuf est devenu une petite huître (la pousse). Celle-ci est alors placée en pleine mer (élevage) pendant 12 mois, puis affinée (2 mois). L'entreprise veut connaître, en fonction de la date et du numéro de lot, l'état de développement de l'huître.

Repérons les attributs :

N° lot – Nom de l'huître – Date du développement de l'huître – Code de l'état du développement de l'huître – Nom de l'état du développement de l'huître.

Repérons les dépendances fonctionnelles simples :

N° lot ⟶ Nom de l'huître

Code de l'état du développement de l'huître ⟶ Nom de l'état du développement de l'huître

Repérons la pseudo-entité :

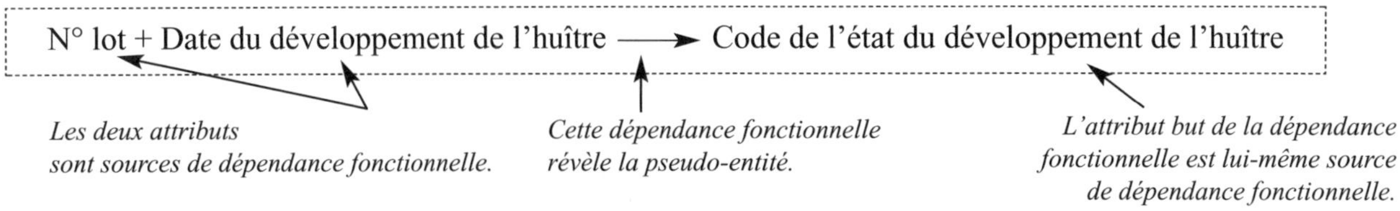

Établissons le graphe des dépendances fonctionnelles :

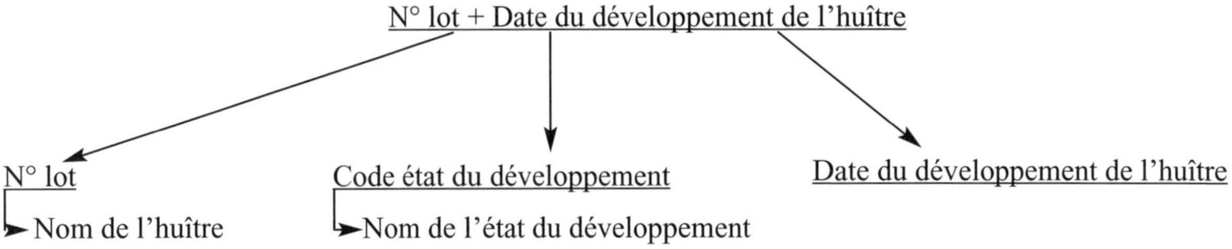

Établissons le modèle entité-association :

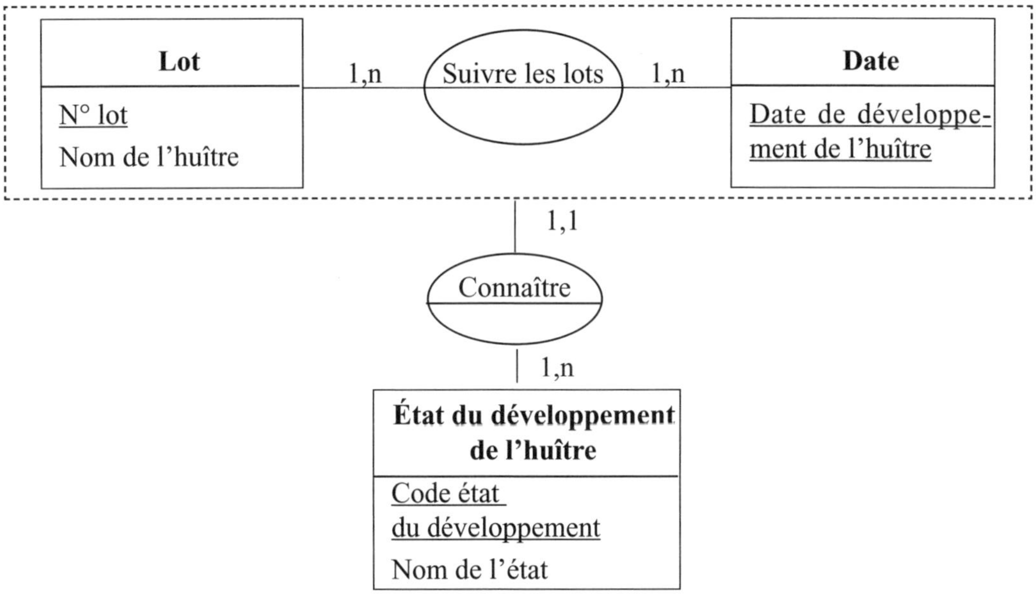

Application : Clinic'Parquet

Clinic'Parquet est une entreprise posant et réparant tous les types de parquet. Ceux-ci sont décrits par une référence, un nom et un prix. Elle dispose dans la région de Brest de plusieurs entrepôts de vente. Un entrepôt est défini par un numéro d'entrepôt, un nom et une adresse.

Chaque entrepôt est divisé en aires de stockage. Celles-ci sont identifiées par un numéro d'ordre. On peut retrouver le même numéro d'ordre dans plusieurs entrepôts différents.

L'aire de stockage ne contient qu'une seule référence de parquet à la fois et réciproquement. Il n'y a donc qu'une quantité en stock par aire de stockage.

Lorsqu'un client souhaite une référence de parquet et que celle-ci n'est pas disponible dans un entrepôt, le vendeur doit pouvoir, à partir de la référence du parquet et du numéro de l'entrepôt, connaître l'aire de stockage pour la référence souhaitée et la quantité en stock dans un autre entrepôt. Modélisez cette situation :

IV. Les sous-ensembles d'entité (ou généralisation/spécialisation des entités)

A. Comment repérer les sous-ensembles d'entité ?

1. Définition

Un **sous-ensemble** d'entité est un groupe d'occurrences d'entité ayant des propriétés et/ou des associations spécifiques. Le repérage d'un sous-ensemble d'entités permet d'éviter des informations répétitives et donc de gagner de la place sur les disques durs de l'organisation.

À retenir !
Un **sous-ensemble d'entité** est un groupe d'occurrences d'entité ayant des propriétés et/ou des associations spécifiques.

2. Exemple : Le Petit Ramoneur

L'entreprise **Le Petit Ramoneur** nettoye les cheminées des particuliers, des immeubles d'habitation ou d'affaires et des usines. Les clients sont identifiés par un numéro, un nom, une adresse rue, un code postal et une ville. Pour les clients Particuliers on précise si le foyer de la cheminée est fermé ou non. Le type de combustible utilisé et le nombre de cheminées à ramoner sont recensés pour les immeubles. En ce qui concerne les usines, l'activité de l'usine et l'adresse de facturation sont précisées. De plus, les immeubles doivent faire l'objet de visites régulières d'organismes de sécurité. Ceux-ci sont identifiés par un code, un nom, une adresse. La date de la dernière visite de l'organisme effectuée doit être aussi insérée dans la base d'informations de l'entreprise Le Petit Ramoneur.

1. Recherchez dans ce texte, les attributs communs à tous les clients :

....

2. Recherchez dans le texte ci-dessus, les attributs spécifiques à chaque catégorie de clients :

Remarque : il serait possible de faire un graphe des dépendances fonctionnelles. Celui-ci présenterait peu d'intérêt. Beaucoup de dépendances fonctionnelles seraient, par exemple, pour une catégorie de clients, sans objet car trop spécifiques à cette catégorie de clients. Ainsi, un particulier n'est pas concerné par l'attribut **Activité de l'usine**.

Il est donc préférable de passer directement au modèle entité-association, de rassembler dans une **entité générique** (générale) les attributs communs à toutes les occurrences de l'entité et dans des **entités spécifiques** (ou spécialisées) d'indiquer les attributs particuliers à chaque catégorie de clients :

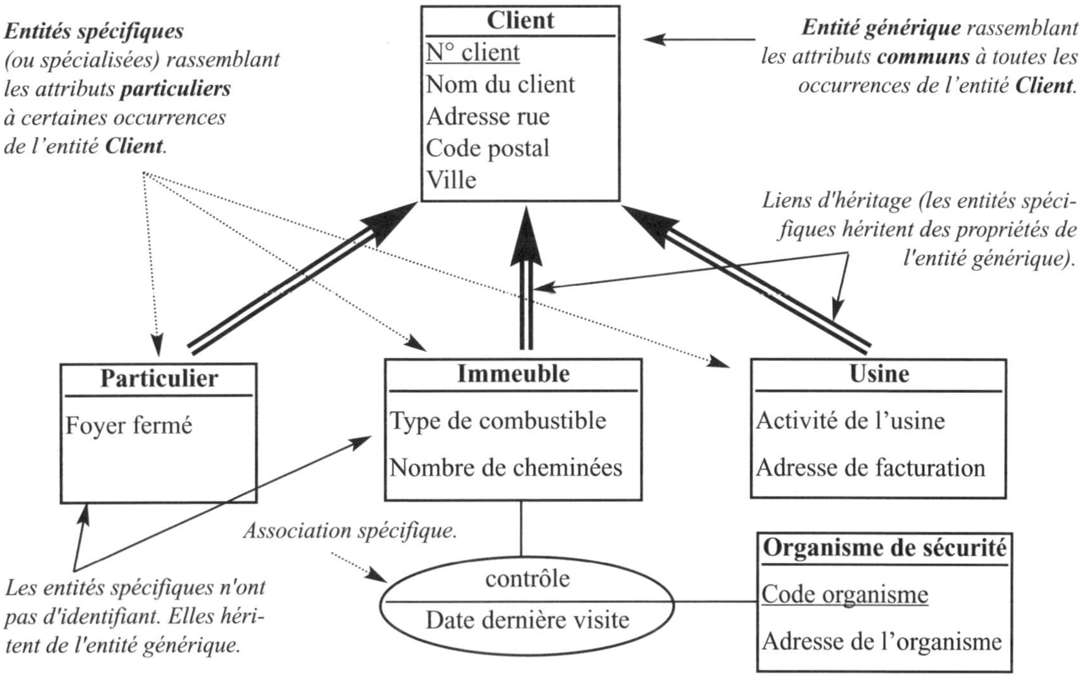

Remarque

L'entité spécialisée **Immeuble** se justifie par la présence d'attributs spécifiques et d'une association spécifique (Contrôle).

L'éclatement d'une entité en plusieurs sous-entités s'appelle une **généralisation spécialisation** des entités.

Application : Tous les Véhicules

L'entreprise **Tous les Véhicules** commercialise des véhicules à combustible fossile (essence, gazole, GPL...), électrique ou hybride (électrique et combustible fossile).

Les véhicules sont décrits par un numéro de moteur, un nom de modèle et de constructeur un prix de vente.

Pour les véhicules à combustible fossile, on précise le nom du combustible, le nombre des chevaux. Le type de batterie, l'autonomie et la vitesse maximale des véhicules électriques sont précisés. Pour les véhicules hybrides, le combustible fossile complémentaire est indiqué.

Les véhicules à combustible fossile doivent faire l'objet d'un contrôle sur le niveau de pollution généré par ces véhicules. Ce contrôle doit être effectué par un organisme habilité. Celui-ci est identifié par un code et un nom. La date du dernier Contrôle effectué doit être conservée.

- Concevez le modèle entité-association de l'entreprise **Tous les Véhicules** :

Quelques questions à un(e) futur(e) professionnel(le)...

1. Quel est l'intérêt des entités temporelles ?
2. Qu'est-ce qu'une entité dépendante ?
3. Pourquoi parle-t-on de pseudo-entité ?
4. Comment repère-t-on une pseudo-entité ?
5. Qu'est-ce qu'un sous-ensemble d'entité ?
6. Comment crée-t-on un sous-ensemble d'entité ?
7. Quand parle-t-on de généralisation/ spécialisation des entités :
8. Qu'est-ce qu'une entité générique ?
9. Qu'est-ce qu'une entité spécifique ?
10. Qu'est-ce qu'une association spécifique ?

Application de synthèse

Application n° 1 : Black Jack sur Internet

La société **Black Jack sur Internet** dirige un casino virtuel sur Internet. À partir de leur ordinateur, les joueurs effectuent, en direct, des mises (somme d'argent) sur différents jeux. Les gains ou les pertes sont versés ou prélevés sur leur compte bancaire. Pour adapter l'offre des jeux à la demande, la société Black Jack souhaite suivre chronologiquement l'activité des joueurs. Elle souhaite en particulier savoir à tout instant sur quel jeu un joueur a effectué des mises. Elle tient pour cela les tableaux suivants :

Jeux pratiqués par les joueurs			
Joueur	**Date**	**Heure**	**Jeu pratiqué**
Léa Reis	15/01/200.	20 h 15	Roulette française
Basile Chabin	15/01/200.	20 h 20	Baccarat
Léa Reis	15/01/200.	20 h 30	Black jack
Boris Filin	15/01/200.	20 h 35	Punto banco

Joueur
Code joueur : LR01
Nom : Reis
Prénom : Léa
Domicile : Paris

Jeux	
N° jeu	RA01
Nom du jeu	Roulette anglaise
Mise min.	1 €
Mise max.	30 €

1. Établissez la liste des attributs :

....

....

....

....

2. Établissez le graphe des dépendances fonctionnelles :

3. Établissez le modèle entité-association :

Application n° 2 : L'Interprète de conférence

L'entreprise **L'Interprète de conférence** fournit pour les manifestations internationales, des interprètes et du matériel de traduction (microphones, écouteurs...). Les clients sont :

- soit des organismes privés et dans ce cas, on précise la forme juridique de l'organisme et les garanties financières dont ils disposent,
- soit des organismes publics et on indique, dans cette situation, le type d'organisme (ministère, organisme international...) et son mode de financement.

Pour chaque manifestation, le client indique ses dates de début et de fin de la manifestation, les langues qui devront être traduites et le volume d'heures de traduction pour chaque langue. Une manifestation est organisée par un seul client. Pour une manifestation et une langue, un interprète et un seul est affecté. Un interprète traduit plusieurs langues.

L'entreprise **L'Interprète de Conférence** veut connaître à tout instant l'état de réservation de son matériel. Un matériel est réservé, à une date donnée, pour une manifestation précise. Certains clients ayant du matériel de traduction, toutes les manifestations n'utilisent pas du matériel de l'entreprise **L'Interprète de Conférence**.

Soit la liste des attributs classés, dans un ordre alphabétique, manipulés par l'entreprise **L'Interprète de Conférence** :

Adresse rue client Adr. rue interprète Catégorie de matériel Code catégorie de matériel Code langue Code postal client C. postal interprète	Date de réservation Date début manifestation Date fin manifestation État réservation du matériel Forme juridique	Garantie financière Mode de financement N° client N° interprète N° manifestation N° matériel Nom client	Nom interprète Nom langue Nom manifestation Nom matériel Type d'organisme Ville client Ville interprète Volume d'heures

1. Établissez le graphe des dépendances fonctionnelles :

2. Établissez le modèle entité-association :

Compétence

20 Comment représenter les contraintes liées aux entités et aux associations ?

Éléments du programme traités

Compétence technique

- Interpréter et compléter les schémas représentant une organisation des données

Objectifs à atteindre

- Rechercher les compléments d'informations des occurrences des entités génériques dans les entités spécifiques
- Appliquer les contraintes de couverture et de disjonction aux associations
- Comment repérer les sous-ensembles d'association ?

Mots-clés

contrainte - contrainte de couverture - contrainte de disjonction - contrainte de partition - contrainte de totalité - contrainte d'exclusion - entité pivot - sous-ensembles d'association

Connaître le contexte professionnel du dossier

Au chapitre précédent, nous avions procédé à une généralisation/spécialisation des attributs d'une entité. Les attributs communs ont été rassemblés dans une entité commune (générique). Les attributs particuliers ont été placés dans des entités spécifiques.

Il faut vérifier, maintenant, que toute occurrence de l'entité générique trouve son complément d'information dans une entité spécifiques et une seule. La nécessité d'avoir une occurrence complémentaire dans les entités spécifiques s'appelle une **contrainte**.

L'étude de ces contraintes permet de vérifier qu'il ne manque pas d'entités spécifiques et que celles qui sont créées, sont justifiées.

I. Rechercher les compléments d'information des occurrences des entités génériques dans les entités spécifiques

Lorsqu'on est en présence d'entités spécifiques (ou spécialisées), il faut se demander si :

- une occurrence de l'entité générique trouve son complément d'information dans **au moins** une entité spécifique (on parle de **contrainte de couverture** [... de l'entité générique par les entités spécifiques]),
- une occurrence de l'entité générique trouve son complément d'information dans **une seule** entité spécifique (**contrainte de disjonction** [séparation] des occurrences des entités spécifiques).

A. Qu'est-ce qu'une contrainte ?

À retenir !

Une **contrainte** est une règle que doivent respecter les occurrences d'une entité générique.

1. Définition

Une **contrainte** est une règle que doivent respecter les occurrences d'une entité générique.

2. Exemple

Une occurrence de l'entité générique trouve son complément d'information dans au moins une entité spécifique.

B. Quel est l'intérêt des contraintes ?

L'étude des contraintes permet de vérifier que les entités spécifiques qui ont été créées dans le modèle sont justifiées.

C. Contrainte de couverture (ou règle de spécialisation obligatoire)

1. Définition

Toute occurrence de l'entité générique doit avoir son complément d'information dans **au moins** une entité spécifique.

2. Exemple de couverture

Reprenons le cas de l'entreprise **Le Petit Ramoneur**. Toute occurrence de l'entité générique **Client** trouve son complément d'informations dans au moins une des entités spécifiques :

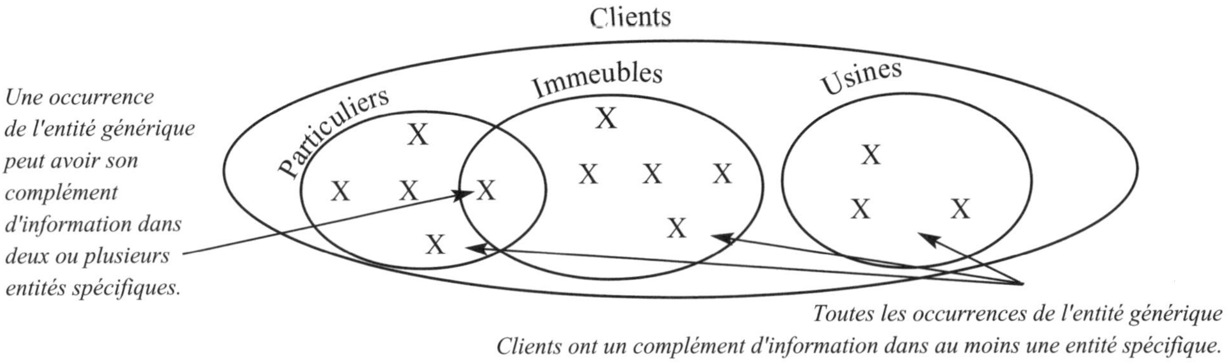

3. Exemple de non couverture

Dans l'entreprise **Roissy Transitaire**, le modèle de données suivant a été obtenu :

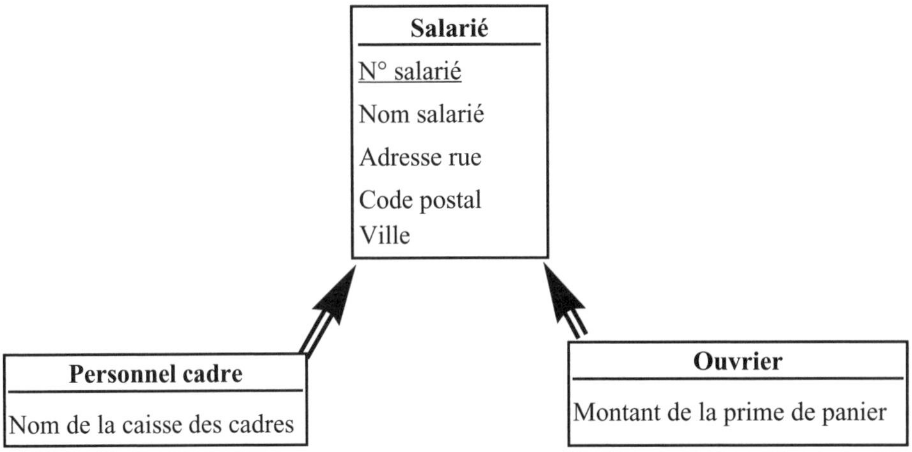

Toutes les occurrences de l'entité **Salarié** n'ont pas leur complément d'information dans les entités spécifiques **Personnel cadre** et **Ouvrier**. Les employés administratifs et commerciaux, par exemple, ne sont pas représentés :

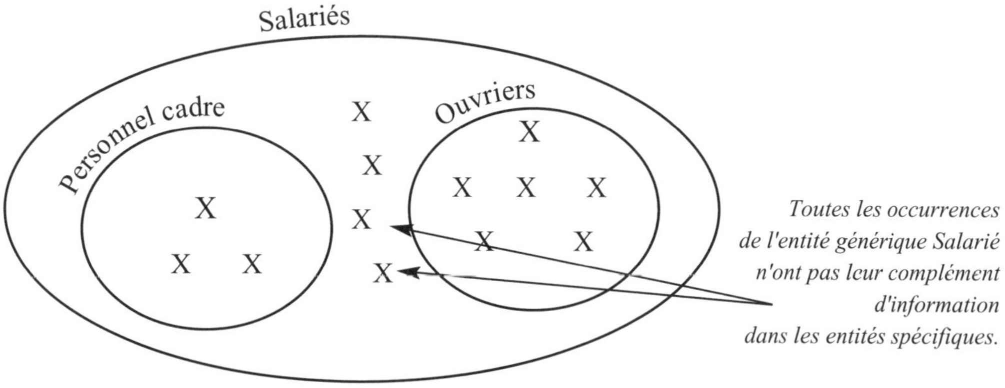

Pour obtenir une couverture, il faut créer, par exemple, les entités spécifiques suivantes :

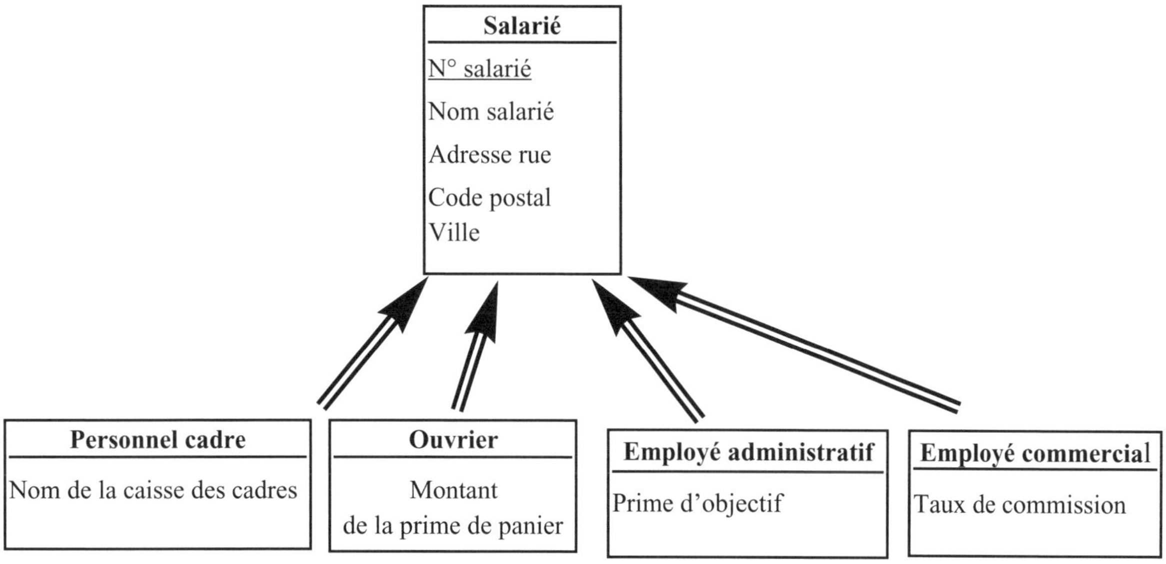

Sous forme ensembliste, nous obtenons donc la couverture suivante :

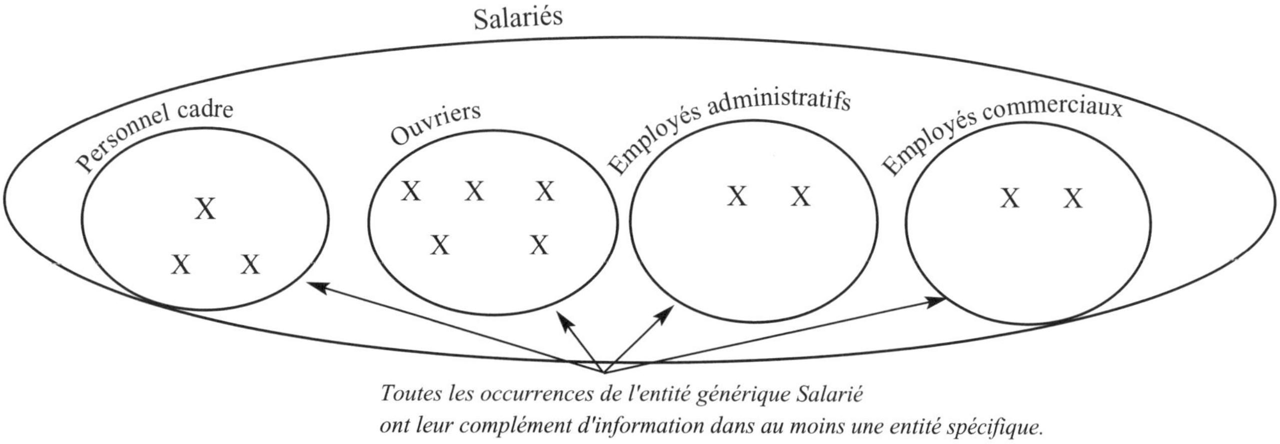

4. Quel est l'intérêt de la contrainte de couverture ?

Elle permet de vérifier que toutes les entités spécifiques ont été créées.

Application : Iso'Phonique

On vous fournit pour l'entreprise **Iso'Phonique**, le modèle suivant :

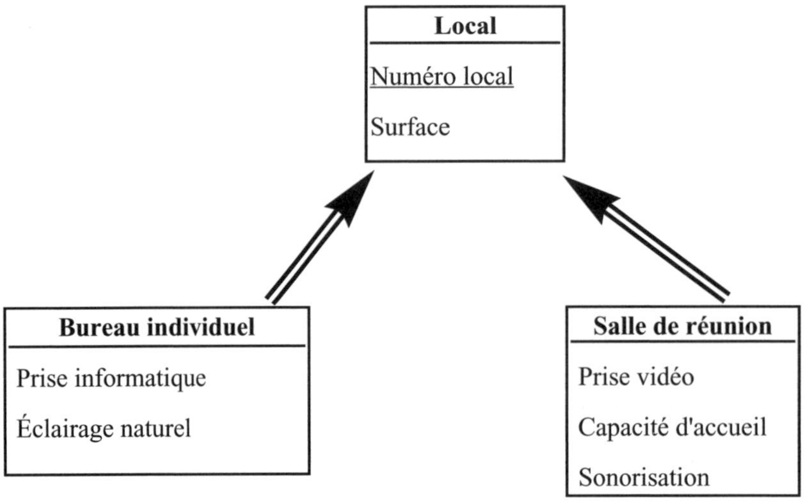

Le personnel de l'entreprise d'**Iso'Phonique** peut travailler dans des bureaux individuels ou des bureaux paysagers (cloison à mi-hauteur). Ceux-ci sont caractérisés par une densité : nombre de personnes pour 100 mètres carrés. Ce nombre peut varier en fonction de l'activité du service. Par ailleurs, à chaque étage, il existe des locaux techniques qui peuvent avoir des fonctions différentes (local pour le matériel de nettoyage, le stockage de matériels ou de fournitures de bureau par exemple).

1. Dans le modèle ci-dessus la contrainte de couverture est-elle respectée ?

....

....

2. Représentez sous forme ensembliste le modèle des données actuel en tenant compte de votre réponse à la question 1 :

3. Modifiez le modèle entité-association ci-dessus de manière à ce que la contrainte de couverture soit respectée.

Définition
Disjonction signifie : séparer, écarter des parties jointes.

D. Contrainte de disjonction (ou séparation) ou règle de spécialisation exclusive

1. Définition

Toute occurrence de l'entité générique doit avoir son complément d'information dans **au plus** une entité spécifique.

2. Exemple de disjonction (ou séparation)

Dans l'entreprise **Le Bâtiment de Qualité**, les fournisseurs sont sélectionnés avec un soin extrême. Pour qu'un fournisseur soit accepté, il doit être :

- soit certifié ISO 9000,
- soit présenter une référence, c'est-à-dire l'engagement écrit d'un tiers (en général un client) que ce fournisseur effectue un travail de qualité.

Cette procédure, lourde, est appliquée aux fournisseurs dont on pense que le chiffre d'affaires avec l'entreprise sera supérieur à 30 000 €. On obtient le modèle entité-association suivant :

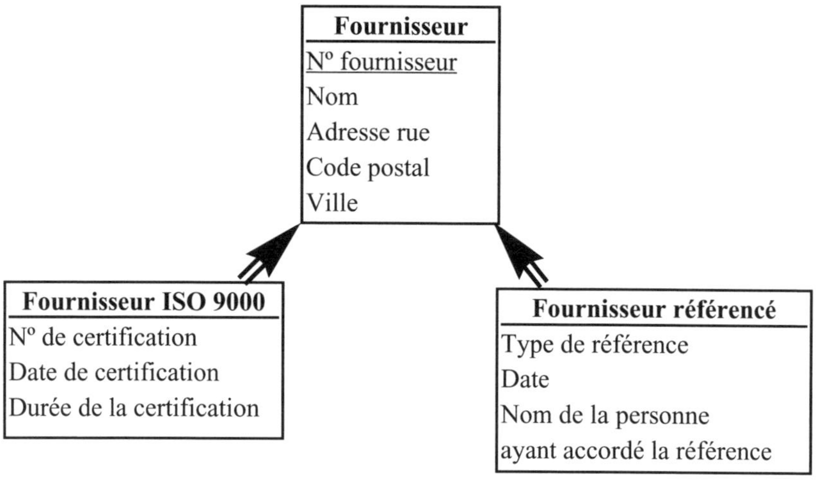

Sous forme ensembliste, le résultat suivant est obtenu :

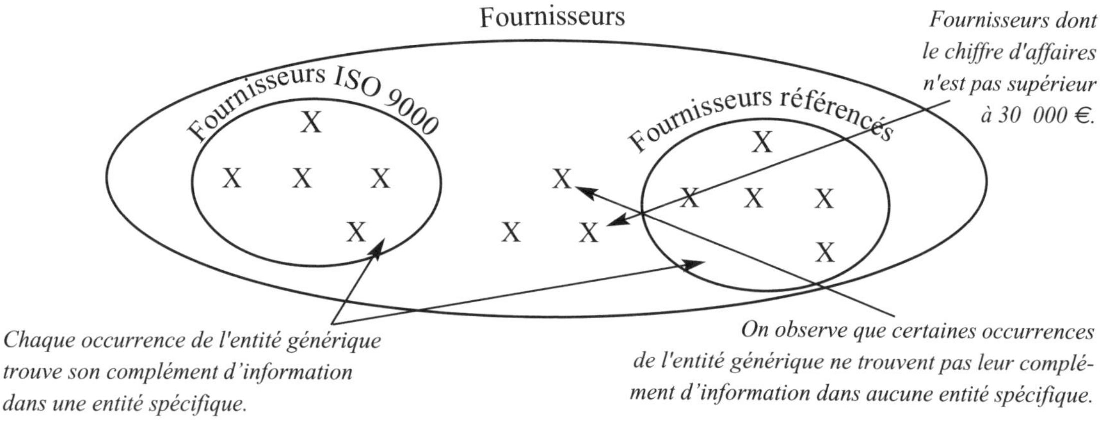

3. Exemple de non disjonction

Dans l'entreprise **ULM Construction**, on a le modèle suivant :

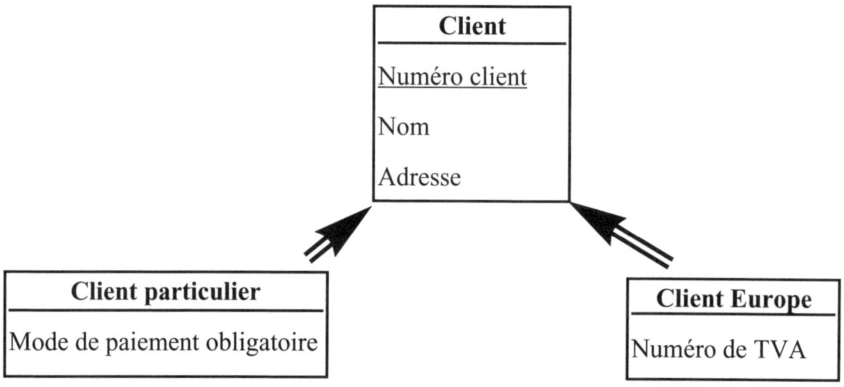

L'expression **Client Europe** désigne les clients se trouvant dans les pays de l'Union européenne en dehors de la France.

Le modèle ne respecte pas la règle de spécialisation exclusive. En effet, une occurrence de l'entité générique peut trouver son complément d'information dans les entités spécifiques Europe et Particulier :

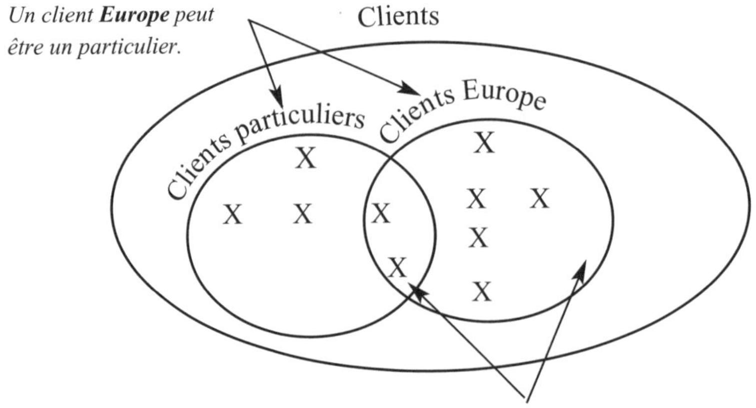

Les entités spécifiques ne sont pas disjointes mais la contrainte de couverture est respectée.

Les occurrences de l'entité générique Client trouvent leurs compléments d'information dans deux entités spécifiques. Il n'y a donc pas disjonction des compléments d'information des entités spécifiques.

4. Quelle est l'utilité de la contrainte de disjonction ?

Elle permet de vérifier que les entités spécifiques créées ne font pas double emploi. Dans l'exemple ci-dessus, l'entité spécifique **Client Europe** fait double emploi avec l'entité générique **Client**. Le modèle devrait se présenter ainsi :

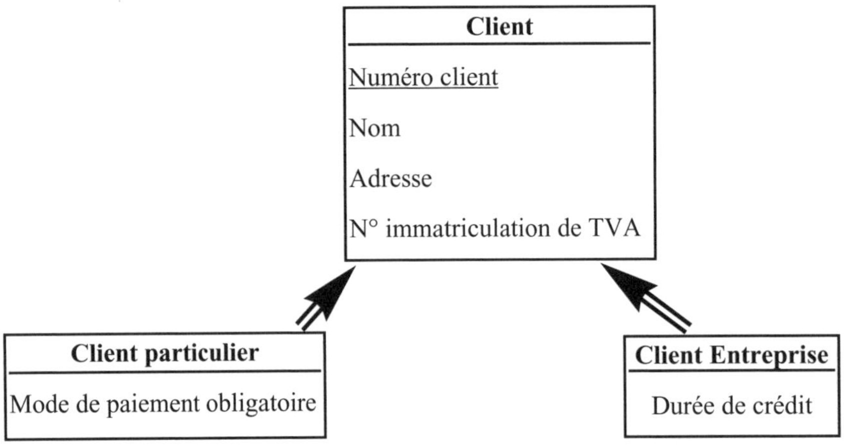

Vocabulaire

Pipe-line : canalisation pour le transport du gaz ou du pétrole.

Buse : forme de tuyau.

Grès : terre cuite très dure.

Application : La Tuyauterie industrielle

L'entreprise **La Tuyauterie industrielle** est spécifique dans la fourniture de canalisations de toute sorte. Le modèle de données suivant a été conçu :

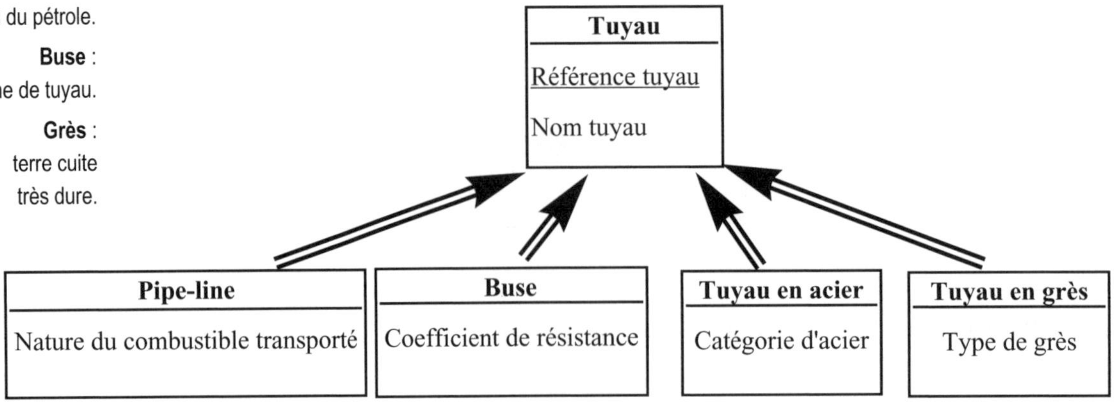

Tous les types de tuyaux fabriqués par l'entreprise sont représentés dans le modèle.

1. Pensez-vous que les occurrences de l'entité générique **Tuyau** respectent la contrainte de disjonction ?

   ....

   ....

2. Représentez sous forme ensembliste la répartition des occurrences de l'entité générique dans les entités spécifiques :

3. Proposez un nouveau modèle, avec la contrainte de disjonction respectée.

E. Combiner les contraintes de base : couverture et disjonction

Les contraintes de base : couverture et disjonction peuvent se combiner. Cela donne trois extensions des contraintes de base : la contrainte de partition, de totalité et d'exclusion. Le tableau suivant rassemble les cas possibles de combinaisons des contraintes :

		Couverture	Non couverture
Disjonction	**Occurrences**	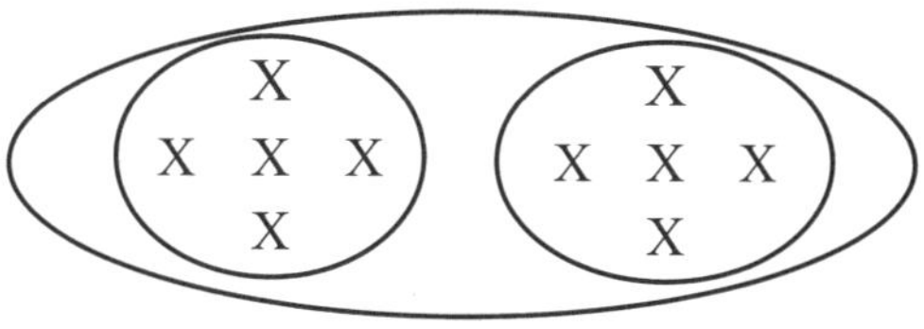	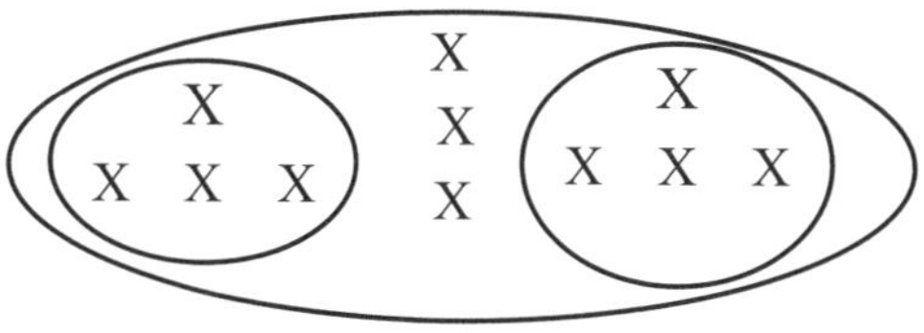
	Modèle	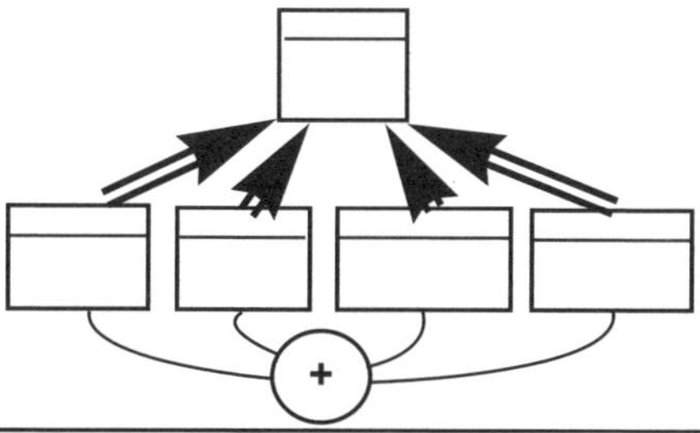	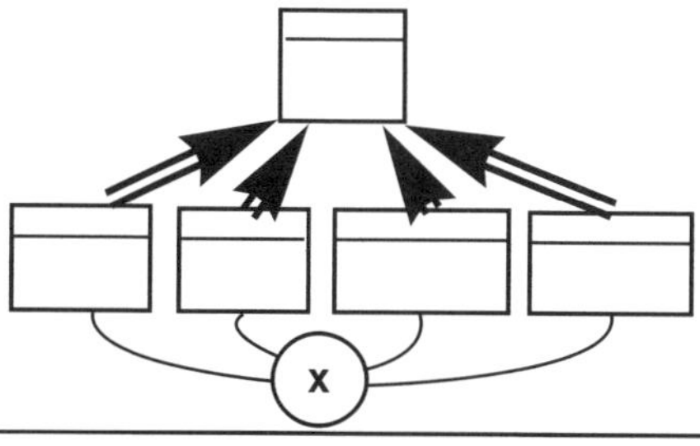
		Partition	**Exclusion**

		Couverture	Non couverture
Non disjonction	Occurrences	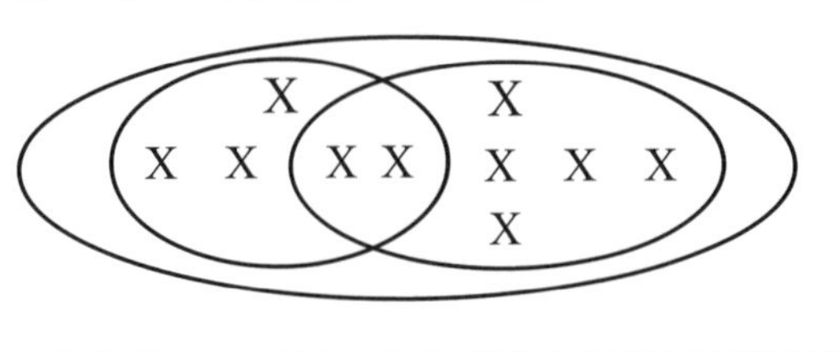	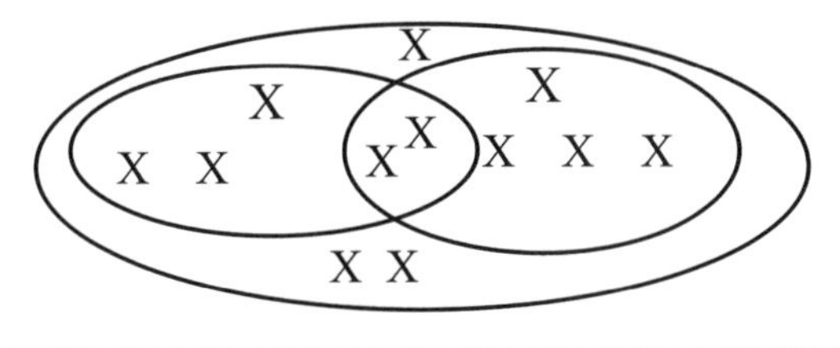
	Modèle	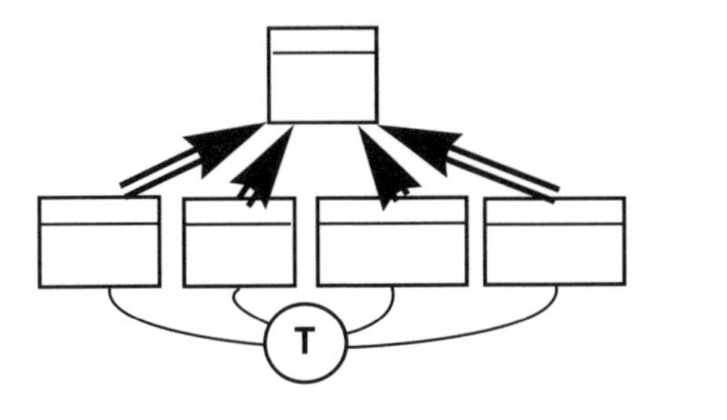	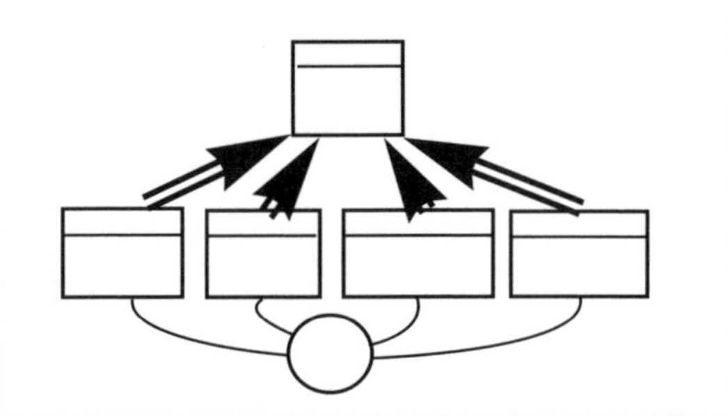
		Totalité	Pas de contrainte

Nous allons examiner ces différents cas.

1. La contrainte de partition (disjonction + couverture)

a. Défintion

Toute occurrence de l'entité générique trouve son complément d'information dans une entité spécifique (contrainte de couverture) et une seule (contrainte de disjonction [ou séparation]). Cela revient à partitionner (séparer) les compléments d'information des occurrences de l'entité générique en sous-ensembles disjoints correspondant aux entités spécifiques. On parle également de OU exclusif :

Contraintes de base		**Extension des contraintes**
Disjonction + Couverture	->	Partition (+)
		Symbole de la partition

Soit la représentation ensembliste de la partition :

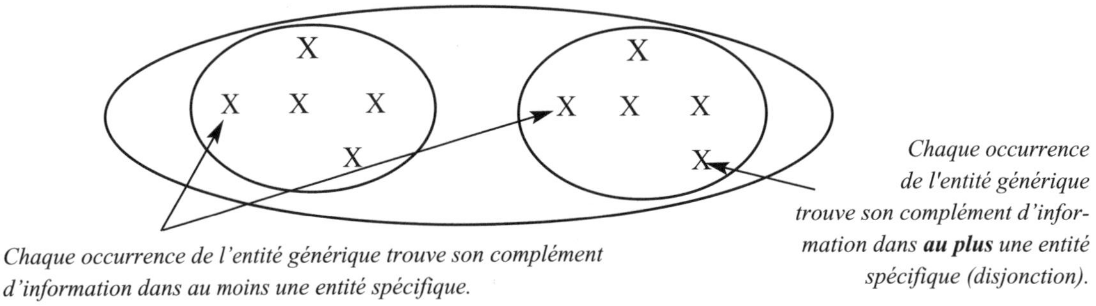

L'addition (+) des occurrences des entités spécifiques est égale au total des occurrences de l'entité générique. Pour cette raison le signe **Plus** (+) est devenu le symbole de la partition.

b. Exemple : Roissy Transitaire

Dans l'entreprise **Roissy Transitaire**, un salarié est soit un personnel cadre, soit un ouvrier soit un employé administratif ou commercial :

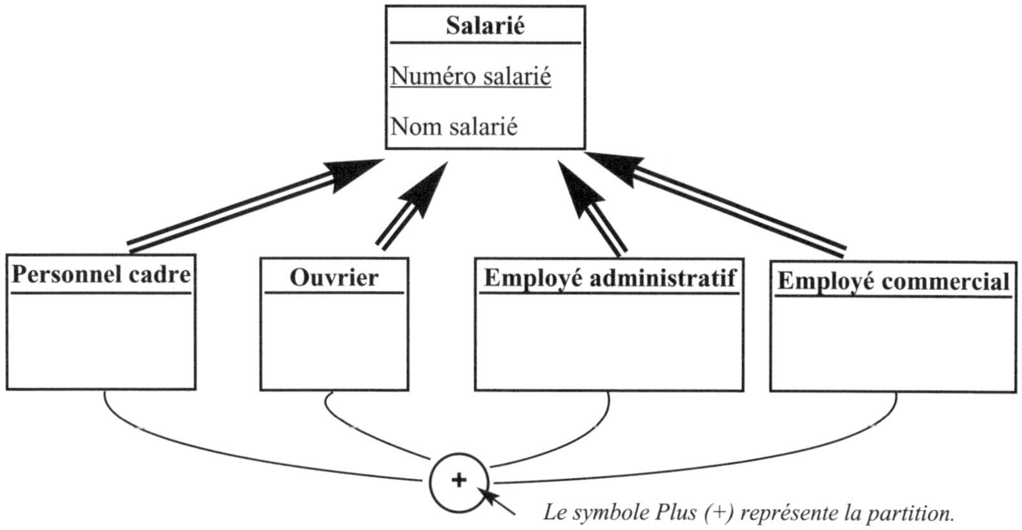

c. Quel est l'intérêt de la contrainte partition ?

Elle permet de vérifier que toutes les occurrences de l'entité générique trouve leurs compléments d'information dans une entité spécifique et une seule.

Application : Iso'phonique

Soit une partie du modèle de données de l'entreprise **Iso'Phonique** :

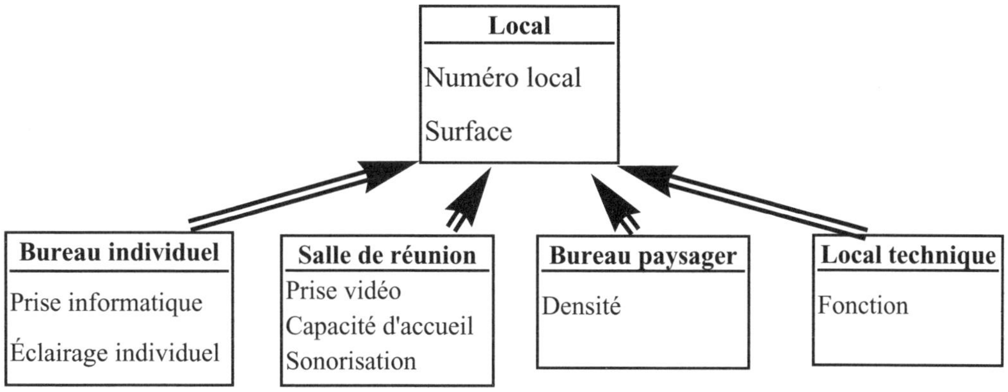

Il n'y a pas d'autres formes de local dans cette entreprise.

1. La contrainte de disjonction est-elle respectée ?

   ....

2. La contrainte de couverture est-elle respectée ?

   ....

3. Qu'en concluez-vous ?

   ....

4. Représentez la partition dans le schéma ci-dessus.

2. La contrainte de totalité (non-disjonction + couverture)

a. Définition

Toute occurrence de l'entité générique trouve son complément d'information dans **au moins** une entité spécifique (la contrainte de couverture est donc respecté). Cela signifie qu'elle peut trouve son complément d'information dans plusieurs entités spécifiques. La contrainte de disjonction n'est donc pas respectée :

Contraintes de base		Extension des contraintes
~~Disjonction~~ + Couverture	->	Totalité (T)

Symbole de la totalité

Soit la représentation ensembliste de la contrainte totalité :

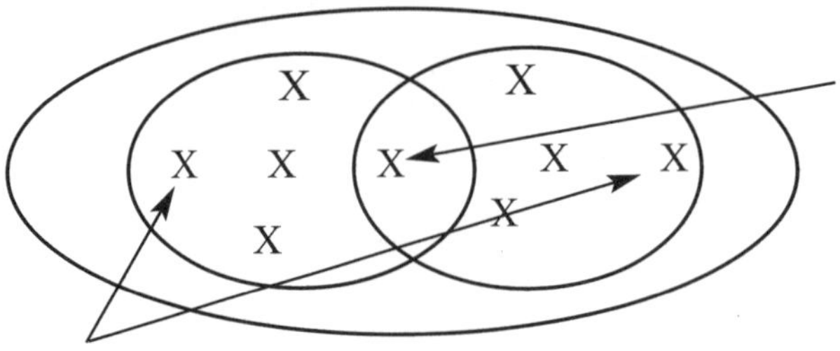

b. Exemple : Trans'Monde

Dans l'entreprise de transport **Trans'Monde**, les moyens de transport sont décrits de la manière suivante :

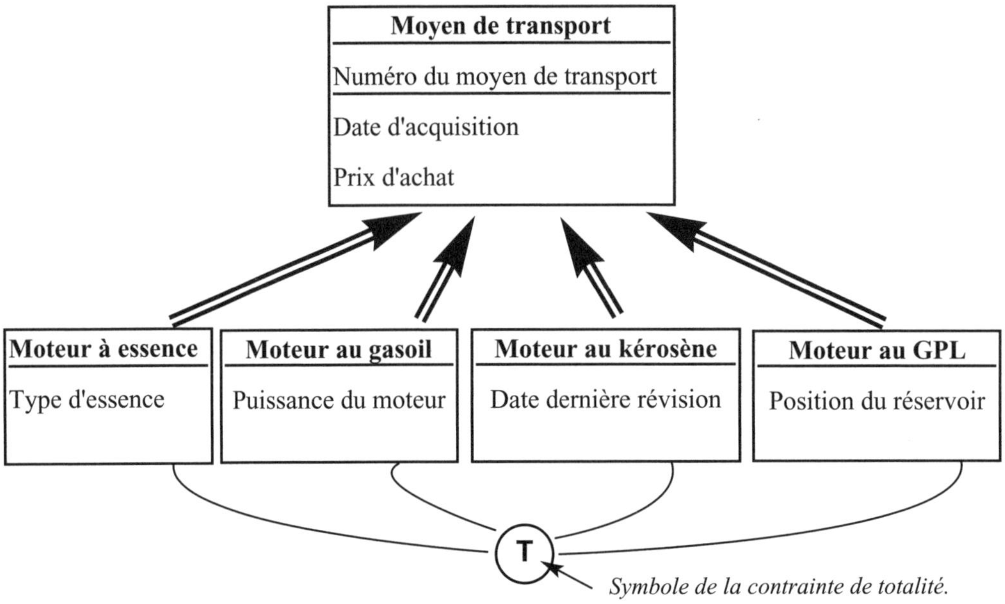

Une occurrence de l'entité **Moyen de transport** (entité générique) trouve son complément d'information dans au moins une entité spécifique (contrainte de couverture). Cela signifie qu'elle peut trouver son complément d'information dans plusieurs entités spécifiques (contrainte de disjonction non respectée). En effet, certains véhicules peuvent rouler au GPL et à l'essence. Dans ce cas, l'occurrence de **Moyens de transport** trouvera son complément d'information dans **Moteur à essence** (type d'essence) et dans **Moteur au GPL** (position du réservoir)

c. Quel est intérêt de la contrainte de totalité ?

Elle permet de repérer les entités spécifiques faisant double emploi.

Application : Un verre de cristal sur votre table

L'entreprise **Un verre de cristal sur votre table** conçoit uniquement des verres pour la table. Un extrait de son modèle de données vous est communiqué :

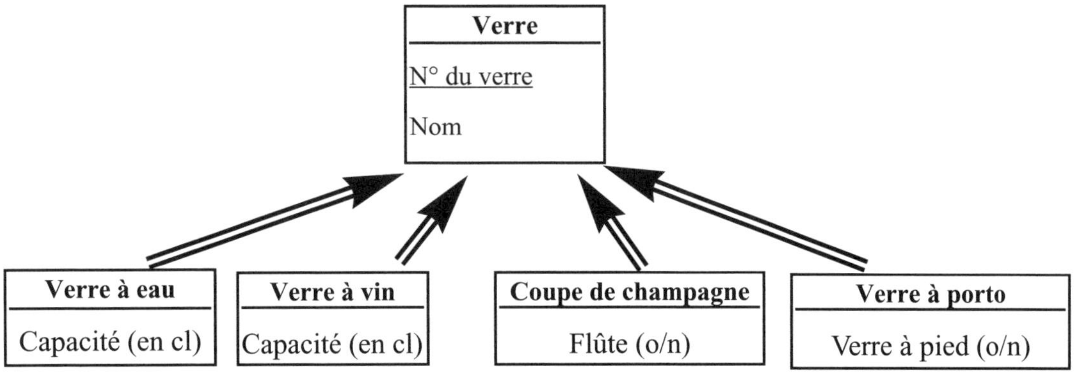

Tous les types de verre fabriqués par l'entreprise sont représentés dans le modèle.

1. La contrainte de disjonction est-elle respectée ?

....

2. La contrainte de couverture est-elle respectée ?

....

3. Qu'en concluez-vous ?

....

4. Représentez la contrainte que vous avez déterminée dans le schéma ci-dessus.

3. La contrainte d'exclusion (disjonction + non couverture)

a. Définition

Une occurrence de l'entité générique trouve son complément d'information dans une entité spécifique et à une seule (la contrainte de disjonction est appliquée), si elle existe. Cela signifie que certaines occurrences de l'entité générique peuvent ne pas trouver leur complément d'information dans une entité spécifique car celle-ci n'existe pas (la contrainte de couverture n'est donc pas appliquée) :

Disjonction + ~~Couverture~~ -> Exclusion (X)

L'expression **Exclusion** vient donc du fait que certaines occurrences de l'entité générique ne trouvent pas (exclues) leur complément d'information dans les entités spécifiques. Soit la représentation ensembliste de l'exclusion :

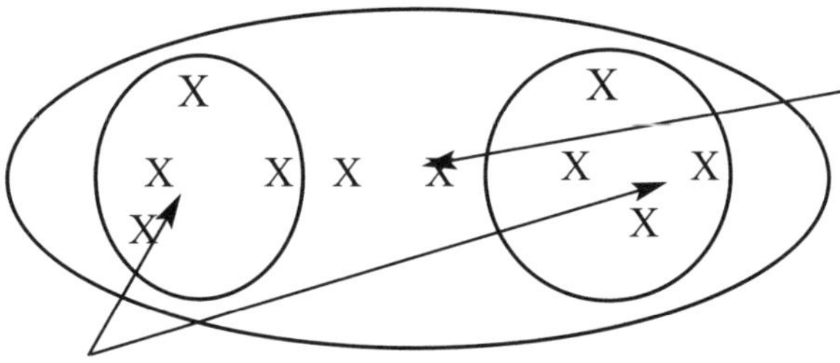

Des occurrences de l'entité générique ne trouvent pas leur complément d'information dans les entités spécifiques (non couverture).

Une occurrence de l'entité générique trouve son complément d'information dans au plus une entité spécifique (disjonction).

b. Exemple : Mondial'Transport

Dans l'entreprise **Mondial'Transport**, on obtient le modèle de données suivant :

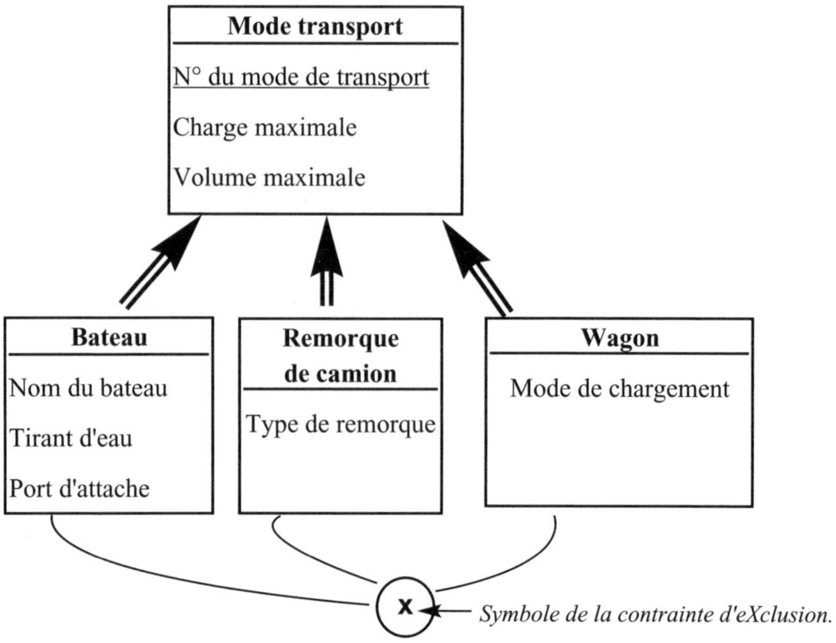

Nous sommes dans une situation d'exclusion. Une occurrence de l'entité générique **Mode de transport** ne trouve son complément d'information que dans une seule entité spécifique (contrainte de disjonction [ou séparation]). En effet, un mode de transport ne peut-être qu'un bateau ou une remorque ou un wagon.

Cependant toutes les occurrences de l'entité générique ne trouveront pas leur complément d'information dans les trois entités spécifiques. Effectivement, il manque de nombreux modes de transport : avion, moto... La contrainte de couverture n'est donc pas respectée.

c. Quel est l'intérêt de la contrainte d'exclusion ?

Elle permet de repérer les entités spécifiques manquantes.

Application : Pièces détachées

L'entreprise **Dépan'Ménager** distribue les pièces détachées de toutes les grandes marques d'électroménager. On observe le modèle de données suivant :

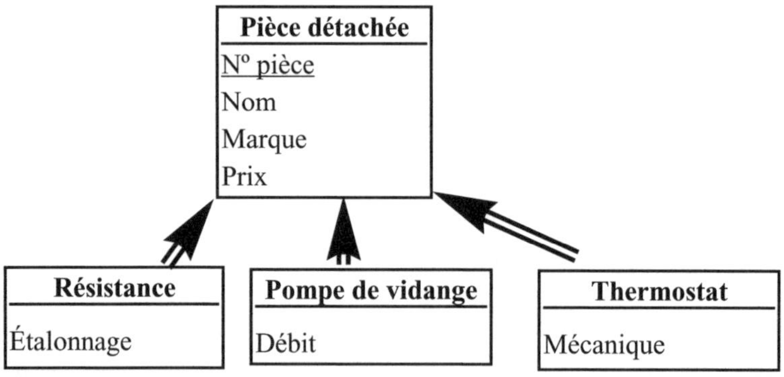

1. Est-ce que la contrainte de disjonction (ou séparation) est respectée ?

   ....

2. Est-ce que la contrainte de couverture est respectée ?

   ....

3. Qu'en concluez-vous ?

   ....

4. Représentez la contrainte obtenue dans le modèle ci-dessus.

II. Appliquer les contraintes de couverture et de disjonction aux associations

Les contraintes de couverture et de disjonction peuvent s'appliquer aux associations entre les entités. Les combinaisons de ces contraintes : partition, exclusion, totalité sont applicables également aux associations.

A. Appliquer la contrainte de partition (couverture + disjonction) aux associations

1. Définition

Toute occurrence (couverture) de l'**entité pivot** participe au plus à une association (disjonction). Une entité est **pivot** lorsqu'elle est commune à des associations objet d'une contrainte.

2. Exemple

Soit le modèle de données suivant :

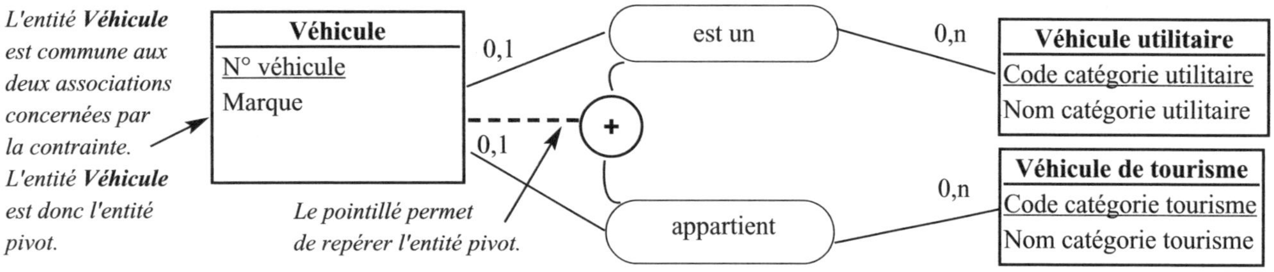

Un véhicule appartient à au moins une catégorie de véhicule (couverture). Il ne peut appartenir à plus d'une catégorie. Il y a donc disjonction. En effet, un véhicule ne peut appartenir, en même temps, aux catégories Utilitaire et Tourisme.

3. Quel est l'intérêt de la contrainte de partition pour les associations ?

Elle permet de vérifier que les associations créées sont justifiées et qu'il n'en manque pas.

Application : Catégories clients

Dans une entreprise, les clients appartiennent à la catégorie des particuliers ou des entreprises.

1. Modélisez cette situation :

2. Montrez que la contrainte de partition s'applique à cette situation.

....

....

....

B. Appliquer la contrainte d'exclusion (non-couverture + disjonction)

1. Définition

La contrainte d'exclusion appliquée aux associations signifie qu'une occurrence de l'entité pivot ne peut participer qu'à l'une ou à l'autre des associations (disjonction). Elle peut également ne pas participer du tout (non-couverture) à une des associations.

2. Exemple

Dans une association sportive, le modèle de données suivant a été conçu :

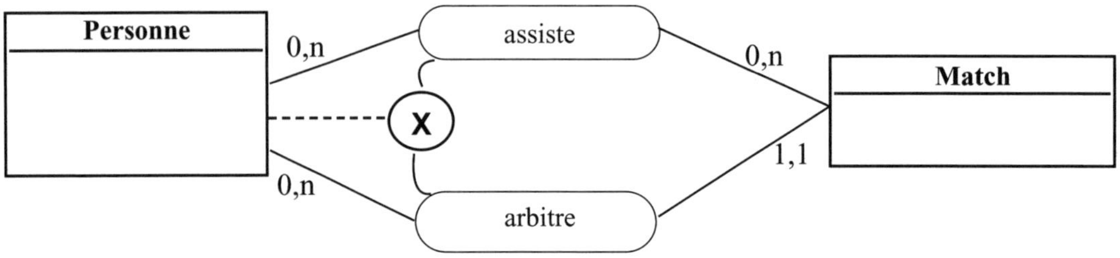

Une personne est soit un spectateur d'un match, soit un arbitre. Elle ne peut être les deux à la fois (disjonction). Une personne peut, cependant, être présente au match (cas des soigneurs, par exemple) sans participer aux associations **Assiste** et **Arbitre** (situation de non-couverture).

3. Quelle est l'utilité de la contrainte d'exclusion appliquée aux associations ?

Elle permet de repérer des associations faisant double emploi et les associations manquantes.

Application : L'avocat, le juge et le juré

Dans un procès, on s'intéresse aux personnes suivantes : avocat, juge et juré :

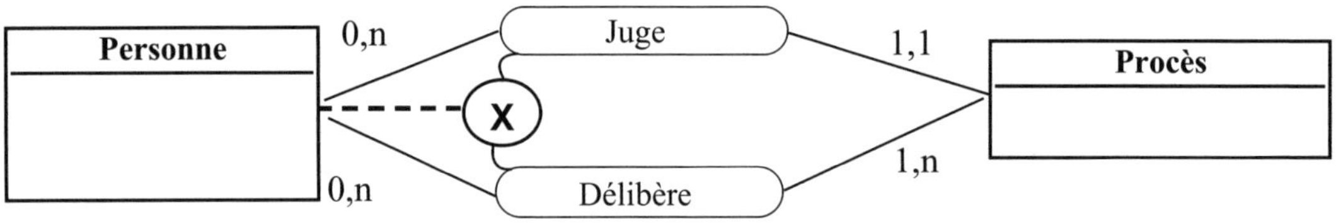

- Montrez que la contrainte d'exclusion s'applique aux associations ci-dessus :

....

....

....

C. Appliquer la contrainte de totalité (couverture et non disjonction)

1. Définition

Une occurrence de l'entité pivot participe à au moins une association (couverture). Elle peut participer aux deux associations à la fois (non disjonction).

2. Exemple

Dans un organisme de formation, on observe le modèle suivant :

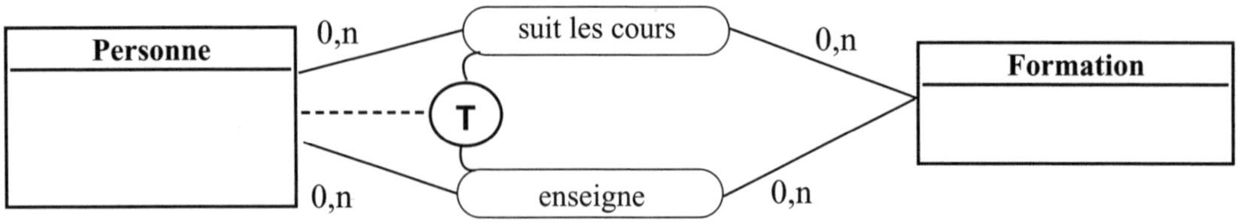

Toute personne (couverture) suit des cours ou enseigne. Une personne peut également suivre des cours et enseigner (non disjonction). C'est le cas, par exemple, des enseignants renouvelant leurs connaissances, dans le cadre de la formation continue.

3. Quelle est l'utilité de la contrainte de totalité appliquée aux associations ?

Elle permet de vérifier que toutes les occurrences d'une entité sont concernées par les associations mises en place dans le modèle.

Application : Trans'Atlantique

L'entreprise **Trans'Atlantique** est spécialisée dans l'expédition des marchandises entre la France et les États-Unis. Elle utilise suivant l'urgence, le volume des marchandises, la voie maritime ou aérienne. Elle peut aussi utiliser l'avion jusqu'aux ports de l'Atlantique puis le bateau.

1. Modélisez cette situation :

2. Montrez que la contrainte de totalité s'applique :

....

....

D. Appliquer la contrainte d'égalité (ou simultanée)

1. Définition

S'il y a plusieurs associations, une occurrence de l'entité pivot participe obligatoirement à chacune des associations. Le nombre d'occurrences de chaque association est donc identique.

2. Exemple

Dans une entreprise, on observe le modèle suivant :

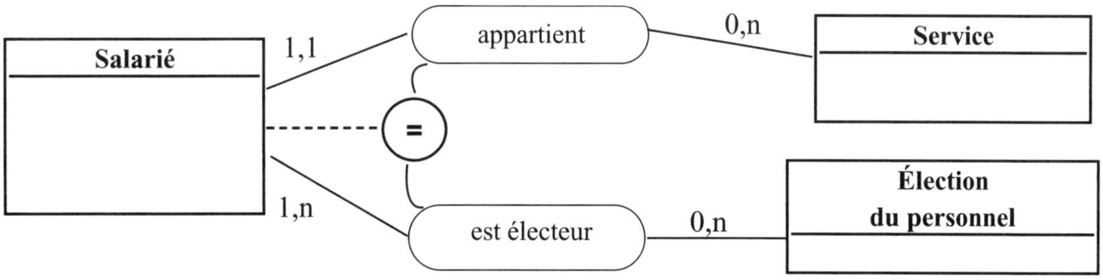

Tout salarié appartient à un service et est électeur des représentants du personnel au comité d'entreprise.

3. Quel est l'intérêt de la contrainte d'égalité ?

Elle permet de faire un contrôle. Est-ce qu'il y a le même nombre d'occurrences d'entité mis en œuvre par les deux associations.

Application : École de ski

Dans une école de ski, tout élève est inscrit à un cours et doit avoir acheté un forfait de remontées mécaniques.

1. Modélisez cette situation :

2. Montrez que la contrainte d'égalité s'applique.

E. Appliquer la contrainte d'inclusion

1. Définition

Remarque

Il est également possible de raisonner au niveau des occurrences de l'association. Lorsque les occurrences d'une association sont un sous-ensemble des occurrences d'une autre association, il y a contrainte d'inclusion.

Les occurrences de l'entité pivot participant à l'**association source** de la contrainte sont inclues (contrainte d'inclusion) dans les occurrences de l'entité pivot participant à l'**association cible** de la contrainte.

2. Exemple

Le schéma suivant traduit le fait que le président du conseil d'administration est choisi parmi les membres du conseil d'administration :

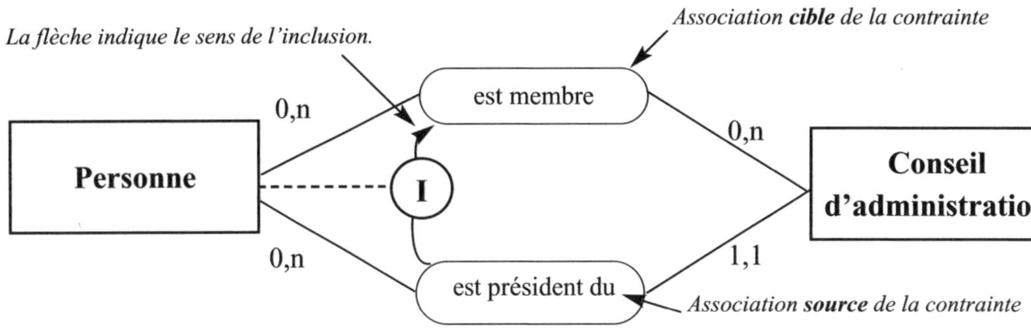

3. Quelle est l'utilité de la contrainte d'inclusion ?

Elle permet de vérifier que les occurrences de l'entité concernée par l'association source sont bien un sous-ensemble des occurrences de l'entité concernée par l'association cible.

Application : Les délégués de la classe

Dans une classe, les élèves sont les électeurs des délégués de la classe. Un élève peut être élu délégué de la classe. Modélisez cette situation :

III. Comment repérer les sous-ensembles d'association ?

• Qu'est-ce qu'un sous-ensemble d'association ?

1. Définition

Un **sous-ensemble d'association** est un groupe d'occurrences d'une association qui ont des propriétés et/ou des cardinalités spécifiques.

2. Exemple : Loc'Tout-Vend Tout

L'entreprise **Loc'Tout-Vend Tout** vend et loue du matériel de bâtiment. Le modèle conceptuel des données suivant a été élaboré :

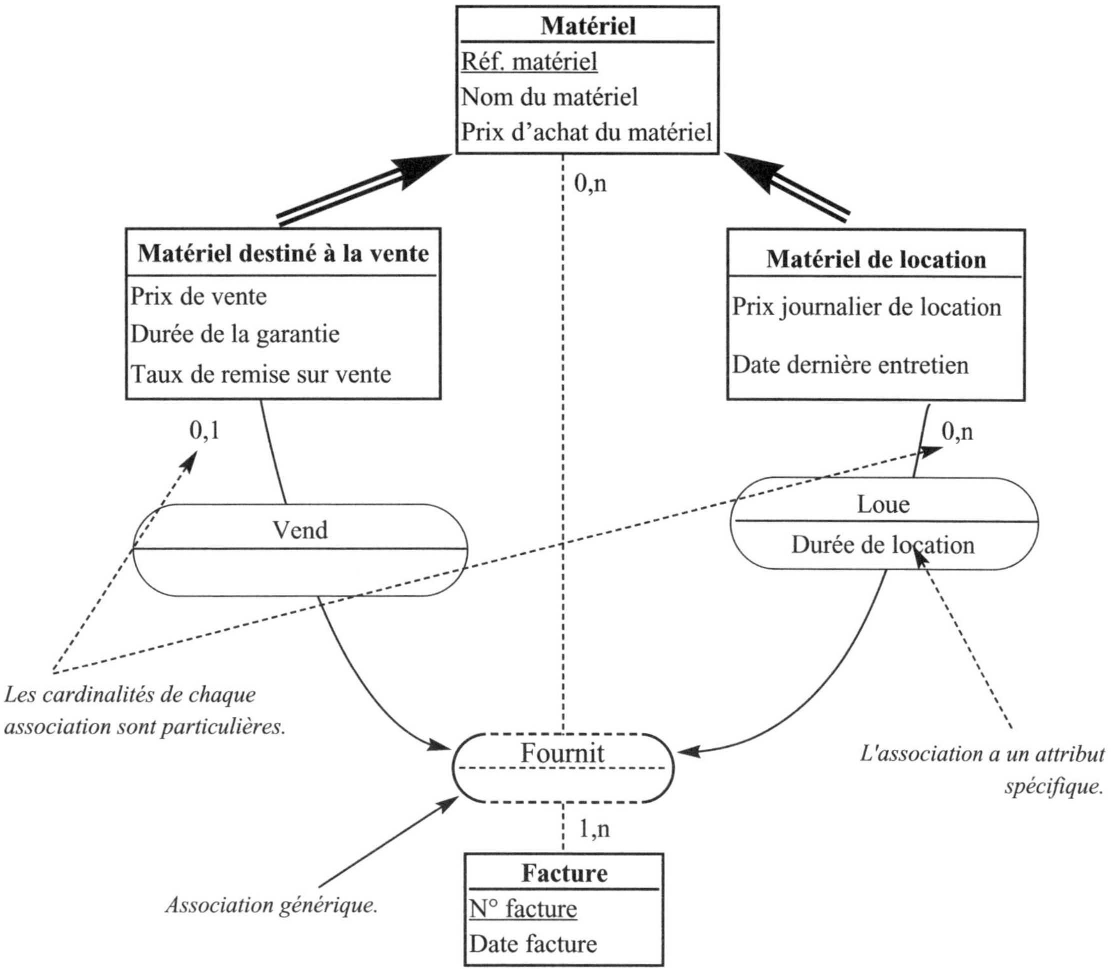

Chaque matériel est identifié par un numéro qui est unique.

Application : Les Objets de vannerie

L'entreprise **Les Objets de vannerie** vend des objets en fibres végétales telles que l'osier ou le rotin. La vannerie est la fabrication des objets en fibres végétales. Les objets figurant dans le magasin sont proposés par des fournisseurs. La provenance de ces objets est double :

- soit l'objet est directement tressé par le fournisseur. Dans ce cas, il est fabriqué par un seul fournisseur,
- soit l'objet est acheté à un grossiste. Dans ce cas, il peut être distribué par plusieurs fournisseurs. Ceux-ci proposent pour l'objet commercialisé des taux de remise particuliers.

Un objet de vannerie est décrit par un numéro et un nom. Un fournisseur est décrit également par un numéro et un nom.

- Établissez le modèle entité-association de l'entreprise **Les Objets de vannerie** :

Quelques questions à un(e) futur(e) professionnel(le)...

1. D'où vient l'expression « contrainte » ?

   ....

2. Quelle est l'utilité des contraintes ?

   ....

3. Qu'est-ce qu'une entité pivot ?

   ....

4. Qu'est-ce qu'une contrainte d'égalité ? Quelle est son utilité ?

   ....

5. Qu'est-ce qu'une contrainte d'inclusion ? Quelle est son utilité ?

   ....

Applications de synthèse

Application n° 1: Vidéo'Automate

Audrick Ledoux dirige un réseau de distributeurs de cassettes ou de DVD appelés aussi vidéos automates. Le client choisit la vidéo souhaitée, la forme de la vidéo (cassette ou DVD), sélectionne la durée de location (6 heures, 12 heures ou 24 heures), effectue le règlement au moyen de sa carte bancaire ou de sa carte de fidélité et retire la vidéo.

Un client pourra louer plusieurs fois le même film mais jamais le même exemplaire. (statistiquement cela est en effet impossible, le nombre d'exemplaires d'un même film est important).

Les clients sont identifiés par un numéro de carte, leur nom et leur adresse. Lorsque le client règle par carte bancaire, le nom du réseau de la carte bancaire est mémorisé. Lorsqu'il règle à l'aide d'une carte de fidélité, le montant de l'abonnement choisit est mémorisé. Un client ne règle que par carte bancaire ou par carte de fidélité.

Les films sont identifiés par un numéro et un nom. Les films sont toujours disponibles en plusieurs exemplaires. Chaque exemplaire est identifié par un numéro d'ordre. L'exemplaire numéro 8 du film Matrix (MA) sera identifié ainsi : MA08.

Lorsque l'exemplaire du film se présente sous forme de cassette, la durée de la cassette est mémorisée. Lorsque l'exemplaire du film est stocké sur un DVD, la capacité du DVD exprimée en millions d'octets est mémorisée.

- Concevez le modèle de données de cette organisation en indiquant les contraintes éventuelles.

Application n° 2 : Archives'Pro

La société **Archives'Pro** propose à ses clients des boxes, de surface variable, en location, pour stocker leurs archives. Sur une même commande, identifiée par un numéro, le client peut louer plusieurs boxes pour des durées variables.

La société **Archives'pro** dispose de plusieurs centres de stockage d'archives. Les centres sont identifiés par un numéro de centre et une adresse. Les boxes dans chaque centre sont identifiés par un numéro d'ordre pris dans la séquence 1 à 300. Les clients sont décrits par un numéro client, un nom et une adresse.

Outre la location de boxes, l'entreprise **Archives'Pro** propose à ses clients des rayonnages pour le stockage des archives. Les rayonnages sont décrits par un numéro et un nom de type de rayonnage. Les rayonnages peuvent faire l'objet d'une vente ou d'une location. L'unité de commercialisation des rayons est le mètre linéaire. Pour la vente, on parle de prix de vente du mètre de rayonnage. Pour la location, l'entreprise a établi un tarif mensuel de location du mètre de rayonnage. La durée du film est également précisée. En résumé, sur une commande peuvent figurer des locations de boxes, des ventes ou des locations de rayonnages. Établissez le modèle de données de cette organisation.

Compétence

21 Comment élaborer le modèle entité-association par la méthode ascendante ?

Éléments du programme traités

Compétences techniques

- Interpréter et compléter les schémas représentant une organisation des données
- Dans une note ou un rapport décrire, commenter, critiquer une organisation existante, décrire les besoins d'évolution

Objectifs à atteindre

- Les sept étapes de la méthode ascendante
- Le cas

Mots-clés

attribut calculé - attribut incrémenté - attribut non calculé - attribut paramètre - attribut polyséme - attribut synonyme - dictionnaire des données - matrice des dépendances fonctionnelles - méthode ascendante

Connaître le contexte professionnel du dossier

Lorsque l'organisation à modéliser devient complexe, il est intéressant d'utiliser une méthode afin d'introduire de nombreux contrôles lors de l'élaboration du modèle entité-association.

La méthode est fondée sur l'examen de toutes les sorties d'informations (sur papier et sur écran) de l'organisation à modéliser. De ces sorties, on remontera (d'où l'expression **méthode ascendante**) vers le modèle entité-association en sept étapes.

I. Les sept étapes de la méthode ascendante

A. Principes

Lorsque la réalité professionnelle devient complexe, il est important d'adopter une méthode qui permettra :

- de recenser toutes les propriétés présentes dans une entreprise,
- de critiquer ces propriétés en recherchant celles qui font double emploi et celles qui sont insuffisamment précises,
- de classer les propriétés en faisant apparaître notamment les propriétés calculées,
- d'établir un dictionnaire des données, c'est-à-dire l'<u>ensemble des données fondamentales</u>, nécessaires au fonctionnement de l'entreprise,
- de rechercher les dépendances fonctionnelles entre ces attributs et de les rassembler dans une **matrice des dépendances fonctionnelles**,
- de traduire cette matrice dans un graphe des dépendances fonctionnelles pour avoir une nouvelle représentation des dépendances fonctionnelles,
- d'élaborer enfin le modèle entité-association.

B. Méthode

Cette méthode est dite également <u>méthode par les documents</u>. Ceux-ci constituent les **sorties d'informations** produites par le système d'information de l'entreprise.

On remonte ensuite (méthode ascendante) des sorties d'informations aux **entrées d'informations**, c'est-à-dire aux **informations fondamentales** nécessaires à l'élaboration des documents de l'entreprise :

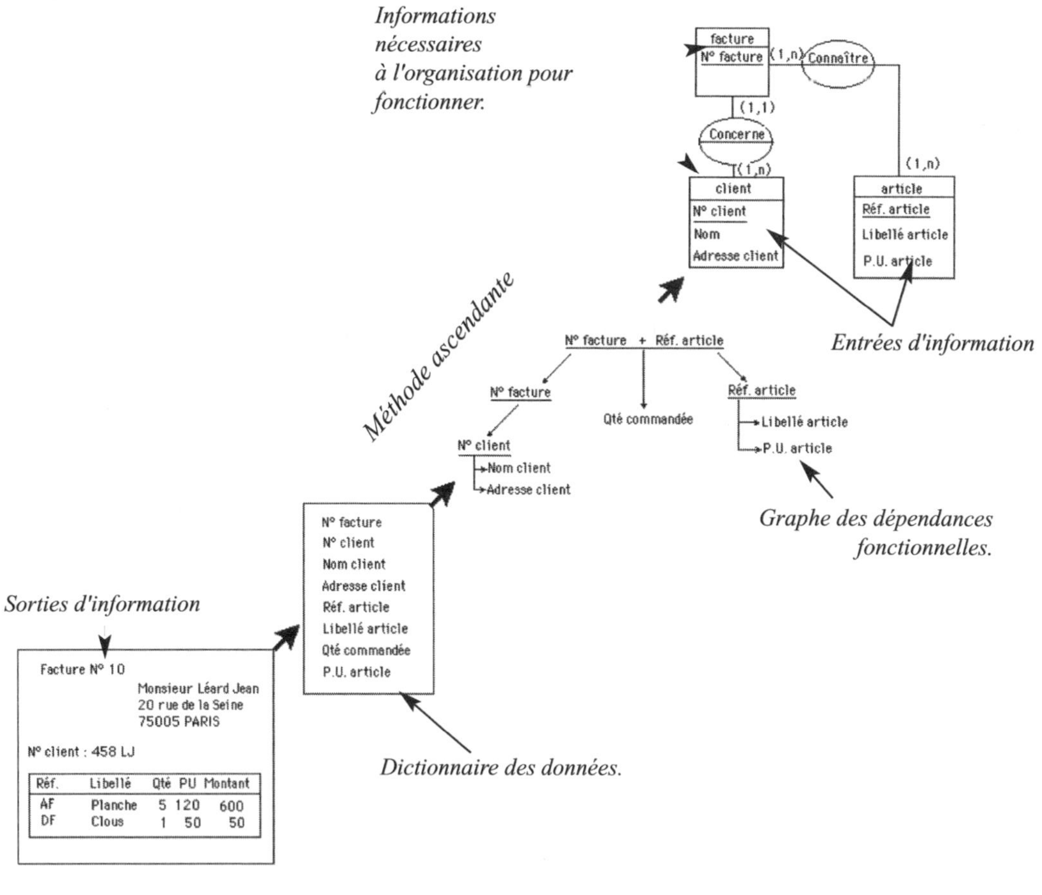

II. Le cas

L'association **Terres de rugby** suit les coupes du monde de rugby. On relève dans l'association les documents suivants :

Fiche Joueur	
Année coupe du monde	: 1999
N° joueur	: F01
Nom	: Ibanez
Prénom	: Raphaël
Position	: Avant

Arbitre	
Année	: 1999
Nom	: Watson
Nationalité	: Afrique du Sud

Résultats		
Équipe	**Match**	**Points**
Afrique du Sud	Demi-finale	21
Australie	Demi-finale	27
Nouvelle Zélande	Demi-finale	31
France	Demi-finale	43
Australie	Finale	35
France	Finale	12

Équipe	
Année	: 1999
Nom équipe	: Équipe de France
Groupe	: Goupe C
Entraîneur	: Skrela
Hémisphère	: Nord

Match	
Année	: 1999
Code match	: FA01
Nom match	: Finale
Date	: 06/11/1999
Heure	: 16 heures

Ville d'accueil	
Année	: 1999
Ville	: Cardiff [1]
Pays	: Royaume-Uni
Stade	: Millenium Stadium
Capacité	: 75 000 places

1. Dans une ville, il n'y a qu'un stade accueillant les matchs de la coupe du monde.

Billet Coupe du monde de rugby Finale Cardiff 06/11/1999
Prix : 50 € [1]
Catégorie : A
Numéro : EMR72658CAR [2]

1. Le prix du billet inclut une taxe de 3 %.
2. Chaque numéro de billet est unique pour toute la coupe du monde.

A. Rechercher des attributs de l'organisation

- Recherchez tous les attributs figurant sur les documents de l'association Terres de rugby :

....

....

....

....

....

....

B. Faire une analyse critique de la liste des attributs

Parmi les attributs obtenus ci-dessus, certains peuvent être **synonymes** et d'autres **polysémes**. Par ailleurs, des attributs peuvent être imprécis.

1. Les attributs synonymes

À retenir !

Des attributs sont **synonymes** lorsqu'ils décrivent la même réalité.

Des attributs sont **synonymes** lorsqu'ils décrivent la <u>même réalité</u>.

Les attributs **Code client**, **N° client**, **Référence client**, **Matricule client** décrivent la même réalité : l'identification d'un client. Ce sont des attributs synonymes.

Les attributs synonymes sont sources de confusion pour les utilisateurs de ces attributs. Il faut donc <u>ne retenir qu'un attribut</u> et éliminer tous les autres. On ne retiendra, par exemple, que l'attribut **Code client**.

2. Les attributs polysémes

À retenir !

Un attribut est **polyséme** lorsqu'il décrit plusieurs réalités.

Un attribut est polyséme (plusieurs sens) lorsqu'il décrit <u>plusieurs réalités</u>.

L'attribut **Nom** peut décrire le nom d'un client, le nom d'un fournisseur, le nom d'un produit, le nom d'un salarié.

Lorsqu'un attribut est polyséme, il faut lever toute ambiguïté en complétant le libellé de l'attribut.

Ainsi, dans notre exemple, l'attribut **Nom** pourra devenir, en fonction des besoins :

- nom fournisseur,
- nom client,
- nom produit.

3. Repérer les imprécisions

Parfois le libellé des attributs est imprécis. Ainsi, pour une commande, le libellé **Quantité** est insuffisant. S'agit-il d'une quantité commandée ? livrée ? facturée ? Là encore, en complétant le libellé de l'attribut, les imprécisions disparaîtront.

Application

- Recherchez, dans la liste ci-dessous, les synonymes, les polysémes et les imprécisions. Indiquez les changements à effectuer (suppression ou modification) et le motif du changement :

Liste des attributs	RAS / Synonymes / polysémes / Imprécisions	Intitulé retenu
Année coupe du monde	RAS (rien à signaler)	Année coupe du monde
N° joueur		
Nom	Polyséme avec **Nom** dans la fiche **Arbitre**	Nom joueur
Prénom	Imprécision	Prénom joueur
Position		
Nom	Polyséme avec **Nom** dans la fiche **Joueur**	Nom arbitre
Nationalité		
Nom équipe	Synonyme avec **Équipe**	Nom équipe
Groupe		
Entraîneur	Imprécision, il s'agit du libellé d'une entité. Il faut le libellé d'un attribut.	Nom entraîneur
Hémisphère		
Équipe	Synonyme avec **Nom équipe** dans la fiche **Équipe**	Nom équipe
Match	....	....
Points	....	....
Code match	....	....
Nom match	....	....
Date	....	....
Heure	....	....
Ville	....	....
Pays	....	....
Stade	....	....
Capacité	....	....
Numéro	....	....
Catégorie	....	....
Prix	....	....
Taxe	....	....

C. Ventiler les attributs en quatre grandes familles

Il est possible de ventiler les attributs en quatre grandes familles :

À retenir !
Les **attributs incrémentés** sont des attributs dont chaque valeur est obtenue en prenant la précédente valeur et en lui ajoutant 1 au cours du traitement étudié.

1. Les attributs incrémentés

Ce sont des attributs dont chaque valeur est obtenue en prenant la précédente valeur et en lui ajoutant 1 au cours du traitement étudié.

Les numéros de facture, de commande, de livraison sont en général des attributs incrémentés. En effet le numéro de facture **14518** a été obtenu en ajoutant **1** au numéro de facture précédent **14517**.

Par contre, les numéros clients, les numéros fournisseurs, les numéros salariés ne seront pas considérés comme des attributs incrémentés.

En effet, les numéros fournisseurs ou clients sont peut être des attributs incrémentés mais leurs incrémentations peuvent avoir eu lieu il y a plusieurs années. Les numéros fournisseurs ou clients n'ont pas été incrémentés au cours du traitement étudié. Ils sont devenus des valeurs stables.

À retenir !
Les **attributs non calculés** sont des attributs dont les valeurs sont recopiées sans subir de transformation.

2. Les attributs non calculés

Ce sont des attributs dont les valeurs sont recopiées sans subir de transformation.

Le nom d'un client, son adresse sont des attributs non calculés. On prend les valeurs dans la table **Clients** pour les recopier sur une facture ou un bon de réservation.

À retenir !
Les **attributs calculés** sont des attributs dont les valeurs sont élaborées à partir de deux ou plusieurs autres attributs.

3. Les attributs calculés

Ce sont des attributs dont les valeurs sont élaborées à partir de deux ou plusieurs autres attributs.

Le prix du billet du match de rugby est un attribut calculé. Il est élaboré à partir des attributs Prix hors taxes et Taux de la taxe :

$$\text{Prix hors taxes} \times (1 + \text{taux de la taxe})$$

Il faut donc décomposer les attributs calculés pour faire apparaître éventuellement de nouveaux attributs.

À retenir !
Les attributs **paramètres** sont des attributs dont la valeur ne change pas au cours d'un traitement.

4. Les attributs paramètres

Ce sont des attributs dont la valeur ne change pas au cours d'un traitement.

Les taux de TVA, de commission peuvent être des valeurs paramètres.

Application

- Classez les attributs suivants dans les quatre familles décrites ci-dessous :

Liste des attributs	Incrémenté	Non calculé	Calculé	Paramètre
Année coupe du monde				x
N° joueur		x		
Nom joueur				
Prénom joueur				
Position joueur				
Nom arbitre				
Nationalité arbitre				
Nom équipe				
Groupe qualification				
Nom entraîneur				
Nom hémisphère				
Nom match				
Nombre de points équipe				
Code match				
Date match				
Heure match				
Ville du match				
Pays du match				
Nom stade				
Capacité stade				
N° billet	x			
Catégorie billet				
Prix billet TTC			x	
Prix du billet hors taxe				
Taxe				x

*Ces attributs sont apparus après la décomposition de l'attribut **Prix billet TTC** en attributs non calculés.*

D. Élaboration du dictionnaire des données

Pour obtenir le dictionnaire des données, il suffit d'éliminer les attributs calculés et les attributs paramètres.

En effet, il sera toujours possible, pour les propriétés calculées, de les reconstituer par la suite, à partir des autres attributs du dictionnaire des données.

Pour les attributs paramètres, ce sont des attributs dont les valeurs sont stables, connues de l'organisation et facilement reconstituables.

À retenir !

Le dictionnaire des données s'élabore à partir des attributs incrémentés et non calculés.

- Établissez le dictionnaire des données de l'association Terres de rugby :

....

....

....

....

....

....

....

....

....

....

....

....

....

....

....

....

À retenir !

La matrice des dépendances fonctionnelles est un tableau permettant de recenser méthodiquement les dépendances fonctionnelles directes entre les attributs du dictionnaire des données.

E. Établir la matrice des dépendances fonctionnelles

La **matrice des dépendances fonctionnelles** est un tableau permettant de recenser méthodiquement les dépendances fonctionnelles directes entre les attributs du dictionnaire des données.

La matrice des dépendances fonctionnelles a donc la même fonction que le graphe des dépendances fonctionnelles. C'est une autre manière de recenser les dépendances fonctionnelles entre les attributs d'une organisation.

On recopie les attributs du dictionnaire des données dans la matrice et on les identifie par un numéro.

Application : Terres de rugby (*suite*)

- Complétez la matrice des dépendances fonctionnelles pour l'association Terres de rugby reproduite à la page suivante.

F. Établir le graphe des dépendances fonctionnelles

1. Quelle est la différence entre le graphe des dépendances fonctionnelles et la matrice des dépendances fonctionnelles ?

Le graphe des dépendances fonctionnelles est une représentation graphique des dépendances fonctionnelles décelées dans la matrice des dépendances fonctionnelles. La matrice des dépendances fonctionnelles permet de rechercher systématiquement toutes les dépendances fonctionnelles. Le graphe des dépendances fonctionnelles permet de mieux visualiser les dépendances fonctionnelles.

2. Comment passer de la matrice des dépendances fonctionnelles au graphe des dépendances fonctionnelles ?

Il faut commencer par placer les attributs concaténés les plus complexes en haut du graphe et reporter en dessous les attributs participant à l'attribut concaténé. Il faut ensuite placer les attributs source de dépendances fonctionnelles avec leurs attributs but.

Application : Terres de rugby (*suite*)

- Complétez le graphe des dépendances fonctionnelles reproduit page 244 dans cet ouvrage.

Conventionnellement, on met une étoile lorsque l'attribut source et l'attribut but d'une dépendance fonctionnelle sont identiques.

Dans ces colonnes, on inscrit le numéro des attributs qui sont sources de dépendances fonctionnelles. Il serait possible d'indiquer le nom de l'attribut sources de dépendances fonctionnelles. Cette méthode permet de gagner de la place.

Attributs qui sont à la source d'une dépendance fonctionnelle / Attributs qui sont buts d'une dépendance fonctionnelle	1							23	
1 N° joueur	*								
2 Nom joueur	1								
3 Prénom joueur	1								
4 Position joueur	1								
5 Nom arbitre									
6 Nationalité arbitre									
7 Nom équipe	1							1	
8 Groupe qualification									
9 Nom entraîneur									
10 Nom hémisphère									
11 Nom match									
12 Nombre de points par équipe								①	
13 Code match								1	
14 Date match									
15 Heure match									
16 Ville du match									
17 Pays du match									
18 Nom stade									
19 Capacité stade									
20 N° billet									
21 Catégorie billet									
22 Prix billet hors taxes									
23 Nom équipe + Code match								*	

*La valeur **1** indique qu'il y a une dépendance fonctionnelle entre l'**attribut source** et l'**attribut but***

*Conventionnellement on indique la dépendance fonctionnelle entre l'attribut concaténé (**Nom équipe + Code match**) et ses composants (**Nom équipe** et **Code match**). Cette information sera très utile pour repérer les entités dans le graphe des dépendances fonctionnelles et le modèle entité association.*

*On entoure la dépendance fonctionnelle, objet de l'attribut concaténé **Nom équipe + Code match**. Cela pour montrer son importance par rapport aux autres dépendances fonctionnelles de la colonne 23.*

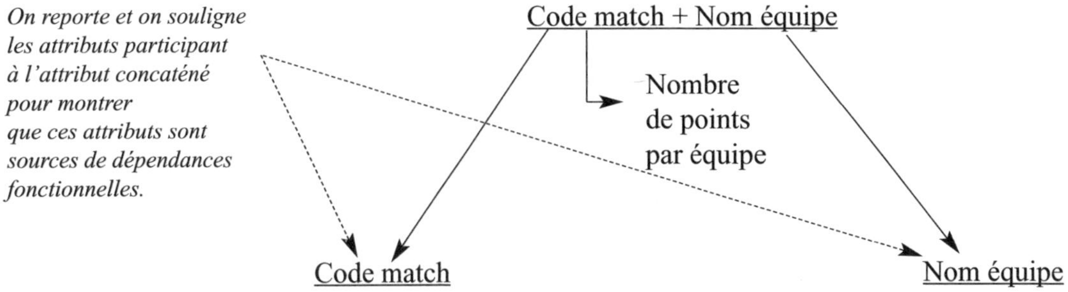

G. Établir le modèle entité-association

Règles de passage du graphe des dépendances fonctionnelles au modèle entité-association

- Rappelez les trois règles de passage du graphe des dépendances fonctionnelles au modèle entité-association :

....

....

....

....

....

Application : Terres de rugby (*suite*)

- Établissez le modèle entité-association de l'association Terres de rugby :

Quelques questions à un(e) futur(e) professionnel(le)...

1. Rappelez les sept étapes de la méthode ascendante :

....

....

2. Pourquoi parle-t-on de méthode ascendante ?

....

....

3. Qu'est-ce qu'un attribut synonyme ? Polysème ?

....

....

4. Qu'est-ce qu'un attribut incrémenté ?

....

....

5. Qu'est-ce qu'un attribut paramètre ?

....

....

6. Pour quelle raison ne retient-on pas les attributs calculés dans le dictionnaire de données ?

....

....

7. Pour quelle raison ne retient-on pas les attributs paramètres dans le dictionnaire de données ?

....

....

8. Que doit-on faire lorsqu'on est en présence d'un attribut calculé ?

....

....

9. Quel est l'intérêt de la matrice des dépendances fonctionnelles ?

....

....

Applications de synthèse

Application n° 1 : La Confrérie de la truffe

La **Confrérie de la truffe** est un groupe de personnes (appelé intronisées) qui souhaitent développer l'exploitation de la truffe en Bourgogne. Chaque année, la confrérie organise des chapitres. Ce sont des assemblées qui font le point sur le développement de la truffe. À la fin du chapitre, un repas a lieu et de nouveaux membres peuvent être intronisés. L'intronisation est une cérémonie au cours de laquelle une personne devient membre effective de la confrérie. Pour cela, les nouveaux membres doivent avoir un parrain choisi parmi les membres déjà intronisés de la confrérie.

La truffe est un champignon qui pousse au pied de certains chênes. C'est un organisme très complexe qui vit en harmonie avec le chêne qui l'abrite. Des essais de culture de la truffe ont lieu dans les trufficultures.

On relève les documents suivants dans la confrérie. Concevez, en utilisant la méthode ascendante, le modèle entité-association de cette organisation :

Fiche Intronisé

N° Intronisé : CT237 Date d'intronisation : 17/11/200.

Nom : CHAIX

Prénom : Aude

Adresse rue : Route de la Côte d'Or

Code postal : 21200 Ville : BEAUNE

Nom du parrain* : SOUCY Code du parrain : CT 200

Statut :

Membre fondateur : ☐ Grand dignitaire : ☐ Simple membre : ☑

Région de la confrérie : Bourgogne

* Un parrain est un intronisé.

Fiche Chapitre

N° chapitre : CHA08

Nom du chapitre : Chapitre du 1er lustre

Date du chapitre : 17/11/200. Heure du chapitre : 20 heures

Lieu : Château de Gilly-les-Citeaux

Organisateur : Davy SOUCY

Région de la confrérie : Bourgogne

Date du menu : 17/11/200.

ME17 Menu du chapitre du 1er lustre

BA01	Bouchées pour apéritif
KI15	Kir
PA12	Petite aumônière truffée au fromage de l'Abbaye de Citeaux
PV94	Pernand Vergeless 1er cru 1994
MC13	Magret de canard farci à la truffe de Bourgogne
SA94	Saint-Aubin Village 1994

Date du menu : 31/12/200.

ME18 Menu de l'intronisation

RN32	Rêves de Norvège
CM20	Champagne millésimé
SM03	Salade d'hiver à la truffe provençale
CH	Chablis 1993
MC13	Magret de canard farci à la truffe de Bourgogne
NS89	Nuits-Saint-Georges 1989

Établissement de trufficulture

Matricule établissement : SJDL88

Adresse rue : 34 rue Orties

Code postal : 21170 Ville : Saint-Jean-de-Losne

Trufficulteur* : Chaix Aude

Région de la confrérie : Bourgogne

* Les trufficulteurs sont tous membres de la confrérie.

Région de la confrérie : Bourgogne

Commercialisation des truffes

N° établissement de trufficulture	Conditionnement de la truffe	Poids	Prix HT	TVA	Prix TTC
SJDL 88	Truffes entières	100 g	150,00	29,40	179,40 €
TLB 74	Brisures de truffes	30 g	45,00	8,82	53,82 €
LVSH 94	Jus de truffes	60 g	50,00	9,80	59,80 €
LVSH 94	Brisures de truffes	40 g	51,00	10,00	61,00 €
TLB 74	Jus de truffes	48 g	43,00	8,43	51,43 €
TLB 74	Truffes entières	120 g	179,00	35,08	214,08 €

Inscription à un repas

N° inscription : 239 *
N° menu : ME17
N° intronisé : CT 237
Nombre de personnes : 5
Région de la confrérie : Bourgogne

* Le numéro d'inscription est unique.

Application n° 2 : Docteurs de la Terre

L'association **Docteurs de la Terre** est une organisation humanitaire installée à Strasbourg. Elle est composée de personnel (appelé volontaire) médical, mais aussi logistique et administratif. L'association apporte une aide rapide aux populations en grande détresse suite à une guerre ou à une catastrophe naturelle (tremblement de terre, inondation, …). On parle dans ce cas d'actions d'extrême urgence. Celles-ci ne concernent qu'un seul pays à la fois et il ne peut y avoir à la fois qu'une action d'extrême urgence par pays.

L'association **Docteurs de la Terre** a également installé des antennes dans différents pays pour faire face à des besoins d'assistance médicale récurrents comme la vaccination, le suivi médical des enfants… On parle dans ce cas d'action à moyen terme. Il y a une antenne au maximum par pays mais il peut y avoir dans ce pays plusieurs actions à moyen terme.

Dans les bureaux de l'association, on trouve les documents ci-après. Concevez, en utilisant la méthode ascendante, le modèle entité-association de cette organisation :

Relevé des actions d'extrême urgence

État	N° action d'extrême urgence	Action d'extrême urgence
BURUNDI	AEU0229	Soins - Chirurgie
BURUNDI	AEU0232	Nutrition
TCHETCHENIE	AEU0252	Soins - Chirurgie
BURUNDI	AEU0255	Épidémie

Les actions d'extrême urgence sont gérées directement par le siège de l'association **Docteurs de la Terre** à Strasbourg.

Fiche Pays

Code Pays : BV07
Nom pays : BURUNDI
Nom du contact : FILIN
Ville du contact : BUJUMBURA

Antenne Docteurs de la Terre

N° Antenne : DTB29
Nom : Docteurs de la Terre - Antenne de Burundi
Adresse rue : 20 chaussée Rwagasore
Code postal : Ville : BUJUMBURA
Tél. : (257) 22 33 12
Responsable : Boris FILIN

Suivi des actions à moyen terme

Année d'intervention	N° antenne	Nation	Code action moyen terme	Action à moyen terme
2001	DTP05	Pérou	AMTP01	Santé des femmes
2001	DTI08	Inde	AMTI05	Centre de consultation materno-infantile
2001	DTP05	Pérou	AMTP02	Formation des sages-femmes
2001	DTP05	Pérou	AMTP03	Mise en place d'un dispensaire

Suivi des effectifs

Catégorie d'intervenants \ Identifiant antenne	DTP05	DTI08	DTB29	Total catégorie	% catégorie
Médicaux	3	4	5	12	26 %
Paramédicaux	6	8	10	24	51 %
Logisticiens	2	2	3	7	15 %
Administrateurs	1	1	2	4	8 %
Total Antenne	12	15	20	47	
% par Antenne	26 %	32 %	42 %		

Volontaire de Docteurs de la Terre

N° volontaire : VDT 807

Nom : FILIN

Prénom : Boris

Adresse rue : 3 rue Pauline Borghèse

Code postal : 70500 Ville : JUSSEY

Compétence : Docteur

Type de volontaire [1] :

☑ Médical ☐ Paramédical

☐ Logistique ☐ Administration

Affectation

N° antenne	Pays/nom action	Date début d'affectation	Date fin d'affectation
DTB29	Burundi	15/01/2003	15/09/2004
DTC01[2]	Congés[2]	16/09/2004	30/11/2004
DTI08	Inde	01/12/2004	–

1. Un volontaire n'appartient qu'à une seule catégorie de personnel.
2. Une antenne fictive Congés a été créée pour suivre les périodes de congés des volontaires.

Lorsqu'un volontaire agit dans le cadre d'une action d'extrême urgence, il est rattaché à l'antenne du pays dans lequel se déroule l'action d'extrême urgence.

Compétence

22 Qu'est-ce qu'un modèle organisationnel des données ?

Éléments du programme traités

Compétence technique

- Interpréter et compléter les schémas représentant et prenant en compte en tant que besoin :
  - les règles de gestion et les contraintes de l'organisation, les autorisations d'accès et d'utilisation des données et des traitements,
  - la répartition des données et des traitements et la localisation des acteurs,
  - la gestion de l'historique des données et des résultats.

Compétence en organisation

- Repérer et recenser : les règles de gestion et les contraintes de l'organisation, les besoins de sécurité, de confidentialité et de conservation des informations de gestion

Objectifs à atteindre

- Qu'est-ce que l'historisation des données (Quand ?) ?
- Sur quel support stocker les données (Où ?) ?
- Qui est autorisé à manipuler les données de l'organisation (Qui ?) ?

Mots-clés

Accès possibles aux données - entité Date - fin de l'historisation - groupe de données consultables - groupe de données partagées - groupe de données privées - groupe de données protégées - groupes de données - historisation des données - poste - site - vue - vue d'un poste - vue d'entité

Connaître le contexte professionnel du dossier

Le modèle de données étant élaboré, il est important de définir quand les données ont été élaborées, sur quels supports elles sont stockées et qui est autorisé à manipuler les données. La réponse à ces questions conduit à enrichir le modèle conceptuel de données pour obtenir le modèle organisationnel des données.

Le modèle organisationnel des données permet d'indiquer :

- QUAND les données ont-elles été créées (historisation des données),
- sur quel support (OU les données ont-elles été créées),
- QUI est autorisé à créer les données, à les modifier, à les consulter et à les supprimer.

I. Qu'est-ce que l'historisation des données (Quand ?) ?

A. Définition

L'**historisation** (néologisme [mot nouveau]) des données est l'opération qui consiste à représenter le temps dans le modèle des données afin de suivre la vie des données et à permettre à une application de fonctionner sur une longue période.

Ainsi pour une organisation, il peut être intéressant de suivre l'évolution de ses prix au cours du temps. Un modèle de données ne s'interprète qu'à un instant donné. L'historisation permet de suivre les évolutions des données au cours du temps.

B. Comment historiser ?

Il y a plusieurs manières d'historiser les données :

- en introduisant une entité Date,
- en ajoutant une propriété permettant de dater une situation,
- en introduisant une propriété permettant de fixer la fin de l'historisation.

À retenir !

Une **entité Date** est une entité dont les occurrences permettent de situer dans le temps les données d'une organisation.

1. Introduire une entité Date

a. Définition

Une **entité Date** est une entité dont les occurrences permettent de situer dans le temps les données d'une organisation.

b. Exemple : Aquariums et Viviers

Dans l'entreprise **Aquariums et Viviers**, des lots de poissons sont réceptionnés régulièrement. Ceux-ci sont répartis dans différents aquariums. Un lot peut être réceptionné dans le même aquarium à plusieurs dates différentes. Le responsable de l'entreprise souhaite connaître le détail de cette répartition et à quelle date celle-ci s'est effectuée. Pour cela le modèle de données suivant a été établi :

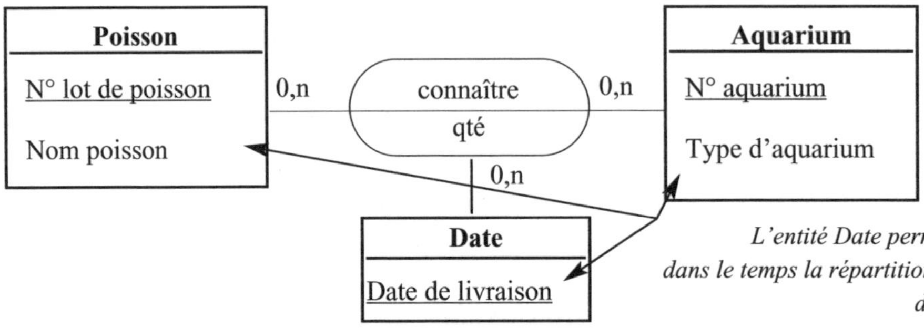

L'entité Date permet de repérer dans le temps la répartition des poissons de l'entreprise.

Application : Affichage électronique

Dans la ville de Bourg-Saint-Patrick des panneaux d'informations lumineux sont disposés dans les principaux lieux de passage de la ville. Les services municipaux ou d'État, les associations peuvent faire paraître sur ceux-ci des messages. Il est convenu avec l'annonceur un planning de parution des messages se présentant ainsi :

N° annonceur	N° message	Date	Fréquence quotidienne d'affichage
5	351	29/09/..	6
5	351	30/09/..	8

- Modélisez cette situation :

2. Ajouter une propriété permettant de garder l'intégrité du début à la fin de l'occurrence de l'association

Exemple : Gréements'Atlantique

La société **Gréements'Atlantique** fabrique du matériel permettant de manœuvrer les voiles sur un bateau : poulies, cordages... Sur le catalogue de l'entreprise figure pour chaque produit, un délai de livraison théorique. Lors de la passation de la commande, il est convenu avec le client, un délai de livraison réel correspondant aux besoins du client et à la charge de travail de l'entreprise. Le modèle de données suivant a été établi :

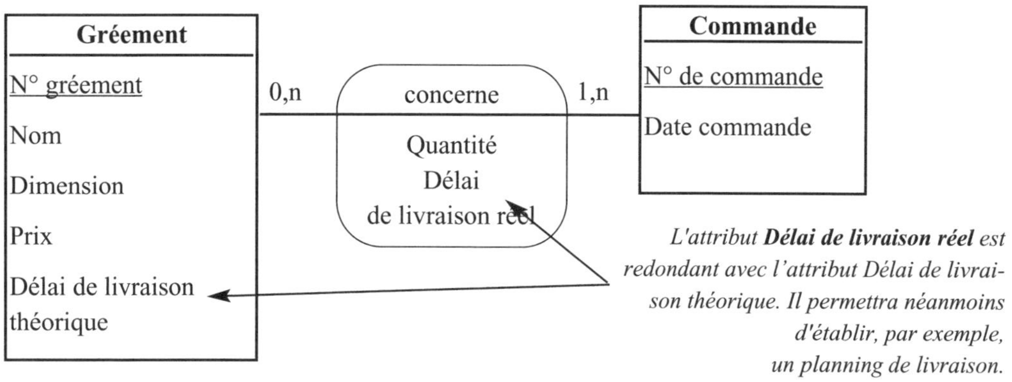

Application : Urgences 21

L'entreprise **Urgences 21** met à la disposition de ses clients des ambulances de différents types. Pour chaque type d'ambulance, un taux de base est prévu. Un taux réel sera ensuite fixé qui sera fonction de l'ambulance choisie, du lieu, du jour et de l'heure de l'intervention. Celle-ci est définie par un numéro, une date, une heure et un lieu d'intervention. Une intervention peut concerner plusieurs ambulanccs. Modélisez cette situation :

Complément

Les occurrences d'entités ou d'associations peuvent avoir une durée de vie illimitée (clients, fournisseurs par exemple) et d'autres, une durée de vie limitée (commandes, mouvements de stocks...).
Les occurrences, à durée de vie limitée, devront donc, un jour, être sorti de la base de données de l'entreprise.
Si elles sont conservées sur un autre support, on parlera d'**archivage** de la base de données.
Si elles sont supprimées, on parlera d'**épuration** de la base de données.

3. Introduire une propriété permettant de fixer la fin de l'historisation

Exemple : Haute Couture de Paris

La société **Haute Couture de Paris** conçoit des modèles de vêtement pour une saison (automne, hiver...). Ces modèles sont proposés dans des boutiques franchisées. Chaque modèle a une durée de vie limitée correspondant généralement à une saison. Au-delà d'une date, les boutiques ne sont plus autorisées à commercialiser le modèle. Le modèle de données suivant a été conçu :

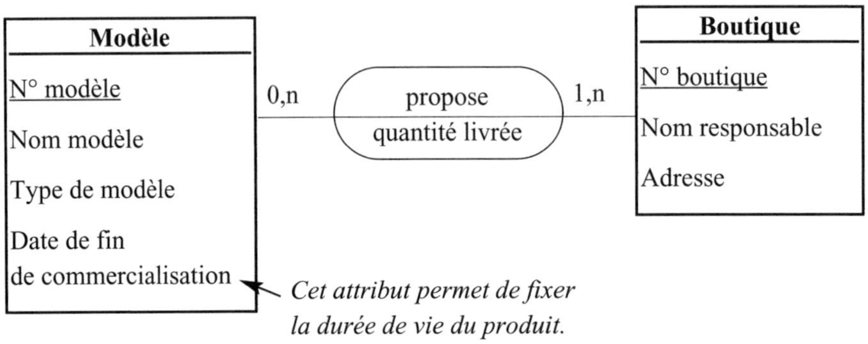

Application : Voyagiste.net

L'entreprise **Voyagiste.net** effectue sur les voyages qu'elle propose de nombreuses campagnes de promotion. Celles-ci sont identifiées par un numéro, une date de début et de fin de la promotion. Un voyage, caractérisé par un numéro et un nom, peut ne pas faire l'objet d'une promotion ou au contraire faire l'objet de nombreuses campagnes de promotion. Une promotion concerne un voyage.

- Modélisez cette situation :

4. Introduire des propriétés calculées

L'archivage ou l'épuration des données d'une base de données peut conduire à supprimer des données. Ainsi dans une entreprise, on pourra être amené à supprimer le détail des ventes (quantité x prix unitaire) des années précédentes mais on aimerait également conserver le cumul des ventes. Une propriété calculée devra donc être introduite dans le modèle organisationnel des données.

II. Sur quel support stocker les données ?

Les données peuvent être stockées sur un support informatique ou sur un support manuel (situation rare).

A. Comment représenter les supports de l'information dans le modèle organisationnel de données ?

Pour représenter les supports de l'information dans un modèle organisationnel des données, une case est ajoutée au niveau des entités et des associations :

La plupart des données étant informatisées, on n'indiquera pas, dans ce cas là, de code dans le modèle pour ne pas le surcharger.

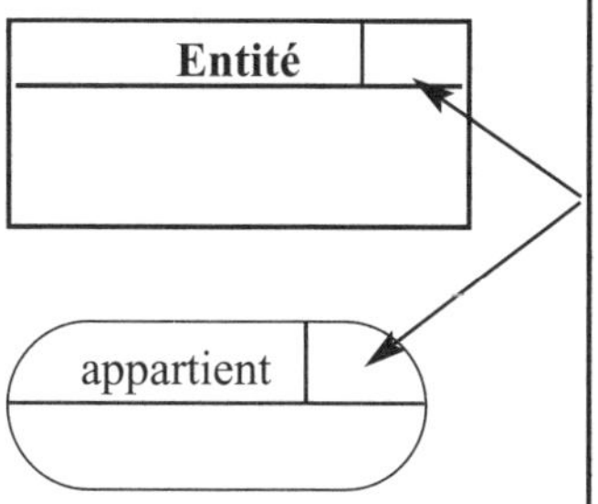

Contenu possible de la case		
Code	**Intitulé**	**Commentaire**
	Informatisé	Les données sont créées automatiquement par le système informatique.
M	Manuelle	Les données sont conservées sur un support manuel.
H	Historique sur support informatisé	L'historique est stocké sur un support informatique.
HM	Historique sur support manuel	Historique est réalisé sur un support manuel.

B. Exemple : Aquariums et Viviers

1. L'entreprise n'est pas informatisée

Le modèle organisationnel des données se présentera ainsi :

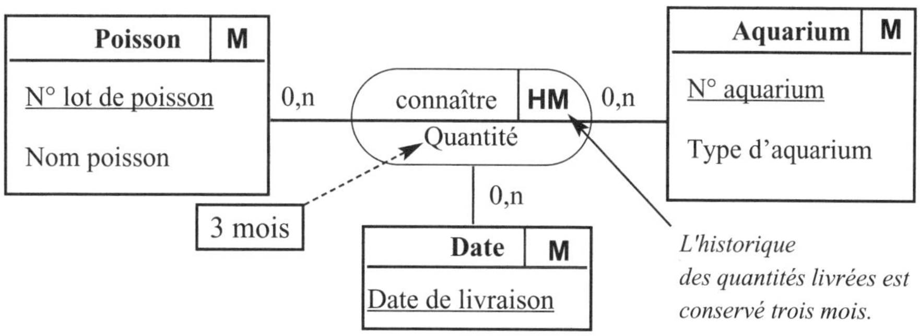

2. L'entreprise est informatisée

Le modèle organisationnel des données se présentera ainsi :

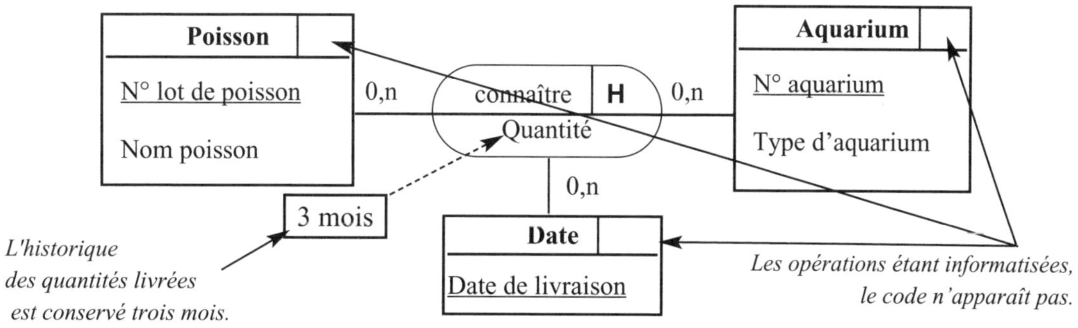

Application : Affichage électronique

- Complétez le modèle organisationnel des données dans les hypothèses suivantes (l'historique des fréquences d'affichage est conservé deux mois) :

La mairie n'est pas informatisée

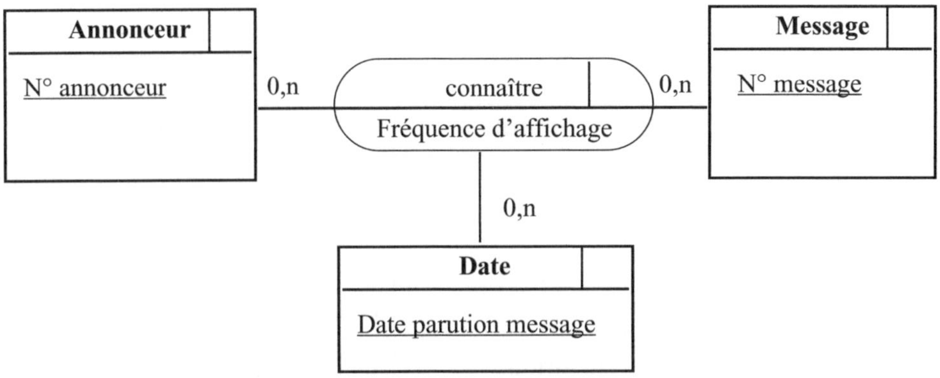

La mairie est informatisée

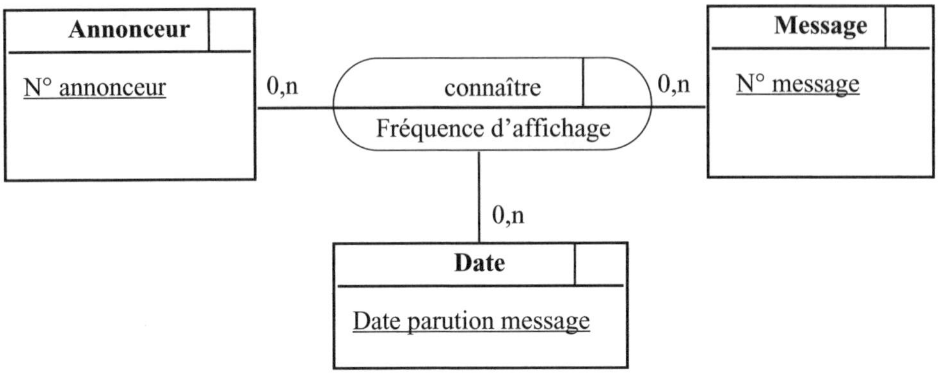

III. Qui est autorisé à manipuler les données de l'organisation ?

Au chapitre 10, nous avions vu que l'accès aux données d'une organisation était partiel pour certains membres de cette organisation. Le responsable du service du personnel avait par exemple accès à toutes les rémunérations de l'entreprise alors que les comptables ne pouvaient consulter que les données globales de la paye.

L'accès aux données est limité pour des raisons de confidentialité et d'efficacité. La paye est un bon exemple de la confidentialité. Pour l'efficacité, il est inutile de surcharger d'informations le personnel d'une organisation. Il faut juste lui fournir la bonne information, au bon endroit et au bon moment.

Le modèle organisationnel des données permet de définir qui a accès aux données dans une organisation et comment.

A. Qui a accès aux données de l'organisation ?

Pour répondre à cette question, il faut définir la notion de site et de poste.

1. Qu'est-ce qu'un site ?

a. Définition

Un **site** est un regroupement géographique et/ou fonctionnel d'acteurs appartenant à une organisation. Par exemple, les comptables (regroupement en fonction de l'activité assurée) sont rassemblés, au même endroit, au siège (**regroupement géographique**) d'une entreprise. Un **acteur** est une personne de l'organisation exerçant une activité précise. Un commercial est, par exemple, un acteur de l'entreprise.

Un site est un **regroupement fonctionnel** lorsque des personnes sont rassemblées pour assurer une fonction, une activité fondamentale de l'organisation, comme l'assistance technique aux clients, par exemple.

Exemples

Les achats, les ventes, l'informatique, la comptabilité sont des **sites fonctionnels**. L'usine de Tours, de Bordeaux sont des **sites géographiques**.

b. Exemple de regroupement géographique et fonctionnel d'acteurs

Dans l'entreprise **Levage 21**, on observe les sites géographiques et fonctionnels suivants :

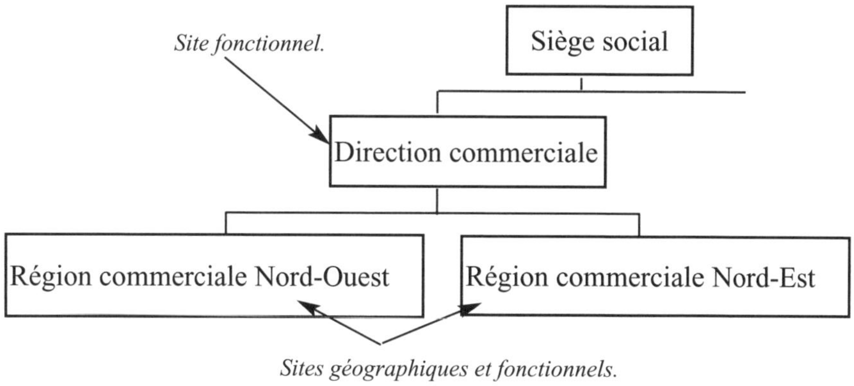

2. Qu'est-ce qu'un poste (... de travail) ?

a. Définition

Un **poste** est une activité exercée par un acteur sur un site. Cela constitue une ressource de l'organisation.

b. Exemple

Pour l'entreprise **Levage 21**, on observe les postes suivants :

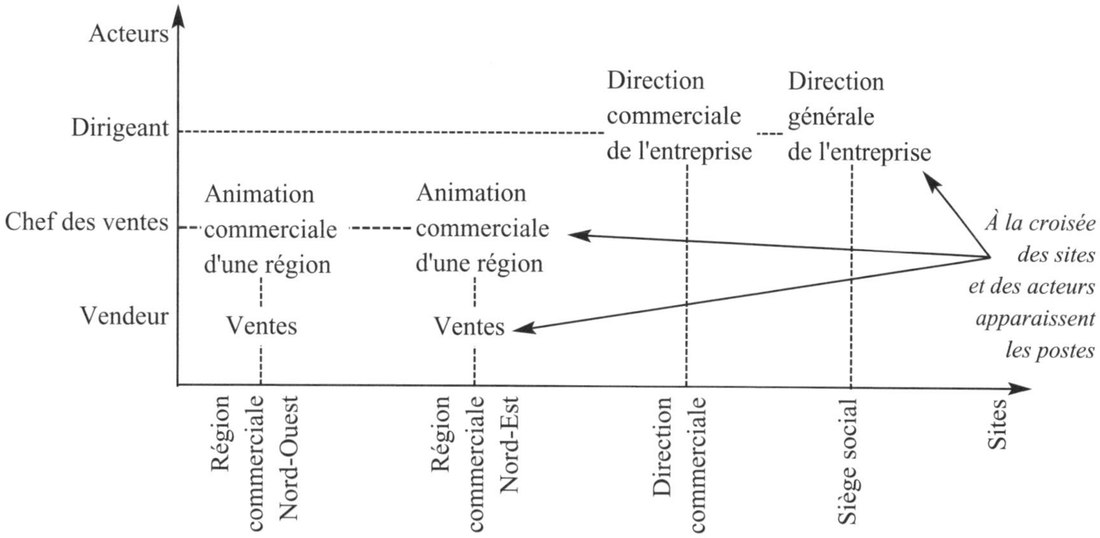

B. Comment les sites et les postes accèdent-ils aux données ?

Pour répondre à cette question, il faut définir ce que « voient » (notion de vue) les sites et les postes de l'organisation et ce qu'ils peuvent faire sur les données.

1. Qu'est-ce qu'une vue ?

a. Définition

Une **vue** est une représentation graphique des entités et des associations accessibles à un site ou à un poste.

b. Exemple : Le Feuillard d'acier

Dans l'entreprise **Le Feuillard d'Acier**, une partie du modèle de données se présente ainsi :

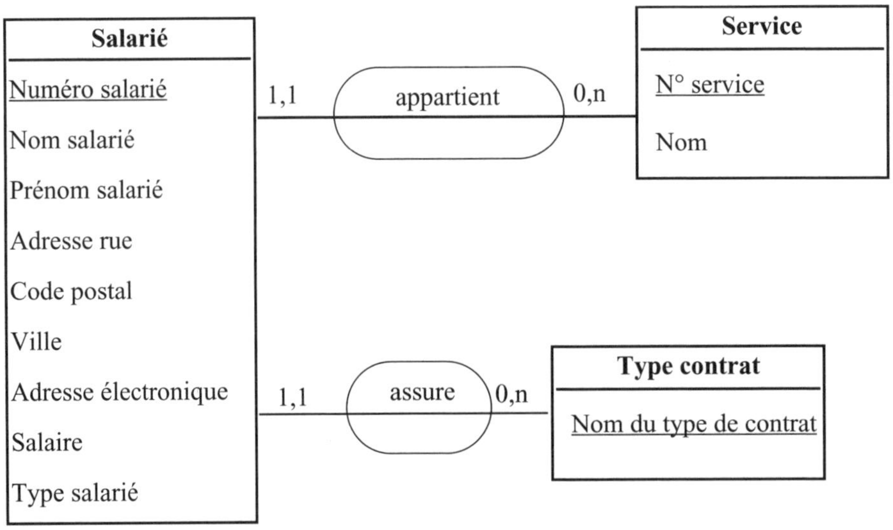

Dans cette entreprise, un annuaire (nom salarié, prénom salarié, nom du service et adresse électronique) de tout le personnel est accessible *via* la messagerie électronique à tous les salariés. La vue de tous les salariés de l'entreprise sur les données du personnel se présente ainsi :

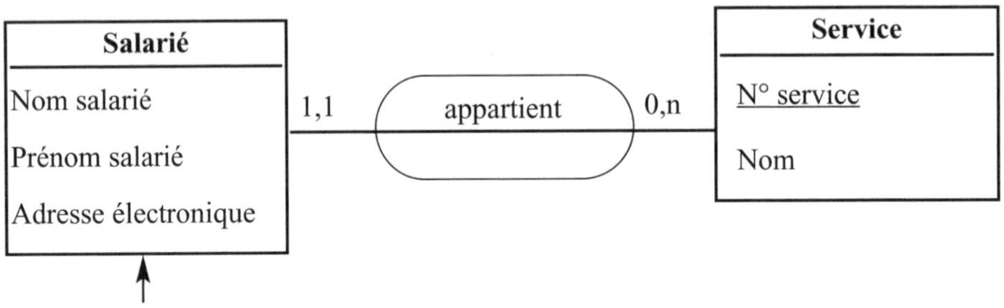

De nombreuses informations concernant les salariés ont « disparu » de la vue de tous les salariés pour des raisons de confidentialité et d'efficacité.

Ces données constituent la vue **Ensemble des salariés**.

Application : VPC.net

L'entreprise **VPC.net** vend de nombreux produits de grande consommation par correspondance (téléphone, courrier, Minitel ou Internet). Les produits présentés sur le catalogue sont génériques. Cela signifie que n'importe quel fournisseur peut, à partir des spécifications indiquées par l'entreprise **VPC.net** concevoir, s'il a les compétences, le produit. On note dans la base de données **VPC.net** les informations suivantes :

Réf. : 6153	Poids/m² : 10 kg/m²
Nom article : Plat à dinde	Lave-vaisselle : oui
Code famille : FAM	Prix de vente TTC : 30,35 €
Famille : Articles ménagers	Prix de vente HT : 25,38 €
Longueur : 39 cm	Prix d'achat HT : 12,69 €
Largeur : 31,5 cm	Coef. de vente : 2
Hauteur : 10 cm	Marge : 12,68 €
Matière : Tôle émaillée	

1. Concevez le modèle entité association de cette organisation :

2. Concevez la vue d'un acheteur de la direction des achats de VPC.net :

3. Concevez la vue du service logistique de VPC.net :

2. Que peuvent faire les sites (ou les postes) sur les données ?

a. Accès possibles aux données

Au niveau du modèle organisationnel des données, les accès que peuvent avoir les sites ou les postes sur les données sont précisées. Les possibilités d'accès sont les suivantes : création (C), interrogation (I), modification (M), suppression (S). Ces accès sont combinables.

b. Exemple : Le Feuillard d'acier (*suite*)

Dans l'entreprise **Le Feuillard d'acier**, le responsable du personnel a un accès complet aux données des salariés. Sa vue se présente donc ainsi :

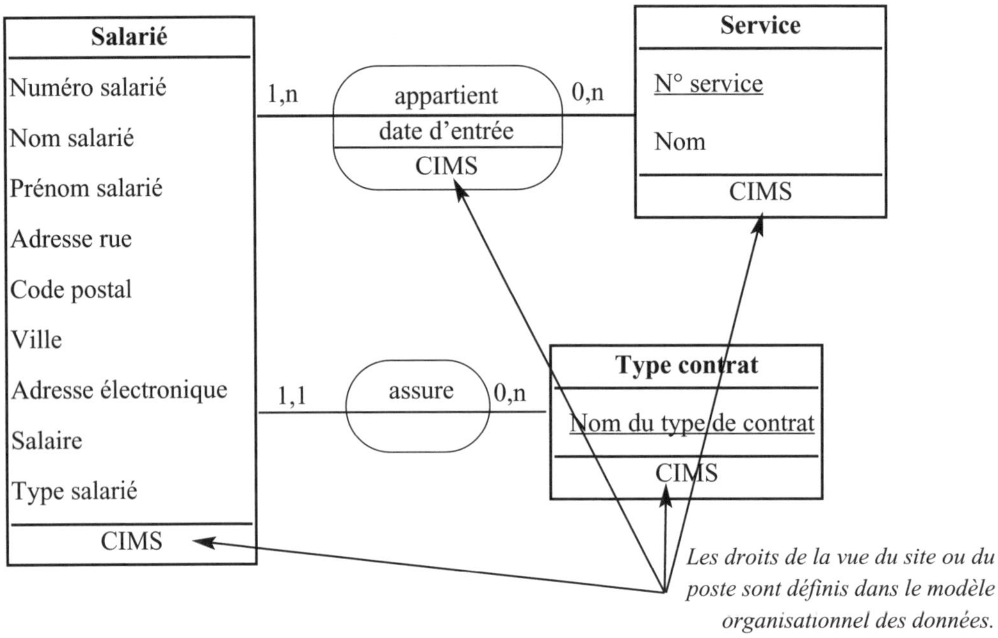

Application : La Quincaillerie des Pros

Dans l'entreprise **La Quincaillerie des Pros**, le modèle des données suivant a été établi :

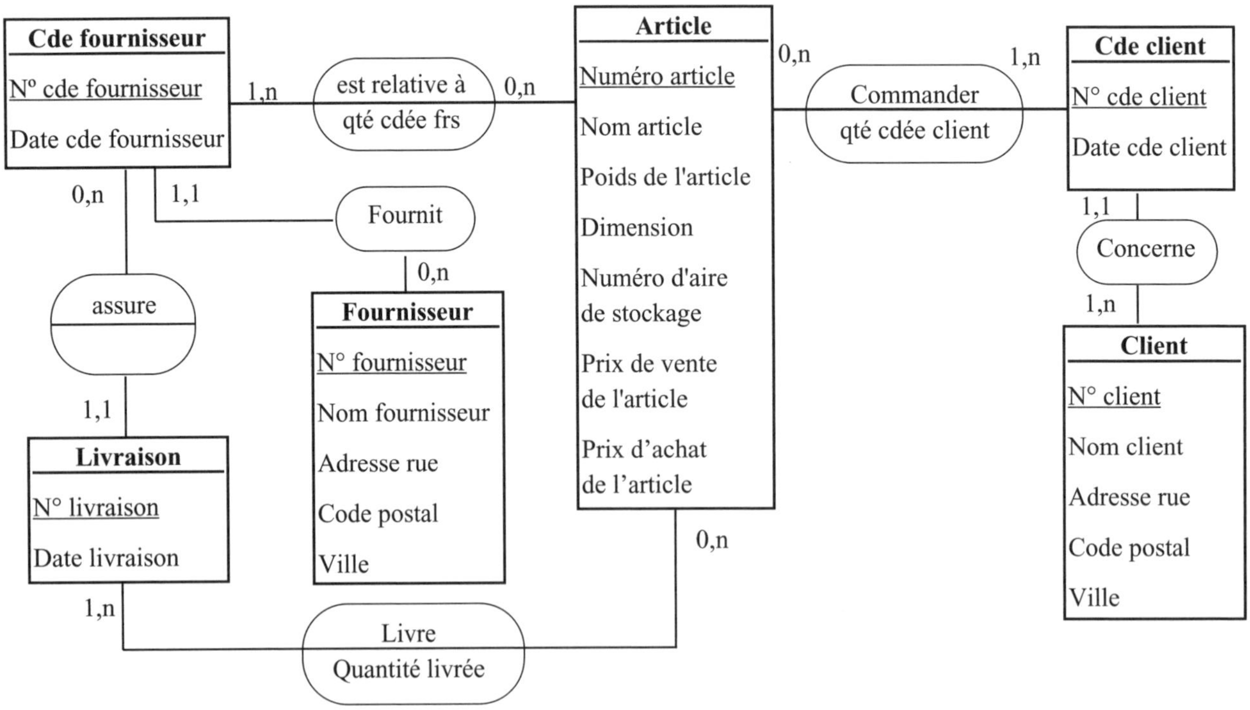

On vous communique les règles de gestion suivantes :

- le service **Achats** est le seul service autorisé à créer, à modifier et à supprimer des articles. Il en est de même pour les fournisseurs et les commandes fournisseurs,
- seul le service **Gestion des stocks** peut créer, modifier et supprimer les livraisons,
- le service **Commercial** peut créer, modifier et supprimer les clients et les commandes clients. Il peut modifier le prix de vente des articles.
- le service **Comptabilité** n'effectue pas la facturation des clients. Elle relève des commerciaux.

• Concevez, ci-dessous, les vues, avec les accès possibles pour les sites :

Gestion des stocks

Achats

Comptabilité

Commercial

3. Accès limité à une partie des occurrences d'une entité ou d'une association

a. Position du problème

Sur une entité ou une association, un site ou un poste peut voir son accès limité à certaines occurrences de l'entité ou de l'association.

b. Exemple : Le Feuillard d'acier (*suite*)

Dans l'entreprise **Le Feuillard d'acier**, la vue du responsable du personnel pourrait être la suivante :

N° salarié	Nom salarié	Type de salarié
5	Ray	directeur
9	Mevel	cadre commercial
10	Bez	ouvrier
11	Dufis	directeur

Toutes les occurrences de l'entité Salarié sont affichées.

Si, seul le responsable du personnel peut voir les salaires des directeurs, la vue des autres membres du service Personnel devient :

N° salarié	Nom salarié	Type de salarié
9	Mevel	cadre commercial
10	Bez	ouvrier

Une partie des occurrences de l'entité Salarié sont affichées.

c. Comment représenter l'accès limité aux données dans le modèle organisationnel des données ?

Pour ne pas surcharger le modèle organisationnel des données, les restrictions peuvent être rassemblées dans un tableau (ou formulaire).

La vue ***Autres membres du service du personnel*** *cachera les informations sur les directeurs.*

Ainsi les vues **Autres membres du service du personnel** et **Annuaire** de l'entreprise pourront se présenter ainsi :

La vue ***Annuaire*** *de l'entreprise permettra d'interroger les données Nom salarié,...*

Vue du site : Service du personnel				
	Vue d'entités/d'associations			
Entité/association	**Nom de la vue d'entités/d'associations**	**Critère de sélection des données**	**Propriétés**	**Type d'accès aux données**
Salarié	Autres membres du service personnel	Pas directeur		CIMS
	Annuaire de l'entreprise		Nom salarié Prénom salarié Nom service Adresse électronique	I

Synonyme

À la place de l'expression **Critère de sélection**, on pourra rencontrer le terme **prédicat**.

d. Quelle est la différence entre la vue d'un site et la vue d'un poste ?

Les accès possibles au niveau d'un site sont globaux. Au niveau des postes, les accès aux données peuvent être différenciés. Par exemple, la vue du site **Service du personnel** donne les accès à toutes les données des salariés. Au niveau des postes, nous avons vu que les accès étaient différenciés entre le poste **Responsable du personnel** et le poste **Autres membres du service du personnel**.

Application : La Quincaillerie des Pros (*suite*)

En utilisant un tableau (ou formulaire) présentez la vue :

- du site **Magasin** sur l'entité **Article** (on vous rappelle que le prix de vente des articles n'est pas une donnée utile pour les magasiniers),
- du poste **Directeur commercial**. L'approbation des commandes clients par le directeur commercial est nécessaire lorsque les quantités commandées par article sont supérieures à 500,
- du poste **Directeur des achats** qui doit être alerté lorsque le délai entre la date de commande du fournisseur et la date de la première livraison (ou la date de consultation des commandes) est supérieur à 30 jours :

4. Accès limité à une partie des propriétés d'une entité

Une vue se traduit souvent par la suppression d'une partie des propriétés d'une entité. Pour constituer l'annuaire de l'entreprise **Le Feuillard d'acier**, une partie des attributs a disparu de l'entité **Salarié** :

Modèle des données **Vue annuaire**

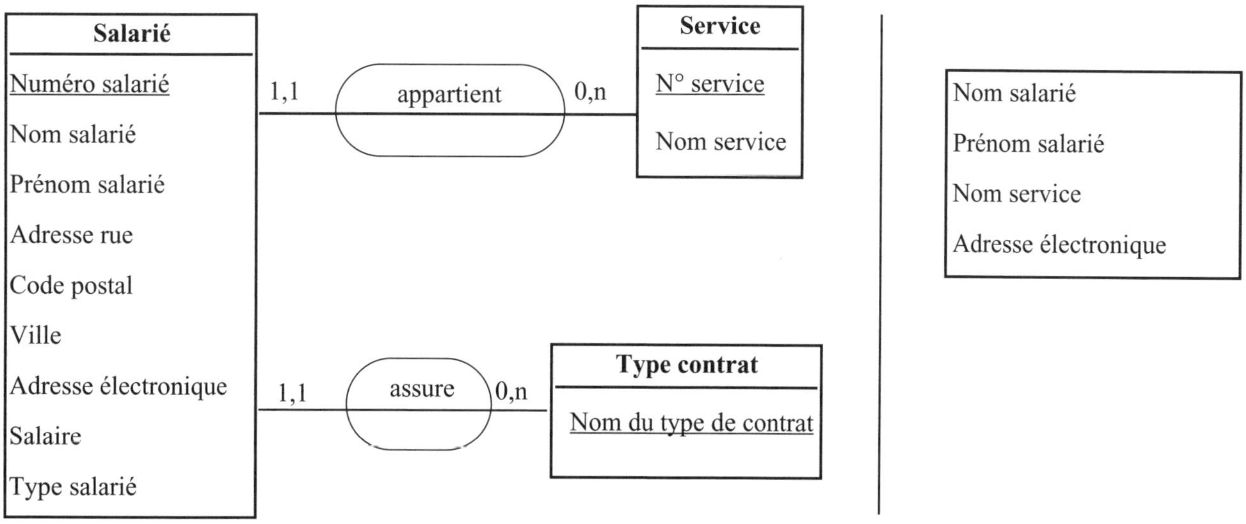

C. Constituer des groupes de données

Les accès aux données que nous venons de définir, permettent de classer les données en quatre groupes.

1. Repérer les différents groupes de données

a. Le groupe de données privées

Les données sont mises à jour par le site (ou le poste) et inaccessibles aux autres sites (ou postes).

b. Le groupe de données protégées

Les données sont mises à jour par le site (ou le poste) et consultables par d'autres sites (ou postes).

c. Le groupe de données partagées

Les données sont mises à jour et consultables par plusieurs sites.

d. Le groupe de données consultables

Les données sont uniquement consultables par le site (ou le poste).

2. Exemple : Le Feuillard d'acier (*suite*)

L'accès aux données des cadres supérieurs dans l'entreprise Le Feuillard d'acier peut se présenter ainsi :

Entité	Propriétés	Groupe de données Responsable du personnel	Groupe de données Autres membres du service du personnel	Groupe de données Autres salariés de l'entreprise
Salarié	N° salarié	Pro	Cons	NA
	Nom salarié	Pro	Cons	Cons
	Prénom salarié	Pro	Cons	Cons
	Adresse rue	Pro	Cons	NA
	Code postal	Pro	Cons	NA
	Ville	Pro	Cons	NA
	Adresse électronique	Pro	Cons	Cons
	Salaire	Pri	NA	NA
	Type de salarié	Pro	Cons	NA

Pro : protégé ; Pri : privé ; NA : non accessible ; Cons : consultable

Application : La Quincaillerie des Pros (*suite*)

Pour l'entité **Article** et pour les postes service **Magasin**, **Achat**, **Comptabilité**, **Commercial** indiquez à quels groupes de données appartiennent les différents attributs sachant que :

- le service **Commercial** peut créer, modifier interroger, supprimer un article,
- le service **Achat** peut modifier le prix d'achat d'un article,
- le service **Magasin** détermine le numéro de l'aire de stockage.

On vous rappelle le modèle conceptuel de données de l'entreprise :

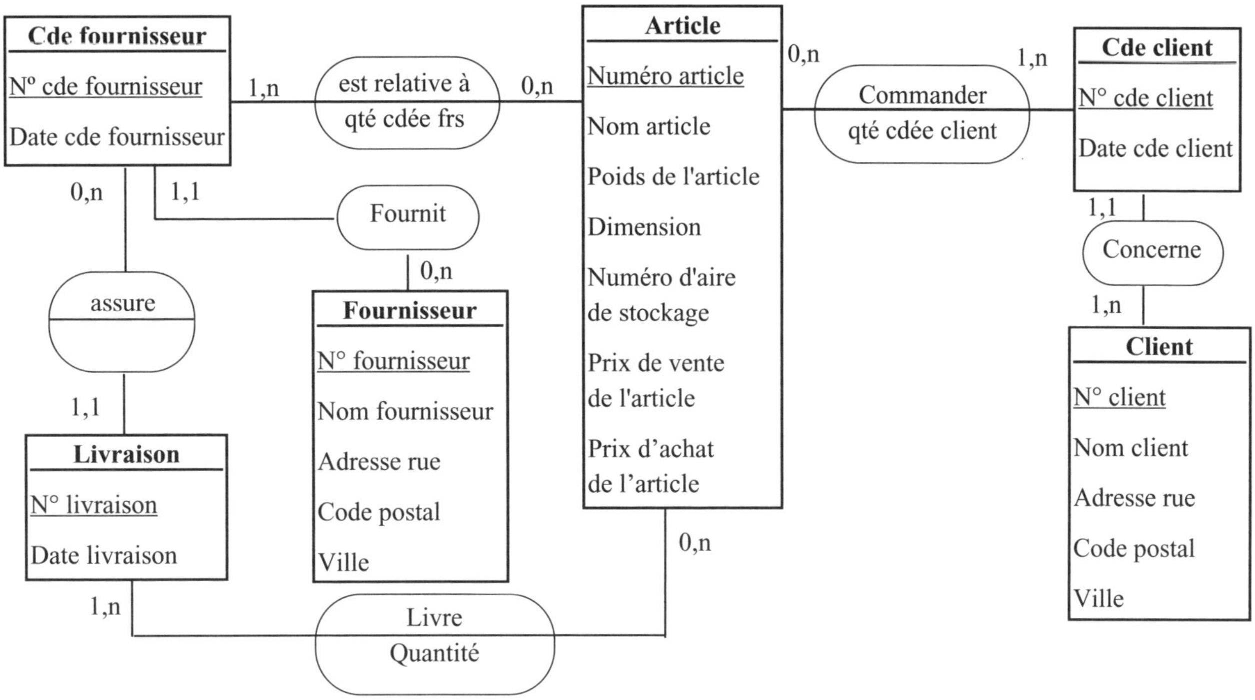

Indiquez pour l'entité **Article** et pour les postes mentionnés ci-dessus à quels groupes de données appartiennent les différents attributs :

Entité	**Propriétés**			
Article	Numéro article Nom article Poids de l'article Dimension Numéro d'aire de stockage Prix de vente de l'article Prix d'achat de l'article			

Compétence

23 Quel est l'intérêt de l'architecture client-serveur ?

Éléments du programme traités

Compétence technique

- Interpréter et compléter les schémas représentant et prenant en compte en tant que besoin :
  - les règles de gestion et les contraintes de l'organisation, les autorisations d'accès et d'utilisation des données et des traitements,
  - la répartition des données et des traitements et la localisation des acteurs.

Compétence en organisation

- Repérer la localisation des données d'un domaine d'étude et leur visibilité par rapport aux acteurs
- Identifier les informations pertinentes et leur localisation

Objectifs à atteindre

- Qu'est-ce qu'une architecture client-serveur ?
- Où placer physiquement les données d'une organisation ?
- Quelle répartition des données choisir ?
- Les protocoles Internet peuvent être associés aux architectures client-serveur

Mots-clés

architecture - architecture client-serveur - cliché -déclencheur (*trigger*) - distribution de données - intranet - logiciel client - logiciel serveur - répartition des données - réplication asynchrone - réplication des données - réplication synchrone

Connaître le contexte professionnel du dossier

Une architecture (ou organisation) **client-serveur** est une répartition des traitements de l'information entre un ordinateur appelé serveur et un ordinateur appelé client.

L'objectif est, pour une organisation, d'avoir les données centralisées sur le serveur afin d'être efficace. Cet objectif ne doit pas nuire à la rapidité des traitements des données sur les postes de travail de l'organisation.

En effet pour une organisation dispersée géographiquement, les délais d'accès à l'information sur le serveur peuvent créer des ralentissements. Il faut dans ce cas procéder à une **réplication des données**.

I. Qu'est-ce qu'une architecture client-serveur ?

Une **architecture** (ou organisation) **client-serveur** est une répartition des données et des traitements de ces données entre un ordinateur appelé **serveur** et un ordinateur appelé **client** :

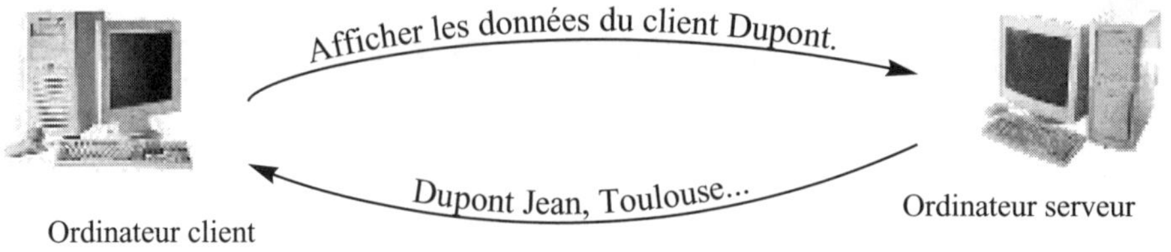

L'ordinateur client possède un logiciel nommé **logiciel client** qui demande à l'ordinateur serveur d'effectuer des traitements (ou services). L'ordinateur serveur dispose lui-même d'un logiciel nommé **logiciel serveur** qui permet de traiter les demandes des logiciels clients.

II. Où placer physiquement les données d'une organisation ?

A. Position du problème

Une fois que les postes de travail ont été définis dans une organisation, il faut préciser le lieu d'implantation des données utiles à ces postes de travail.

B. Exemple : Phone'Mobile

L'entreprise **Phone'Mobile** est un fabricant de téléphones portables. Elle possède un siège social à Lannion en Bretagne et une usine de fabrication de téléphones portables à Djakarta en Indonésie. Jean Legal est responsable de la comptabilité clients à Lannion et Siti Rukman est responsable de la comptabilité clients de l'usine de Djakarta. Les données relatives aux clients peuvent être stockées au siège social à Lannion ou à Djakarta.

La question qui se pose est de savoir si les données des clients doivent être installées à Lannion ou à Djakarta. Nous verrons que la réponse à cette question est moins simple qu'elle ne paraît.

À retenir !

La **répartition des données** est la définition du lieu d'implantation des données utiles aux postes.

C. Qu'est-ce que la répartition des données ?

La **répartition des données** est la définition du lieu d'implantation des données utiles aux postes. Deux solutions sont possibles : la **distribution des données** et la **réplication des données**.

À retenir !

La **distribution de données** consiste à rassembler les données sur un serveur pour les mettre ensuite à la disposition des logiciels clients.

1. Qu'est-ce que la distribution de données ?

Dans cette organisation, les données sont rassemblées sur le serveur et celui-ci répond aux demandes des logiciels clients. On parle de **serveur de données**.

Dans ce schéma et dans l'entreprise **Phone'Mobile,** les données seraient stockées à Lannion et l'usine de Djakarta interrogerait le serveur de données de Lannion.

2. Qu'est-ce que la réplication des données ?

Les données de l'organisation sont répliquées (ou dupliquées) sur plusieurs sites propres à l'organisation. Il existe plusieurs manières de répliquer les données.

a. Le cliché

- **Définition**

C'est une photographie des données originales stockées sur un site à un instant donné et recopiée sur un autre site :

> **À retenir !**
> Le cliché est une photographie des données originales stockées sur un site à un instant donné et recopiée sur un autre site.

Site Lannion

Clients	
01	Chouret
02	Delamer

Table originale.

Recopie des données de Lannion vers Djakarta.

Site Djakarta

Clients	
01	Chouret
02	Delamer

Cliché.

Le cliché consiste donc à dupliquer les données d'un site à un autre. Le cliché est renouvelé régulièrement en fonction des besoins de l'organisation. Par exemple, le cliché effectué au profit de l'usine de Djakarta pourra être renouvelé toutes les six heures.

- **Fréquence du cliché**

La **fréquence** est le nombre de fois que se reproduit un phénomène pendant une période. La fréquence du cliché sera donc quatre dans notre exemple pour une période de vingt-quatre heures (24/6).

Pour généraliser, la fréquence sera donnée par la formule **1/P**. La valeur **1** désigne la durée de la période pendant laquelle se renouvelle le phénomène observé (un jour, une semaine...) et **P** la durée de la période au bout de laquelle le phénomène se renouvelle. **1** et **P** doivent être exprimés dans la même unité.

> **Étymologie**
> Étymologie du mot asynchrone : **synchrone** du grec *sun* (avec) et *kronos* (temps) : avec le temps - **asynchrone** : sans le temps.

- **Que peut faire l'utilisateur sur le cliché ?**

L'utilisateur d'un cliché ne peut que consulter les données. Siti Rukman, la comptable de Djakarta, ne pourra, par exemple, que consulter les données des clients. Les mises à jour des données de Lannion, à partir du site Djakarta, ne seront pas possibles.

b. La réplication asynchrone

- **Définition**

La **réplication asynchrone** provoque une duplication des données en temps différé. Le déclenchement de la duplication est manuelle. Une personne va déclencher à l'aide d'un logiciel la duplication des données. La tâche de duplication des données peut-être aussi programmée.

> **À retenir !**
> La **réplication asynchrone** est une duplication des données en temps différé.

- **Exemple**

Jean Legal, le responsable de la comptabilité clients à Lannion pourra déclencher la duplication des données au profit de sa collègue à Djakarta. Il pourra également concevoir un petit programme pour automatiser cette tâche. La mise à jour ne peut être effectuée que par le propriétaire des données.

c. La réplication synchrone

Dans la **réplication synchrone**, la mise à jour des données originales déclenche la duplication immédiate (on parle de **temps réel**) des données.

Si le client **01 Chouret** change d'adresse, les données, mises à jour à Lannion, sont dupliquées immédiatement sur le site de Djakarta.

> **À retenir !**
> La **réplication synchrone** provoque une duplication des données dès la mise à jour des données originales.

La réplication synchrone peut être symétrique. Supposons maintenant que le site de Djakarta enregistre une commande du client **01 Chouret**, si la réplication est symétrique, les données originales du site de Lannion seront mises à jour par la copie se trouvant à Djakarta :

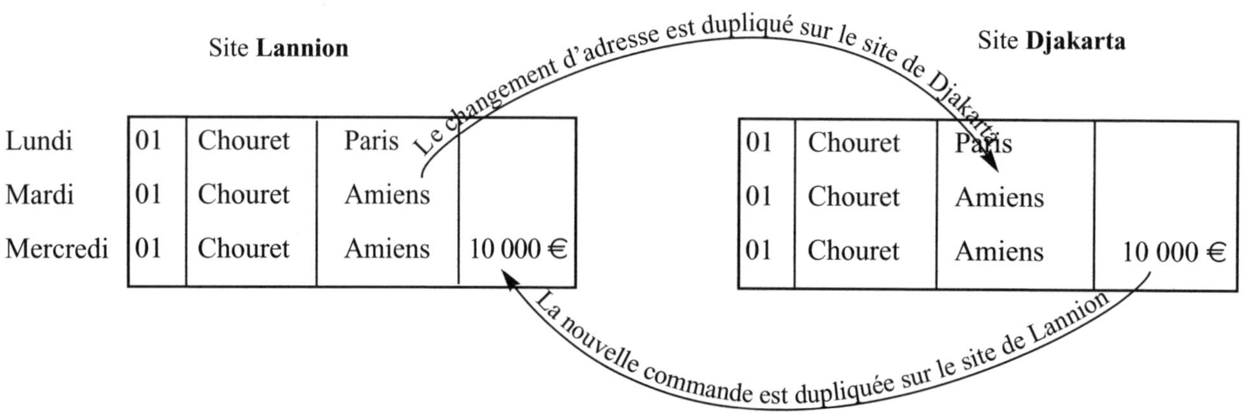

Quelques questions à un(e) futur(e) professionnel(le)...

1. Qu'est-ce qu'une architecture client-serveur ?

   ....

   ....

2. Pourquoi se pose-t-on la question du lieu de stockage des données dans une organisation ?

   ....

   ....

3. Qu'est-ce que la répartition des données d'une organisation ?

   ....

   ....

4. Quelle est la différence existant entre la distribution des données et la réplication des données ?

   ....

   ....

5. Qu'est-ce qu'un cliché ?

   ....

   ....

6. Quel est l'inconvénient du cliché ?

   ....

   ....

7. Quelle est la différence entre une réplication asynchrone et une réplication synchrone ?

   ....

   ....

III. Quelle répartition des données choisir ?

Le choix de la répartition des données dépend des opérations à effectuer sur les données (création, interrogation, modification ou suppression des données), de la manière d'utiliser les données et de la charge du réseau (beaucoup d'informations circulent-elles sur le réseau ?). S'agit-il de données partagées ? Protégées ? Privées ?

A. Tester d'abord une solution de distribution des données

1. Une mise en œuvre plus simple

Une solution fondée sur une base de données centralisée et une distribution des données avec des requêtes doit être étudiée en premier. La mise en œuvre est plus simple. La base de données des clients sera, par exemple, à Lannion, et le site de Djakarta pourra effectuer des requêtes sur cette base.

2. Comment tester la distribution des données ?

Le **temps de réponse** du serveur aux requêtes des postes de travail est le critère du test. Pour un travail en continu, par exemple la saisie des commandes clients par les opératrices, un temps de réponse ne dépassant pas deux à trois secondes est jugé acceptable. Pour un travail occasionnel sur le poste, par exemple une consultation, quatre à cinq secondes sera un temps acceptable.

Dans notre exemple, le site de Lannion obtiendra, en local, ces temps de réponse. Le personnel de Lannion enregistrera des informations saisies en moins de deux ou trois secondes. Le site de Djakarta n'obtiendra pas ces temps de réponse. Une autre solution doit être trouvée.

B. Mettre en place des solutions de réplication

Si les temps de réponse du serveur sont inacceptables, il faut mettre en place des solutions de réplication des données.

1. Quelles sont les données concernées ?

Seules les données partagées ou protégées sont concernées par la réplication. En effet, comme nous l'avons vu au chapitre 22, les données privées sont mises à jour par le site propriétaire et sont inaccessibles aux autres sites. Elles ne sont donc pas dupliquables.

2. Recenser les situations de réplication

Il faut examiner chaque table des données commune à deux vues comme la table **Clients** pour les vues de Lannion et de Djakarta. En effet, si une table est propre à un site, on la place près de ce site. Rappelons qu'une vue est :

- une représentation graphique des entités et des associations accessibles à un site ou à un poste,
- et une définition des actions que celui-ci peut faire sur les données.

Il faut ensuite examiner les actions que les vues peuvent effectuer sur la table des données commune.

On distingue deux types d'actions : la consultation et la mise à jour. Celle-ci regroupe les opérations de création, modification ou de suppression de données.

Deux sites et deux types d'actions génèrent quatre situations (2 x 2) de réplications des données. Nous allons en examiner quelques-unes.

Rassemblons dans le tableau reproduit à la page suivante les caractéristiques d'une situation, en s'appuyant sur l'exemple de l'entreprise **Phone'Mobile** :

Table commune aux deux vues	Action effectuée par la		Type de mise à jour souhaitée	Réplication des données à mettre en place
	Vue Lannion	**Vue Djakarta**		
Clients	Consultation	Consultation	-	Si le propriétaire de la table Clients est à Lannion, un cliché de la table Clients est effectué pour la vue Djakarta, sinon un cliché de la vue est faite pour Lannion.
	Consultation	Mise à jour effectuée par la vue Djakarta mais utile pour la vue Lannion.	Une mise à jour en temps réel des données de Lannion est nécessaire.	La table **Clients** est placée dans la vue de Djakarta et un déclencheur (*trigger* en anglais) réplique la table Clients pour la vue de Lannion.
			Une mise à jour différée suffit.	La table **Clients**, placée dans la vue Djakarta, est répliquée, manuellement, pour Lannion, lorsque cela est nécessaire.
	Mise à jour utile à la vue Djakarta.	Mise à jour utile à la vue Lannion.	Une mise à jour en temps réel est nécessaire pour les deux vues.	Les clichés sont interdits. En effet un cliché de la vue Lannion risquerait, par exemple, d'écraser une mise à jour récente de la vue Djakarta. Un déclencheur est placé dans la table de la vue Lannion et dans celle de Djakarta.
			Les besoins de mise à jour sont différents suivant les vues.	Un déclencheur sera, par exemple, placé sur la vue Lannion et une réplication manuelle sera installée pour la vue Djakarta ou une réplication manuelle sera associée aux deux postes.

*Un **déclencheur** est une instruction qui provoque la réplication d'une table dès sa mise à jour.*

Quelques questions à un(e) futur(e) professionnel(le)...

1. Quelle est la solution idéale de répartition des données ?

   ....

2. Sur quel critère va-t-on abandonner la distribution des données pour une réplication des données ?

   ....

3. Peut-on répliquer toutes les données ? Pourquoi ?

   ....

4. Qu'est-ce qu'une mise à jour en temps réel ? En temps différé ?

   ....

IV. Les protocoles Internet peuvent être associés aux architectures client-serveur

L'utilisation d'un logiciel de navigation pour accéder à une base de données centralisées (distribution des données) peut être intéressante pour une organisation dans le cadre d'un intranet.

Rappel : l'intranet est l'application des protocoles Internet au réseau local.

Applications de synthèse

Application n° 1 : Protect'flamme

L'entreprise **Protect'flamme** fabrique et commercialise des extincteurs. Le siège de l'entreprise est à Bordeaux et l'usine de fabrication des extincteurs à Rodez (Aveyron). Les produits sont commercialisés par des représentants disposant d'un ordinateur portable avec un modem à 56 000 bits par seconde leur permettant de consulter les données permanentes du siège.

Une ligne offrant un haut débit (2 millions de bits par seconde) dans le sens Bordeaux-Rodez et un débit moyen (256 000 bits par seconde) dans le sens Rodez-Bordeaux est installée. Le temps de consultation des données du site de Rodez par le site de Bordeaux est de deux secondes et de huit secondes dans l'autre sens.

Les données concernant les stocks sont détenues par le site de l'usine de Rodez. Celles concernant les clients sont possédées par le siège. Dans l'usine, comme au siège, un réseau local est installé. À partir des situations décrites ci-dessous, proposez une solution de répartition des données en la justifiant.

1. Au siège, la comptabilité Clients souhaite consulter et mettre à jour les comptes clients :

   ....

   ....

2. Le directeur de l'usine souhaite consulter la situation des clients stockés au siège. Il accepte une actualisation des données des clients toutes les douze heures :

   ....

   ....

3. Le siège veut connaître, à tout instant, les entrées en stocks générées par la production de l'usine :

   ....

   ....

4. Lorsqu'un représentant se connecte au siège, il veut connaître le stock réel des produits commercialisés :

   ....

5. Le siège veut connaître en temps réel les sorties de stocks générées par les commandes passées par les clients directement au siège ou par l'intermédiaire des représentants :

   ....

6. Les représentants veulent avoir une situation à jour des clients datant de moins de 24 heures. Les représentants doivent pouvoir mettre à jour immédiatement les comptes clients (encaissement d'un règlement lors d'une visite par exemple) :

   ....

Application n° 2 : Azur location

Azur location est un réseau d'agences de location de voitures dont le siège social est à Caen. Un client peut louer une voiture dans l'agence de Bordeaux qu'il a contactée mais aussi dans une autre agence, celle de Strasbourg, par exemple, pour avoir une voiture disponible à son arrivée, s'il voyage par avion ou par le train. Chaque agence doit donc connaître à tout instant les véhicules disponibles dans le réseau Azur. Les comptes clients sont gérés localement. Le service de recouvrement des créances douteuses, au siège, doit pouvoir connaître la situation des comptes clients. Les agences enregistrent les factures fournisseurs mais le siège règle, pour des raisons d'optimisation de la trésorerie, ces factures. Les liaisons informatiques dans l'entreprise sont à haut débit. Les temps d'attente et de mise à jour sont faibles.

1. Pour la gestion des voitures, quelle répartition des données préconisez-vous ? Décrivez et justifiez votre solution :

   ....

   ....

   ....

   ....

2. Le service de recouvrement, au siège, n'a pas besoin de données à jour en temps réel. Une mise à jour quotidienne effectuée le matin après réception et traitement du courrier dans les agences lui suffit. Quelle répartition des données préconisez-vous ?

   ....

   ....

   ....

   ....

3. Pour établir sa prévision de trésorerie, le siège a besoin de connaître chaque jour la position des comptes fournisseur des agences. Proposez une solution de répartition des données :

   ....

   ....

   ....

   ....

4. Pour répondre aux demandes des services clients de ses fournisseurs, l'agence doit connaître les règlements effectués par le siège. Ceux-ci sont effectués le 10, le 20 et le 30 de chaque mois. À la demande pressante d'un fournisseur, l'agence peut régler ponctuellement le fournisseur. Préconisez une solution de répartition des données :

   ....

   ....

   ....

   ....

REPRÉSENTER LE TRAITEMENT DES DONNÉES D'UNE ORGANISATION

Compétence 24 Comment établir un modèle organisationnel de traitement ?

Éléments du programme traités

Compétence technique

- Interpréter et compléter les schémas représentant :
- des flux d'informations,
- une organisation des données,
- un enchaînement des traitements,
- une articulation entre les données et les traitements.

Compétence en organisation

- Déterminer la nature des traitements, leur mode, leur périodicité, leur échéance et leur durée

Objectifs à atteindre

- Qu'est-ce qu'un modèle organisationnel de traitement analytique (MOTA) ?
- Distinguer les différents types de traitement

Mots-clés

batch (par lot) - diagramme de séquences - événement déclencheur - événement résultat - mode conversationnel - modèle organisationnel de traitement analytique - nature des traitements - objet - opération organisationnelle - opération - règles de synchronisation - règles d'émission - traitement automatique - traitement différé - traitement immédiat - traitement manuel - traitement semi-automatique - UML

Connaître le contexte professionnel du dossier

Le modèle organisationnel des traitements a pour fonction de définir les traitements effectués sur les données de l'organisation. Il précise également qui effectuera le traitement, quand ce traitement est mis en œuvre et la durée du traitement. Enfin il indique les données mises en œuvre et à quel endroit le traitement est effectué. Le repérage des opérations de traitement et de la nature des traitements (manuel, semi-automatique ou automatique) sont au centre de l'analyse.

I. Qu'est-ce qu'un modèle organisationnel de traitement analytique (MOTA) ?

A. Définition

Un modèle organisationnel de traitement analytique est une description des traitements répondant aux questions :

- QUI fait les traitements,
- QUAND sont faits les traitements (périodicité, échéance, durée),
- OÙ sont faits les traitements,

et mettant en évidence :

- la nature des traitements (manuel [M], conversationnel [C], automatique [A]),
- les événements qui déclenchent les traitements, les règles de synchronisation entre les événements déclencheurs,
- les événements résultat issus des traitements et les règles d'émission de ces événements résultat,
- l'articulation entre les données et les traitements.

Remarque : un traitement est en **mode conversationnel** lorsqu'un utilisateur introduit des données ou effectue des actions dans un logiciel et que celui-ci réagit. Le fait de cliquer sur un bouton d'un logiciel est un traitement en mode conversationnel.

B. Exemple : l'entreprise L'Arlequin (*suite*)

L'entreprise **L'Arlequin** est spécialisée dans la location de vêtements et d'accessoires pour les spectacles. Tous les jours ouvrables de 8 heures à 18 heures, les clients demandent des devis. Après consultation des stocks et des tarifs, le service commercial à partir d'un logiciel de gestion commerciale, établit un devis (durée de l'opération : 3 mn). Le client peut éventuellement passer une commande. Le service commercial rappelle alors le devis et le transforme en bon de commande (durée : 1 mn). Celui-ci est imprimé et transmis au service magasin. Le magasinier recherche les vêtements demandés. Il met à jour, à l'aide du logiciel de gestion commerciale, les stocks et transforme le bon de commande en facture (durée : 5 mn). Il établit également un bon de livraison. La vue des postes Commercial et Magasinier est la suivante :

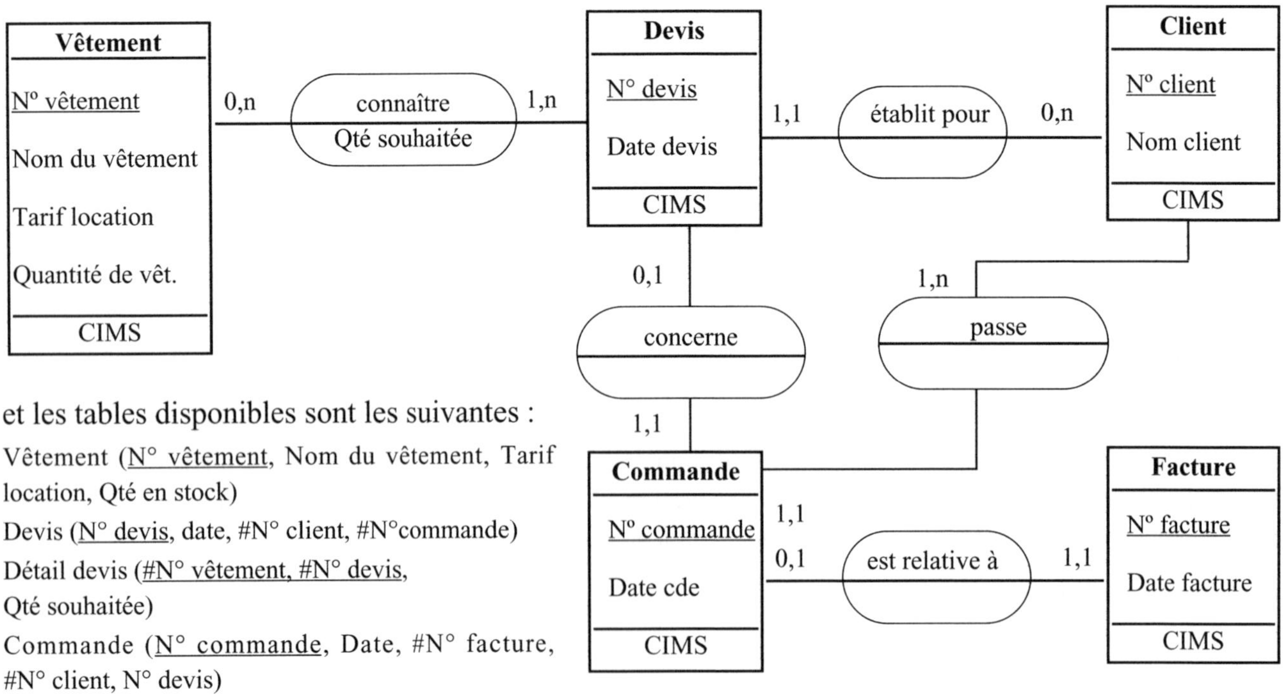

et les tables disponibles sont les suivantes :

Vêtement (<u>N° vêtement</u>, Nom du vêtement, Tarif location, Qté en stock)

Devis (<u>N° devis</u>, date, #N° client, #N°commande)

Détail devis (<u>#N° vêtement, #N° devis</u>, Qté souhaitée)

Commande (<u>N° commande</u>, Date, #N° facture, #N° client, N° devis)

Facture (<u>N° facture</u>, Date, #N° commande)

Le modèle organisationnel de traitement analytique de la demande de devis se présente ainsi :

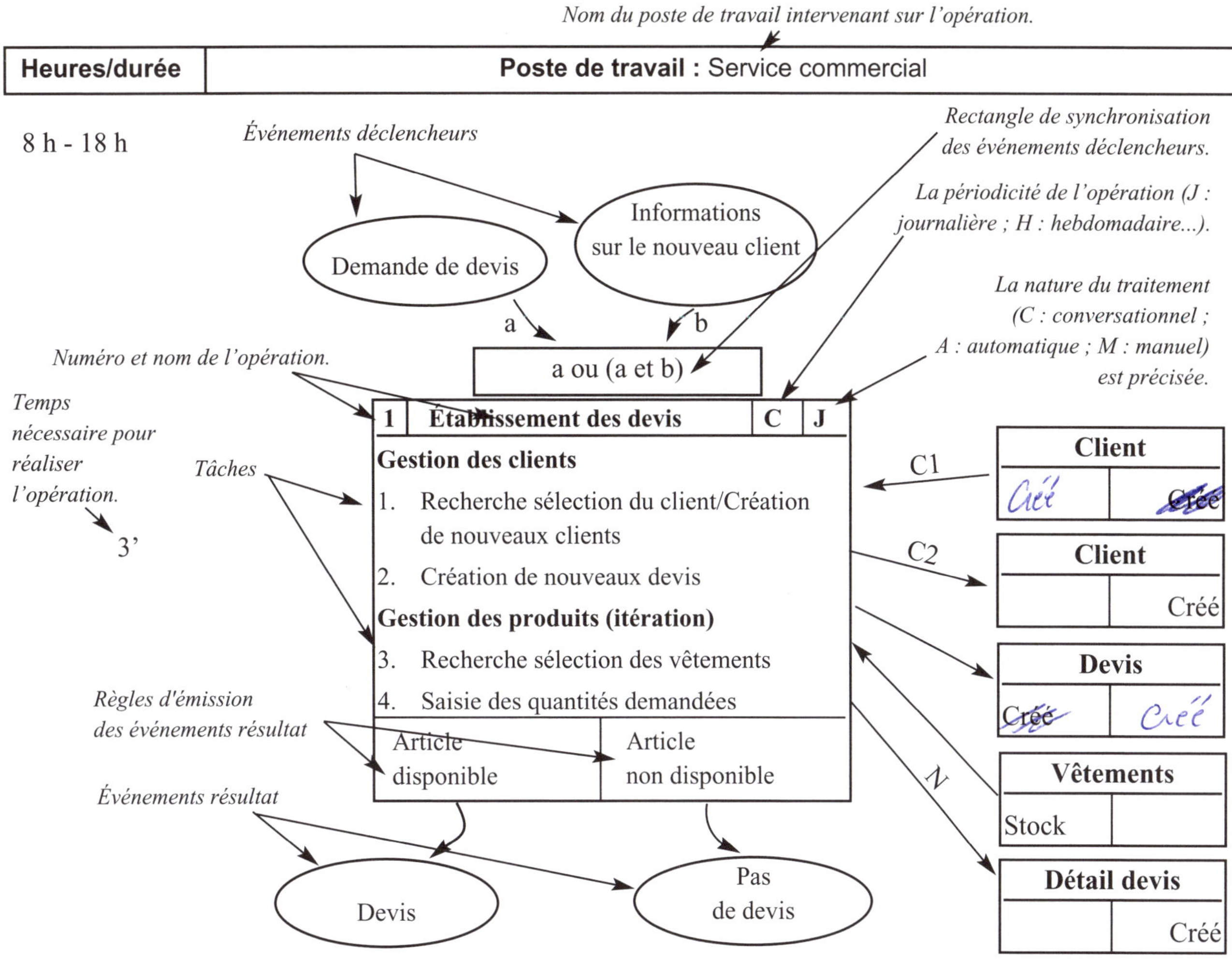

C1 : Si c'est un ancien client, la table Client est consultée (◄—)

C2 : Si c'est un nouveau client, un enregistrement est créé (—►)

N : La tâche de création de lignes d'articles du devis est répétée autant de fois qu'il y a d'articles demandés.

II. Qu'est-ce qu'une opération (ou opération organisationnelle) ?

A. Définition

Une opération est un ensemble de tâches exécutées sans interruption à partir d'un seul poste de travail et de même nature (manuel [M], conversationnel [C], automatique [A]). Dans le schéma ci-dessus, l'établissement du devis est une opération. Celle-ci est définie par son unité de lieu, de personne et de traitement.

B. Composants d'une opération

Une opération est composée de plusieurs éléments :

- un ou plusieurs événements déclencheurs. La demande de devis, dans l'exemple ci-dessus, est un événement déclencheur,
- une liste de tâches que l'on ne peut pas interrompre. Les tâches 1 à 4 ci-dessus ne peuvent être interrompues. L'établissement du devis est un processus complet,
- un ou plusieurs événements résultat. Le devis où l'annulation du devis sont des événements résultat,
- des règles d'émission : la disponibilité des articles est la condition d'émission des événements résultat dans notre exemple.

Qu'est-ce qu'un progiciel de gestion intégré (ou PGI) ?

Un **progiciel** est un logiciel adapté aux besoins d'une organisation.

Un **PGI** est un progiciel qui gère les grands processus d'une organisation : finances, logistique et ressources humaines.

Un **processus** est une combinaison de ressources et de compétences en vue d'obtenir un avantage sur la concurrence.

La **logistique** est l'ensemble des activités permettant l'acheminement d'un bien vers le consommateur.

Le traitement simultané de trois grands processus justifie l'expression « progiciel de gestion intégré ».

Synonyme

Pour les progiciels de gestion intégrés, on parle aussi d'ERP (*Enterprise Ressources Planning*)

- des actions sur les tables des données de l'organisation étudiée :
  - Créer (→),
  - Interroger (←),
  - Modifier (↔),
  - Supprimer (-X-).

Application : L'entreprise L'Arlequin (*suite*)

- Établissez, pour l'entreprise L'Arlequin, à partir des renseignements de la page 278 le modèle organisationnel des traitements analytique des opérations :
  - Transformation du devis en commande,
  - Établissement du bon de livraison et de la facture.

III. Quelles sont les actions possibles sur les tables de l'organisation ?

Le grand intérêt du modèle organisationnel de traitement analytique est de montrer :

- l'action des opérations sur les enregistrements des tables de la base de données de l'organisation,
- le changement aussi de l'état des enregistrements (création, modification, suppression) de ces tables.

A. Lister les actions possibles

1. Consultation

Formalisme

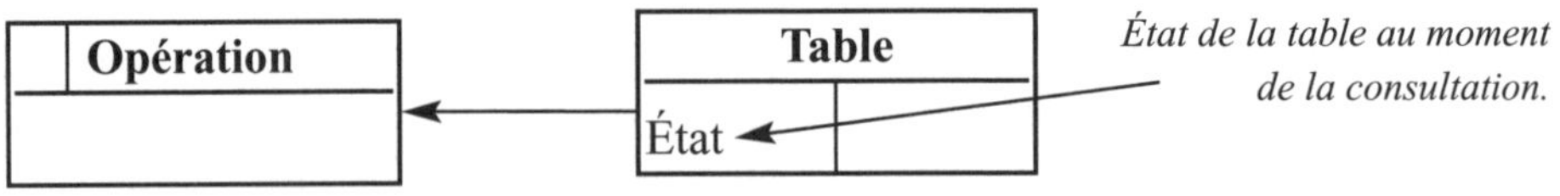

Exemple : Consultation des données d'un client existant

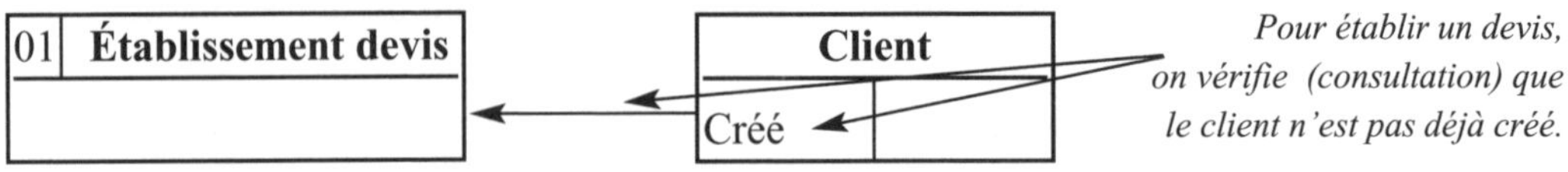

2. La création

Formalisme

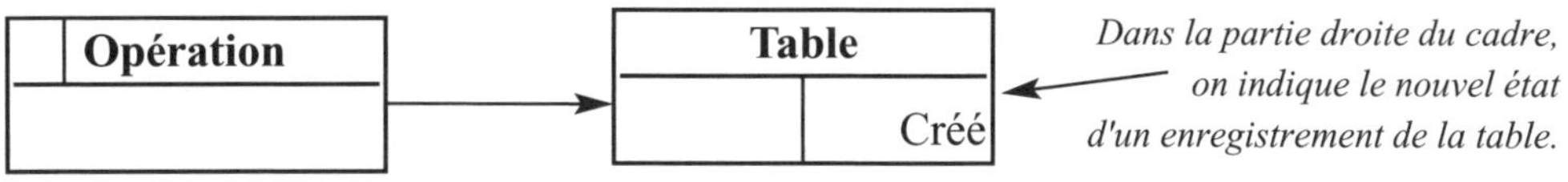

Exemple : Création d'un nouveau client

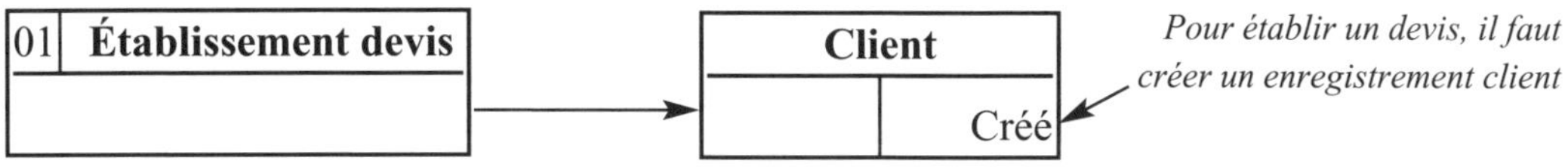

3. La mise à jour

Formalisme

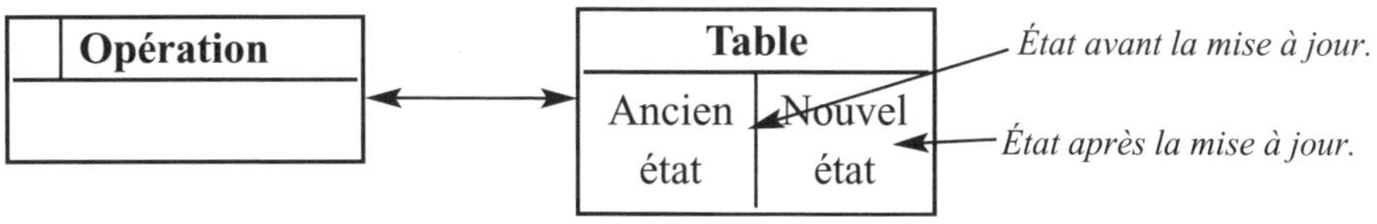

Exemple : Changement d'adresse d'un client

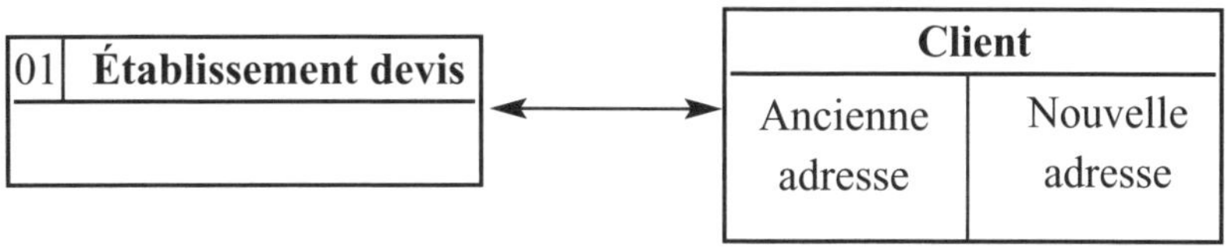

4. Suppression

Formalisme

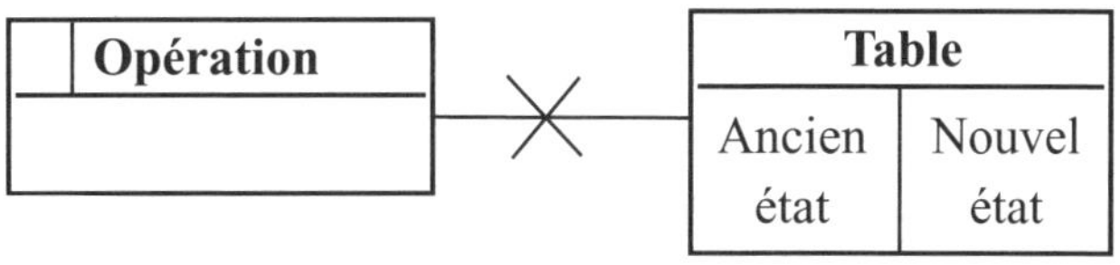

Exemple : Suppression d'un article d'un devis

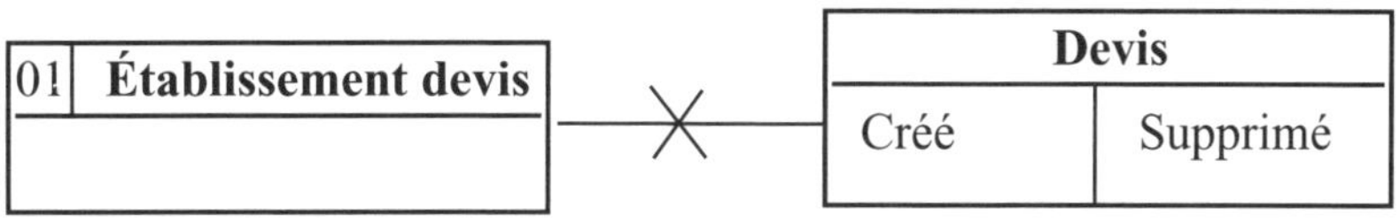

B. Représenter les contraintes associées aux actions sur les enregistrements des tables

Une action sur une table peut être : subordonnée à la réalisation d'une condition ou être répétitive.

Comment représenter ces situations dans le modèle organisationnel de traitement analytique ?

1. Action conditionnelle

Une action peut être soumise à une condition :

La condition concerne toutes les formes d'actions : création, consultation, modification, suppression.

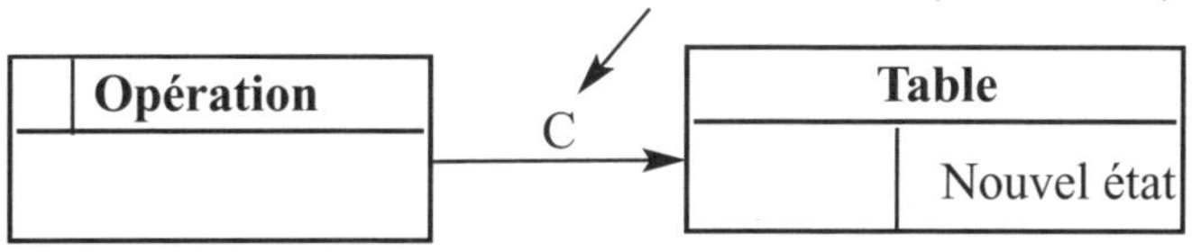

C: description de la condition

Exemple : création d'un nouveau client

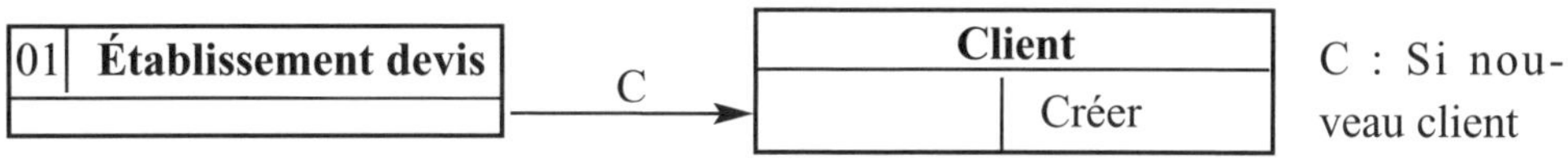

Quel est l'intérêt des logiciels PGI ?

Ils permettent d'automatiser un grand nombre de tâches administratives.

Cela permet d'obtenir d'importants gains de productivité.

Dès qu'un salarié saisit une donnée dans une organisation, celle-ci est traitée et répercutée sur les postes de travail qui en ont besoin. Par exemple, si un commercial, dans une entreprise de coutellerie, saisit sur son portable, une commande de 10 000 couteaux, le PGI modifie automatiquement le planning des usines, suggère au département Achats d'augmenter le stock de bois pour réaliser les manches des couteaux et transmet les coordonnées du client à la comptabilité pour préparer la facture.

Le logiciel R/3 de la société SAP est le logiciel de gestion intégré le plus vendu dans le monde.

Principaux éditeurs d'ERP : SAP, Baan, People Soft...

2. Action itérative

Une action peut concerner plusieurs enregistrements d'une table. Elle doit donc être répétée.

Formalisme

L'itération concerne toutes les formes d'action : création, consultation, modification et suppression.

Le caractère N indique la présence d'une action répétitive.

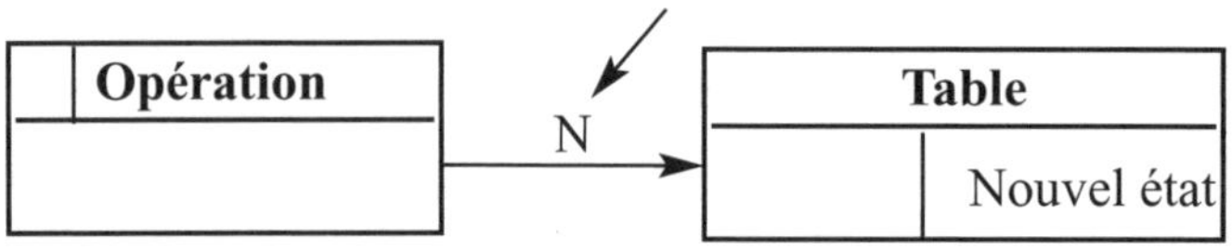

Exemple : Création des lignes d'un devis

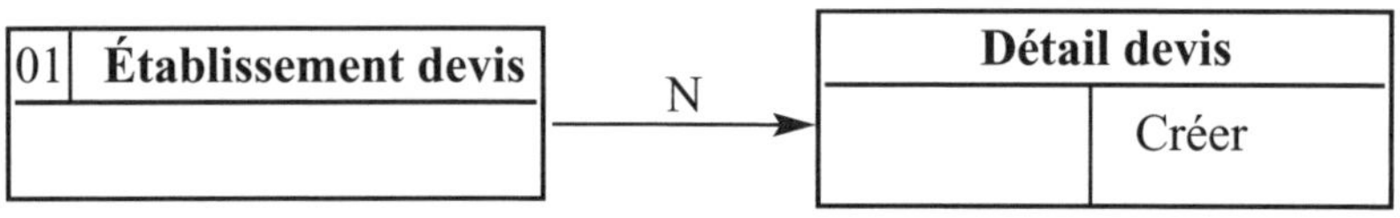

L'action de création de ligne du devis doit être répétée autant de fois qu'il y a d'articles demandés.

IV. Distinguer les différents types de traitement

A. Classement des traitements en fonction de leur automatisation

À retenir !

Le **mode conversationnel** est une situation dans laquelle l'utilisateur d'un logiciel donne des informations au logiciel sous des formes diverses (clic, saisie des données...) et que le logiciel réagit en affichant des listes déroulantes, en restituant des informations.

Un traitement peut être manuel, semi-automatique (ou interactif ou conversationnel), ou automatique (ou *batch* [par lot]).

1. Traitement manuel

Le traitement est effectué par une personne sans aide matérielle. Dans l'entreprise L'Arlequin, la consultation d'un catalogue papier par le commercial est une opération manuelle.

2. Traitement semi-automatique

Plusieurs expressions sont synonymes de l'expression semi-automatique : interactif, conversationnel, dialogue homme/machine. Ces expressions désignent une situation mettant en œuvre un logiciel. Celui-ci sollicite des informations, nom du client par exemple. L'utilisateur du logiciel répond (interactif) en saisissant, par exemple, Martin.

3. Traitement automatique

Les traitements se font sans intervention humaine.

Dans l'entreprise **L'Arlequin**, une lettre de relance est éditée, par exemple automatiquement dans la quinzième nuit de chaque mois pour les clients n'ayant pas réglés leur facture dans les trente jours suivant la date d'échéance.

On parle également de traitement *batch* (lot). En effet, un lot de données (les clients en retard) est traité en une fois.

B. Classement des traitements en fonction du délai de réponse du traitement

À retenir !

Un traitement est immédiat s'il démarre dès l'arrivée de l'événement déclencheur.

Il est possible de classer les traitements en fonction de leur délai de réponse. On distingue les traitements immédiats et leurs traitements différés.

1. Les traitements immédiats

Un traitement est immédiat s'il démarre dès l'arrivée de l'événement déclencheur. Dans l'entreprise L'Arlequin dès qu'une commande arrive, on transforme le devis en bon de commande.

2. Les traitements différés

Un traitement est différé, s'il est déclenché soit par :

- la réalisation d'un certain nombre d'occurrences d'un événement. Dans l'entreprise **L'Arlequin**, dès que le nombre de factures concernant un client est supérieur à un, on édite un relevé de factures,
- l'arrivée d'une date : le 20 du mois, on édite le relevé des commissions,
- l'application d'une règle de gestion : lorsque le stock réel est inférieur au stock d'alerte, on édite une commande de réapprovisionnement.

Une question à un (e) futur(e) professionnel(le)...

- Suivant quels critères, classe-t-on les traitements ?

....

....

C. Quantifier l'activité d'une opération et les moyens nécessaires pour assurer cette opération

Il est important de mesurer le temps nécessaire pour assurer une opération afin de déterminer les moyens humains ou matériels nécessaires pour réaliser cette opération. Pour l'opération **Établissement d'un devis** dans l'entreprise L'Arlequin, les données suivantes vous sont communiquées :

Critères de décision	Estimation des volumes	Prise de décision
Nombre de devis établis	500 devis	
Durée de l'activité	7 h	
Temps de saisie d'un devis	3 '	Il faut trois assistants commerciaux
Temps total de saisie	(500 devis x 3 ')/60 ' = 25 h	et une personne à temps partiel (≈ 4 heures).
Nombre d'assistants commerciaux nécessaires	25 h / 7 h [1] = 3,6 personnes	

1. Les 7 heures indiquées dans la formule correspondent au temps effectif de travail. Le personnel reste plus longtemps dans l'entreprise (environ 8,5 heures) mais le temps du repas et de pause est décompté.

Application : IP'Phone

L'opérateur téléphonique **IP'Phone** imprime dans la nuit du 5 de chaque mois les relevés téléphoniques (2 pages par client) concernant les consommations téléphoniques de ses 10 000 clients pour le mois précédent. Les travaux d'impression commencent à 23 heures et doivent être terminés le lendemain à 6 heures. Les travaux d'impression ne peuvent être étalés sur plusieurs jours. En effet, le centre de traitement informatique d'IP'Phone, qui assure l'impression, doit effectuer d'autres tâches les jours suivants.

L'entreprise a choisi le modèle d'imprimante suivant : Textronix Opérationr 740 N pouvant débiter 16 pages par minute. Par contre, elle n'a pas défini le nombre d'imprimantes nécessaires pour son activité.

- Recensez dans le tableau ci-dessous les éléments de décision pour choisir le nombre d'imprimantes à acheter :

Critères de décision	Estimation des volumes	Prise de décision
....	....	....
....	....	....
....	....	....
....	....	....
....	....	....
....	....	....
....	....	....
....	....	....
....	....	....
....	....	....

Qu'est-ce que la gestion électronique de processus ou *workflow* (flux de travail) ?

La gestion électronique de processus automatise tout ou partie les processus de gestion de l'entreprise. Le logiciel de *workflow* assiste ou automatise l'enchaînement des activités que doivent effectuer les différents intervenants dans un processus afin de le réaliser.

Par exemple, pour assurer les livraisons et la facturation, on trouve des logiciels efficaces pour gérer les stocks, l'émission des factures, les paiements et leur enregistrement en comptabilité.

Mais il n'y a pas de logiciel gérant les différents acteurs, les différentes tâches que doivent assurer ces acteurs pour effectuer les livraisons et la facturation.

Le rôle du *workflow* est d'assurer cette coordination entre les acteurs et les tâches.

Workflow (suite)

Dans une compagnie d'assurance, par exemple, l'application *workflow* pourra coordonner la gestion des déclarations d'accident : convocation d'un expert, prise en compte de son rapport, échange de courriers avec les compagnies adverses... avec à chaque étape le lancement automatique ou à l'initiative du collaborateur des applications informatiques appropriées.

Qu'est-ce que la gestion de la relation client ou CRM (*Customer Relationship Management*) ?

La gestion de la relation client permet de gérer de manière unique un client dès son entrée dans le système commercial d'une organisation jusqu'à la sortie de la facture et l'enregistrement de son paiement en comptabilité.

La gestion de la relation client concerne donc la mercatique, la vente et le support client.

Applications de synthèse

Application n° 1 : Pattes de velours

Première partie

Lorsqu'un client amène un chat pour des soins, l'assistant du cabinet de vétérinaire pour chats **Pattes de velours** recherche ou enregistre dans son logiciel Base animal les caractéristiques du chat (n° du chat, nom, date naissance), les coordonnées du propriétaire (n° propriétaire, nom, adresse rue, code postal et ville) et le motif de la visite (durée de l'opération : 2 mn).

Il imprime une fiche de visite (identifiée par un numéro et une date) que le client remettra au vétérinaire lors de la consultation. Le cabinet est ouvert de 10 h à 20 h du mardi au samedi.

1. Concevez le modèle entité association du cabinet Pattes de velours :

2. Transformez le modèle entité association en modèle logique :

....

....

....

....

3. Concevez le modèle organisationnel de traitement analytique de la réception du client :

Qu'est-ce que la gestion de la chaîne logistique (*Supply* [approvisionnement] *Chain Management*) ?

C'est l'ensemble des flux d'informations, financiers et physiques qui relie les fournisseurs des fournisseurs aux clients des clients en passant par l'entreprise étudiée.

La gestion de la chaîne logistique définit et organise les compétences de l'entreprise et de ses partenaires. Elle désigne aussi les outils et les méthodes qui permettent d'optimiser l'ensemble de la chaîne logistique.

Deuxième partie

À la fin de la visite, le vétérinaire établit à l'aide du logiciel Base animal une ordonnance identifiée par un numéro et une date et comprend, éventuellement, des médicaments ou des soins identifiés par un code, un libellé, une posologie (exemple, 3 cachets par jour) et une durée de traitement.

1. Complétez le modèle entité-association ci-dessus afin de prendre en compte les données de l'ordonnance.

2. Indiquez les schémas relationnels supplémentaires :

....

....

3. Concevez le modèle organisationnel de traitement analytique de l'établissement de l'ordonnance :

Application n° 2 : Enchères publiques (*suite*)

On vous rappelle le contexte de l'entreprise **Enchères publiques** étudiée prédemment : L'entreprise **Enchères publiques** organise chaque mois des ventes publiques d'objets de grande qualité déposés par des particuliers.

Lorsqu'une personne veut vendre un objet, elle remplit un bordereau de dépôt. Un expert examine l'objet. Si le bien est de grande qualité, un accusé de réception de dépôt est établi avec la fixation de la mise à prix notamment et remis au vendeur potentiel. Dans le cas contraire, l'expert notifie le refus de dépôt sur le bordereau.

Le jour de la vente, la mise à prix du bien est affichée sur un grand tableau électronique. Les acheteurs potentiels font des enchères. Seule la dernière enchère avec le montant du règlement est enregistrée par l'entreprise **Enchères publiques**. Les règlements se font par chèque. En fin de journée, un bordereau de remise de chèques est établi par les organisateurs de la vente et transmis à la comptabilité. Celle-ci constitue un autre domaine d'étude.

Les informations suivantes vous sont également communiquées. Les objets déposés par les particuliers sont réceptionnés dans les locaux d'Enchères publiques du mardi au vendredi inclus de 14 heures à 18 heures. Les caractéristiques du dépôt et du vendeur sont saisies par un agent d'accueil (temps de saisie : 2 mn). Un récepissé de dépôt est imprimé.

Le client se présente devant l'expert. Celui-ci examine le bien. Il appelle ensuite le bordereau de dépôt. S'il accepte le bien, l'expert transforme le bordereau de dépôt en accusé de réception et l'imprime. Sinon, il saisit dans le bordereau de dépôt son refus et l'imprime (5 mn). Le refus n'est pas mémorisé dans la base. L'impression du refus entraîne la suppression de l'objet de la base de données. L'identité du vendeur est conservée.

Le jour de la vente (samedi ou dimanche, de 15 heures à 21 heures), la mise à prix du bien est affichée automatiquement sur un tableau électronique relié au serveur de l'entreprise. Un commis saisit le montant de la dernière enchère et les caractéristiques du vendeur. Ce montant correspond au chèque que va émettre l'acheteur. Un accusé de réception du paiement est remis à l'acheteur. En fin de journée, le commis lance l'impression du bordereau de remise de chèques.

Le modèle entité-association de cette organisation se présente ainsi :

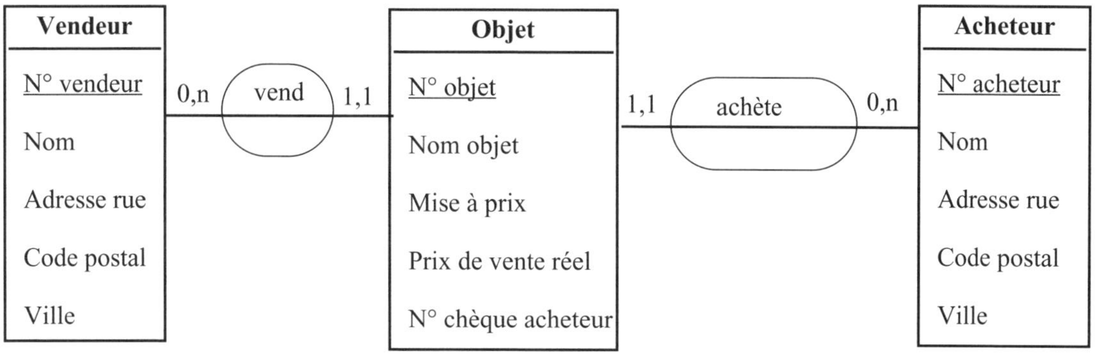

1. Établissez le modèle logique de cette organisation :

....

....

....

....

2. Établissez le modèle organisationnel de traitement analytique de cette organisation :

Qu'est-ce qu'une place de marché ?

C'est l'utilisation des protocoles Internet pour permettre aux entreprises de réaliser des affaires *via* Internet avec leurs partenaires.

Qu'est-ce que la gestion des connaissances de l'entreprise (ou *Knowledge* [connaissance] *Management*) ?

La gestion des connaissances de l'entreprise vise à capitaliser le savoir d'une organisation, repérer les personnes les plus qualifiées sur un sujet, cerner la concurrence de cette organisation et améliorer la qualité de l'information sur les clients.

Quel est l'intérêt des logiciels de gestion de connaissances ?

Un individu ne peut plus se contenter des connaissances, des savoirs-faire qu'il a acquis personnellement dans l'entreprise. Il doit s'appuyer sur ceux générés par les autres membres de son organisation.

Gestion des connaissance (*suite*)

Pour le personnel éloigné de l'entreprise (commerciaux, techniciens du service après-vente...), il est important pour eux de répondre précisément et vite aux demandes de leurs clients. La gestion des connaissances peut les aider dans cette tâche.

Qu'est-ce que la gestion électronique des documents (GED) ?

La gestion électronique des documents identifie les documents quelle que soit leur origine (papier, télécopie...) afin de les indexer pour permettre des recherches ultérieures.

L'indexation (choix des mots-clés caractérisant le document) est l'étape essentielle du processus.

La diffusion du document au sein de l'organisation peut ensuite se faire par l'intermédiaire du réseau local en utilisant les protocoles Internet (intranet).

Application n° 3 : Dans le port du Soleil Levant (*suite*)

On vous rappelle le fonctionnement de l'organisation du port du **Soleil Levant** accueille les bateaux de plaisance. Lorsqu'un bateau pénètre pour la première fois dans le port, son propriétaire doit se présenter à la capitainerie du port.

Si un emplacement (appelé anneau) est disponible, l'identité du bateau et de son propriétaire sont recherchées ou saisies, l'anneau attribué au nouvel arrivant est mis en état de réservation. Un bon d'entrée dans le port récapitulant la situation du plaisancier est émis (5 mn).

Lorsque le bateau quitte le port, la durée du séjour, les taxes portuaires sont facturées (3 mn). Le client particulier doit régler comptant. Les entreprises louant des bateaux de plaisance ont un délai de 30 jours pour régler. Passé ce délai, la facture est mise en recouvrement. L'examen des délais se fait tous les dix jours. Une lettre est adressée au cabinet chargé du recouvrement.

On vous communique le modèle entité-association de cette organisation

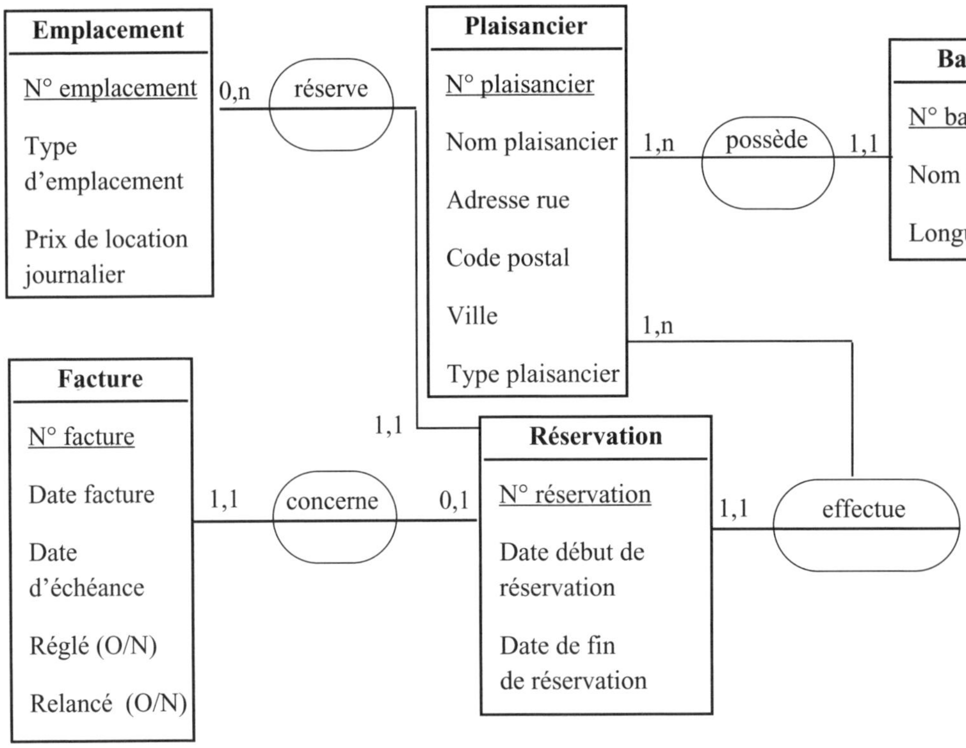

1. Établissez le modèle logique des données :

....

....

....

....

....

....

....

....

2. Établissez le modèle organisationnel de traitement analytique de cette organisation :

Compétence 25 À quoi servent les algorithmes ?

Éléments du programme traités

Compétence technique

- Interpréter et compléter les schémas représentant : un enchaînement des traitements, une articulation entre les données et les traitements

Objectifs à atteindre

- Qu'est-ce qu'un algorithme ?
- Comment peut-on représenter un algorithme ?
- Les algorithmes complexes : les conditions imbriquées

Mots-clés

algorithme - condition - conditions imbriquées - dictionnaire des variables - itération - langage structuré - variable d'initialisation

Connaître le contexte professionnel du dossier

Dans le modèle organisationnel de traitement nous avons évoqué les traitements effectués sur les données d'une manière générale. Il faut maintenant décrire de manière plus détaillée les traitements afin que le programmeur puisse réaliser son logiciel. Cette description détaillée des traitements s'appelle un **algorithme** :

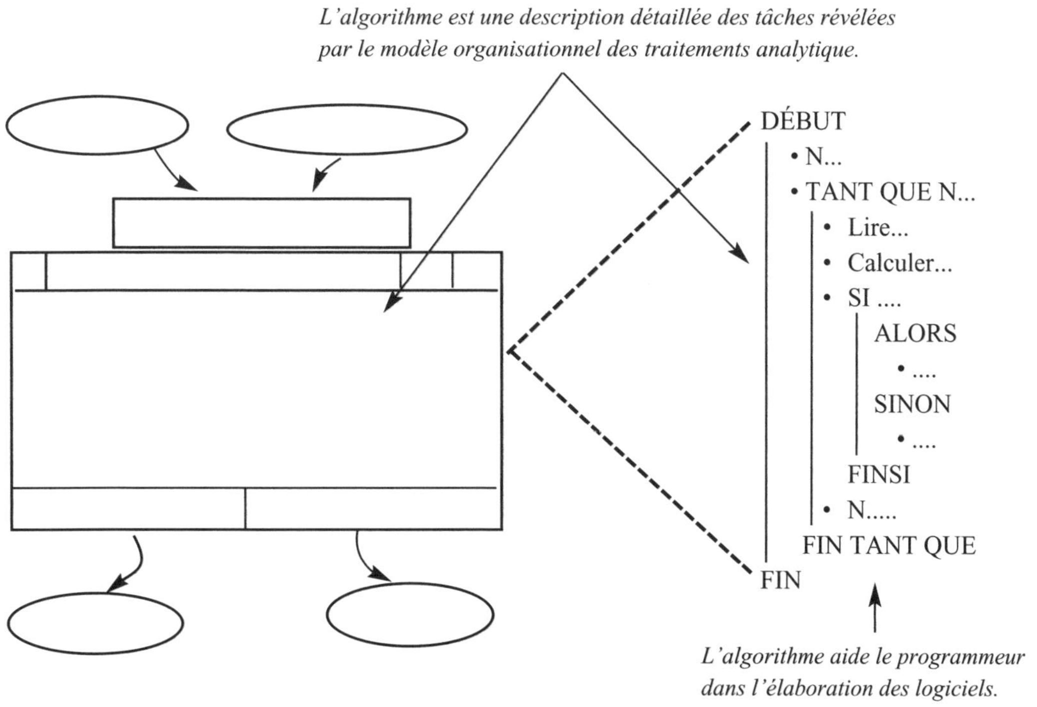

Comment élabore-t-on un algorithme ? Comment peut-on représenter un algorithme ? Quels sont les types d'algorithme ? Tels seront les thèmes étudiés dans le dossier.

I. Qu'est-ce qu'un algorithme ?

A. Définition

À retenir !

Un algorithme est un ensemble d'opérations élémentaires effectuées dans un ordre logique sur des données élémentaires pour obtenir un résultat.

Un **algorithme** est un ensemble d'opérations élémentaires effectuées dans un ordre logique sur des données élémentaires pour obtenir un résultat.

Étymologie : l'origine du mot **algorithme** vient du nom du mathématicien arabe Al-Khãrezmi qui a inventé au IXe siècle les procédés algorithmiques.

Étymologie

L'origine du mot algorithme vient du nom du mathématicien arabe Al-Khãrezmi qui a inventé au IXe siècle les procédés algorithmiques.

B. Exemple : La Serre du jardinier

Dans l'entreprise **La Serre du jardinier**, les agents commerciaux qui ont réalisé au cours du premier semestre un chiffre d'affaires moyen supérieur ou égal à 100 000 € reçoivent une prime d'objectif égale à 5 % du chiffre d'affaires moyen. Dans le cas contraire, le taux de la prime est égal à 2 %.

Le directeur commercial veut obtenir la liste des primes attribuées et de leurs bénéficiaires. Les données des agents commerciaux sont stockées dans une table :

N° agent commercial	Nom	Prénom	CA Janvier	CA Février	...	CA Juin
AC29	Éon	Joel	80 000	120 000	...	150 000
AC52	Gémon	Claudine	110 000	90 000	...	70 500

Pour atteindre cet objectif, il faut :

- lire le nom, le prénom d'un agent commercial, les chiffres d'affaires mensuels CA1, CA2...,
- calculer le chiffre d'affaires moyen (CA1 + CA2 + ... + CA6)/6 pour chaque agent commercial,
- comparer ce chiffre d'affaires moyen à l'objectif de 100 000 €,
- SI le chiffre d'affaires moyen est supérieur ou égal à 100 000 €, ALORS on calcule la prime d'objectif avec un taux de 5 % SINON on calcule la prime avec un taux de 2 %,
- on imprime le nom de l'agent commercial et le montant de sa prime,
- lorsqu'un agent commercial est traité, on passe au suivant TANT QUE le dernier enregistrement de la table n'est pas traité.

La liste des opérations que nous venons d'effectuer constitue l'algorithme du traitement **Calcul des résultats commerciaux** de l'entreprise **La Serre du jardinier**.

C. Quel est l'intérêt des algorithmes ?

Les algorithmes permettent de décrire les traitements à effectuer. Cette description est un guide pour le programmeur lors de la réalisation du logiciel qui servira à traiter les données de l'organisation.

D. Quelles sont les caractéristiques d'un algorithme ?

1. Les éléments fondamentaux d'un algorithme

Un algorithme est caractérisé au minimum par :

- des **opérations** comme :

  - **lire** les données relatives à chaque agent commercial,

  - **calculer** le chiffre d'affaires moyen et la prime d'objectif,

  - **imprimer** le nom et la prime d'objectif,

- un **ordre** dans la réalisation des opérations : il n'est pas possible d'imprimer, par exemple, les résultats avant de lire les données et de calculer le chiffre d'affaires moyen.

Application : Sérigraphie 3000

L'entreprise Sérigraphie 3000 réalise des impressions sur tous les types de support. Pour établir une facture, le service commercial réalise les opérations suivantes :

- Impression de la facture,
- Calcul du montant TTC de la facture,
- Recherche ou sélection des coordonnées du client,
- Calcul du montant de la TVA,
- Recherche de la référence de la prestation rendue au client (marquage, sérigraphie, impression...) et de son prix unitaire,
- Calcul du montant hors taxes de la prestation,
- Saisie de la quantité demandée par le client.

- Reclassez dans un ordre logique ces opérations :

....

....

....

....

....

....

....

2. Les éléments éventuels d'un algorithme

Dans un algorithme, il peut y avoir également :

a. Des conditions

- **Définition**

Il y a une **condition** lorsque la réalisation d'un test entraîne l'exécution d'un type d'opérations et la non réalisation de ce test entraîne l'exécution d'un autre type d'opérations.

À retenir !

Il y a une **condition** lorsque la réalisation d'un test entraîne l'exécution d'un type d'opérations et la non réalisation du test entraîne l'exécution d'un autre type d'opérations.

- **Exemple**

SI le chiffre d'affaires moyen est supérieur à 100 000 € ALORS on calcule une prime d'objectif égale à 5 % du chiffre d'affaires moyen SINON on calcule une prime d'objectif égale à 2 % du chiffre d'affaires moyen.

Application : Décap'métaux

Le service client de l'entreprise **Décap'métaux** relance les clients retardataires de la manière suivante. Pour les entreprises retardataires, une lettre de relance est émise. Pour les particuliers, un appel téléphonique est effectué.

- Présentez la relance des clients sous forme d'alternative :

....

....

b. Des itérations

- **Définition**

À retenir !

Une **itération** est la répétition d'une série d'opérations TANT QU'une condition n'est pas réalisée.

Une **itération** est la répétition d'une série d'opérations TANT QU'une condition n'est pas réalisée.

- **Exemple : La serre du jardinier (suite)**

TANT QU'il reste des commerciaux à traiter :

- Lire nom, prénom, chiffre d'affaires 1, chiffre d'affaires 2,
- on calcule le chiffre d'affaires moyen d'un agent commercial,
- SI le chiffre d'affaires moyen est supérieur ou égal à 100 000 €, ALORS on calcule une prime d'objectif égale à 5 % du chiffre d'affaires moyen SINON on calcule une prime d'objectif égale à 2 % du chiffre d'affaires moyen,
- on imprime le nom et la prime d'objectif de l'agent.

Application : Gestion de patrimoine SA

L'entreprise **Gestion de patrimoine SA** gère un parc de 300 appartements donnés en location. Le 15 de chaque mois, pour chaque locataire, la responsable des locations recherche le dossier du locataire, imprime la quittance correspondante et la met sous enveloppe. La quittance est un reçu comme quoi le loyer a été payé. On suppose que tous les locataires ont payé leurs quittances.

- Présentez l'algorithme de ce traitement :

II. Comment peut-on représenter un algorithme ?

Un algorithme peut être représenté à l'aide d'un **langage structuré**.

A. Qu'est-ce qu'un langage structuré ?

Un langage est structuré lorsqu'il utilise des mots-clés tels que SI, ALORS, SINON, FINSI... et impose une disposition à ces mots-clés et aux opérations qui en découlent.

B. Exemple d'utilisation du langage structuré

Voici un exemple d'utilisation du langage structuré :

SI le chiffre d'affaires moyen >= 100 000 €
    ALORS
    • Prime d'objectif = chiffre d'affaires moyen x 5 %
    SINON
    • Prime d'objectif = chiffre d'affaires moyen x 2 %
FINSI

Mots-clés

Les mots-clés introduisant des actions sont décalés.

Application : Décap'métaux (*suite*)

- Présentez sous forme structurée le traitement des relances chez **Décap'métaux** :

III. Connaître les structures-type du langage structuré

A. Comment représenter la condition ?

La condition est représentée de la manière suivante :

SI condition réalisée

ALORS

- liste des opérations à effectuer si la condition est réalisée

SINON

- liste des opérations à effectuer si la condition n'est pas réalisée

FINSI

On parle aussi de **structure alternative**.

B. Comment représenter une itération ?

1. Représenter une itération simple

a. Principe

Une itération est représentée de la manière suivante :

TANT QUE la condition est réalisée

- liste des opérations à effectuer tant que la condition est réalisée

FIN TANT QUE

b. Exemple : La serre du jardinier (suite)

Le calcul des performances des agents commerciaux devient :

TANT QU'il existe des enregistrements dans la table des agents commerciaux

- Lire nom, prénom, CA1, CA2...
- Calculer le chiffre d'affaires moyen : (CA1 +...+ CA6)/6
- SI chiffre d'affaires moyen est >= 100 000 €

  ALORS

  • Prime d'objectif = chiffre d'affaires moyen x 5 %

  SINON

  • Prime d'objectif = chiffre d'affaires moyen x 2 %

  FINSI
- Imprimer nom et prime d'objectif de l'agent

FIN TANT QUE

Application : Gestion de Patrimoine SA (*suite*)

- Présentez sous forme d'algorithme structuré le traitement des quittances de **Gestion du patrimoine SA** :

....

....

....

....

....

....

2. Comment arrête-t-on une itération ?

a. Représentation

Il faut préciser maintenant comment arrêter la succession des opérations à répéter. Il faut utiliser pour cela une variable d'initialisation.

b. Exemple : La serre du jardinier (suite)

En supposant qu'il y a 50 agents commerciaux dans l'entreprise **La Serre du jardinier**, l'itération devient :

*N est une variable d'initialisation. Elle désigne le nombre d'agents commerciaux dans l'entreprise **La Serre du jardinier**. Au début de l'algorithme le contenu de la variable est fixé (initialisé) à **1**.*

Le signe Égal (=) signifie, dans un algorithme, « affecté à ». La valeur 1 est affectée à la variable N.

*Les mots **Début** et **Fin** encadrent l'algorithme.*

```
DÉBUT
  • N = 1
  • TANT QUE N <= 50
      • Lire nom, prénom, CA1, CA2...
      • Calculer le chiffre d'affaires moyen : (CA1 +...+ CA6)/6
      • SI chiffre d'affaires moyen est >= 10 000 €
          ALORS
            • Prime d'objectif = chiffre d'affaires moyen x 5 %
          SINON
            • Prime d'objectif = chiffre d'affaires moyen x 2 %
        FINSI
      • N = N + 1
    FIN TANT QUE
FIN
```

Nouveau cumul. *Ancien cumul.*

*Lorsqu'une occurrence est traitée, on ajoute **1** à la variable **N** pour calculer le nombre d'occurrences traitées :*

	N	N + 1	N <= 50	Action
1er tour	1	1 + 1	Oui	Poursuite de l'itération
2e tour	2	2 + 1	Oui	Poursuite de l'itération
...	...	...	...	...
50e tour	50	50 + 1	Non	Arrêt de l'itération

Application : Gestion de patrimoine SA (*suite*)

- Modifiez l'algorithme structuré obtenu ci-dessus de manière à gérer les 300 locations :

....

C. Organiser les algorithmes

1. Établir un dictionnaire des variables

Pour éviter de manier de longs libellés, il est conseillé de constituer un **dictionnaire des variables**. Dans notre exemple, il est possible de créer le dictionnaire suivant :

Libellé	Nom de la variable
N° agent commercial	NUMCO
Nom agent commercial	NOMCO
Prénom agent commercial	PRÉNOMCO
Chiffre d'affaires janvier	CA01
Chiffre d'affaires février	CA02
...	...
Chiffre d'affaires moyen	CAMOYEN
Prime d'objectif	PO
Compteur	N

2. Affecter une valeur à une variable

a. Principe

Reprenant des méthodes de programmation, les résultats obtenus dans un algorithme sont affectés à une variable. L'opération d'affectation est représentée par le signal **Égal** (=) :

$$A = B + C$$

Le résultat de ***B + C est affecté*** *(=) à* ***A****.*

b. Exemple

Ainsi pour le calcul du chiffre d'affaires moyen des agents commerciaux, le résultat sera représenté ainsi :

$$CAMOYEN = (CA01 + CA02 + CA03 + CA04 + CA05 + CA06)/6$$

Le résultat (CA01 + CA02 + CA03 + CA04 + CA05 + CA06)/6
est affecté à la variable CAMOYEN.

Application : Ristourne de fin d'année

Le fabricant de bicyclette **La Roue libre** accorde en fin d'année une ristourne à ses clients en fonction du montant de leurs achats annuels.

Si le chiffre d'affaires annuel est supérieur à 20 000 €, il applique un taux de ristourne de 3 %. Dans le cas contraire la ristourne est de 1 %.

La ristourne s'applique sur la totalité du chiffre d'affaires. Lorsque le client bénéficie d'une ristourne, un avoir est imprimé reprenant le montant de la ristourne. L'entreprise a 67 clients. Elle dispose de la table **Clients** suivante :

N° client	Nom client	Adresse	Montant annuel des achats
15	Sport distribution	Centre commercial Les Quatre Saisons	16 000 €

1. Établissez le dictionnaire des variables :

....

....

....

....

....

....

....

....

2. Établissez l'algorithme du calcul des ristournes de fin d'année :

....

....

....

....

....

....

....

....

....

....

....

....

....

....

....

....

....

....

....

....

....

....

....

IV. Les algorithmes complexes : les conditions imbriquées

A. Qu'est-ce que des conditions imbriquées ?

Des conditions sont imbriquées lorsqu'elles sont incluses les unes dans les autres :

Deux SI sont imbriqués dans le premier SI.

```
SI condition réalisée
| ALORS
|    •  SI condition réalisée
|       | ALORS
|       | • liste des opérations à effectuer si la condition est réalisée
|       | SINON
|       | • liste des opérations à effectuer si la condition n'est pas réalisée
|       FINSI
| SINON
|    •  SI condition réalisée
|       | ALORS
|       | • liste des opérations à effectuer si la condition est réalisée
|       | SINON
|       | • liste des opérations à effectuer si la condition n'est pas réalisée
|       FINSI
FINSI
```

À retenir !

Le nombre de SI est égal au nombre de conditions diminué de un.

B. Exemple : Vers l'Aéroport

L'entreprise **Vers l'Aéroport**, installée dans la région parisienne, assure, sur rendez-vous, le transport des personnes de leur lieu de travail ou de leur domicile vers les aéroports parisiens.

Les clients appellent une opératrice de l'entreprise **Vers l'Aéroport**. Celle-ci saisit leurs noms, le type de client (entreprise ou particulier), le type d'horaire (bleu [faible affluence], blanc [moyenne affluence], rouge [grande affluence]), le nombre de kilomètres à parcourir.

L'opératrice établit une facture que le chauffeur remettra au client. Les règles d'établissement de cette facture sont les suivantes :

- le montant de base de la facture, quelle que soit la catégorie du client est fonction du nombre de kilomètres à parcourir et du prix du kilomètre (1,7 €),
- si le client appartient à une entreprise et s'il se déplace dans les horaires bleus, il a droit à une remise de 15 % sinon la remise est de 5 %,
- si le client est un particulier et s'il se déplace dans les horaires rouges, il n'y a pas de remise. Dans les autres cas, il obtient une réduction de 10 %.

1. Établissez la liste des variables à utiliser :

....

....

....

....

....

....

2. Concevez l'algorithme de l'établissement de la facture (calcul du brut et de la remise éventuelle) :

....

....

....

....

....

....

....

....

....

....

....

....

....

....

....

....

....

....

....

....

Quelques questions à un(e) futur(e) professionnel(le)

1. Qu'est-ce qu'un algorithme ?

....

....

2. Quel est l'intérêt d'un algorithme ?

....

....

3. Qu'est-ce qu'un langage structuré ?

....

....

4. Quel est l'intérêt d'un langage structuré ?

....

....

5. Quels sont les mots-clés d'une alternative ?

....

....

6. Qu'est-ce qu'une itération ?

....

....

7. Quel est l'intérêt d'une itération ?

....

....

8. Qu'est-ce qu'une itération contrôlée ?

....

....

9. Quel est le rôle d'une variable d'initialisation dans une itération ?

....

....

10. Quel est l'intérêt du dictionnaire des variables ?

....

....

11. Quelle est la signification du signe Égal (=) dans un algorithme ?

....

....

12. Quand parle-t-on de conditions imbriquées ?

....

....

Applications de synthèse

Application n° 1 : À la fourrière !

L'entreprise **À la fourrière !** enlève, sur ordre de la police, les véhicules en stationnement illicite. Les véhicules sont identifiés par leur numéro d'immatriculation, la marque, la date de mise en fourrière et la date de reprise éventuelle du véhicule par son propriétaire.

Si le propriétaire vient rechercher son véhicule dans les 24 heures, le coût de la mise en fourrière s'élève à 160 €. Si le retrait du véhicule a lieu entre deux et quatre jours, la facture est majorée de 10 %. Au-delà, la facture est majorée de 20 %. Si le véhicule avait été déclaré volé avant la mise en fourrière, il n'y a pas de majoration.

1. Établissez le dictionnaire des variables :

....

....

....

....

....

....

2. Établissez l'algorithme permettant de calculer le coût de la mise en fourrière :

....

....

....

....

....

....

....

....

....

....

....

....

....

....

....

....

....

....

Application n° 2 : La paye des intermittents

La réalisation de spectacles nécessite la présence de personnel pendant une période plus ou moins longue. Un contrat de travail à durée déterminée est donc établi pour ce personnel. Entre ces deux contrats, le personnel des spectacles peut se trouver au chômage. On parle donc de travail intermittent.

Les réalisateurs, les comédiens ou les techniciens peuvent être rémunérés au cachet ou au forfait.

Le cachet rénumére une prestation globale sans que la notion de temps n'intervienne trop fortement. Le forfait rénumère une prestation fournie dans un temps déterminé (journée, semaine...). Pour les forfaits, on distingue la phase de préparation d'un spectacle de celui de la réalisation effective du spectacle. Ces deux phases existent toujours. En phase de réalisation, le forfait est majoré de 50 %. Le type de phase et le nombre de jours pour chaque phase sont saisis.

Le nombre de personnes participant à un spectacle est connu. Quelle que soit leur fonction, le personnel travaillant pour un spectacle a un statut de salarié. Il est identifié par un code salarié, un nom et le type de rémunération. Le montant du cachet ou du forfait est saisi suivant la situation de l'intermittent.

1. Établissez le dictionnaire des variables :

2. Établissez l'algorithme permettant d'établir le montant brut du salaire soumis à cotisations et cela pour <u>tous</u> les intermittents (150) :

Préparer l'exploitation des données d'une organisation

26. Comment passer du modèle conceptuel des données au modèle logique des données ?

27. Comment organiser physiquement les données d'une organisation ?

Compétence

26 Comment passer du modèle conceptuel des données au modèle logique des données ?

Conseil pédagogique : en fonction du niveau des élèves, des choix pédagogiques, l'étude de ce chapitre pourra être étalée sur deux années :

Première année : Parties I et II

Deuxième année : Partie III

Éléments du programme traités

Compétence technique

- Interpréter et compléter les schémas représentant une organisation des données

Objectifs à atteindre

- Le modèle logique des données
- Comment passer du modèle conceptuel des données au modèle logique des données ?
- Comment établir le modèle relationnel de situations particulières ?

Mots-clés

Access - association réflexive - base de données - clé étrangère - clé externe - clé primaire - clé secondaire - modèle logique des données - modèle relationnel - Oracle - Paradox - pseudo-entité - relation - schéma relationnel - SGBDR

Connaître le contexte professionnel du dossier

Les données et les traitements de l'organisation étant définis, il faut maintenant préparer leur mise en œuvre pratique dans le cadre d'un logiciel.

La structure des données présentée dans le modèle entité association ne peut être exploitée directement dans un logiciel système de gestion de base de données relationnelles (SGBDR).

La structure des données du modèle entité-association doit être adaptée à la structure du SGBDR. Cette adaptation s'appelle le modèle logique des données. En effet on organise logiquement les données pour qu'elles soient exploitables par le SGBDR.

Celui-ci est un logiciel qui rassemble des informations dans une base de données. Celle-ci est un ensemble structuré d'informations. La table est l'outil qui permet de structurer, d'organiser les données. On parle de base de données relationnelles car les tables sont unies par des liens (relations).

I. Le modèle logique des données

A. Qu’est-ce qu’un modèle logique des données ?

1. Position du problème

Tel qu’il se présente, le modèle entité-association (exemple de modèle conceptuel de données) n’est pas exploitable directement par un logiciel. Il faut l’adapter, réorganiser les données pour les rendre exploitables.

2. Définition

Le **modèle logique des données** est une présentation logique, rationnelle des données d’une organisation afin de les rendre exploitables par un logiciel.

3. Exemple : Rafting plaisir

Pour l’école **Rafting plaisir**, les stagiaires s’inscrivent à un stage et un seul. Le modèle entité-association suivant a été obtenu :

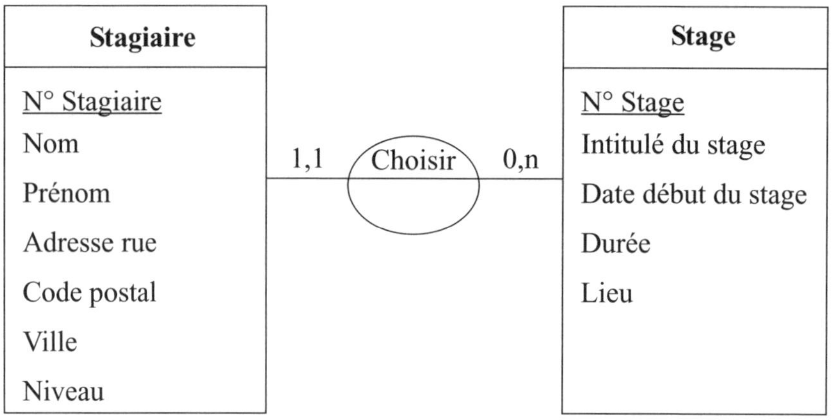

Pour rendre les données de cette école exploitables par un logiciel, il faut les présenter ainsi :

Stagiaire (N° stagiaire, Nom, Prénom, Adresse rue, Code postal, Ville, Niveau, # N° stage)

Stage (N° stage, Intitulé du stage, Date début du stage, Durée, Lieu)

4. Quel est l'inconvénient du modèle entité association ?

....

....

....

....

....

5. Quel est le rôle du modèle logique des données ?

....

....

....

....

....

B. Positionner le modèle logique des données

Le schéma ci-dessous positionne le modèle logique des données par rapport aux autres modèles :

Modèle conceptuel des données

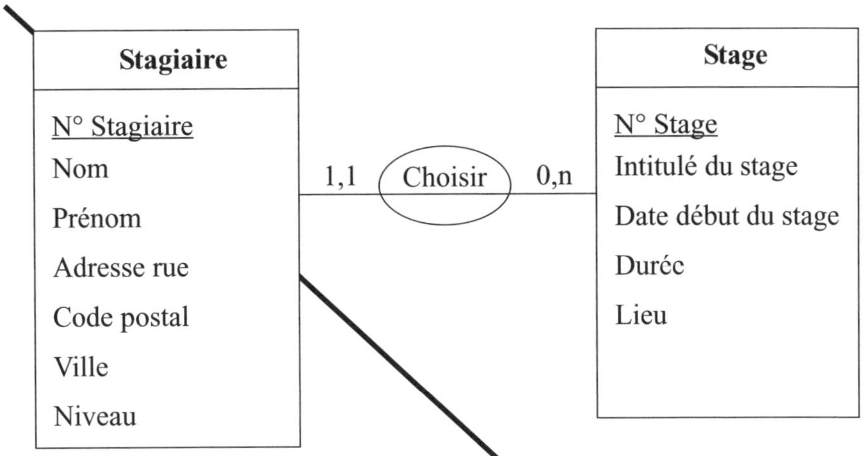

Le rôle du modèle conceptuel est de définir les données nécessaires à l'organisation.

Modèle logique des données

Le rôle du modèle logique des données est de rendre exploitables les données de l'organisation par un logiciel.

Stagiaire (<u>N° stagiaire</u>, Nom, Prénom, Adresse rue, Code postal, Ville, Niveau, # N° stage)

Stage (<u>N° stage</u>, Intitulé du stage, Date début du stage, Durée, Lieu)

Modèle physique

Le rôle du modèle physique est d'exploiter les données dans un gestionnaire de bases de données relationnelles (SGBDR [Système de gestion de bases de données relationnelles] comme Access (Éditeur du logiciel : Microsoft) ou Oracle (Éditeur du logiciel : Oracle).

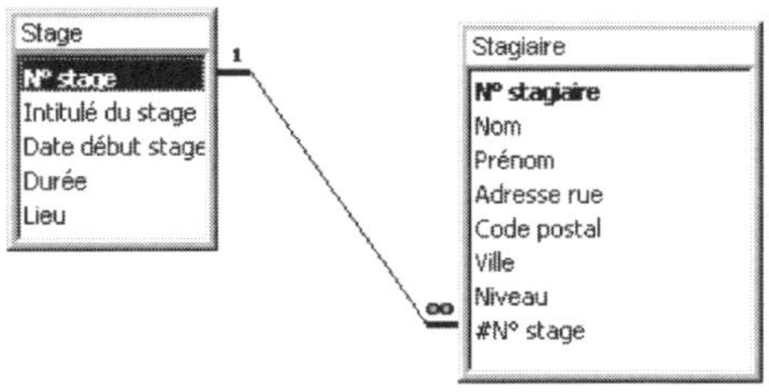

C. Choisir un modèle logique des données

Les logiciels système de gestion de bases de données relationnelles (SGBDR) sont les plus utilisés dans la vie professionnelle. Le **modèle relationnel** qui convertit les données d'un modèle entité-association en données exploitables par système de gestion de bases de données relationnelles sera donc retenu dans la suite de cet ouvrage comme modèle logique des données.

1. Définition

Un **modèle relationnel** est une représentation des données d'une entreprise, d'une administration sous forme de schémas relationnels afin de les rendre exploitables par un système de gestion de bases de données relationnelles.

Un **schéma relationnel** (ou schéma d'une relation) est le regroupement d'attributs ayant un lien (une relation) entre eux.

2. Exemple : Rafting plaisir (*suite*)

Dans l'école **Rafting plaisir**, on observe le schéma relationnel suivant :

Stage (<u>N° stage</u>, Intitulé du stage, Date de début du stage, Durée du stage, Lieu)

Les attributs **N° de stage**, **Intitulé du stage**, **Date du début du stage**… ont été rassemblés pour décrire un stage de l'école **Rafting plaisir**.

3. Le système de gestion de bases de données relationnelles

Il y a deux parties importantes dans l'expression Système de gestion des bases de données relationnelles :

- base de données,
- relationnel.

a. Qu'est-ce qu'une base de données ?

À retenir !
Une base de données est un ensemble structuré d'informations.

Une base de données est un ensemble structuré d'informations. Les données de l'école **Rafting plaisir** sont, par exemple, structurées dans les tables suivantes :

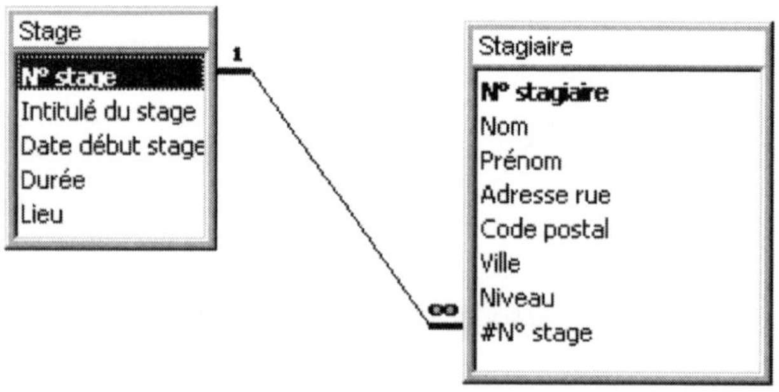

b. Qu'est-ce qu'une relation ?

Dans une base de données relationnelle, les attributs ayant des points communs sont mis en relation pour, par exemple, décrire un stagiaire. Ainsi les attributs **N° stagiaire**, **Nom du stagiaire,** .... sont rassemblés dans la table Stagiaires :

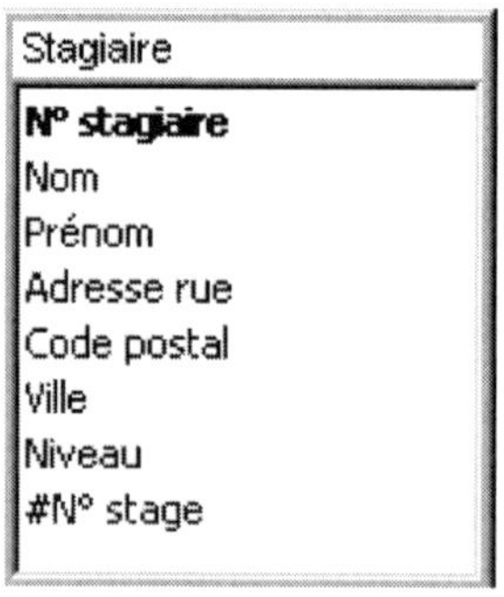

Remarque : Le terme **relation** est ambigu. Il désigne, au niveau du modèle logique des données, un ensemble d'attributs associés comme nous venons de le voir. Au niveau physique, lors de l'installation concrète dans le logiciel Access, le terme relation désigne le lien entre deux tables (ou deux relations) :

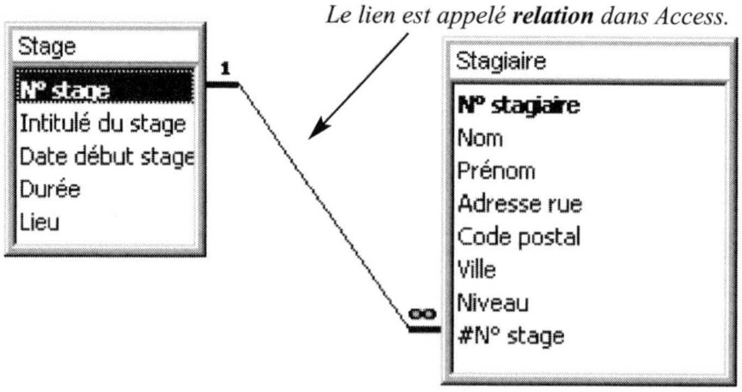

Aussi au terme **relation** nous préférerons dans la suite de cet ouvrage, au niveau physique, l'expression **table**.

c. Quel est le rôle du système de gestion de bases de données relationnelles ?

Un système de gestion de bases de données relationnelles est un logiciel permettant :

- de créer des bases de données organisées en tables,

- d'établir des liens entre les tables,
- de saisir les données dans les tables,
- de répondre à des demandes d'information sur la base de données et d'effectuer des traitements sur celle-ci :

Demande d'information sous forme de requêtes : Quelles sont les stagiaires habitant le nord de la France ? par exemple.

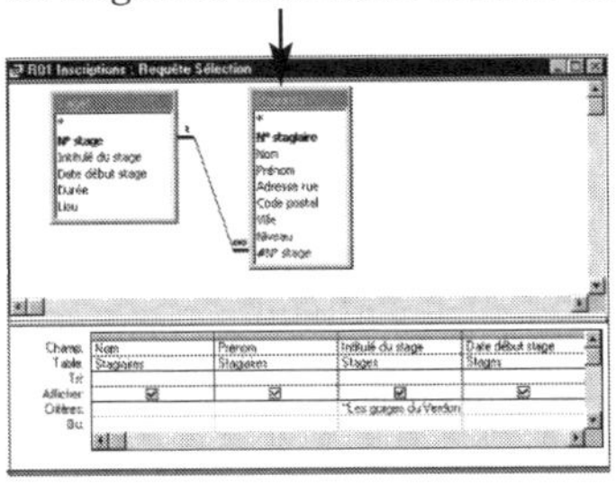

Schéma des données de l'entreprise dans Access.

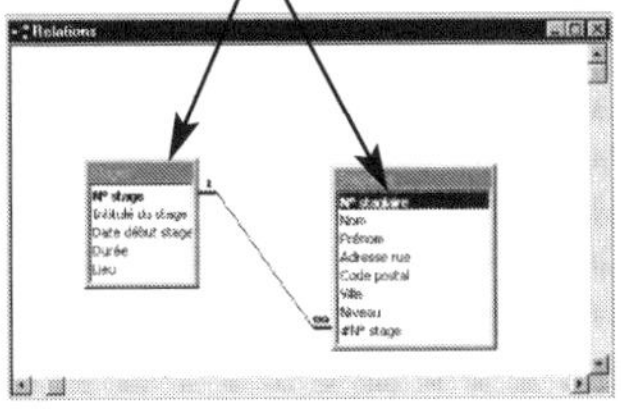

Les données de la base de donnée sont saisies dans des tables.

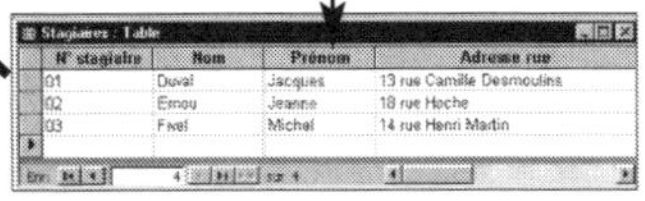

Les logiciels Access, Paradox, Oracle sont des systèmes de gestion de bases de données relationnelles.

- Pour quelle raison le terme « relation » est-il ambigu ?

....

II. Comment passer du modèle conceptuel des données au modèle logique des données ?

A. Règle 1 de passage du modèle entité-association au modèle relationnel

1. Énoncé de la règle 1

À toute entité du modèle entité-association correspond un schéma relationnel du modèle relationnel.

Ainsi dans l'école **Rafting plaisir**, l'entité **Stage** devient :

Stage
<u>N° Stage</u> Intitulé du stage Date début du stage Durée

→ *Clé primaire.*

Stage (<u>N° Stage</u>, Intitulé du stage, Date début du stage, Durée)

Modèle conceptuel de données
(modèle entité-association)

Modèle logique des données
(modèle relationnel)

2. Qu'est-ce qu'une clé primaire ?

a. Définition

La **clé primaire** est l'attribut (ou l'ensemble des attributs) dont les valeurs permettent de distinguer chaque occurrence du schéma relationnel.

À retenir !

La **clé primaire** est l'attribut (ou l'ensemble des attributs) dont les valeurs permettent de distinguer chaque occurrence du schéma relationnel.

b. Exemples

Soient des exemples d'occurrences du schéma relationnel **Stage** :

Les valeurs de la clé primaire permettent de distinguer les occurrences du schéma relationnel Stage.

Stage (**N° Stage**, Intitulé du stage, Date début stage, Durée)

→ RP01	Rafting Tarn	01/07/200.	8 jours
→ RP02	Rafting Luberon	15/08/200.	8 jours

Remarque : la clé primaire est donc, comme dans le modèle entité-association, un identifiant.

Le mot **clé**, souligne le caractère unique des valeurs de l'attribut jouant le rôle d'identifiant. Comme une clé n'ouvrira qu'une serrure, la valeur **RP01** ne sera associée qu'à **une** valeur **Rafting Tarn**.

Le mot **primaire** dans l'expression **Clé primaire** indique que l'attribut jouant le rôle d'identifiant est la première clé d'identification du schéma relationnel. Nous verrons dans la suite de ce dossier, qu'il pourra, dans un schéma relationnel, exister d'autres clés, appelées **clés secondaires** (ou **clés étrangères** ou **clés externes**).

Application : Le salarié

Soit l'entité suivante :

Salarié
Code salarié
Nom salarié
Prénom salarié
Adresse rue
Code postal
Ville
Age
Qualification
Salaire

- Transformez cette entité en schéma relationnel et indiquez la clé primaire :

  ....

  ....

B. Règle 2 de passage du modèle conceptuel des données au modèle logique

1. Énoncé de la règle 2

Lorsque, dans une association, il y a une cardinalité 0,1 ou 1,1, on ajoute au schéma relationnel représentant l'entité ayant la cardinalité 0,1 ou 1,1, la clé d'identification de l'autre entité participant à l'association.

2. Exemple : Rafting de plaisir (*suite*)

Dans le modèle entité-association de l'école **Rafting plaisir**, nous observons la cardinalité 1,1 :

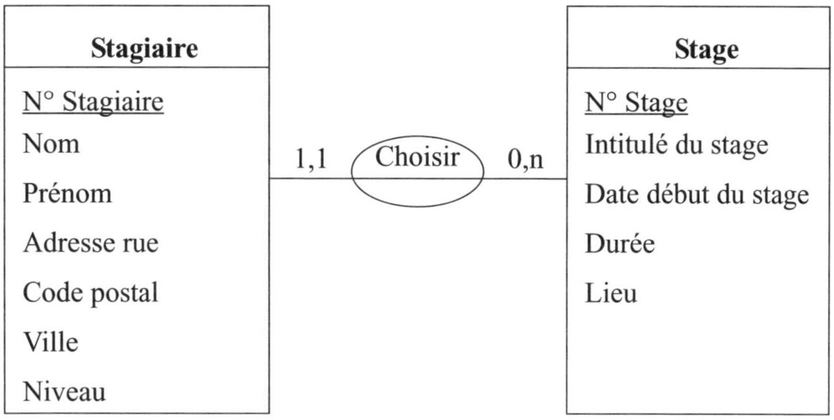

Il faut donc ajouter au schéma relationnel **Stagiaire** la clé d'identification de l'autre entité participant à l'association choisie :

*L'attribut **N° stage** est appelé **clé secondaire** ou **clé étrangère** ou **clé externe**.*

Stagiaire (<u>N° stagiaire</u>, Nom stagiaire, Prénom, Adresse rue, Code postal, Ville, Niveau, # N° stage)

*Pour distinguer cet attribut des autres attributs, le symbole **dièse** (#) est ajouté.*

Clé d'identification de l'autre entité participant à l'association ayant la cardinalité 0,1 ou 1,1.

Finalement, après l'application des règles **1** et **2**, le modèle relationnel de l'école **Rafting plaisir** devient :

Stagiaire (<u>N° stagiaire</u>, Nom stagiaire, Prénom, Adresse rue, Code postal, Ville, Niveau, # N° stage)

Stage (<u>N° stage</u>, Intitulé du stage, Date début du stage, Durée, Lieu)

*La présence de la clé secondaire dans le schéma relationnel **Stagiaire** permettra d'établir un lien avec le schéma relationnel **Stage**. Ce lien permettra d'obtenir des informations sur le stage suivi par le stagiaire.*

3. Quel est le fondement de la règle 2 ?

Nous avons vu dans les chapitres précédents que la cardinalité 0,1 ou 1,1 représente une structure des données de type père-fils.

À un stagiaire, dans notre exemple correspond un stage et un seul. Il y a donc une dépendance fonctionnelle entre l'attribut **N° stagiaire** et **N° stage** d'où la présence de l'attribut **N° stage** dans le schéma relationnel **Stagiaire**.

Application : Pub'aérienne

La société **Pub'aérienne** met à la disposition de ses clients de petits avions. Ceux-ci vont traîner dans le ciel une bannière sur laquelle figurera un slogan publicitaire. On vous fournit le modèle entité-association de cette organisation :

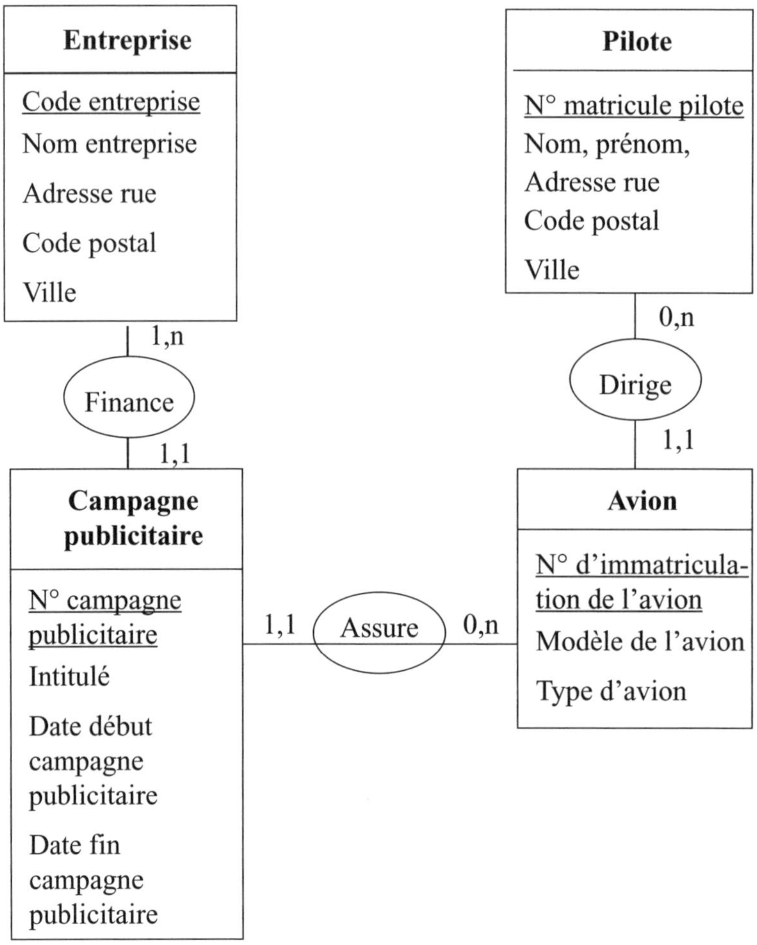

- Établissez le modèle relationnel de l'entreprise **Pub'aérienne** :

....

....

....

....

....

C. Règle 3 de passage du modèle conceptuel au modèle logique des données

1. Énoncé de la règle 3

Lorsque, dans une association, il n'y a que des cardinalités 0,n ou 1,n, on crée un nouveau schéma relationnel comprenant les clés d'identification des entités participant à l'association et, éventuellement, les propriétés de l'association.

2. Exemple : Pépinières de Provence

Dans l'entreprise **Pépinières de Provence**, on observe le modèle entité-association suivant :

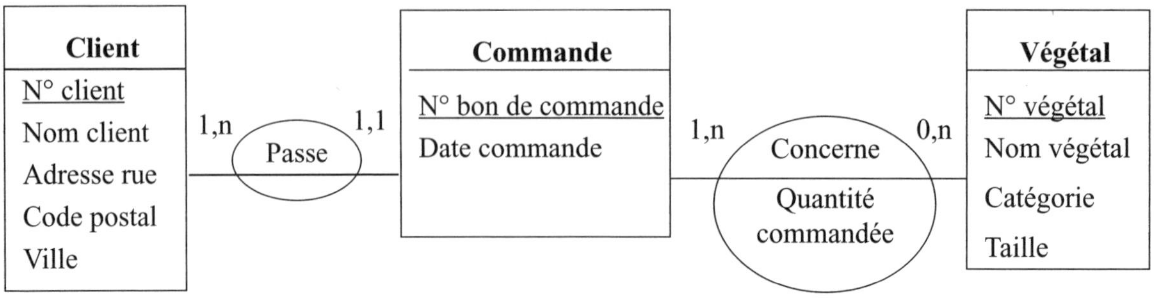

Transformons ce modèle entité-association en modèle relationnel en appliquant les règles de passage du modèle entité-association au modèle relationnel.

Règle 1

Client (<u>N° client</u>, nom client, adresse rue, code postal, ville)

Commande (<u>N° bon de commande</u>, Date commande)

Végétal (<u>N° végétal</u>, Nom végétal, Catégorie, Taille)

Règle 2

L'application de la règle numéro 2 provoque l'ajout d'une clé secondaire au schéma relationnel Commande : Commande (<u>N° bon de commande</u>, Date commande, #N° client)

Règle 3

L'application de la règle 3 génère le schéma relationnel suivant :

Le symbole dièse (#) indique que la clé primaire est composée de deux clés étrangères.

Concerne (<u># N° bon de commande, # N° végétal</u>, Quantité commandée)

*Le soulignement continu indique que les attributs **N° bon de commande** et **N° végétal** constituent la clé primaire du schéma relationnel concerné.*

*Rappel : lorsque deux ou plusieurs attributs sont rassemblés on parle d'attributs **concaténés** (enchaînés).*

Application : Attrac'ville

Dans la société **Attrac'ville**, on relève les entités et les associations suivantes :

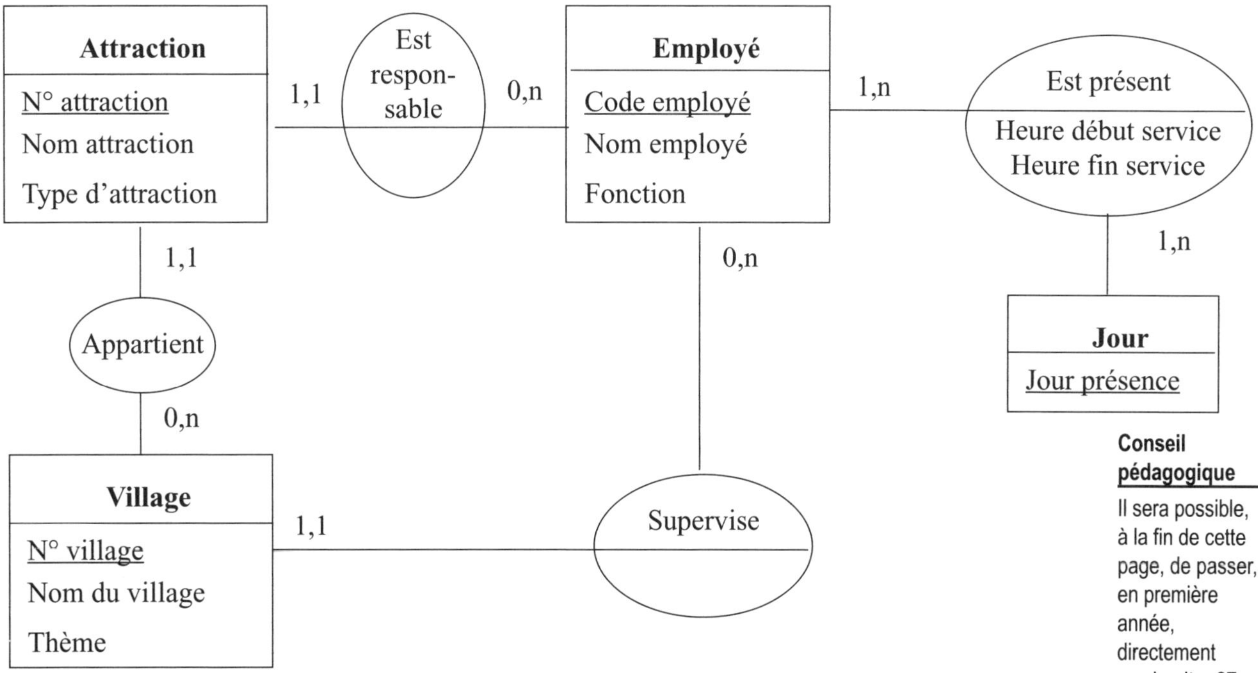

- Établissez le modèle relationnel de la société Attrac'ville :

....

....

....

Conseil pédagogique

Il sera possible, à la fin de cette page, de passer, en première année, directement au chapitre 27, pour montrer concrètement aux élèves l'implantation des données sur un disque dur et leur exploitation par un logiciel SGBDR.

Seconde année

III. Comment établir le modèle relationnel de situations particulières ?

A. Représentation de l'association réflexive dans le modèle relationnel

Dans l'entreprise **Whisky Import-Export**, deux salariés peuvent être conjoints. Le modèle entité-association suivant a été élaboré :

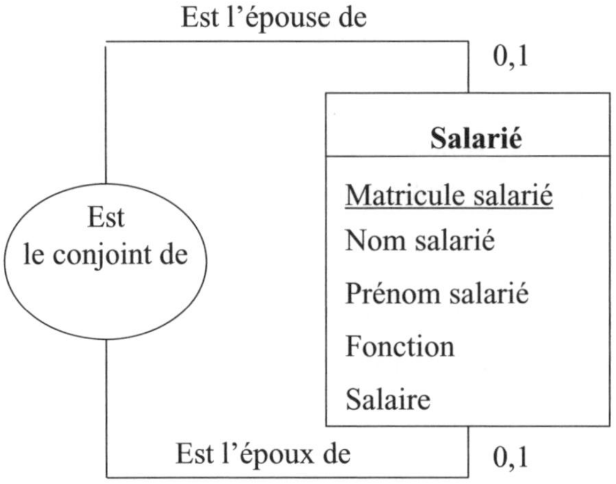

- Commentez les cardinalités :

Association	Entité	Rôle	Cardinalité	Commentaire
Est le conjoint de	Salarié	Est l'épouse de	0,1	....
			....	....
		....	....	....
			....	....

Pour représenter ce modèle entité-association dans le modèle relationnel, on procède ainsi :

Salarié (**Matricule salarié**, Nom salarié, Prénom salarié, Fonction, Salaire, #Matricule du conjoint)

*L'attribut **Matricule du conjoint** désigne en fait l'attribut **Matricule salarié du conjoint**. Pour éviter la confusion, le libellé a été modifié.*

15, Chabin, Basile, comptable, 1 500 €, 37

37, Chabin, Élise, assistante de direction, 1 800 €, 15

42, Vivat, Éric, commercial, 2 100 €, –

Application : Jeux pyrotechniques

Dans l'entreprise **Jeux pyrotechniques**, des salariés (père et/ou mère) peuvent avoir leurs enfants qui travaillent également dans l'entreprise.

1. Concevez le modèle entité-association de cette réalité :

2. Établissez le modèle relationnel :

....

....

....

B. Représentation de la pseudo-entité dans le modèle relationnel

Application 1 : Soyez Zen

Dans l'école de relaxation **Soyez Zen**, on obtient le modèle entité-association suivant :

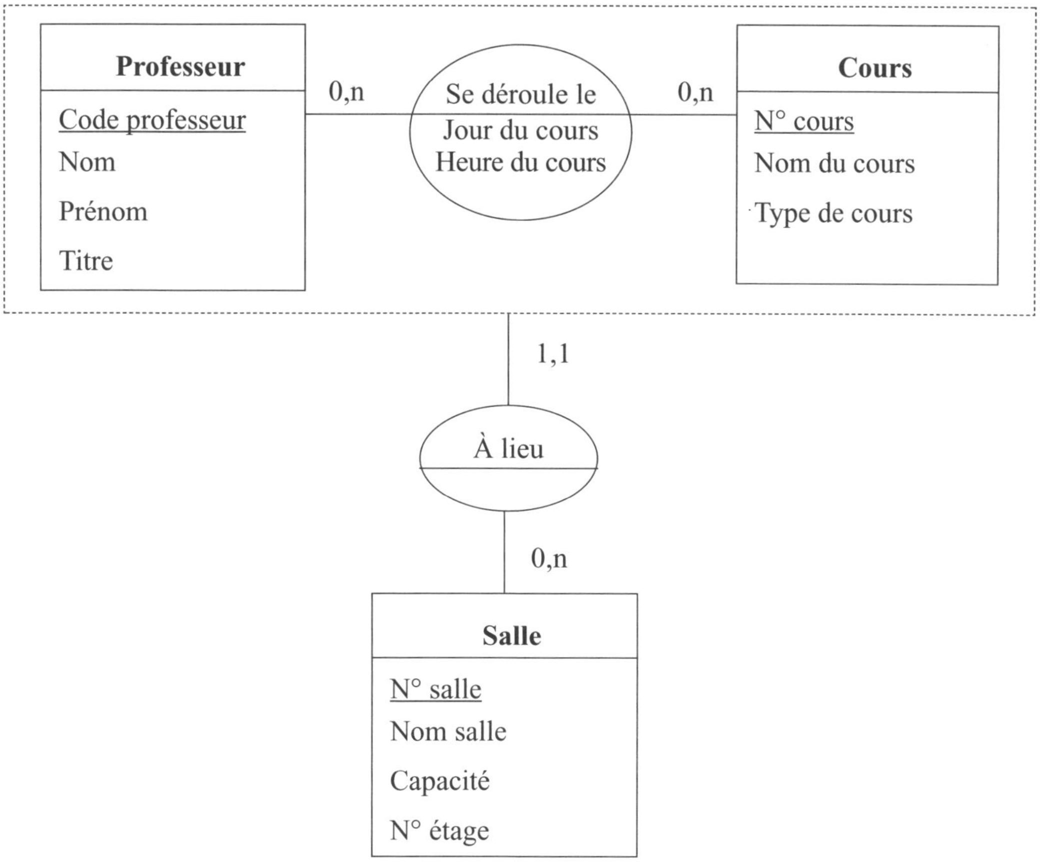

Pour représenter l'association entre la pseudo-entité et l'entité Salle, il faut procéder comme suit :

À lieu (<u># Code professeur, # N° cours</u>, # N° salle)

Identification de la pseudo-entité.

Application de la règle n° 2 de passage du modèle entité-association au modèle relationnel.

- Recherchez les autres schémas relationnels représentant l'école de relaxation **Soyez Zen** :

Application 2 : La Limousine américaine

L'entreprise **La Limousine américaine** loue des voitures extra longues à la journée. Elle vous communique son modèle entité-association :

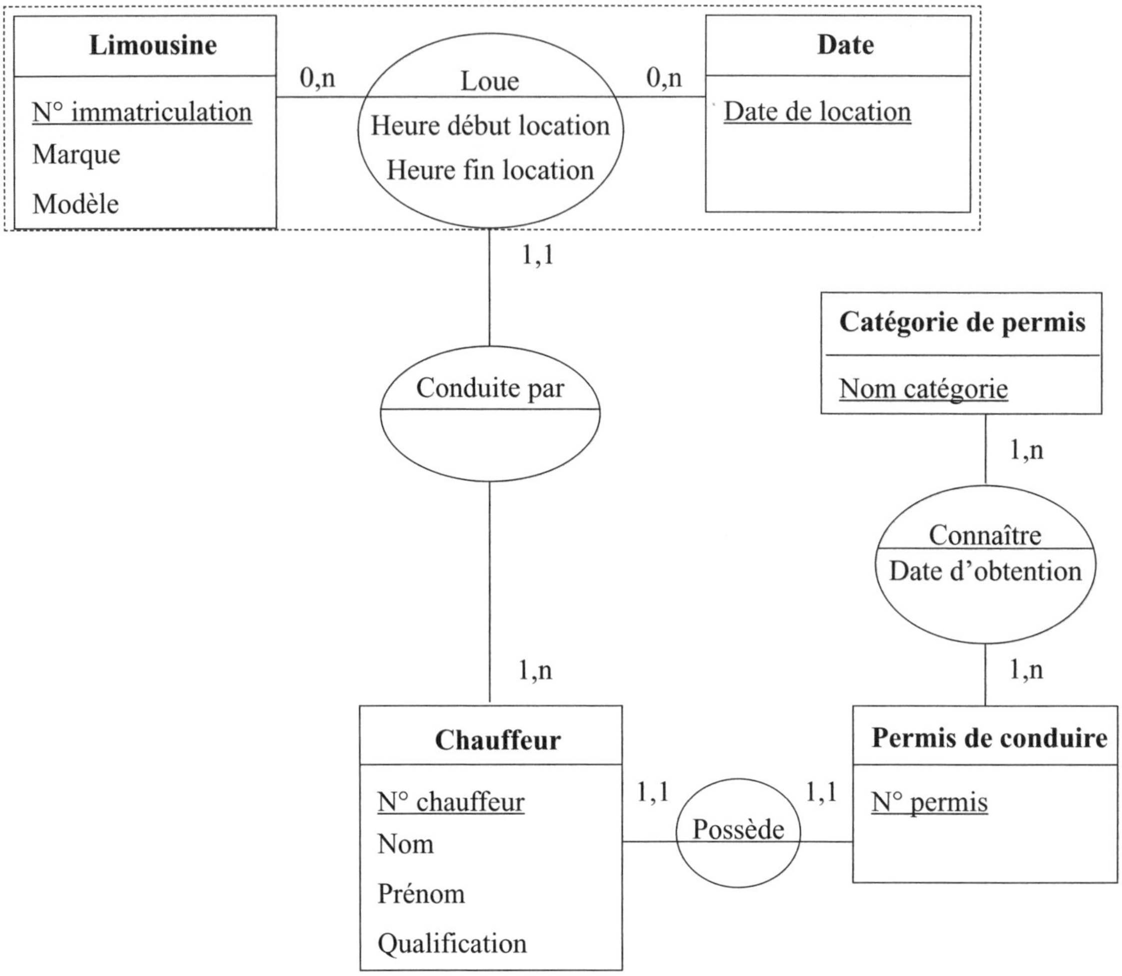

- Établissez le modèle relationnel de l'entreprise **La Limousine américaine** :

....

....

....

....

....

....

....

....

....

....

C. Comment représenter des sous-ensembles d'entités dans le modèle relationnel ?

- **Exemple : Le Petit Ramoneur (*suite*)**

a. Connaître le modèle conceptuel des données de l'entreprise

Dans le dossier 19 nous avions obtenu pour l'entreprise de ramonage **Le Petit Ramoneur**, le modèle conceptuel des données suivantes :

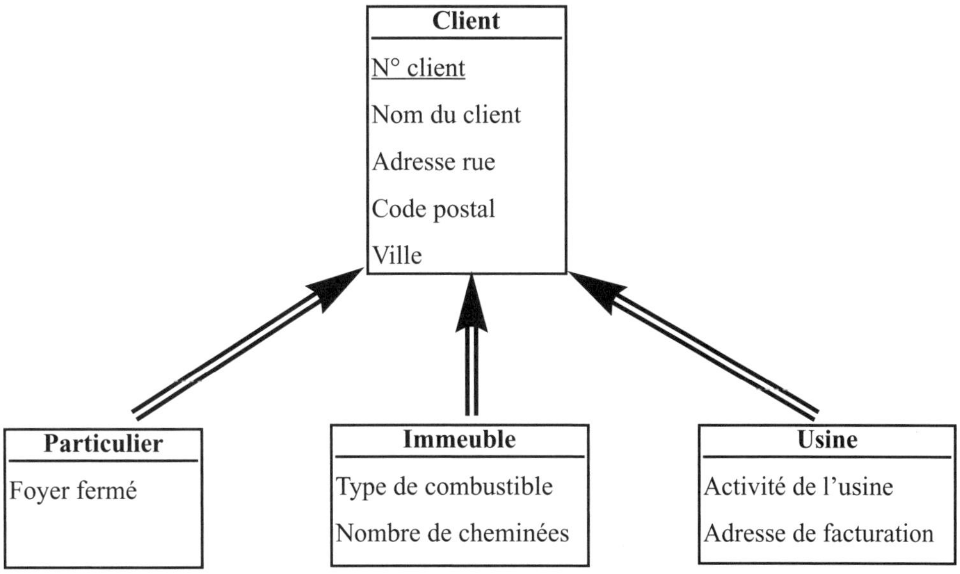

b. Établir le modèle logique des données

Nous allons établir maintenant le modèle logique des données de cette entreprise :

*L'entité spécifique **Particulier** «hérite» du numéro d'identification de l'entité générique **Client**.*

Client (<u>N° client</u>, Nom, Adresse rue, Code postal, Ville)

Client particulier (<u>N° client particulier</u>, Foyer fermé)

Client immeuble (<u>N° client immeuble</u>, Type de combustible, nombre de cheminées)

Client usine (<u>N° client usine</u>, Activité de l'usine, Adresse de facturation)

Application : Tous les véhicules (*suite*)

a. Connaître le modèle conceptuel de l'entreprise

Dans l'entreprise **Tous les véhicules,** nous avons obtenu, dans le dossier 19, le modèle conceptuel des données suivant :

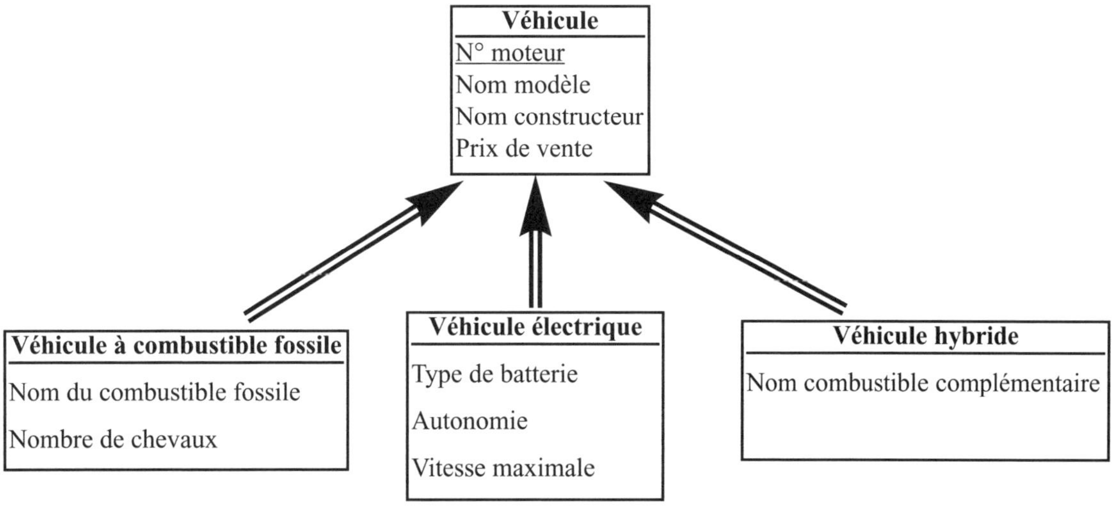

b. Établir le modèle logique des données

- Établissez le modèle logique des données :

....

....

....

....

....

Quelques questions à un(e) futur(e) professionnel(le)...

1. Qu'est-ce qu'un modèle logique des données ?

....

....

....

2. Pour quelle raison, le modèle relationnel a-t-il été retenu comme modèle logique des données ?

....

....

....

3. D'où vient l'expression Relation ?

....

....

....

4. Qu'est-ce qu'un schéma relationnel ?

....

....

....

5. Donnez un exemple de schéma relationnel :

....

....

....

6. Qu'est-ce qu'un système de gestion de bases de données relationnelles ?

....

....

....

7. Rappelez les trois règles de passage d'un modèle entité-association à un modèle relationnel :

....

....

....

....

....

....

....

Applications de synthèse

Application n° 1 : Œnologie'laboratoires (suite)

Soit le modèle conceptuel de l'entreprise **Œnologie'laboratoires** :

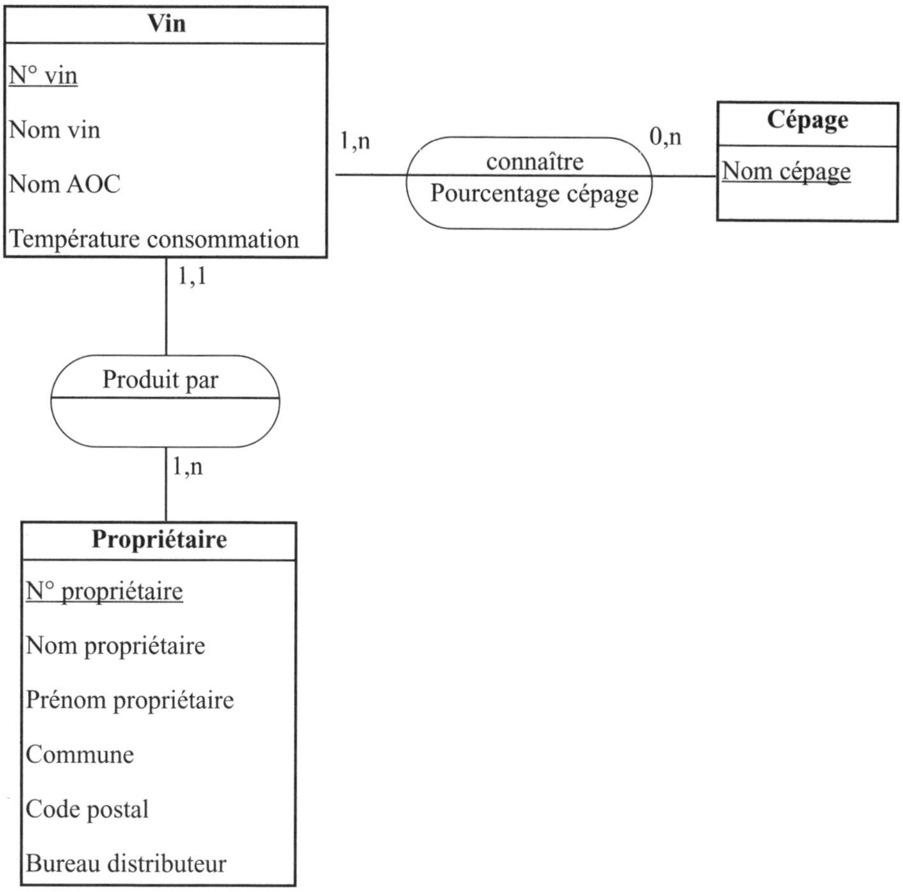

- Établissez le modèle logique des données :

....

....

....

....

....

....

....

....

....

....

....

....

Application n° 2 : Planètes des arbres (*suite*)

Soit le modèle conceptuel des données de l'entreprise **Planète des arbres** :

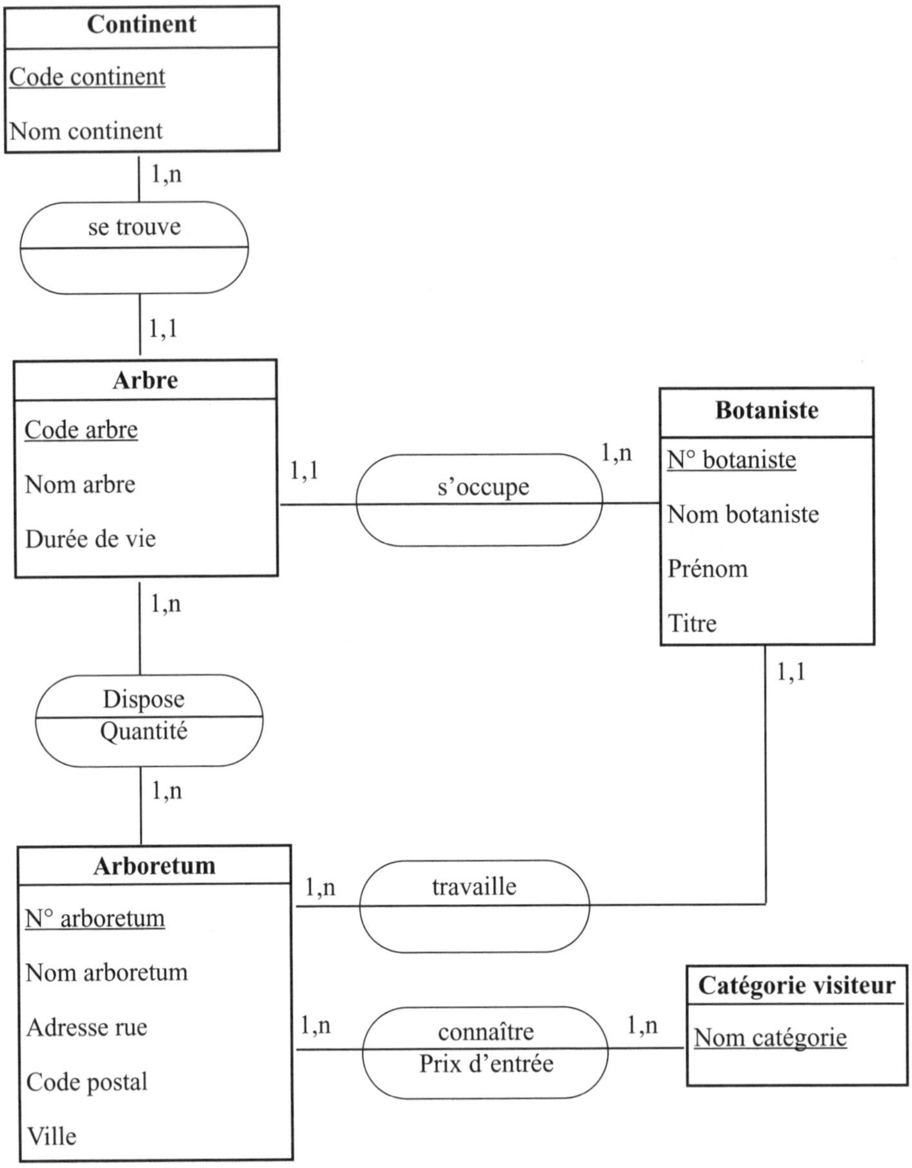

- Établissez le modèle logique des données :

....

....

....

....

....

....

....

....

....

....

....

Seconde année

Application n° 3 : Black Jack sur Internet (*suite*)

Soit le modèle conceptuel des données de l'entreprise **Black Jack sur Internet** :

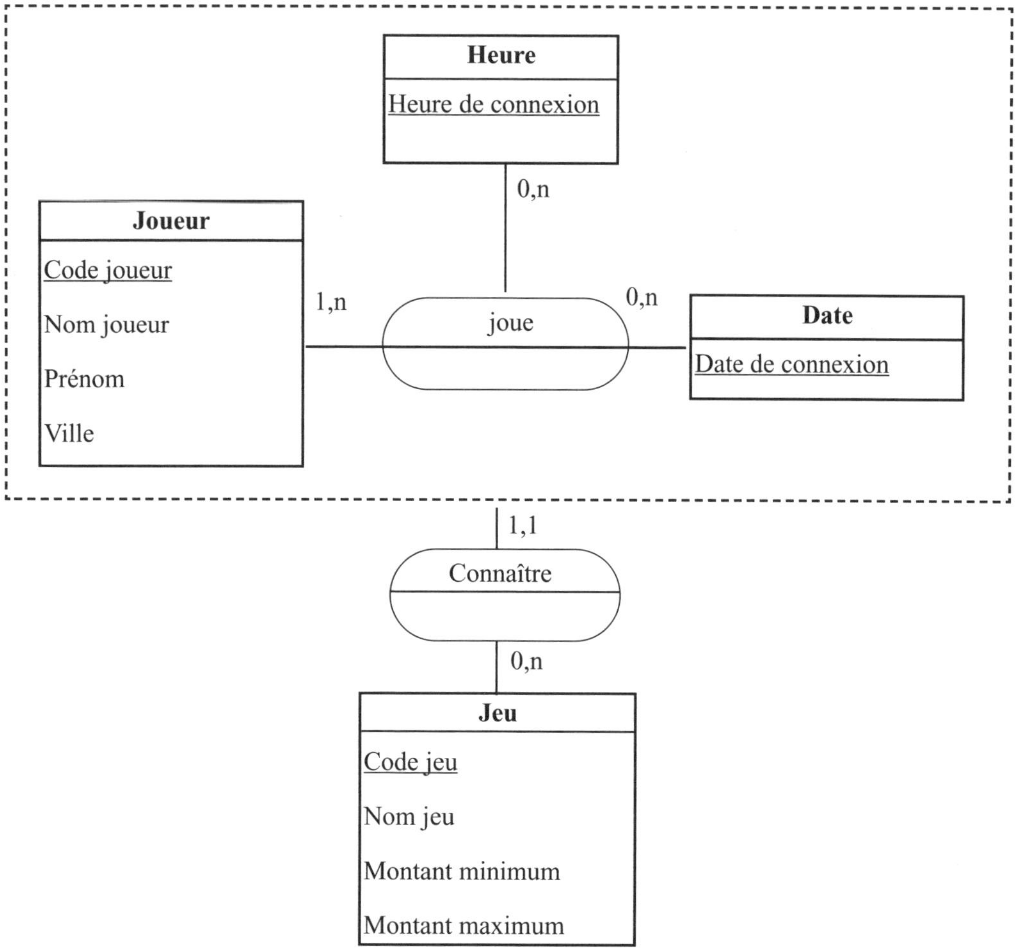

- Établissez le modèle logique des données :

....

....

....

....

....

....

....

....

Application n° 4 : L'Interprète de conférence (*suite*)

Soit le modèle conceptuel des données de l'entreprise **L'Interprète de conférence** :

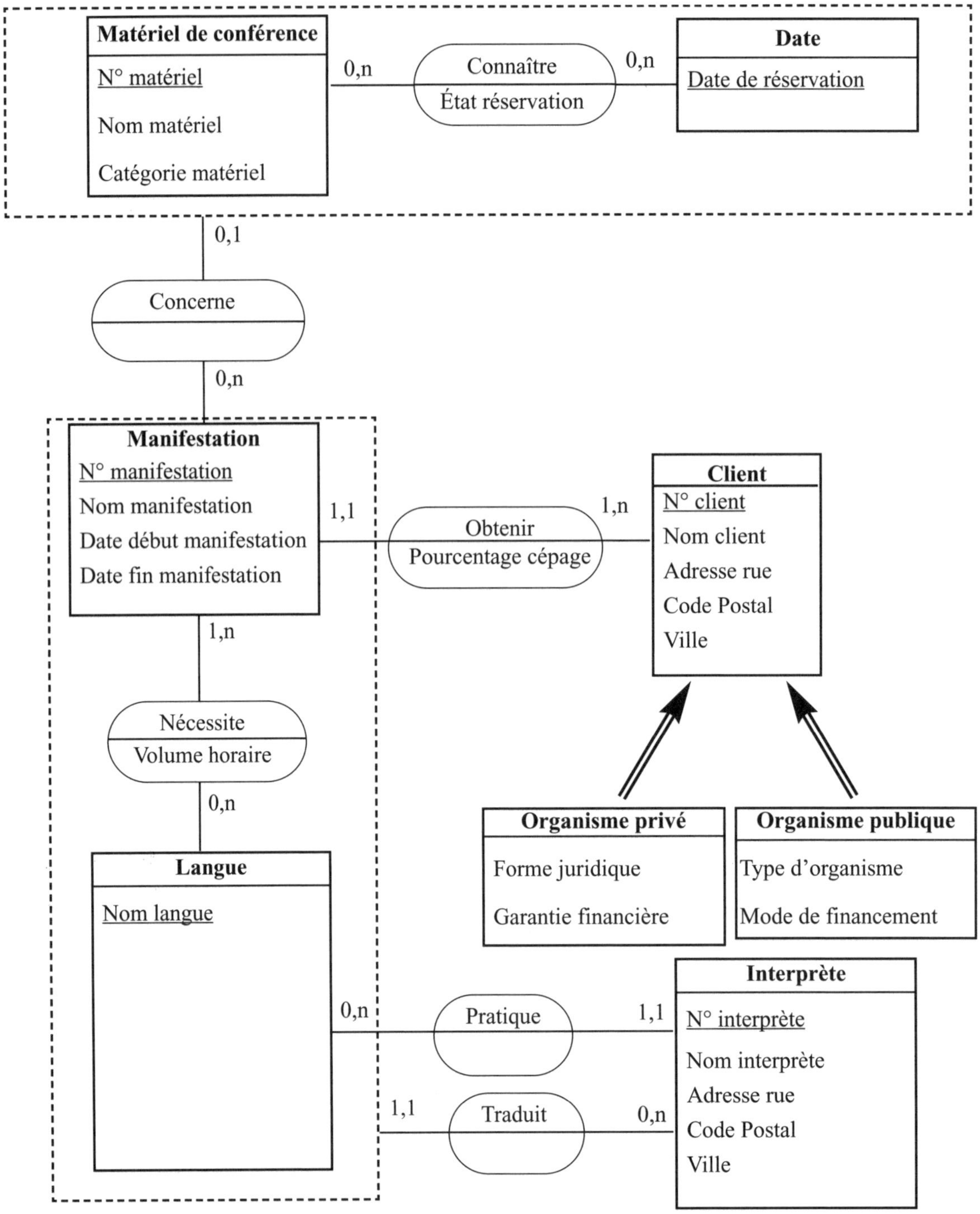

- Établissez le modèle logique des données :

....

....

....

....

....

....

....

....

Compétence

27 Comment organiser physiquement les données d'une organisation ?

Conseil pédagogique : en fonction du niveau des élèves, des choix pédagogiques, l'étude de ce chapitre pourra être étalée sur deux ans :

Première année : Partie I

Deuxième année : Partie II

Éléments du programme traités

Compétence technique

- À partir d'un dossier d'analyse, sous un système de gestion de base de données, implanter la base correspondant aux schémas de données et de traitements

Objectifs à atteindre

- Traduire le modèle logique d'une organisation dans un SGBDR (système de gestion de bases de données relationnelles)
- Établir le schéma des données de situations de modélisation particulières

Mots-clés

appliquer l'intégrité référentielle - association réflexive - pseudo entité - sous-ensembles d'entité

Connaître le contexte professionnel du dossier

Nous avons dans le dossier précédent préparé, en concevant un modèle logique, l'implantation (ou l'installation) les données physiquement sur le disque dur du serveur de l'organisation. Nous allons dans ce dossier mettre en œuvre cette implantation à l'aide du SGBDR Access.

Première année

I. Traduire le modèle logique d'une organisation dans un SGBDR

A. Repérer l'objectif à atteindre

Dans le dossier précédent, pour l'entreprise **Pépinières de Provence**, nous avions obtenu le modèle logique suivant :

Commande (<u>N° bon de commande</u>, Date commande)

Végétal (<u>N° végétal</u>, Nom végétal, Catégorie, Taille)

Concerne (<u>#N° bon de commande, #N° végétal</u>, Quantité commandée)

Nous allons traduire ce modèle dans Access de manière à obtenir le schéma des données suivant :

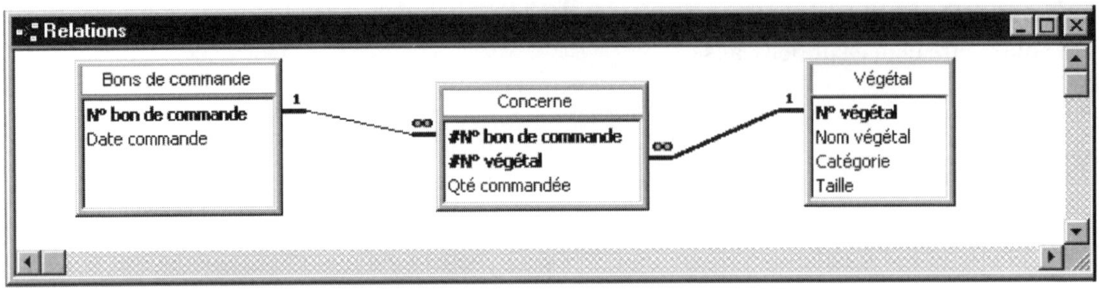

B. Créer le schéma des données dans le SGBDR

1. Lancez l'exécution du SGBDR (système de gestion de base de données relationnelle). Créez la base de données **Pépinières de Provence**. Créez une nouvelle table (le schéma relationnel du modèle logique se traduit par une table dans le SGBDR) de manière à obtenir le résultat suivant :

La clé indique que le champ est une clé primaire.

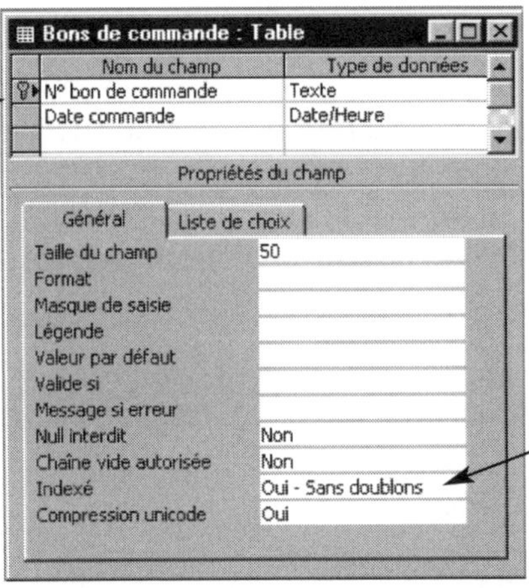

Les valeurs du champ de la clé primaire ne pourront apparaître deux fois (sans doublon).

2. Créez de la même manière les deux autres tables de façon à obtenir le résultat suivant :

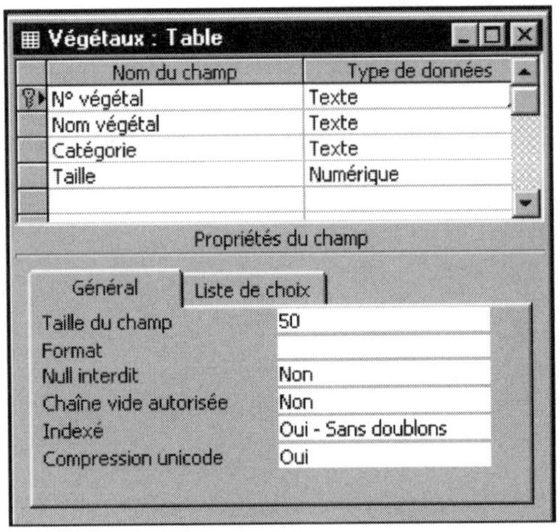

Sélectionnez les deux champs et cliquez sur la clé pour obtenir une clé concaténée.

3. Créez ensuite le schéma des données en sélectionnant la commande **Outils Relations** et en ajoutant les différentes tables :

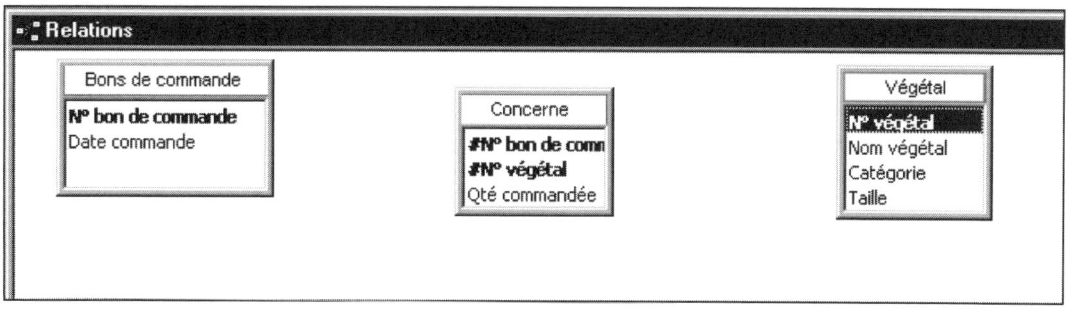

4. Vous allez créer les liens entre les tables de la manière suivante. Cliquez sur le champ **N° bon de commande**, maintenez le bouton de la souris enfoncé et placez une copie du champ sur l'attribut **#N° bon de commande**. Relâchez le bouton de la souris :

*L'option **Appliquer l'intégrité référentielle** est une sécurité. Si elle est cochée, le logiciel interdira la suppression (intégrité) d'une valeur (référentiel) dans la table **Bon de commande** tant que celle-ci est encore utilisée dans la table **Concerne**.*

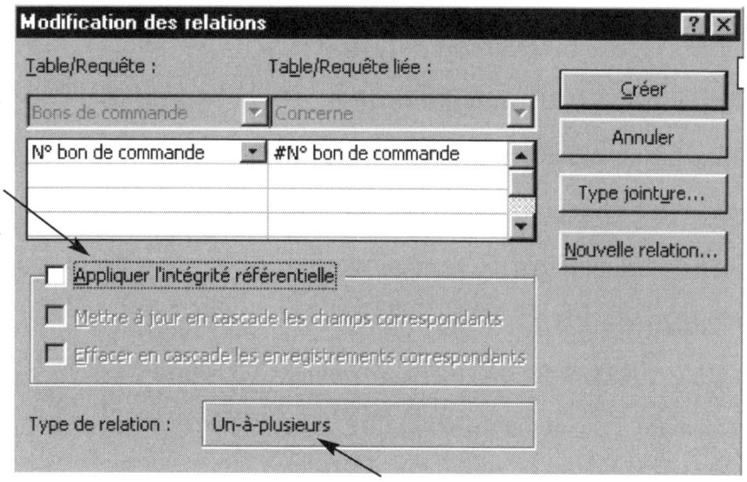

*Dans la table **Bon de commande**, les valeurs de l'attribut **N° bon de commande** n'apparaissent qu'UNE fois. Dans la table **Concerne**, les valeurs de l'attribut **N° bon de commande** apparaissent PLUSIEURS fois.*

5. Cochez la table **Appliquer l'intégrité référentielle** et cliquez sur le bouton **Créer**.

6. Procédez de même pour la table **Végétaux**. Enregistrez le schéma (**Fichier Enregistrer**). Vous devez obtenir le résultat suivant :

*La valeur de l'attribut **N° végétal** n'apparaît qu'une fois dans la table **Végétaux**. En effet, un article n'apparaît qu'une fois dans le catalogue de l'entreprise.*

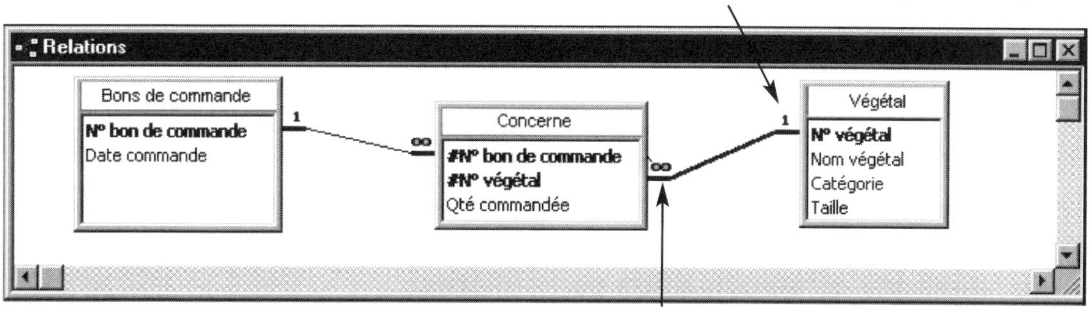

*La valeur de l'attribut **N° végétal** apparaît plusieurs fois. En effet le végétal peut être commenté qu'une fois.*

7. Imprimez le schéma des données (Access 2000 : **Fichier Imprimer** ; Access 97 : touche **Impression écran**, lancez Paint, sélectionnez la commande **Édition Coller** et **Fichier Imprimer**) :

8. Fermez la fenêtre **Relations**.

Application : Attrac'Ville (*suite*)

Soit les schémas relationnels de la société **Attrac'Ville** :

Attraction (<u>Nº attraction</u>, Nom attraction, Site attraction, #Code employé, #Nº village)

Employé (<u>Code employé</u>, Nom employé, Fonction)

Jour (<u>Jour présence</u>)

Village(<u>Nº village</u>, Nom du village, Thème, #Code employé)

Est présent (<u>#Code employé, #Jour de présence</u>, Heure début service, Heure fin service)

- Concevez la base de données **Attrac'Ville**, les tables appropriées et le schéma des données. Imprimez, découpez et collez-le ci-dessous :

Seconde année

II. Établir le schéma des données de situations de modélisation particulières

A. Représenter l'association réflexive dans le SGBDR

Exemple : Whisky Import

Dans l'entreprise **Whisky Import**, deux salariés peuvent être conjoints. Nous avons obtenu le schéma relationnel suivant :

Il y a un lien entre les occurrences d'un même schéma relationnel.

Salarié (<u>Matricule salarié</u>, Nom salarié, Prénom salarié, Fonction, Salaire, #Matricule du conjoint)

Pour représenter l'association réflexive dans un SGBDR, il faut procéder comme suit :

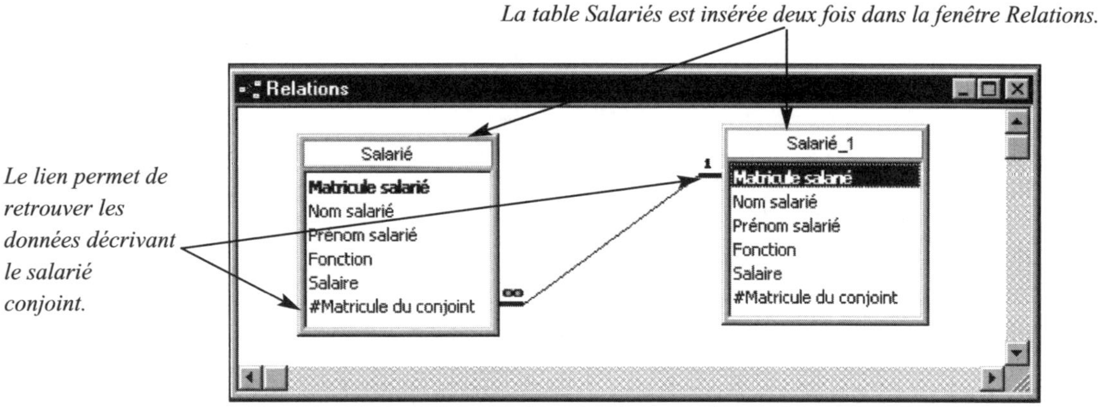

Application : Jeux pyrotechniques (*suite*)

Dans l'entreprise **Jeux pyrotechniques**, des salariés peuvent avoir leurs enfants qui travaillent également dans l'entreprise. Nous obtenons le schéma relationnel suivant :

Salarié (<u>N° salarié</u>, Nom, Prénom, #N° salarié père, #N° salarié mère)

- Implantez le modèle logique de l'entreprise dans le SGBDR, imprimez, découpez et collez ci-dessous le schéma des données :

B. Représenter la pseudo entité dans le SGBDR

Exemple : Soyez Zen (*suite*)

Pour l'école de relaxation **Soyez Zen**, on obtient le modèle logique suivant :

Professeur (<u>Code professeur</u>, Nom, Prénom, Titre)

Cours (<u>N° cours</u>, Nom du cours, Type de cours)

Se déroule (<u>#Code professeur, #N° cours</u>, Jour du cours, Heure du cours)

À lieu (<u>#Code professeur, #N° cours</u>, #N° salle)

Salle (<u>N° salle</u>, Nom salle, Capacité, N° étage)

Le schéma de relations dans le SGBDR se présente ainsi :

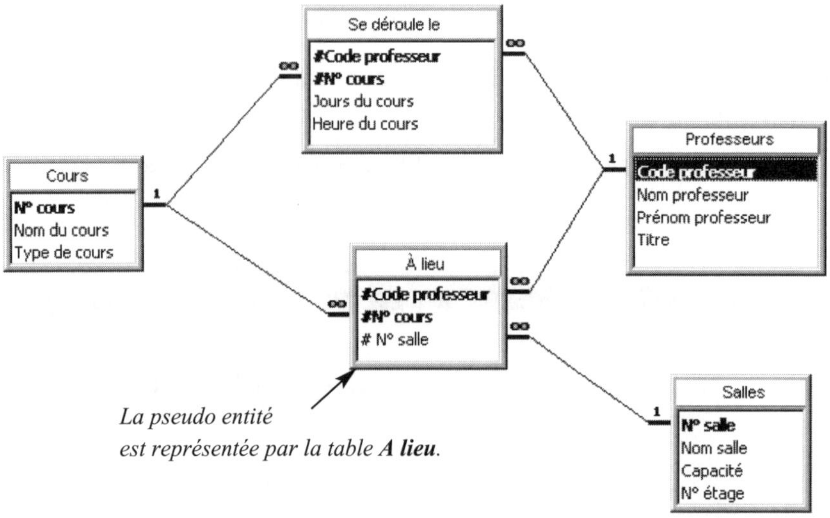

Application : La Limousine américaine (*suite*)

La société **La Limousine américaine** loue des voitures extra longues à la journée. Le modèle logique suivant a été élaboré :

Limousine (<u>N° immatriculation</u>, Marque, Modèle)

Date (<u>Date location</u>)

Chauffeur (<u>N° chauffeur</u>, Nom, Prénom)

Loue (<u>#N° immatriculation, #Date location</u>, Heure de début location, Heure fin location)

Conduite par (<u>#N° immatriculation, #Date location</u>, #N° chauffeur)

- Créez la base de données **La Limousine américaine**, les tables et le schéma des données. Imprimez, découpez et pliez ci-dessous le schéma des données :

C. Représenter les sous-ensembles d'entités dans un SGBDR

Exemple : Le Petit Ramoneur (*suite*)

Le modèle logique l'entreprise **Le Petit Ramoneur** se présente ainsi :

Client (<u>N° client</u>, Nom, Adresse rue, Code postal, Ville)

Particulier (<u>N° client particulier</u>, Foyer fermé)

Immeuble (<u>N° client immeuble</u>, Type de combustible)

Usine (<u>N° client usine</u>, Activité de l'usine, Adresse facturation)

Dans le SGBDR, le schéma de relations se présente ainsi :

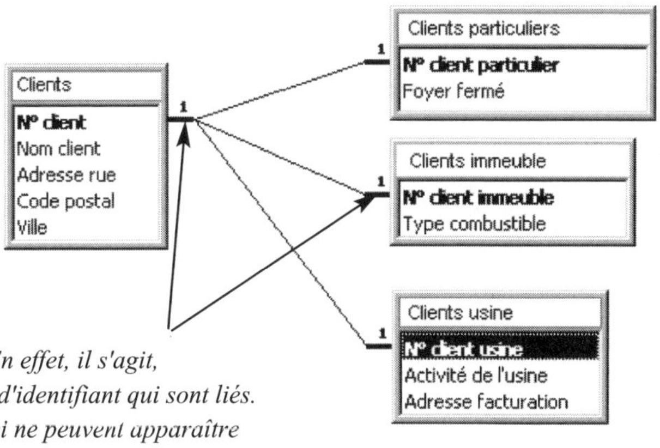

Le lien est de 1 à 1. En effet, il s'agit, dans les deux tables, d'identifiant qui sont liés. Les valeurs de ceux-ci ne peuvent apparaître qu'une fois dans leurs tables respectives.

Application : Tous Les Véhicules (*suite*)

Dans l'entreprise **Tous Les Véhicules**, le modèle logique des données se présente ainsi :

Véhicule (<u>N° moteur</u>, Nom modèle, Nom constructeur, Prix de vente)

Véhicule à combustible fossile (<u>N° moteur véhicule à combustible fossile</u>, Nom du combustible fossile, Nombre de chevaux)

Véhicule électrique (<u>N° moteur véhicule électrique</u>, Type de batterie, Autonomie, Vitesse maximale)

Véhicule hybride (<u>N° moteur véhicule hybride</u>, Nom combustible complémentaire)

- Créez la base de données **Tous Les Véhicules**, les tables et le schéma des données correspondant. Imprimez, découpez et collez ci-dessous le schéma des données :

Quelques questions à un(e) futur(e) professionnel(le) ?

1. Que signifie le sigle SGBDR ? Pouvez-vous en justifier les termes ?

....

....

....

2. Quel est l'intérêt de l'option **Appliquer l'intégrité référentielle** ?

....

....

3. Comment représente-t-on une association réflexive dans le SGBDR ?

....

....

Applications de synthèse

Première année

Application n° 1 : Œnologie'Laboratoires (*suite*)

Soit le modèle logique du laboratoire **Œnologie'Laboratoires** :

Vin (N° vin, Nom vin, Nom AOC, Température de consommation, #N° propriétaire)

Propriétaire (N° propriétaire, Nom propriétaire, Prénom propriétaire, Commune, Code postal, Bureau distributeur)

Cépage (Nom cépage)

Connaître (#N° vin, #Nom cépage, Pourcentage cépage)

- Créez la base de données **Œnologie'Laboratoires**, établissez le schéma des données correspondant. Imprimez, découpez et collez le schéma des données ci-dessous :

Application n° 2 : Planète des arbres (suite)

Soit le modèle logique de l'organisation **Planète des arbres** :

Continent (Code continent, Nom continent)

Arbre (Code arbre, Nom arbre, Durée de vie, #Code continent, #N° botaniste)

Arboretum (N° arboretum, Nom arboretum, adresse rue, Code postal, Ville)

Botaniste (N° botaniste, Nom botaniste, Prénom botaniste, Titre, #N° arboretum)

Catégorie visiteur (Nom catégorie)

Dispose (#Code arbre, #N° arboretum, Quantité)

Connaître (#N° arboretum, #Nom catégorie, Prix d'entrée)

- Créez la base de données **Planète des arbres**, établissez le schéma des données. Imprimez, découpez et collez ci-dessous le schéma des données :

Seconde année

Application n° 3 : Black Jack sur Internet (*suite*)

Soit le modèle logique des données de l'entreprise **Black Jack sur Internet** :

Heure (Heure de connexion)

Joueur (Code joueur, Nom joueur, Prénom joueur, Ville)

Date (Date de connexion)

Jeu (Code jeu, Nom jeu, Montant minimum, Montant maximum)

Connaître (#Date de connexion, #Heure de connexion, #Code joueur, #Code jeu)

- Créez la base de données de la société **Black Jack sur Internet**, établissez le schéma des données correspondant. Imprimez, découpez et collez ci-dessous le schéma des données :

Exploiter les données d'une organisation

28. Comment effectuer les requêtes avec l'algèbre relationnelle ?
29. Comment effectuer les requêtes avec le langage QBE (consultations) ?
30. Comment effectuer les requêtes avec le langage QBE (traitements) ?
31. Comment effectuer les requêtes avec le langage SQL ?

Compétence

28 Comment effectuer des requêtes avec l'algèbre relationnelle ?

Éléments du programme traités

Compétence technique

- Rechercher, collecter, mettre en forme, diffuser des informations internes et externes au système d'information

Objectifs à atteindre

- Quand utiliser les opérateurs algébriques ?
- Comment utiliser les opérateurs ensemblistes ?
- Effectuer des calculs dans une requête

Mots-clés

différence - division - intersection - jointure - opérateur ensembliste - projection - sélection - union

Connaître le contexte professionnel du dossier

Une fois que la base de données est implantée dans un logiciel, il faut passer à la phase d'exploitation des données qui est la raison d'être de tous nos efforts.

Pour exploiter une base de données, il est nécessaire de formuler des **requêtes**. Celles-ci sont des demandes d'informations sur la base de données.

Les requêtes peuvent être présentées sous trois formes, en utilisant :

- l'algèbre relationnelle,
- le langage QBE (*Query by example* [requête par l'exemple]),
- le langage SQL (*Structured Query Language* [langage de requête structuré]).

Nous allons dans ce chapitre mettre en œuvre l'algèbre relationnelle.

D'où vient l'expression algèbre relationnelle ?

L'algèbre désigne les opérations effectuées sur des lettres (ou variables) comme 2a + 3b = 0. L'algèbre relationnelle va effectivement manier des variables qui seront le nom des champs des tables (ou relations) mises en œuvre.

Quelle est l'utilité de l'algèbre relationnelle ?

L'algèbre relationnelle permet de préparer des requêtes indépendamment du logiciel ou du langage de requête utilisé.

I. Quand utiliser les opérateurs algébriques ?

A. Effectuer une projection

1. Définition

À retenir !
Une **projection** est une opération permettant de choisir les champs d'une table dont le contenu est à afficher.

Une **projection** est une opération permettant de choisir les champs d'une table dont le contenu est à afficher. On parle également de découpage vertical de la table.

On dispose, par exemple, du schéma relationnel Employés (<u>N° employé</u>, Nom employé, Prénom employé, Catégorie)

Si on ne souhaite afficher que le nom et le prénom des employés, la projection excluera les champs **N° employé** et **Catégorie** :

Découpage vertical de la table.

N° employé,	Nom employé,	Prénom employé,	Catégorie
27	Reis	Léa	Non cadre
32	Sallet	Yves	Non cadre
43	Roy	Zita	Non cadre

Qu'est-ce qu'un opérateur ?
Un opérateur, dans un système de base de données, est un mot désignant une action effectuée sur les données.

2. Exemple : L'entreprise Lait Nature

Gilles Lafon, directeur de l'entreprise Lait Nature, vous communique la liste des schémas relationnels et des tables de son organisation :

- Schémas relationnels :

Employé (<u>N° employé</u>, Nom employé, Prénom employé, Catégorie)

Produit (<u>N° produit</u>, Nom produit, Procédé fabrication, Matière grasse, Protéine, Glucide)

Lot (<u>N° lot</u>, Date fabrication, Quantité fabriquée, #N° usine, #N° employé responsable, #N° produit)

Usine (<u>N° usine</u>, Nom usine)

Travailler (<u>#N° lot, #N° employé</u>)

- Tables de son organisation :

Employés	N° employé	Nom employé	Prénom employé	Catégorie
	27	Reis	Léa	Nom cadre
	29	Mino	Igor	Cadre
	32	Sallet	Yves	Non cadre
	39	Nibois	Irène	Cadre
	43	Roy	Zita	Non cadre
	51	Ottin	Julie	Cadre

Produits	N° produit	Nom produit	Procédé fabri.	Matière grasse	Protéine [2]	Glucide [3]
	LA1	Lait écrémé	UHT [1]	2,0 %	7,6 g	11,9 g
	LA2	Lait écrémé chocolaté	UHT	2,0 %	6,7 g	18,7 g
	LA3	Lait évaporé	-	7,5 %	9,1 g	12,4 g
	LA4	Lait écrémé évaporé	-	2,0 %	8,0 g	11,8 g

1. Ultra-haute température - 2. Matière animale - 3. Sucre

Lots	N° lot	Date fabr.	Qté fabriquée	#N° produit	#N° usine	#N° employé responsable
	1	20/04/2005	1 000	LA3	CA4	27
	5	25/04/2005	1 500	LA1	IS3	29
	10	27/05/2005	800	LA4	LI1	43
	18	29/05/2005	2 000	LA2	BE2	51

Usines	N° usine	Nom usine
	LI1	Lisieux
	BE2	Bernay
	IS3	Isigny
	CA4	Caen

Travailler	#N° lot	#N° employé
	1	27
	1	32
	5	29
	5	39

Connaître la situation professionnelle

Gilles Lafon, directeur de l'entreprise Lait Nature, souhaite avoir la liste de ses employés décrits par leurs noms et prénoms.

Connaître les principes

Pour préparer une requête en algèbre relationnelle, il est possible de rassembler les éléments de la requête dans un tableau :

Liste des tables utilisées pour faire la requête.

Conditions éventuelles associées à un opérateur.

Tables utilisées	Opérateurs	Conditions	Résultat à obtenir

Liste des opérateurs utilisés pour faire la requête.

Table résultat à obtenir pour satisfaire la demande d'information.

Agir

Pour satisfaire la requête de Gilles Lafon, directeur de Lait Nature (liste des noms et prénoms des employés), il faut compléter le tableau de la manière suivante :

Tables utilisées	Opérateurs	Conditions	Résultat à obtenir
Employés	Projection	-	R(Nom employé, Prénom employé)

Le résultat de la requête sera :

Reis	Léa
Mino	Igor
Sallet	Yves
Nibois	Irène
Roy	Zita
Ottin	Julie

Application : Loc'Voitures (*suite*)

L'entreprise **Loc'Voitures** loue des véhicules à des clients par l'intermédiaire d'agences dispersées en Europe.

Elle vous communique :

- les schémas relationnels suivants :

Modèle (N° modèle, Nom modèle, Prix location journalier)

Agence (N° agence, Nom agence, Adresse rue, Code postal, Ville)

Client (N° client, Nom client, Adresse rue, Code postal, Ville)

Véhicule (N° immatriculation, Date d'achat, Prix d'achat, #N° modèle, #N° agence)

Louer (#N° immatriculation, #N° client, Date début location, Date fin location, Km départ, Km arrivée)

Propose (#N° modèle, #N° agence)

- et les tables de son organisation :

Modèles	N° modèle	Nom modèle	Prix location journalier
	AR05	Avantime	140 €
	CP01	Xsara Picasso	71 €
	ES26	Espace	101 €
	GO37	Golf	69 €
	PE26	Peugeot 206	71 €
	SR38	Scénic	74 €

Agences	N° agence	Nom agence	Adresse rue	Code postal	Ville
	MU01	Agence-Mulhouse	2 quai Aulagnier	68100	Mulhouse
	ST01	Agence-Strasbourg	12 rue Valiton	67000	Strasbourg

Clients	N° client	Nom client	Adresse rue	Code postal	Ville
	1	Abis	17 rue Étoile	68100	Mulhouse
	2	Bak	13 bd Louesse	67000	Strasbourg
	3	Betry	8 rue Escudier	68100	Mulhouse

Véhicules	N° immatriculation	Date d'achat	Prix d'achat	#N° modèle	#N° agence
	9258 SX 68	10/4/200.	12 000 €	CP01	MU01
	5791 XS 68	1/5/200.	19 000 €	ES26	ST01
	5108 BZ 68	2/5/200.	10 000 €	GU37	MU01

Louer	#N° client	#N° immatriculation	Date début loc.	Date fin loc.	Kilomé. départ	Kilomé. arrivée
	1	9258 SX 68	15/6/200.	18/6/200.	10 200	13 100
	2	5791 XS 67	8/7/200.	8/7/200.	35 100	36 050
	3	5108 BZ 68	6/9/200.	6/9/200.	45 100	52 000

Propose	#N° modèle	#N° agence
	CP01	MU01
	AR05	MU01
	PE26	MU01
	SR38	MU01
	ES26	ST01
	SR38	ST01
	GU37	ST01
	CP01	ST01

Connaître la situation professionnelle

Zita Lago, directrice de Loc'Voitures, souhaiterait connaître la liste des modèles de voitures proposés pour l'entreprise (Nom modèle, Prix location journalier).

Agir

- Complétez le tableau des requêtes suivant :

Tables utilisées	Opérateurs	Conditions	Résultat à obtenir

Quelques questions à un(e) futur(e) professionnel(le)...

1. Qu'est-ce qu'une projection ?

....

....

2. Pourquoi parle-t-on de découpage vertical lorsqu'on fait une projection ?

....

....

B. Effectuer une sélection

1. Définition

À retenir !
Une **sélection** est l'affichage des occurrences d'une table respectant un ou plusieurs critères de sélection.

Une **sélection** est l'affichage des occurrences d'une table respectant un ou plusieurs critères de sélection. On parle aussi de découpage horizontal d'une table :

Seule une partie des occurrences est retenue.

N° employé,	Nom employé,	Prénom employé,	Catégorie
27	Reis	Léa	Non cadre
~~32~~	~~Sallet~~	~~Yves~~	~~Non cadre~~
43	Roy	Zita	Non cadre

À retenir !
Un **critère** de sélection est la valeur d'un attribut que doit respecter une occurrence pour être retenue.

Un **critère de sélection** est la valeur d'un attribut que doit respecter une occurrence pour être retenue.

2. Exemple : L'entreprise Lait Nature (*suite*)

Connaître la situation professionnelle

Gilles Lafon, le directeur de Lait Nature, souhaite avoir toutes les informations sur le personnel non cadre.

Agir

Le tableau des requêtes se présentera ainsi :

Tables utilisées	Opérateurs	Conditions	Résultat à obtenir
Employés	Sélection Projection	Catégorie = "Non cadre"	R(N° employé, Nom employé, Prénom employé, Catégorie)

Une condition est toujours associée à l'opération ***Sélection****.*

On obtiendra le résultat suivant :

27	Reis	Léa	Non cadre
32	Sallet	Yves	Non cadre
43	Rey	Zita	Non cadre

Application : Loc'Voitures (suite)

Connaître la situation professionnelle

Zita Lago, la directrice de Loc'Voitures, souhaite connaître le numéro, le nom et le prix de location journalier des modèles dont le prix de location journalier est inférieur à 80 €.

Agir

Complétez le tableau des requêtes suivant :

Tables utilisées	Opérateurs	Conditions	Résultat à obtenir

Quelques questions à un(e) futur(e) professionnel(le)...

1. Qu'est-ce qu'une sélection ?

....

2. Qu'est-ce qu'un critère ?

....

3. Pourquoi parle-t-on de découpage horizontal lorsqu'on fait une sélection ?

....

C. Effectuer une jointure

1. Définition

Une **jointure** est le rassemblement d'occurrences de deux ou plusieurs tables ayant des **champs communs** et des **valeurs identiques** pour ces champs.

À retenir !

Une **jointure** est le rassemblement d'occurrences de deux ou plusieurs tables ayant des champs communs et des valeurs identiques pour ces champs.

2. Exemple : L'entreprise Lait Nature (suite)

Connaître la situation professionnelle

Gilles Lafon, le directeur de Lait Nature, souhaite connaître le numéro de tous les lots des produits laitiers fabriqués par son entreprise et le nom des employés ayant travaillé sur ces lots.

Agir

Dès que la requête devient complexe, il faut se poser les questions suivantes :

1. De quelles informations parle-t-on dans la requête ?
   - N° de lot,
   - Nom des employés.
2. Dans quelles tables trouve-t-on ces informations ?

D'après les tables reproduites à la page 336, on observe que :

- le **N° de lot** se trouve dans les tables **Lots** et **Travailler**,
- le **Nom de l'employé** se trouve dans la table **Employés**.

3. Y a-t-il un champ commun à ces tables ?
   - oui, le champ **N° employé** est commun aux tables **Travailler** et **Employés**. La jointure est donc possible.

Remarque : s'il n'y a pas de tables ayant un champ commun, il faut rechercher une table intermédiaire entre ces deux tables ayant des champs communs à ces deux tables.

Le tableau des requêtes se présentera ainsi :

Tables utilisées	Opérateurs	Conditions	Résultat à obtenir
Travailler Employés	Jointure Projection	N° employé	R(N° lot, Nom employé)

Une condition accompagne toujours la jointure.

On obtiendra le résultat suivant :

1	Reis
1	Sallet
5	Mino
5	Nibois

Application : Loc'Voitures (*suite*)

Connaître la situation professionnelle

Zita Lago, la directrice de Loc'Voitures, souhaite connaître le nom des modèles de voiture et le nom des agences qui proposent ces modèles.

Agir

1. De quelles informations parle-t-on dans la requête ?

2. Dans quelles tables trouve-t-on ces informations ?

3. Y a-t-il un champ commun à ces tables ?

4. Que devez-vous faire dans ce cas ?

5. Quel est le nom de la table intermédiaire ?

6. Complétez le tableau des requêtes suivant :

Tables utilisées	Opérateurs	Conditions	Résultat à obtenir

Quelques questions à un(e) futur(e) professionnel(le)...

1. Qu'est-ce qu'une jointure ?

2. Quelles conditions doivent remplir les tables pour qu'il y ait une jointure ?

D. Effectuer une division

1. Définition

La division d'une table **Table 1** (**a**, **b**) par une table **Table 2** (**b**) est la liste des valeurs de l'attribut **a** qui sont associées dans la table **1** à toutes les valeurs de l'attribut **b** présentes dans la table **2**.

2. Exemple : L'entreprise Lait Nature

Connaître la situation professionnelle

Gilles Lafon, le directeur de Lait Nature, souhaiterait connaître le numéro des usines fabricant tous les produits de Lait Nature. Les tables suivantes vous sont communiquées :

Table 1

Fabrique	#N° usine	N° produit
	LI1	**LA1**
	BE	LA2
	IS3	LA1
	CA4	LA1
	LI1	**LA2**
	IS3	LA2
	LI1	**LA3**
	BE2	LA3
	CA4	LA3
	LI1	**LA4**
	CA4	LA4

Cette table est appelée, comme dans une division arithmétique, la table dividende. En mathématiques, le ***dividende*** *est le nombre à diviser.*

Cette table est appelée, comme dans une division arithmétique, table diviseur. En mathématiques, le ***diviseur*** *est le nombre qui divise.*

Table 2

Produits	N° produit
	LA1
	LA2
	LA3
	LA4

Résultat

LI1

Seule, l'usine ***LI1*** *de Lisieux fabrique tous les laits de l'entreprise (lait écrémé, chocolaté...).*

LI1 *est la seule valeur de l'attribut « a » qui est associée à toutes les valeurs de l'attribut « b »*

Agir

Le tableau des requêtes se présentera ainsi :

Tables utilisées	Opérateurs	Conditions	Résultat à obtenir
Fabrique Produits	Division Fabrique/Produits Projection		R(N° usine)

On obtiendra le résultat suivant :

LI1

Effectivement, seule l'usine **LI1** de Lisieux fabrique les quatre produits LA1, LA2, LA3, LA4. À une valeur de l'attribut **N° usine** sont associées toutes les valeurs de l'attribut **N° produit**.

Remarque importante : avant de faire des divisions, il est important d'obtenir une table dividende à deux champs et une table diviseur à un champ. Pour cela, il faut établir, lorsque cela est nécessaire, des requêtes intermédiaires pour obtenir ces tables.

Application : Loc'Voitures (*suite*)

Connaître la situation professionnelle

Zita Lago, la directrice de Loc'Voitures, souhaite connaître le numéro des modèles de véhicule proposés dans les deux agences.

Agir

1. Complétez le tableau des requêtes suivant :

Tables utilisées	Opérateurs	Conditions	Résultat à obtenir

2. Recherchez à partir du contenu des tables de la société Loc'Voitures, la liste des modèles de véhicule proposés dans les deux agences :

....

Quelques questions à un(e) futur(e) professionnel(le)...

1. Qu'est-ce qu'une division ?

....

2. Quels travaux préparatoires doivent précéder une division ?

....

II. Comment utiliser les opérateurs ensemblistes ?

A. Qu'est-ce qu'un opérateur ensembliste ?

Un opérateur est ensembliste lorsqu'il considère le contenu des tables comme des ensembles. Les opérateurs ensemblistes sont : l'**union**, la **différence** et l'**intersection**.

En mathématiques, un ensemble est une collection d'éléments ayant des caractéristiques communes. Une table est effectivement une collection d'éléments (les occurrences) ayant des caractéristiques communes (les champs).

1. Qu'est-ce que la compatibilité entre les tables ?

Les tables mises en œuvre par les opérateurs ensemblistes doivent être **compatibles**. Cela signifie que :

- les tables ont le même schéma relationnel,
- et que les attributs ont le même domaine de valeurs.

À retenir !
Un **domaine de valeurs** pour un attribut est l'ensemble des valeurs que peut prendre cet attribut.

Un **domaine de valeurs** pour un attribut est l'ensemble des valeurs que peut prendre cet attribut. Par exemple :

- pour l'attribut **Chiffre d'affaires**, l'ensemble des valeurs est l'ensemble des **valeurs numériques**,
- pour l'attribut **Nom**, l'ensemble des valeurs sera l'ensemble des **valeurs alphabétiques**.

Exemple : dans l'entreprise de produits laitiers **Lait Nature**, on observe les tables suivantes (qui sont le résultat de requêtes) :

Employés-cadres	N° employé	Nom employé	Prénom employé	Catégorie
	29	Mino	Igor	Cadre
	39	Nibois	Irène	Cadre
	51	Ottin	Julie	Cadre

Les deux tables ont les mêmes attributs.

Les attributs ont les mêmes domaines de valeurs.

Employés-non cadres	N° employé	Nom employé	Prénom employé	Catégorie
	27	Reis	Léa	Non cadre
	32	Sallet	Yves	Non cadre
	43	Roy	Zita	Non cadre

2. Les tables compatibles sont des tables résultats de requête

Les tables compatibles n'existent pas directement dans un modèle relationnel. En effet, les principes de non redondance de l'information interdisent la présence de deux schémas relationnels identiques tels qu'Employés cadres et Employés non cadres.

Par contre, il n'est pas interdit à une organisation de faire, à partir de sa base de données, tous les classements qu'elle juge nécessaires et en particulier un classement distinguant les cadres et les non cadres.

B. Effectuer une union

1. Définition

L'**union** de deux tables est une table résultat composée des occurrences des deux tables sources. Si deux occurrences sont identiques, le doublon sera éliminé.

À retenir !

L'union de deux tables est une table résultat composée des occurrences des deux tables sources.

2. Exemple : L'entreprise Lait Nature (*suite*)

Connaître la situation professionnelle

Gilles Lafon, le directeur de Lait Nature, souhaite connaître les caractéristiques de tous ses employés.

Agir

Le tableau des requêtes se présentera ainsi :

Le schéma relationnel de ces deux tables est identique.

Tables utilisées	Opérateurs	Conditions	Résultat obtenu
Employés cadres Employés-non cadres	Union Projection		R(N° employé, Nom employé, Prénom employé, Catégorie)

On obtiendra le résultat suivant :

R1 (N° employé, Nom employé, Prénom employé, Catégorie)			
29	Mino	Igor	cadre
39	Nibois	Irène	cadre
51	Ottin	Julie	cadre
27	Reis	Léa	Non cadre
32	Sallet	Yves	Non cadre
43	Roy	Zita	Non cadre

Cette table rassemble les occurrences des deux tables.

Application : Loc'Voitures (*suite*)

Connaître la situation professionnelle

Zita Lago, la directrice de Loc'Voitures, souhaite connaître les caractéristiques de tous les modèles de voitures proposés par ses agences. Elle vous communique pour cela les deux tables résultats suivantes :

Modèles Agence-Mulhouse	N° modèle	Nom modèle	Prix location	#N° code agence
	CP01	Xsara Picasso	70 €	MU01
	AR05	Avantime	140 €	MU01
	PE26	Peugeot 206	71 €	MU01
	SR38	Scenic	76 €	MU01

Modèles Agence-Strasbourg	N° modèle	Nom modèle	Prix location	#N° code agence
	ES26	Espace	101 €	ST01
	SR38	Scénic	76 €	ST01
	GU37	Gulf	69 €	ST01
	CP01	Xsara Picasso	70 €	ST01

Agir

1. Complétez le tableau des requêtes suivant :

Tables utilisées	Opérateurs	Conditions	Résultat à obtenir

2. Indiquez ci-dessous les six premières lignes du résultat de la requête :

....

....

....

Quelques questions à un(e) futur(e) professionnel(le)...

1. Pourquoi parle-t-on d'opérateurs ensemblistes?

....

2. Quelles conditions doivent remplir les tables pour être mises en œuvre par les opérateurs ensemblistes ?

....

3. Dans quel cas deux tables sont compatibles ?

....

4. Pour quelles raisons ne trouve-t-on pas directement des tables compatibles dans une base de données ?

....

5. Qu'est-ce qu'une union ?

....

À retenir !
Une **intersection** de deux tables est une table résultat contenant les occurrences communes aux deux tables.

C. Effectuer une intersection

1. Définition

Une **intersection** de deux tables est une table résultat contenant les occurrences communes aux deux tables.

2. Exemple : L'entreprise Lait Nature (*suite*)

Connaître la situation professionnelle

Gilles Lafon vous demande d'afficher toutes les informations pour les produits communs aux tables résultats Matière grasse < 5 % et Glucide < 12 g communiquées ci-dessous :

Matière grasse < 5 %	N° produit	Nom produit	Procédé fabric.	Mat. grasse	Protéine	Glucide
	LA1	Lait écrémé	UHT	2 %	7,6 g	11,9 g
	LA2	Lait écrémé chocolaté	UHT	2 %	6,7 g	18,7 g
	LA4	Lait écrémé évaporé		2 %	8,0 g	11,8 g

Glucide < 12 g	N° produit	Nom produit	Procédé fabric.	Mat. grasse	Protéine	Glucide
	LA1	Lait écrémé	UHT	2 %	7,6 g	11,9 g
	LA4	Lait écrémé évaporé		2 %	8,0 g	11,8 g

Agir

Le tableau des requêtes se présentera ainsi :

Tables utilisées	Opérateurs	Conditions	Résultat à obtenir
Matière grasse < 5 % Glucide < 12 g	Intersection Projection		R(N° produit, nom produit, procédé fabrication, matière grasse, Protéine, Glucide)

On obtiendra le résultat suivant :

Occurrences communes aux deux tables.

LA1	Lait écrémé UHT	2 %	7,6 g	11,9 g
LA4	Lait écrémé évaporé	2 %	8 g	11,8 g

Application : Loc'Voitures (*suite*)

Connaître la situation professionnelle

Zita Lago, la directrice de Loc'Voitures, vous demande de lui indiquer à partir des tables résultats ci-dessous, le nom des modèles communs aux deux agences :

Modèles agence-Mulhouse	N° modèle	Nom modèle	Prix location journalier
	CP01	Xsara Picasso	70 €
	AR05	Avantime	140 €
	PE26	Peugeot 206	71 €
	SR38	Scénic	76 €

Modèles agence-Strasbourg	N° modèle	Nom modèle	Prix location journalier
	ES26	Espace	101 €
	SR38	Scénic	76 €
	GU37	Gulf	69 €
	CP01	Xsara Picasso	70 €

Agir

1. Complétez le tableau des requêtes suivant :

Tables utilisées	Opérateurs	Conditions	Résultat à obtenir

2. Indiquez ci-dessous la liste des occurrences du résultat de la requête :

....

Une question à un(e) futur(e) professionnel(le)...

- Qu'est-ce qu'une intersection ?

....

D. Faire une différence

1. Définition

La **différence** entre deux tables est une table résultat contenant uniquement les occurrences spécifiques à l'une des deux tables.

2. Exemple : L'entreprise Lait Nature (*suite*)

Connaître la situation professionnelle

Gilles Lafon, le directeur de Lait Nature, aimerait connaître les caractéristiques des produits qui figurent dans la table Matière grasse < 5 % mais pas dans la table Glucide < 12 g.

Agir

Le tableau des requêtes se présentera ainsi :

Tables utilisées	Opérateurs	Conditions	Résultat à obtenir
Matière grasse < 5 % Glucide < 12 g	Différence Matière grasse < 5 % - Glucide < 12 g Projection		R(N° produit, Nom produit, Procédé de fabrication, Matière grasse, Protéine, Glucide)

On obtiendra le résultat suivant :

N° produit	Nom produit	Procé. fabricat.	Mat. grasse	Protéine	Glucide
LA2	Lait écrémé chocolaté	UHT	2 %	6,7 g	18,7 g

Application 1 : Loc'voiture (suite)

Connaître la situation professionnelle

Zita Lago, la directrice de Loc'Voitures, souhaite connaître le nom des modèles qui sont proposés dans l'agence de Mulhouse mais pas dans celle de Strasbourg.

Agir

1. Complétez le tableau des requêtes suivant :

Tables utilisées	Opérateurs	Conditions	Résultat à obtenir

2. Indiquez le résultat de la requête :

....

....

Application 2 : Loc'voiture (*suite*)

Connaître la situation professionnelle

Zita Lago, la directrice de Loc'Voitures, souhaite connaître le nom des modèles qui sont proposés dans l'agence de Strasbourg mais pas dans celle de Mulhouse.

Agir

1. Complétez le tableau des requêtes suivant :

Tables utilisées	Opérateurs	Conditions	Résultat à obtenir

2. Indiquez le résultat de la requête :

....

....

Une question à un(e) futur(e) professionnel(le)...

- Qu'est-ce qu'une différence ?

....

III. Effectuer des calculs dans une requête

A. Définition

Une requête avec des calculs est une requête qui génère des résultats à partir d'autres champs. De nouveaux champs devront être créés pour accueillir le résultat des calculs.

B. Exemple : L'entreprise Lait Nature

Connaître la situation professionnelle

Gilles Lafon, le directeur de Lait Nature, souhaite connaître le nombre de produits fabriqués dans toutes les usines.

Le tableau des requêtes se présentera ainsi :

Tables utilisées	Opérateurs	Conditions	Résultat à obtenir
Lots	Calcul Total quantité = Somme(quantité fabriquée) Projection		R(Total quantité)

Opération à effectuer. *Nouvel attribut calculé dont le résultat sera affiché.*

Application : Loc'Voitures (suite)

Connaître la situation professionnelle

Zita Lago, la directrice de Loc'Voitures, souhaite connaître le prix moyen de location des véhicules proposés dans les agences.

Agir

- Complétez le tableau des requêtes suivant :

Tables utilisées	Opérateurs	Conditions	Résultat à obtenir

Application de synthèse : Couleur Café

Le groupement d'intérêt économique (GIE) Couleur Café coordonne la distribution du café en France.

Les distributeurs, membres du GIE, achètent des lots de café à des planteurs installés dans les principaux pays producteurs de café.

Les étapes de la fabrication du café - du lavage à la torréfaction (action de griller le café) - fait l'objet d'un suivi précis. La forme de commercialisation du café (en grain, moulu ou soluble) est également décrit. M. Luis Cabarello est le directeur du GIE Couleur Café. Il vous communique les schémas relationnels et les tables du GIE :

- Schémas relationnels :

Planteur (N° planteur, Nom planteur, Pays producteur)

Lot (N° lot, Type café, #N° planteur, #N distributeur)

Etats de la fabrication (#N° lot, #Date fabrication, Etat de fabrication)

Etapes de fabrication (N° étape, Nom étape)

Composition (#N° lot, #N° conditionnement, #type café)

Distributeur (N° distributeur, Nom distributeur)

Conditionnement (N° conditionnement, Nom conditionnement, Poids, Présentation café, Dégustation, Saveur, Distribution, Prix HT, #N° distributeur)

- Tables du GIE :

Planteurs	N° planteur	Nom planteur	Pays producteur
	BR15	El Edjido	Brésil
	CO20	Moreno	Colombie
	VI12	Vong	Viêt Nam
	CI18	Mugabi	Côte d'Ivoire
	OU16	Ncube	Ouganda

Lots	N° lot	Type café	#N° planteur	#N° distributeur
	A01	Arabica	BR15	CID01
	A02	Arabica	CO20	CAM02
	R03	Robusta	VI12	MCA03
	R04	Robusta	CI18	CID01
	R05	Robusta	OU16	GN04

États de la fabrication	#N° lot	#Date fabrication	État de fabrication
	A01	14/04/05	Lavage
	A01	15/04/05	Séchage
	A01	16/04/05	Egrainage
	A01	17/04/05	Pelage
	A01	18/04/05	Mise en sac
	A01	19/04/05	Torréfaction
	A02	15/04/05	Lavage
	A02	16/04/05	Séchage
	A02	17/04/05	Egrainage
	A02	18/04/05	Pelage
	A02	19/04/05	Mise en sac
	R03	16/04/05	Lavage
	R03	17/04/05	Séchage
	R03	18/04/05	Egrainage
	R03	19/04/05	Pelage

Étapes de fabrication	N° étape	Nom étape
	1	Lavage
	2	Séchage
	3	Egrainage
	4	Pelage
	5	Mise en sac
	6	Torréfaction

Compositions	#N° lot	#N° conditionnement	#Proportion café
	A01	PA250	0,80
	R03	PA250	0,20
	A02	PA100	0,25

Distributeurs	N° distributeur	Nom distributeur
	CID01	Café Isabelle Delbos
	CAM02	Cafés du Monde
	MCA03	Mamie Café
	GRN04	Grains Noirs

CONDITIONNEMENTS CAFÉ

N° condi.	Nom condi.	Poids	Présent. café	Dégustat.	Saveur	Distribut.	Prix HT	#N° dist.
PA250	Paquet	250 g	Grain	Journée	Fruité	Torréfacteur	3,10	CID01
PA100	Paquet	1 000 g	Moulu	Matin	Fin	Café-bar	11,00	CAM02
BO100	Bocal	100 g	Soluble	Journée	Aromatique	Détail	2,00	MCA03
BO250	Bocal	250 g	Soluble	Soir	Aromatique	Détail	3,00	GRN04

- Effectuez les requêtes suivantes en algèbre relationnelle.

Toutes les formes de café

Connaître la situation professionnelle

Luis Cabarello, le directeur du GIE Couleur Café, souhaiterait connaître le nom et le poids de toutes les formes de conditionnement du café.

Agir

- Complétez le tableau des requêtes suivant de manière à répondre à la demande d'information :

Tables utilisées	Opérateurs	Conditions	Résultat à obtenir

Café soluble

Connaître la situation professionnelle

Luis Cabarello souhaiterait connaître le numéro et le nom de conditionnement, la saveur et le prix des cafés solubles.

Agir

- Complétez le tableau des requêtes suivant de manière à répondre à la demande d'information :

Tables utilisées	Opérateurs	Conditions	Résultat à obtenir

Café arabica

Connaître la situation professionnelle

Luis Cabarello souhaiterait connaître le nom des planteurs de café arabica et leurs pays.

Agir

1. Pour répondre à cette demande, quelles questions devez-vous vous poser ?

 ....

 ....

2. Complétez le tableau des requêtes suivant de manière à répondre à la demande d'information :

Tables utilisées	Opérateurs	Conditions	Résultat à obtenir

Étapes de fabrication

Connaître la situation professionnelle

Luis Cabarello souhaiterait connaître le numéro des lots qui ont subi toutes les étapes de la fabrication. On vous communique la table Étapes de fabrication suivante :

Noms étapes de fabrication	Nom étape
	Lavage
	Séchage
	Egrainage
	Pelage
	Mise en sac
	Torréfaction

Agir

- Complétez le tableau des requêtes suivant de manière à répondre à la demande d'information :

Tables utilisées	Opérateurs	Conditions	Résultat à obtenir

Tous les lots

Connaître la situation professionnelle

Luis Cabarello dispose des tables résultats ci-dessous :

LOTS ARABICA	N° lot	Type café	#N° distributeur
	A01	Arabica	CID01
	A02	Arabica	CAM02

LOTS ROBUSTA	N° lot	Type café	#N° distributeur
	R03	Robusta	MCA03
	R04	Robusta	CID01
	R05	Robusta	GN04

Il souhaite disposer d'une table rassemblant tous les lots.

Agir

- Complétez le tableau des requêtes suivant de manière à répondre à la demande d'information :

Tables utilisées	Opérateurs	Conditions	Résultat à obtenir

Pelage et mise en sac

Connaître la situation professionnelle

Luis Cabarello souhaiterait, à partir des tables ci-dessous, obtenir la liste des lots qui ont passé les étapes du pelage et de la mise en sac :

Lots pelés	#N° lot
	A01
	A02
	R03

Lots mis en sac	#N° lot
	A01
	A02

Agir

- Complétez le tableau des requêtes suivant de manière à répondre à la demande d'information :

Tables utilisées	Opérateurs	Conditions	Résultat à obtenir

Mis en sac mais pas torréfié

Connaître la situation professionnelle

Luis Cabarello souhaiterait, à partir des tables ci-dessous, obtenir la liste des lots mis en sac mais pas torréfiés :

Lots mis en sac	#N° lot
	A01
	A02

Lots torréfiés	#N° lot
	A01

Agir

- Complétez le tableau des requêtes suivant de manière à répondre à la demande d'information :

Tables utilisées	Opérateurs	Conditions	Résultat à obtenir

Prix du kilo de café

Connaître la situation professionnelle

Luis Cabarello souhaiterait connaître le prix du kilogramme de café pour tous les produits commercialisés (nom du produit, prix au kilogramme).

Agir

- Complétez le tableau des requêtes suivant de manière à répondre à la demande d'information :

Tables utilisées	Opérateurs	Conditions	Résultat à obtenir

Compétence

29 Comment effectuer des requêtes avec le langage QBE ? (consultations)

Éléments du programme traités

Compétence technique

- Rechercher, collecter, mettre en forme, diffuser des informations internes et externes au système d'information

Objectifs à atteindre

- Faire des requêtes sur une table
- Trier les données
- Sélectionner les enregistrements compris dans une fourchette
- Utiliser les caractères génériques
- Sélectionner les enregistrements par différence
- Combiner des critères dans un même champ
- Combiner plusieurs critères dans des champs différents
- Contrôler le contenu des champs
- Faire des requêtes multitables
- Faire une jointure réflexive

Mots-clés

caractère générique - critère - et - jointure réflexive - opérateurs logiques - ou - requête sélection - requête sur deux tables

Connaître le contexte professionnel du dossier

Pour faciliter la conception des requêtes, des langages extrêmement agréables à mettre en œuvre ont été conçus.

L'utilisateur définit ce qu'il aimerait obtenir et le logiciel exécute la requête. On parle dans ce cas de langage QBE (*Query by example* [requête par l'exemple]).

Les requêtes graphiques dans le logiciel SGBDR Access sont un exemple d'utilisation du langage QBE.

I. Connaître la situation professionnelle

Le festival du film d'ornithologie est organisé chaque année par la ville de Mottarot. Des réalisateurs de films d'ornithologie viennent dans ce festival présenter leurs œuvres cinématographique.

En parallèle à la projection des films, de nombreuses autres manifestations ont lieu : conférences, spectacles... Une base de données nommée **Festival films d'ornithologie** a été créée. Elle est stockée dans le dossier **BTS CGO Processus 10**. Le schéma des données de cette base se présente ainsi :

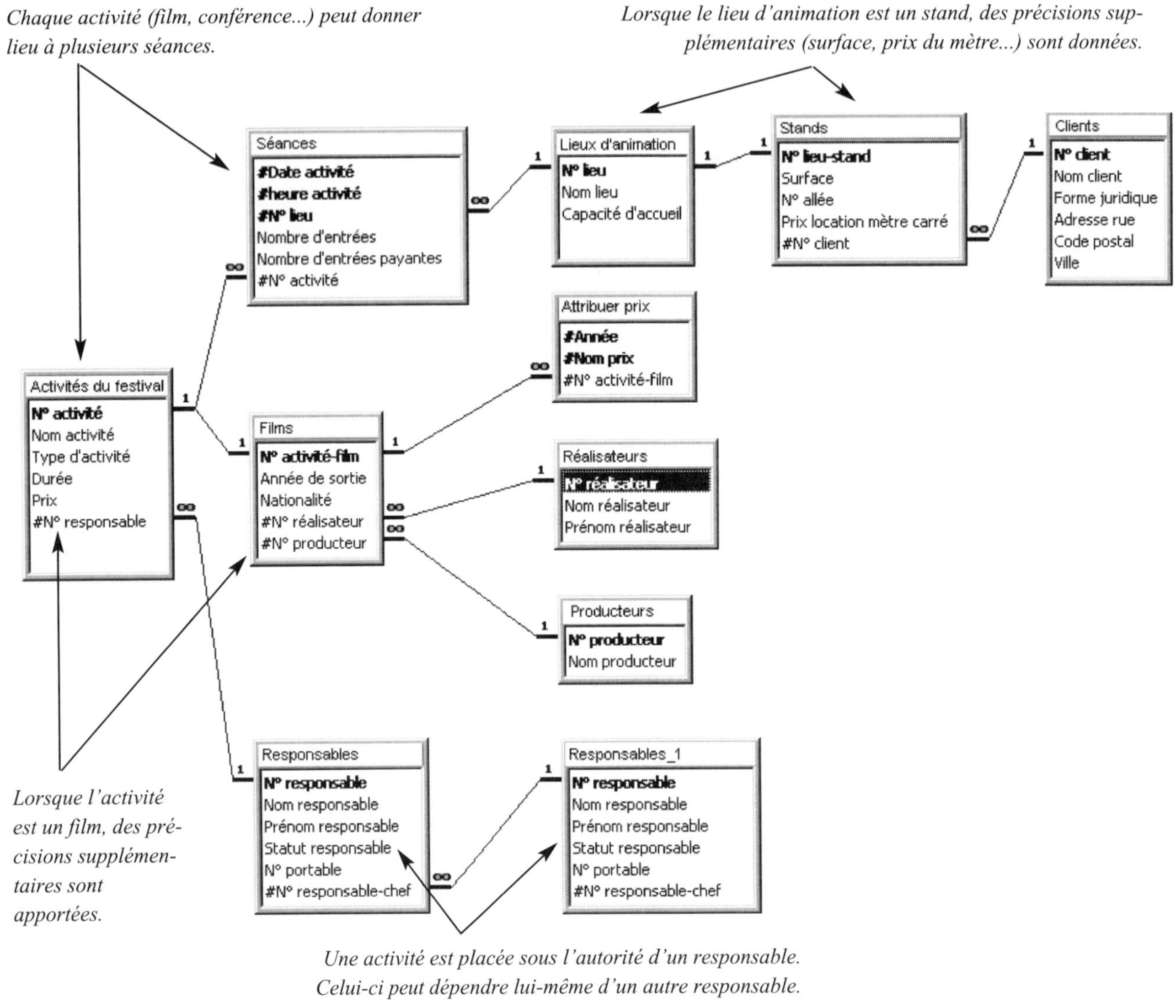

Ce schéma est la traduction du modèle entité-association reproduit à la page suivante :

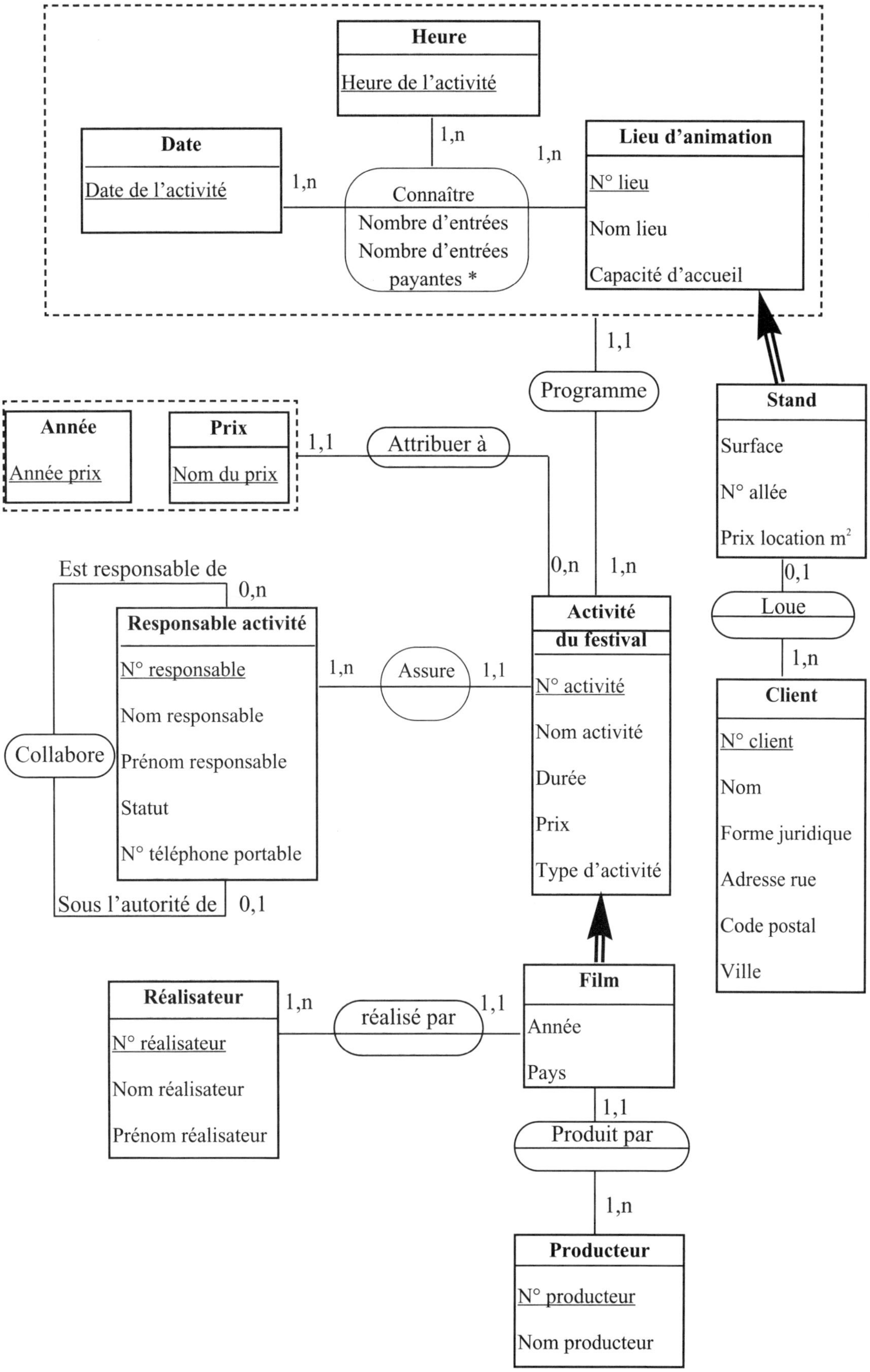

* Les enfants de moins de seize ans ne payent pas.

Les schémas relationnels, correspondants au modèle entité-association, sont les suivants :

Lieu d'animation (N° lieu, Nom lieu, Capacité d'accueil)

Stand (<u>N° lieu-stand</u>, Surface, N° allée, Prix location du m^2, #N° client)

Client (<u>N° client</u>, Nom client, Forme juridique, Adresse rue, Code postal, Ville)

Responsable (<u>N° responsable</u>, Nom responsable, Prénom responsable, Statut, N° portable, #N° responsable-chef)

Activité du festival (<u>N° activité</u>, Nom activité, Durée, Type d'activité, Prix, #N° responsable)

Film (<u>N° activité-film</u>, Année, Nationalité, #N° réalisateur, #N° producteur)

Réalisateur (<u>N° réalisateur</u>, Nom réalisateur, Prénom)

Producteur (<u>N° producteur</u>, Nom producteur)

Séance (<u>#Date activité, #Heure activité, #N° lieu</u>, Nombre d'entrées, Nombre d'entrées payantes, #N° activité du festival)

Attribuer-prix (<u>#Année, #Nom prix</u>, N° activité-film)

II. Faire des requêtes sur une table

A. Créer une requête sélection

1. Connaître la situation professionnelle

Laure Edline, la directrice du festival, souhaite connaître la forme juridique et l'adresse du client Eco-système.

2. Connaître les possibilités du logiciel

a. Qu'est-ce qu'une requête sélection ?

Une requête est une demande d'information sur une base de données. Une **requête sélection** est une requête qui exclue certaines lignes (ou enregistrements) de la table consultée en fonction d'un **critère** :

*La table **Clients** contient quatre enregistrements.*

Clients : Table

N° client	Nom client	Forme juridique	Adresse rue	Code postal	Ville
CL01	Groupe Ornithologique du Poitou	Association	56 rue Édouard Vaillant	16700	RUFFEC
CL02	Eco-système	SARL	21 rue Duschenay	79100	THOUARS
CL03	Centre de vie rural	Association	1 rue Claude Debussy	37500	CHINON
CL04	La Ferme Buissonnière	Association	4 rue Louis Armand	44000	NANTES

Le résultat de la requête sélection contient un enregistrement.

R101 Eco-système : Requête Sélection

Nom client	Forme juridique	Adresse rue	Code postal	Ville
Eco-système	SARL	21 rue Duschenay	79100	THOUARS

Requête sélection

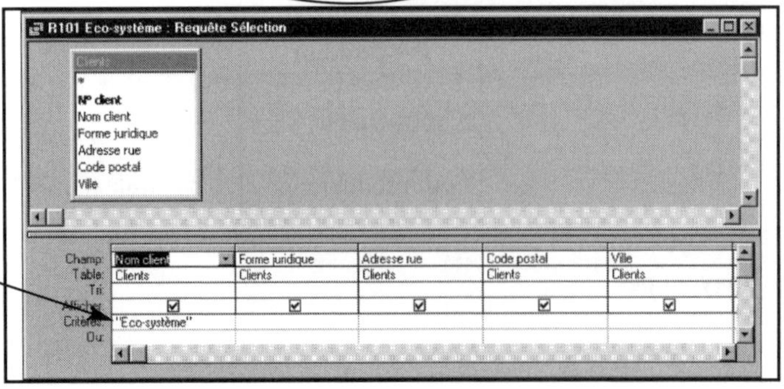

Critère de sélection.

<u>Un critère est la valeur d'un attribut</u>. Cette valeur, par exemple **Eco-système**, est comparée aux valeurs de l'attribut choisi, par exemple **Nom client**. Lorsqu'il y a identité entre la valeur du critère et la valeur de l'attribut, l'enregistrement, par exemple **Eco-système**, **SARL**, **21 rue Deschesnay**, **79100**, **Thouars** est sélectionné.

Il existe de nombreuses formes de requête : requêtes **Création de table**, **Mise à jour**, **Ajout**, **Suppression** que nous étudierons dans la suite de cet ouvrage.

b. Comment créer une requête sélection ?

1. Lancez l'exécution d'Access, ouvrez la base de données **Festival films d'ornithologi**e qui se trouve dans le dossier **BTS CGO Processus 10**.
2. Cliquez sur l'onglet **Requêtes**, sur le bouton **Nouveau** et sur le libellé **Mode création**. Cliquez sur la table **Clients**, sur les boutons **Ajouter** et **Fermer**. Vous obtenez la fenêtre **Requête sélection** suivante :

Table sur laquelle porte la sélection.

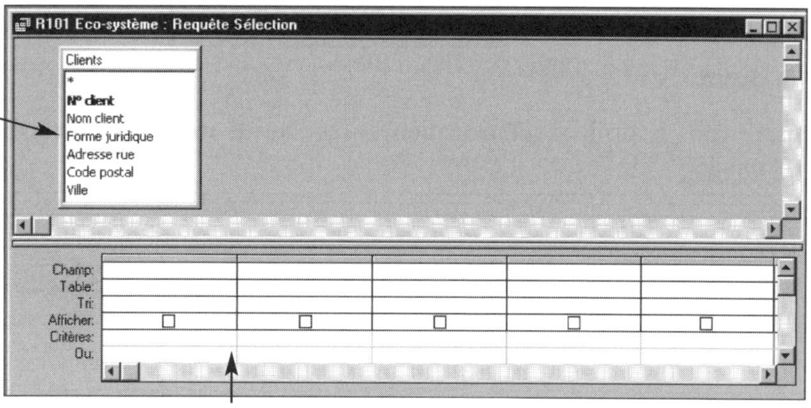

Grille d'interrogation où l'utilisateur définit ce qu'il souhaite afficher.

3. Nous souhaitons obtenir le résultat suivant :

*Les cases **Afficher** correspondent à l'opérateur **Projection** utilisé dans l'algèbre relationnelle.*

Champ:	Nom client	Forme juridique	Adresse rue	Code postal	Ville
Table:	Clients	Clients	Clients	Clients	Clients
Tri:					
Afficher:	☑	☑	☑	☑	☑
Critères:	"Eco-système"				
Ou:					

*La ligne **Critères** correspond à l'opération **Sélection** utilisée dans l'algèbre relationnelle.*

Remarque : pour exclure un champ de l'affichage des données, il suffit d'ôter la coche de la ligne **Afficher** dans la colonne correspondant au champ.

4. Faites apparaître le contenu ci-dessus dans la grille d'interrogation.
5. Pour afficher le résultat de la requête, cliquez sur le bouton **Afficher les données** ▦. Vérifiez que vous obtenez le résultat suivant :

R101 Eco-système : Requête Sélection

Nom client	Forme juridique	Adresse rue	Code postal	Ville
Eco-système	SARL	21 rue Duschenay	79100	THOUARS

6. Sélectionnez la commande **Fichier Enregistrer** et nommez la requête **R101 Eco-système.**

B. Trier les données

1. Connaître la situation professionnelle

Laure Edline souhaite trier les activités proposées dans le cadre du festival par type d'activité. On affichera le nom de l'activité et son type.

2. Connaître les principes

Pour trier les données d'une table, il suffit de faire apparaître dans la grille d'interrogation la valeur **Croissant** ou **Décroissant** sur la ligne **Tri** et dans la colonne appropriée :

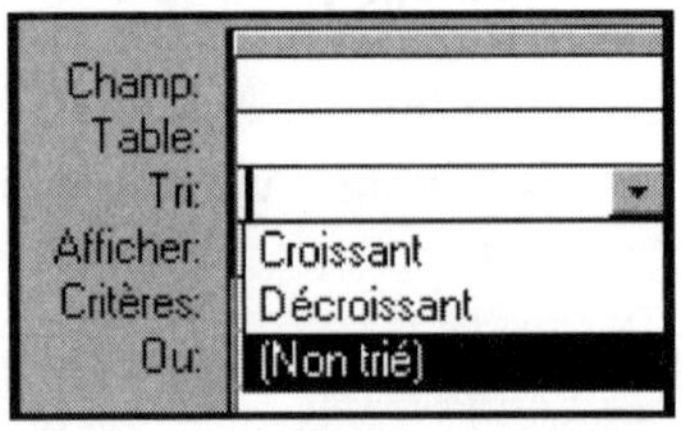

3. Agir

1. Préparez dans la grille d'interrogation la requête de manière à répondre à la demande de Laure Edline :

Champ:					
Table:					
Tri:					
Afficher:	☐	☐	☐	☐	☐
Critères:					
Ou:					

2. Testez votre requête et vérifiez que vous obtenez le résultat suivant :

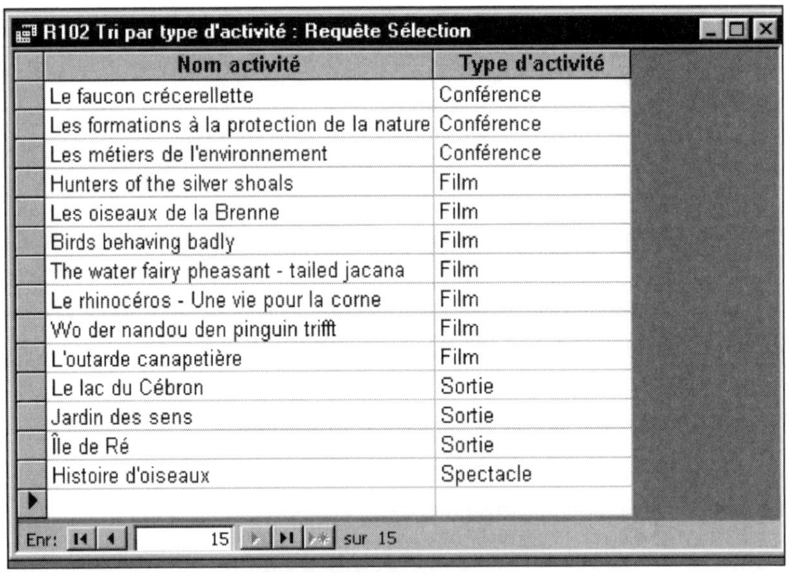

R102 Tri par type d'activité : Requête Sélection

Nom activité	Type d'activité
Le faucon crécerellette	Conférence
Les formations à la protection de la nature	Conférence
Les métiers de l'environnement	Conférence
Hunters of the silver shoals	Film
Les oiseaux de la Brenne	Film
Birds behaving badly	Film
The water fairy pheasant - tailed jacana	Film
Le rhinocéros - Une vie pour la corne	Film
Wo der nandou den pinguin trifft	Film
L'outarde canapetière	Film
Le lac du Cébron	Sortie
Jardin des sens	Sortie
Île de Ré	Sortie
Histoire d'oiseaux	Spectacle

Enr: 15 sur 15

3. Enregistrez la requête sous le nom **R102 Tri par type d'activité**.

C. Sélectionner les enregistrements compris dans une fourchette

1. Connaître la situation professionnelle

Laure Edline souhaite afficher le code, le nom et la capacité des lieux d'animation pouvant accueillir entre 100 et 300 personnes.

2. Connaître les principes

L'opérateur Entre... Et permet d'atteindre cet objectif :

Champ:	Chiffre d'affaires
Table:	Fournisseurs
Tri:	
Afficher:	☑
Critères:	Entre 200000 Et 500000
Ou:	

3. Agir

1. Préparez dans la grille d'interrogation la requête de manière à répondre à la demande de Laure Edline :

Champ:					
Table:					
Tri:					
Afficher:	☐	☐	☐	☐	☐
Critères:					
Ou:					

2. Testez votre requête et vérifiez que vous obtenez le résultat suivant :

R103 Capacité des salles : Requête Sélection

Nom lieu	Capacité d'accueil
Maison des jeunes - Salle 1	100
Salle polyvalente Espace 1	250
Salle polyvalente Espace 2	180
	0

3. Enregistrez la requête sous le nom **R103 Capacité des salles**.

D. Utiliser les caractères génériques

1. Connaître la situation professionnelle

Un chapiteau a été dressé pour le festival. Ce chapiteau est considéré comme un lieu d'animation. Il a été divisé en espaces pour l'installation de stands. Laure Edline souhaite connaître la capacité de tous les stands figurant sous le chapiteau (n° lieu, nom lieu, capacité d'accueil).

2. Connaître les principes

Si on examine le contenu de la table **Lieux d'animation**, on observe qu'il y a de nombreux stands :

Lieux d'animation : Table

N° lieu	Nom lieu
CH01	Chapiteau Stand 01
CH02	Chapiteau Stand 02
CH03	Chapiteau Stand 03
CH04	Chapiteau Stand 04
MA01	Mairie - Salle des fêtes
MA02	Maire - Salle du conseil
MJ01	Maison des jeunes - Salle 1
MJ02	Maison des jeunes - Salle 2
MJ03	Maison des jeunes - Salle 3
SP01	Salle polyvalente Espace 1
SP02	Salle polyvalente Espace 2

Pour les sélectionner tous, il est possible d'utiliser un caractère générique comme l'étoile (*). Celui-ci permet de remplacer un ou plusieurs caractères dans une suite de caractères. Par exemple, sur le champ **Nom fournisseur**, si l'on souhaite connaître les noms commençant par la lettre **B**, l'utilisation du caractère **Étoile** (*) :

Champ:	Nom fournisseur
Table:	Fournisseurs
Tri:	
Afficher:	☑
Critères:	B*
Ou:	

donnera par exemple :

Bak
Betry
Beus
Bio

3. Agir

1. Préparez dans la grille d'interrogation la requête de manière à répondre à la demande de Laure Edline :

Champ:					
Table:					
Tri:					
Afficher:	☐	☐	☐	☐	☐
Critères:					
Ou:					

2. Testez votre requête et vérifiez que vous obtenez le résultat suivant :

R104 Capacité des stands : Requête Sélection

N° lieu	Nom lieu	Capacité d'accueil
CH01	Chapiteau Stand 01	3
CH02	Chapiteau Stand 02	3
CH03	Chapiteau Stand 03	3
CH04	Chapiteau Stand 04	3
		0

3. Enregistrez la requête sous le nom **R104 Capacité des stands**.

E. Sélectionner les enregistrements par différence

1. Connaître la situation professionnelle

Laure Edline souhaite afficher le nom de toutes les activités sauf les conférences.

2. Connaître les principes

L'opérateur **Pas** permet d'exclure certains enregistrements lors d'une requête. Par exemple, le critère Pas entreprise excluera dans une table Clients, les clients entreprise.

3. Agir

1. Préparez dans la grille d'interrogation la requête de manière à répondre à la demande de Laure Edline :

Champ:					
Table:					
Tri:					
Afficher:	☐	☐	☐	☐	☐
Critères:					
Ou:					

2. Testez votre requête et vérifiez que vous obtenez le résultat suivant :

R105 Sauf les conférences : Requête Sélection

Nom activité	Type d'activité
L'outarde canapetière	Film
Histoire d'oiseaux	Spectacle
Île de Ré	Sortie
Wo der nandou den pinguin trifft	Film
Le rhinocéros - Une vie pour la corne	Film
Jardin des sens	Sortie
The water fairy pheasant - tailed jacana	Film
Le lac du Cébron	Sortie
Birds behaving badly	Film
Les oiseaux de la Brenne	Film
Hunters of the silver shoals	Film

3. Enregistrez la requête sous le nom **R105 Sauf les conférences**.

F. Combiner des critères dans un même champ

1. Connaître la situation professionnelle

Laure Edline souhaite connaître parmi les responsables d'activités du festival, le nom, le numéro du téléphone portable et le statut des animateurs (ou des animatrices) du festival du film d'ornithologie.

2. Connaître les principes

Les opérateurs logiques **Et** et **Ou** permettent d'introduire plusieurs critères dans le même champ. Pour afficher les coordonnées des enfants et des adultes, on introduira par exemple le critère : **enfant ou adulte**.

3. Agir

1. Préparez dans la grille d'interrogation la requête de manière à répondre à la demande de Laure Edline :

Champ:					
Table:					
Tri:					
Afficher:	☐	☐	☐	☐	☐
Critères:					
Ou:					

2. Testez votre requête et vérifiez que vous obtenez le résultat suivant :

R106 Les animateurs et les animatrices : Requête Sélection

Nom responsa	N° portable	Statut responsable
Lener	06 62 77 35 58	Animatrice
Zirn	06 85 10 22 29	Animatrice

3. Enregistrez la requête sous le nom **R106 Les animateurs et les animatrices**.

G. Combiner plusieurs critères dans des champs différents

1. Connaître la situation professionnelle

Laure Edline souhaite connaître le nom des films dont le prix est inférieur à 6 euros. Elle vous rappelle que les films sont des activités du festival comme les autres.

2. Connaître les principes

Lorsqu'il y a plusieurs critères à respecter simultanément, il faut les faire apparaître sur la <u>même ligne</u>. Pour afficher, par exemple, les clients de la catégorie **Entreprises** dont les achats sont supérieurs à 100 000 €, on introduira les critères suivants :

Champ:	Type client	Montant achat
Table:	Clients	Clients
Tri:		
Afficher:	☑	☑
Critères:	"Entreprise"	>100000
Ou:		

Les critères sont introduits sur la <u>même ligne</u>.

3. Agir

1. Préparez dans la grille d'interrogation la requête de manière à répondre à la demande de Laure Edline :

Champ:					
Table:					
Tri:					
Afficher:	☐	☐	☐	☐	☐
Critères:					
Ou:					

2. Testez votre requête et vérifiez que vous obtenez le résultat suivant :

R107 Les films à moins de 6 euros : Requête Sélection

Nom activité	Type d'activité	Prix
L'outarde canapetière	Film	2,00 €
Wo der nandou den pinguin trifft	Film	5,00 €
Le rhinocéros - Une vie pour la corne	Film	5,00 €
The water fairy pheasant - tailed jacana	Film	1,00 €

3. Enregistrez la requête sous le nom **R107 Les films à moins de 6 euros**.

Remarque : pour l'opérateur **ou**, il faut introduire les critères sur des <u>lignes différentes</u>.

H. Contrôler le contenu des champs

1. Connaître la situation professionnelle

Laure Edline souhaite connaître le nom des activités qui ne sont pas encadrées par un responsable.

2. Connaître les principes

L'opérateur **Est null** (et son complément **Est pas null**) permet de repérer les champs vides.

3. Agir

1. Préparez dans la grille d'interrogation la requête de manière à répondre à la demande de Laure Edline :

Champ:					
Table:					
Tri:					
Afficher:	☐	☐	☐	☐	☐
Critères:					
Ou:					

2. Testez votre requête et vérifiez que vous obtenez le résultat suivant :

R108 Pas de responsable : Requête Sélection

Nom activité	#N° responsable
Birds behaving badly	
Les oiseaux de la Brenne	
Hunters of the silver shoals	

3. Enregistrez la requête sous le nom **R108 Pas de responsable**.

III. Faire des requêtes multitables

A. Faire une requête sur deux tables

1. Connaître la situation professionnelle

Laure Edline souhaite connaître le nom et le prénom des responsables des conférences.

2. Connaître les principes

Lorsque les requêtes deviennent complexes, il faut décomposer les difficultés en se posant trois (et parfois quatre) questions.

1. De quelles informations parle-t-on dans la requête ?
   - Nom et prénom des responsables des activités,
   - d'un type d'activité (les conférences).
2. Dans quelles tables se trouvent ces informations ?
   - le nom et prénom des responsables se trouvent dans la table des **Responsables**,
   - la propriété **Type d'activité** se trouve dans la table **Activités du festival**.
3. Y a-t-il un point commun à ces deux activités ?
   - oui, le champ **N° responsable** est commun aux deux tables. La requête peut donc être effectuée.
4. La requête se présente ainsi :

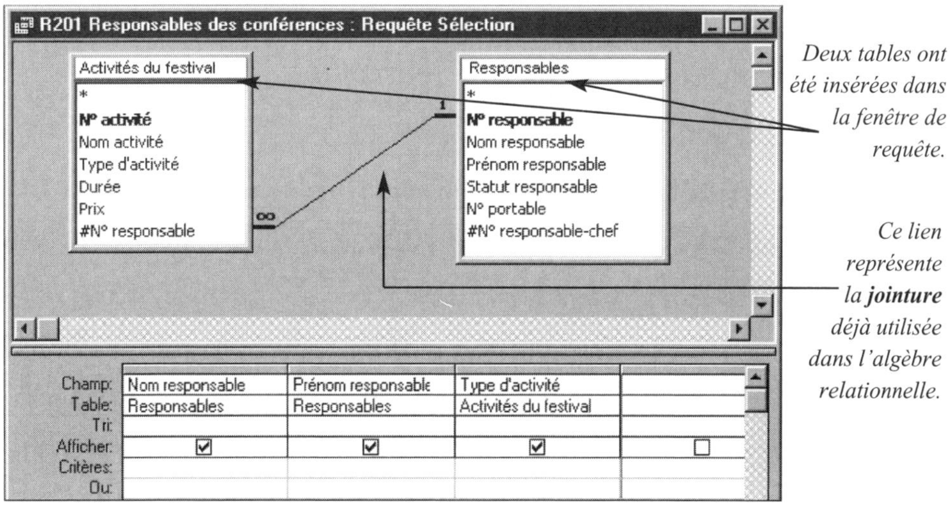

5. Complétez cette requête **R201 Responsables des conférences** et vérifiez que vous obtenez le résultat suivant :

R201 Responsables des conférences : Requête Sélection

Nom responsable	Prénom responsable	Type d'activité
Delbos	Alain	Conférence
Delbos	Alain	Conférence
Delbos	Alain	Conférence

Application : Festival d'ornithologie

a. Connaître la situation professionnelle

Laure Edline souhaite connaître le nom, la durée, l'année de sortie et la nationalité de tous les films présentés au festival du film d'ornithologie.

b. Agir

1. Préparez dans la grille d'interrogation la requête de manière à répondre à la demande de Laure Edline :

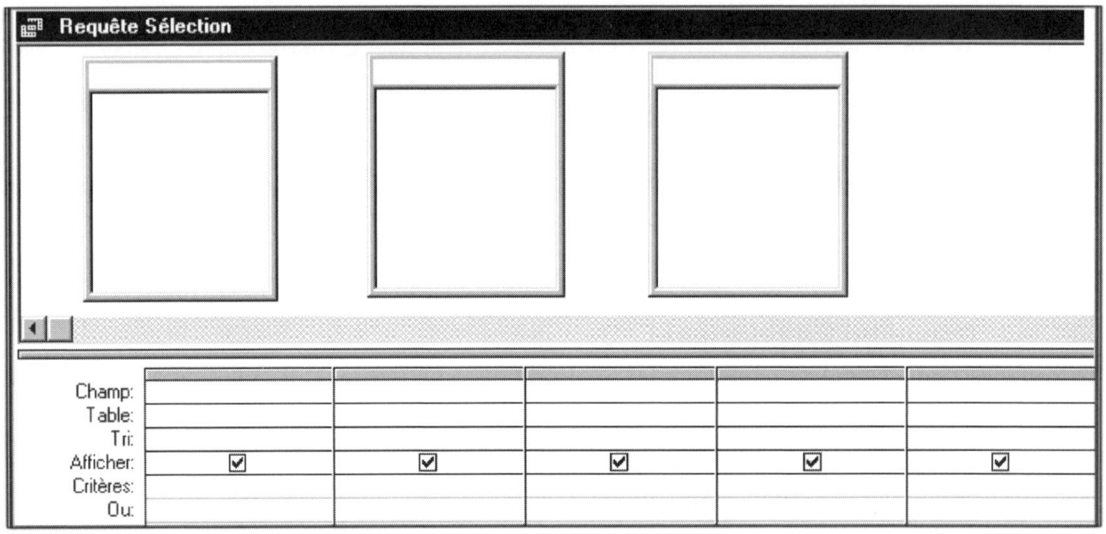

Remarque : le nombre de tables introduites dans la fenêtre de requête n'est pas un indicateur de réponses possibles.

2. Testez votre requête et vérifiez que vous obtenez le résultat suivant :

R202 Films : Requête Sélection

Nom activité	Durée	Année de sort	Nationalité
L'outarde canapetière	26 mn	1999	France
Histoire d'oiseaux	90 mn	1999	Allemagne
Le rhinocéros - Une vie pour la corne	52 mn	1998	Taiwan
The water fairy pheasant - tailed jacana	15 mn	1999	Royaume-Uni
Birds behaving badly	30 mn	1997	Royaume-Uni
Les oiseaux de la Brenne	35 mn	1998	France
Hunters of the silver shoals	25 mn	1997	Royaume-Uni

3. Enregistrez la requête sous le nom **R202 Films**.

B. Requête sur trois tables

1. Connaître la situation professionnelle

Laure Edline souhaite connaître le titre du film réalisé par Marie-Christine Brouard.

2. Connaître les principes

1. De quelles informations parle-t-on dans la requête ?

   ....

   ....

2. Dans quelles tables se trouvent ces informations ?

   ....

   ....

3. Y a-t-il un point commun à ces deux activités ?

   *Il n'y a pas de point commun aux tables **Activités du festival** et **réalisateurs**. Dans ce cas, il faut se poser une quatrième question.*

4. Y-a-t-il une table intermédiaire entre les deux tables ayant des champs communs à ces tables ?

   *Oui, la table **Films** est une table intermédiaire ayant des champs communs (#N° **activité** et #N° **réalisateur**) aux tables **Activités du festival** et **Réalisateurs**.*

3. Agir

1. Préparez dans la grille d'interrogation la requête de manière à répondre à la demande de Laure Edline :

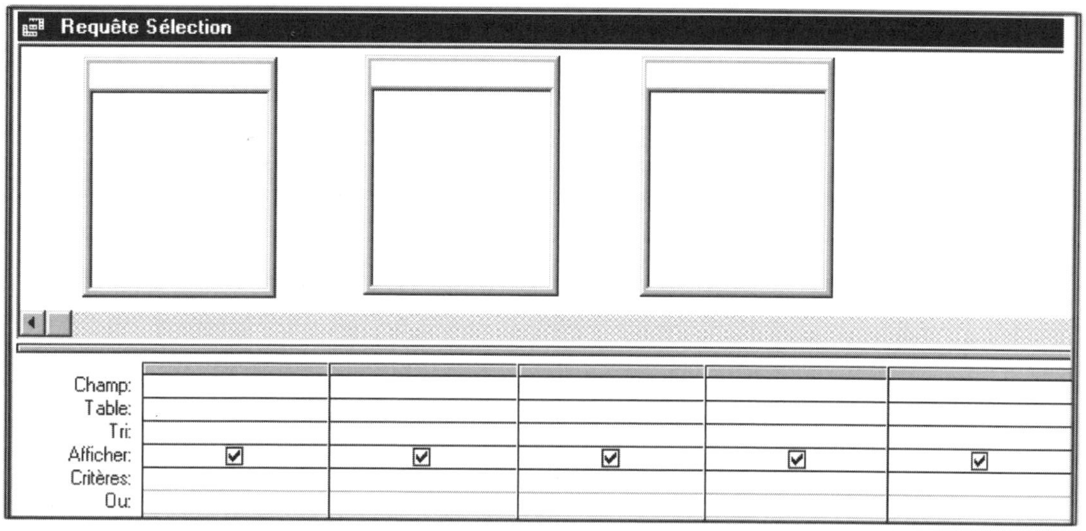

2. Testez votre requête et vérifiez que vous obtenez le résultat suivant :

R203 Film Marie-Christine Brouard : Requête Sélection

Nom activité	Nom réalisate	Prénom réalisateur
L'outarde canapetière	Brouard	Marie-Christine

3. Enregistrez la requête sous le nom **R203 Film Marie-Christine Brouard**.

Application : Le film le Rhinocéros

a. Connaître la situation professionnelle

Laure Edline souhaite le nom du producteur du film **Le Rhinocéros - une vie pour la corne**.

b. Agir

1. De quelles informations parle-t-on dans la requête ?

   ....

   ....

2. Dans quelles tables se trouvent ces informations ?

   ....

   ....

3. Y a-t-il un point commun à ces deux activités ?

   ....

   ....

4. Y-a-t-il une table intermédiaire entre les deux tables ayant des champs communs à ces tables ?

   ....

   ....

5. Préparez la requête de manière à répondre à la demande de Laure Edline :

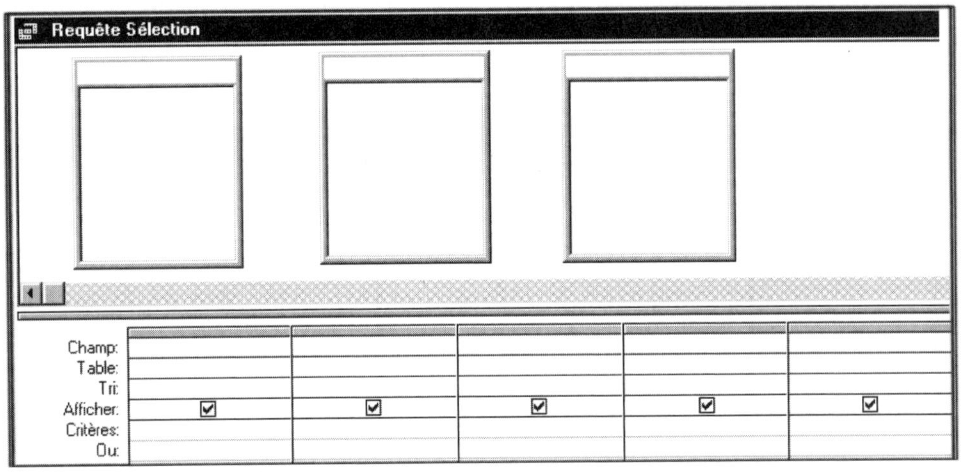

6. Testez votre requête et vérifiez que vous obtenez le résultat suivant :

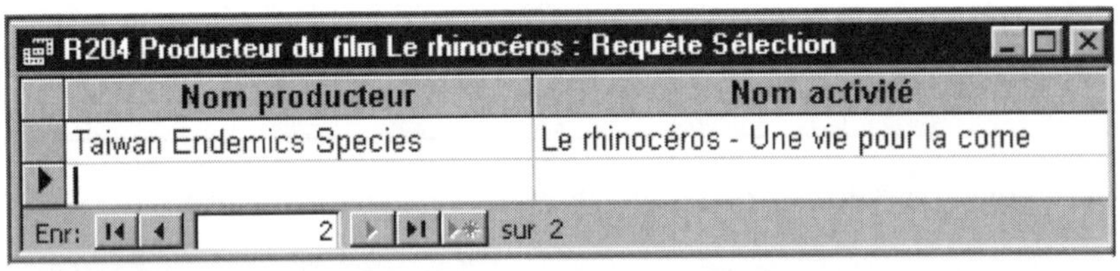
R204 Producteur du film Le rhinocéros : Requête Sélection

Nom producteur	Nom activité
Taiwan Endemics Species	Le rhinocéros - Une vie pour la corne

Enr: 2 sur 2

7. Enregistrez la requête sous le nom **R204 Producteur du film Le Rhinocéros**.

C. Faire une jointure réflexive

1. Connaître la situation professionnelle

Laure Edline souhaite connaître le nom et le prénom des supérieurs hiérarchiques des personnes travaillant pour le festival du film d'ornithologie.

2. Connaître les principes

Le personnel travaillant pour le festival se trouve dans la table **Responsables**. Les responsables hiérarchiques (coordinateurs, directeur du festival...) de ces personnes se trouvent également dans la table **Responsables**.

Lorsqu'on cherche des liens entre les occurrences d'une <u>même table</u>, on parle de **jointure réflexive**. Le mot **réflexif** signifie **sur soi-même**.

3. Agir

1. Complétez la requête suivante :

*La table **Responsables** représente les personnes placées sous l'autorité d'un chef.*

La jointure réflexive établit des liens entre les occurrences de la même table (Responsables).

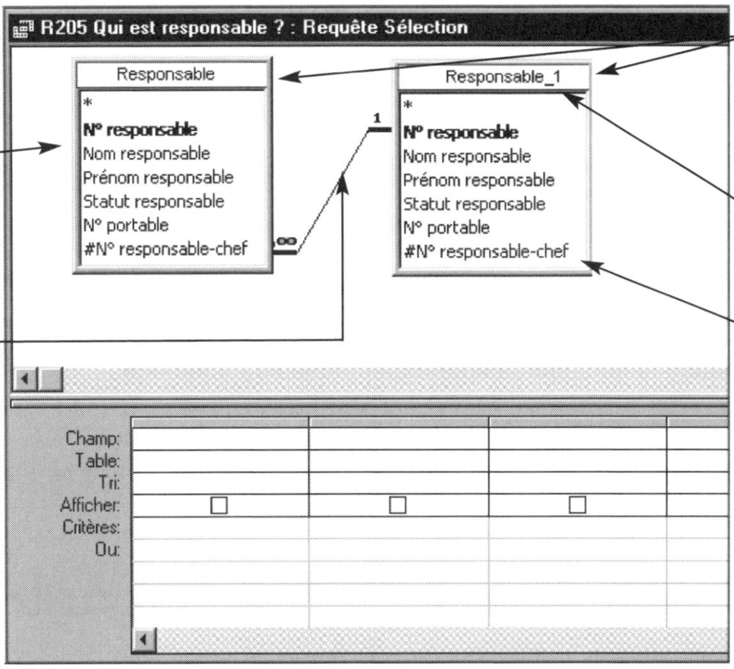

*La table **Responsables** est insérée deux fois dans la fenêtre **Requête**.*

*La valeur **1** permet de distinguer les tables.*

La table Responsables_1 représente les personnes ayant une autorité hiérarchique.

2. Testez votre requête et vérifiez que vous obtenez le résultat suivant :

Liste des personnes se trouvant sous l'autorité d'un responsable hiérarchique. *Liste des personnes responsables.*

R204 Qui est responsable ? : Requête Sélection

Responsables.Nom responsable	Responsables_1.Nom responsable	Prénom responsable
Lener	Delbos	Alain
Zirn	Delbos	Alain
Delbos	Edline	Laure

Alain Delbos est en même temps responsable des animatrices et placé sous l'autorité de la directrice.

3. Enregistrez la requête sous le nom **R205 Qui est responsable ?**.

Application : Les collaborateurs de Delbos

a. Connaître la situation professionnelle

Laure Edline souhaite connaître le nom et le prénom des personnes travaillant sous l'autorité d'Alain Delbos.

b. Agir

1. Préparez dans la grille d'interrogation la requête de manière à répondre à la demande de Laure Edline :

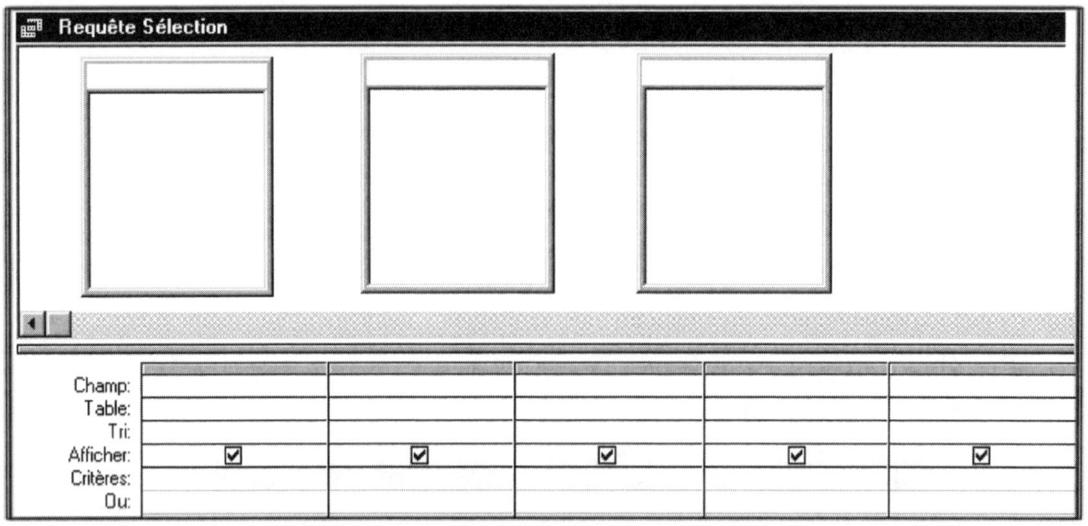

2. Testez votre requête et vérifiez que vous obtenez le résultat suivant :

R206 Alain Delbos responsable : Requête Sélection

Responsables.Nom responsable	Prénom responsable	Responsables_1.Nom responsable
Lener	Arlette	Delbos
Zirn	Alice	Delbos

3. Enregistrez la requête sous le nom **R206 Alain Delbos, responsable**.

Compétence **30**

Comment effectuer des requêtes avec le langage QBE ? (traitements)

Éléments du programme traités

Compétence technique

- Rechercher, collecter, mettre en forme, diffuser des informations internes et externes au système d'information

Objectifs à atteindre

- Créer une requête mise à jour
- Effectuer une requête action Création de table
- Créer une requête Ajout d'enregistrements
- Créer une requête action Suppression d'enregistrements
- Faire un calcul sur tous les enregistrements d'une table
- Modifier l'intitulé d'un champ dans une requête
- Modifier l'affichage des données dans une requête
- Effectuer des calculs sur des groupes d'enregistrements
- Introduire un critère dans un regroupement
- Introduire des critères dans un champ de calcul

Mots-clés

requête action - requête action Création de table - requête action Suppression d'enregistrements - requête Ajout d'enregistrements - requête d'analyse croisée - requête mise à jour

Connaître le contexte professionnel du dossier

Dans les requêtes précédemment effectuées, nous nous sommes contentés d'afficher des résultats à partir des bases de données étudiées.

Dans la réalité professionnelle, les organisations ont besoin de mettre à jour, d'effectuer des calculs sur la base de données.

Nous allons donc étudier dans ce dossier, des requêtes permettant d'effectuer des traitements sur la base de données.

I. Modifier les tables à l'aide de requêtes

A. Créer une requête mise à jour

1. Connaître la situation professionnelle

Laure Edline souhaite calculer le chiffre d'affaires généré par chaque séance du festival des films d'ornithologie.

2. Connaître les principes

Jusqu'à présent nous nous sommes contentés de faire des **requêtes sélection**. Celles-ci affichaient des données extraites des tables.

Pour répondre à la demande de Laure Edline, nous devons mettre en œuvre un autre type de requête : les **requêtes action**. Celles-ci peuvent modifier les données existantes ou en produire de nouvelles.

Une entreprise pourra, par exemple, augmenter tous ses prix de 2 %. Dans cette hypothèse, les données sont modifiées. Une entreprise calculera aussi la valeur de ses stocks : Prix x quantité en stock. Dans ce cas de nouvelles données sont créées dans les tables.

Il y a trois types de requêtes action :

- Mise à jour,
- Création de tables,
- Ajout ou suppression d'enregistrements.

3. Agir

Il s'agit d'obtenir le résultat suivant :

R208 Contrôle requête Mise à jour : Requête Sélection

#Date activité	#heure activité	Nom activité	Nombre d'entrées	Prix	Montant chiffre d'affaires
29/10/00	10:00:00	Les métiers de l'environnement	50	0,00 €	0,00 €
31/10/00	14:00:00	Les métiers de l'environnement	45	0,00 €	0,00 €
29/10/00	11:00:00	L'outarde canapetière	80	2,00 €	100,00 €
31/10/00	12:00:00	L'outarde canapetière	55	2,00 €	60,00 €
29/10/00	11:00:00	Les formations à la protection de la nature	150	0,00 €	0,00 €
31/10/00	15:00:00	Les formations à la protection de la nature	180	0,00 €	0,00 €
29/10/00	14:00:00	Le faucon crécerellette	48	0,00 €	0,00 €
31/10/00	10:00:00	Le faucon crécerellette	75	0,00 €	0,00 €
31/10/00	14:00:00	Le faucon crécerellette	90	0,00 €	0,00 €
30/10/00	11:00:00	Histoire d'oiseaux	80	2,00 €	100,00 €
31/10/00	16:00:00	Histoire d'oiseaux	45	2,00 €	60,00 €
30/10/00	08:00:00	Île de Ré	100	10,00 €	450,00 €
30/10/00	14:00:00	Wo der nandou den pinguin trifft	50	5,00 €	250,00 €
31/10/00	11:00:00	Le rhinocéros - Une vie pour la corne	150	5,00 €	500,00
31/10/00	08:00:00	Jardin des sens	50	5,00 €	125,00 €
30/10/00	09:00:00	The water fairy pheasant - tailed jacana	100	1,00 €	80,00 €
31/10/00	11:00:00	The water fairy pheasant - tailed jacana	25	1,00 €	5,00 €
29/10/00	15:00:00	Le lac du Cébron	75	6,00 €	360,00 €
31/10/00	13:00:00	Le lac du Cébron	5	6,00 €	0,00 €

1. Recherchez les tables contenant les informations ci-dessus :

....

2. Quel est le nouveau champ :

....

3. Vous allez ajouter ce champ dans la table **Séances** de manière à obtenir :

Séances : Table

	Nom du champ	Type de données
🔑	#Date activité	Date/Heure
🔑	#heure activité	Date/Heure
🔑	#N° lieu	Texte
	Nombre d'entrées	Numérique
	Nombre d'entrées payantes	Numérique
	#N° activité	Texte
	Montant chiffre d'affaires	Numérique

4. Vous allez créer la requête action **Mise à jour**. Créez une nouvelle requête avec les tables Séances et Activités. Sélectionnez ensuite la commande **Requête Requête Mise à jour** et faites apparaître les éléments suivants :

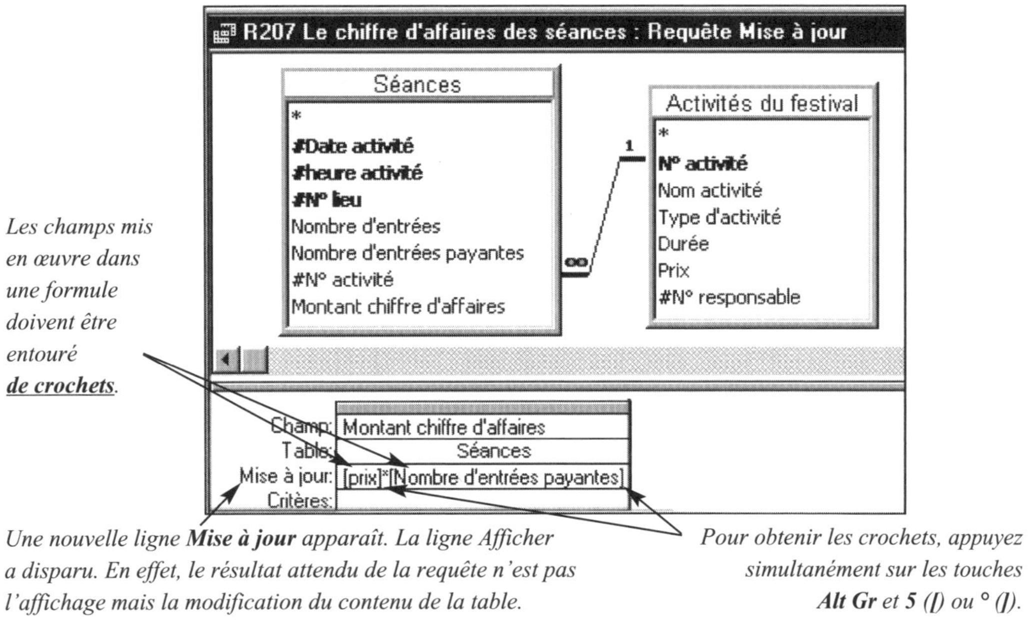

5. Pour lancer l'exécution de la requête action, cliquez sur le bouton **Exécuter** [!]. Un message vous indique que des lignes sont mises à jour. Cliquez sur le bouton **OK** pour confirmer ce message.
6. Sélectionnez la commande **Fichier Fermer**. Enregistrez la requête sous le nom **R207 Le chiffre d'affaires des séances**. Vous pouvez observer un nouveau symbole de requête :

R207 Le chiffre d'affaires des séances

7. Pour contrôler la mise à jour, Il n'est pas possible de relancer la requête **R207**. Une nouvelle mise à jour aurait lieu dans le cas contraire. Il faut faire une **requête sélection** pour observer les résultats de la mise à jour. Effectuez la requête sélection **R208 Contrôle requête Mise à jour** permettant d'obtenir le résultat suivant (extrait) :

R208 Contrôle requête Mise à jour : Requête Sélection

#Date activité	#Heure activité	Nom activité	Nombre d'entrées payantes	Prix	Montant chiffre d'affaires
29/10/00	10:00:00	Les métiers de l'environnement	0	0,00 €	0,00 €
31/10/00	14:00:00	Les métiers de l'environnement	0	0,00 €	0,00 €
29/10/00	11:00:00	L'outarde canapetière	50	2,00 €	100,00 €
31/10/00	12:00:00	L'outarde canapetière	30	2,00 €	60,00 €
29/10/00	11:00:00	Les formations à la protection de la nature	0	0,00 €	0,00 €
31/10/00	15:00:00	Les formations à la protection de la nature	0	0,00 €	0,00 €
29/10/00	14:00:00	Le faucon crécerellette	0	0,00 €	0,00 €
31/10/00	10:00:00	Le faucon crécerellette	0	0,00 €	0,00 €
31/10/00	14:00:00	Le faucon crécerellette	0	0,00 €	0,00 €

Application : Chiffre d'affaires hors taxes

Connaître la situation professionnelle

Laure Edline veut calculer le chiffre d'affaires hors taxes généré par les séances du festival d'ornithologie. Le taux de TVA sur les spectacles est de 5,5 %. On souhaite obtenir le résultat suivant :

R209-1 Contrôle chiffre d'affaires HT : Requête Sélection

#Date activité	#Heure activité	Nom activité	Montant chiffre d'affaires	Chiffre d'affaires HT
29/10/00	10:00:00	Les métiers de l'environnement	0,00 €	0,00
31/10/00	14:00:00	Les métiers de l'environnement	0,00 €	0,00
29/10/00	11:00:00	L'outarde canapetière	100,00 €	94,79
31/10/00	12:00:00	L'outarde canapetière	60,00 €	56,87
29/10/00	11:00:00	Les formations à la protection de la nature	0,00 €	0,00
31/10/00	15:00:00	Les formations à la protection de la nature	0,00 €	0,00
29/10/00	14:00:00	Le faucon crécerellette	0,00 €	0,00
31/10/00	10:00:00	Le faucon crécerellette	0,00 €	0,00

Agir

1. Avant d'effectuer la requête, quelle modification devez-vous effectuer ?

 ....

2. Concevez la requête permettant de satisfaire la demande de Laure Edline :

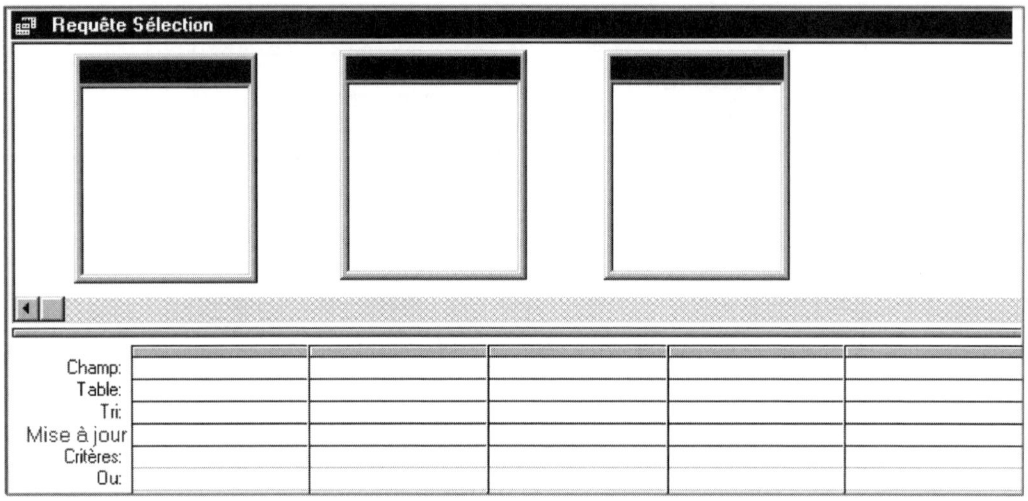

3. Testez votre requête et vérifiez que vous obtenez le résultat ci-dessus et enregistrez-la sous le nom **R209 Le chiffre d'affaires hors taxes**.

B. Effectuer une requête action Création de table

1. Connaître la situation professionnelle

Laure Edline souhaiterait avoir une nouvelle table regroupant toutes les informations sur les conférences. Cette table sera issue de la table **Activités du festival**.

2. Connaître les principes

Pour atteindre cet objectif, il faut concevoir une requête action **Création de table**. Cette requête va créer une nouvelle table et copier les enregistrements sélectionnés dans une table existante (les activités de conférences dans notre exemple) dans la nouvelle table.

3. Agir

1. Créez une nouvelle requête sélection avec la table **Activités du festival**. Sélectionnez la commande **Requête Requête Création de table** et composez dans la zone **Nom de la table**, **Conférences** :

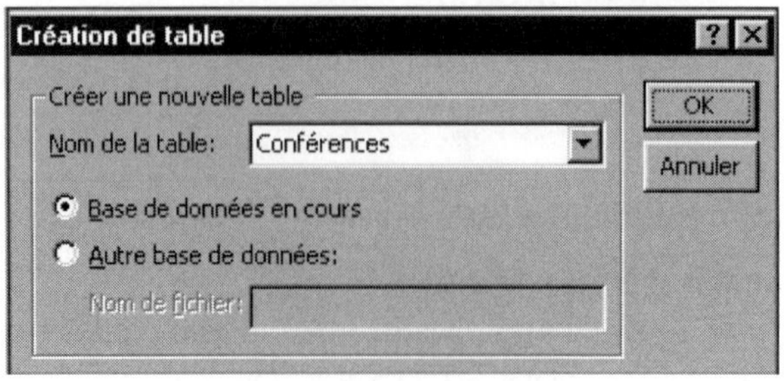

3. Cliquez sur le bouton OK. Sélectionnez tous les champs de la table **Activités** du festival et placez-les sur la ligne **Champs**. Introduisez sur la ligne **Critères** et dans la colonne **Type d'activité**, le mot **conférence** pour sélectionner les enregistrements à copier dans la nouvelle table :

Champs à copier dans la nouvelle table.

Champ:	N° activité	Nom activité	Type d'activité	Durée	Prix	#N° responsable
Table:	Activités du festival	Activités du festival	Activités du festival	Activités du festival	Activités du festival	Activités du festival
Tri:						
Afficher:	☑	☑	☑	☑	☑	☑
Critères:			"conférence"			
Ou:						

Critère de sélection des enregistrements à copier dans la nouvelle table.

4. Cliquez sur le bouton **Exécuter** !. Un message apparaît. Pourriez-vous le commenter ?

....

5. Cliquez sur le bouton **Oui**. Fermez la requête en l'enregistrant sous le nom **R210 Table Conférences**. Vous pouvez observer le nouveau symbole représentant une requête **Action Création de table** :

R210 Table conférences

6. Cliquez sur l'onglet **Tables** et double cliquez sur la table **Conférences** :

Conférences : Table

N° activité	Nom activité	Type d'activité	Durée	Prix	#N° responsable
AC01	Les métiers de l'environnement	Conférence	1 h	0,00 F	RE02
AC03	Les formations à la protection de la nature	Conférence	1 h	0,00 F	RE02
AC04	Le faucon crécerellette	Conférence	1 h	0,00 F	RE02

7. Fermez la nouvelle table.

Application : Tous les stands

Connaître la situation professionnelle

Laure Edline souhaite, à partir de la table **Lieux d'animation**, avoir une table **Stands du chapiteau**, contenant tous les stands figurant sous le chapiteau du festival des films d'ornithologie avec les champs **N° lieu**, **Nom lieu** et **Capacité d'accueil**.

Agir

1. Préparez dans la grille d'interrogation la requête afin de répondre à la demande de Laure Edline :

Champ:					
Table:					
Tri:					
Afficher:	☐	☐	☐	☐	☐
Critères:					
Ou:					

2. Testez votre requête et vérifiez, en affichant le contenu de la table **Stands des chapiteaux**, que vous obtenez le résultat suivant :

Stands du chapiteau : Table

N° lieu	Nom lieu	Capacité d'accueil
CH01	Chapiteau Stand 01	3
CH02	Chapiteau Stand 02	3
CH03	Chapiteau Stand 03	3
CH04	Chapiteau Stand 04	3

3. Enregistrez la requête sous le nom **R211 Stands du chapiteau**.

Rappel

L'opérateur **Étoile** (*) permet d'obtenir tous les caractères à partir d'une position donnée : Exemple : *stand*.

C. Créer une requête Ajout d'enregistrements

1. Connaître la situation professionnelle

Laure Edline souhaite ajouter à la table **Conférences**, le descriptif des films (**N° activité**, **Nom activité**, **Type d'activité**, **Durée**, **Prix**, **N° responsable**).

2. Connaître les principes

Pour atteindre cet objectif, il faut créer une requête action **Ajout d'enregistrements**.

3. Agir

1. Créez une nouvelle requête avec la table **Activités du festival** (celle-ci sera la table qui fournira les enregistrements à ajouter).
2. Sélectionnez la commande **Requête Requête Ajout** et sélectionnez la table **Conférences** qui va recevoir les enregistrements **Films** :

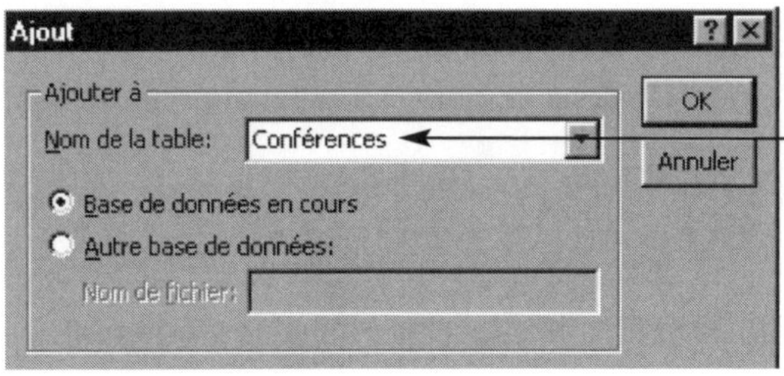

Table destination de l'ajout d'enregistrements.

3. Cliquez sur le bouton **OK**. Vous pouvez observer dans la grille d'interrogation, la ligne **Ajouter à** se substituer à la ligne **Afficher**.
4. Placez sur la ligne **Champ**, tous les champs de la table **Activités** et à l'intersection de la ligne **Critères** et de la colonne **Type d'activité**, composez **Film** :

Champ:	N° activité	Nom activité	Type d'activité	Durée	Prix	#N° responsable
Table:	Activités	Activités	Activités	Activités	Activités	Activités
Tri:						
Ajouter à:	N° activité	Nom activité	Type d'activité	Durée	Prix	#N° responsable
Critères:			"Film"			
Ou:						

*Le contenu de la table **Activités** sera copié pour les films dans les champs de la table Conférences.*

5. Cliquez sur le bouton **Exécuter** . Confirmez l'ajout d'enregistrements. Fermez la requête en l'enregistrant sous le nom **R212 Ajout films**.
6. Cliquez sur l'onglet **Tables**. Double cliquez sur la table **Conférences** :

Conférences : Table

N° activité	Nom activité	Type d'activité	Durée	Prix	#N° responsable
AC01	Les métiers de l'environnement	Conférence	1 h	0,00 €	RE02
AC03	Les formations à la protection de la nature	Conférence	1 h	0,00 €	RE02
AC04	Le faucon crécerellette	Conférence	1 h	0,00 €	RE02
AC02	L'outarde canapetière	Film	26 mn	2,00 €	RE02
AC07	Wo der nandou den pinguin trifft	Film	43 mn	5,00 €	RE01
AC08	Le rhinocéros - Une vie pour la corne	Film	52 mn	5,00 €	RE01
AC10	The water fairy pheasant - tailed jacana	Film	15 mn	1,00 €	RE04
AC12	Birds behaving badly	Film	30 mn	6,00 €	
AC13	Les oiseaux de la Brenne	Film	35 mn	6,00 €	
AC14	Hunters of the silver shoals	Film	25 mn	6,00 €	

7. Fermez la table **Conférences** et renommez-la **Conférences Films**.

Application : Les maisons des jeunes

Connaître la situation professionnelle

Laure Edline souhaiterait ajouter à la table **Stands du chapiteau**, les enregistrements relatifs aux salles de la maison des jeunes qui se trouvent dans la table Lieux d'animation.

Agir

1. Préparez dans la grille d'interrogation la requête de manière à répondre à la demande de Laure Edline :

Champ:			
Table:			
Tri:			
Ajouter à:			
Critères:			
Ou:			

Rappel

L'opérateur **Étoile** (*) permet de sélectionner tous les caractères à partir d'une position donnée. Exemple : Maison des jeunes*.

2. Testez votre requête et vérifiez, en consultant, la table Stands du chapiteau, que vous obtenez le résultat suivant :

Stands du chapiteau : Table

N° lieu	Nom lieu	Capacité d'accueil
CH01	Chapiteau Stand 01	3
CH02	Chapiteau Stand 02	3
CH03	Chapiteau Stand 03	3
CH04	Chapiteau Stand 04	3
MJ01	Maison des jeunes - Salle 1	100
MJ02	Maison des jeunes - Salle 2	80
MJ03	Maison des jeunes - Salle 3	60

3. Enregistrez la requête sous le nom **R213 Ajouts salles maison des jeunes**. Fermez la requête. Renommez la table **Stands du chapiteau** en **Chapiteau et Maison de jeunes**.

D. Créer une requête action Suppression d'enregistrements

1. Connaître la situation professionnelle

Laure Edline souhaiterait finalement supprimer les enregistrements **Conférences** de la table **Conférences-Films**.

2. Connaître les principes

Pour atteindre cet objectif, il faut créer une requête action **Suppression d'enregistrements**.

3. Agir

1. Créez une requête sélection avec la table **Conférences-Films**.
2. Sélectionnez la commande **Requête Requête Suppression**. La ligne **Supprimer** se substitue à la ligne **Afficher**.
3. Pour un enregistrement donné, toutes les valeurs des champs vont être supprimées. Il suffit de placer le symbole * (tous les champs) figurant dans la table **Conférences-Films** dans la grille d'interrogation pour montrer que l'action va concerner tous les champs :

Champ:	Conférences-Films.* ← *Symbole **
Table:	Conférences-Films
Supprimer:	A partir de
Critères:	
Ou:	

4. Placez également dans la grille d'interrogation le champ **Type d'activité** et le critère Conférence pour effectuer la sélection des enregistrements à supprimer :

Champ:	Conférences-Films.*	Type d'activité
Table:	Conférences-Films	Conférences-Films
Supprimer:	A partir de	Où
Critères:		"Conférence"
Ou:		

5. Cliquez sur le bouton **Feuille de données** pour lister les enregistrements à supprimer. Si vous êtes d'accord, cliquez sur le bouton **Requête** pour réafficher la requête.
6. Cliquez sur le bouton **Exécuter** pour déclencher la requête action **Suppression**. Un message vous informe que des lignes vont être supprimées. Cliquez sur le bouton **Oui**. Fermez et enregistrez la requête sous le nom **R214 Suppression des conférences**.
7. Affichez la table **Conférences films** pour vérifier les suppressions effectuées.

Application : Supprimer les stands

Connaître la situation professionnelle

Laure Edline souhaiterait supprimer de la table **Chapiteau et Maison de jeunes** les enregistrements relatifs aux stands du chapiteau.

Agir

1. Préparez dans la grille d'interrogation la requête de manière à répondre à la demande de Laure Edline :

Champ:			
Table:			
Supprimer:			
Critères:			
Ou:			

2. Testez votre requête et vérifiez que vous obtenez le résultat suivant :

Chapiteau et Maison des jeunes : Table

N° lieu	Nom lieu	Capacité d'accueil
MJ01	Maison des jeunes - Salle 1	100
MJ02	Maison des jeunes - Salle 2	80
MJ03	Maison des jeunes - Salle 3	60
*		

3. Enregistrez la requête sous le nom **R215 Suppression stands**.

II. Faire des calculs sur les tables

A. Faire un calcul sur tous les enregistrements d'une table

1. Connaître la situation professionnelle

Laure Edline souhaiterait connaître le nombre d'entrées pour toutes les activités.

2. Connaître les principes

Pour réaliser les totaux dans une table, il est nécessaire de faire apparaître dans la grille d'interrogation de la fenêtre de requête, une nouvelle ligne intitulée **Opération** :

*La ligne **Opération** permet de définir lescalculs à effectuer sur un champ de la table.*

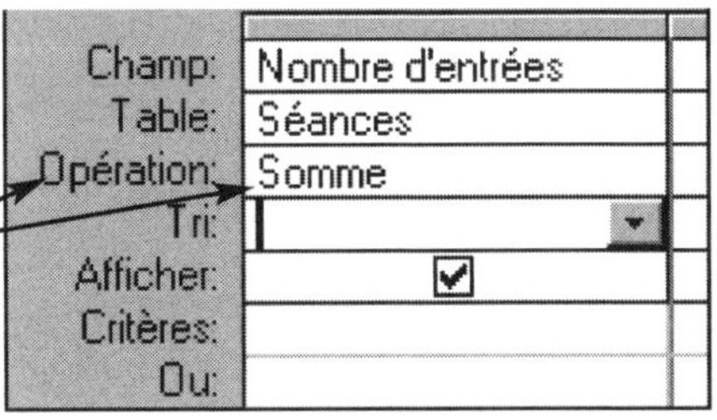

3. Agir

1. Lancez une nouvelle requête, sélectionnez la table **Séances** et cliquez sur le bouton **Fermer**.
2. Faites apparaître dans la grille d'interrogation le champ **Nombre d'entrées.**
3. Sélectionnez la commande **Affichage Opérations**. Cliquez ensuite dans la ligne **Opération** puis sur la flèche de liste (▼) :

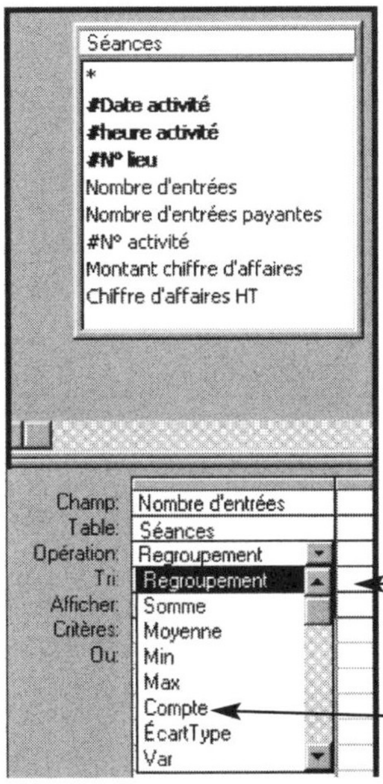

Liste de tous les traitements qu'il est possible d'effectuer sur les valeurs d'un champ d'une table.

Cette fonction permet de compter le nombre de valeurs dans un champ.

4. Cliquez sur l'opération **Somme** et sur le bouton **Feuilles de données** :

*Access crée un nouveau champ résultant de la fusion du libellé de l'opération Somme et du libellé du champ (**Nombre d'entrées**) sur lequel le calcul est effectué.*

Modifier l'intitulé d'un champ dans une requête

1. Le libellé **SommeDeNombre d'entrées** n'est pas très explicite. Nous pouvons modifier facilement cet intitulé.

2. Cliquez sur le bouton **Création de requête**, cliquez à gauche du libellé **Nombre d'entrées** et composez le libellé **Nombre d'entrées enregistrées** suivi de deux points (:) :

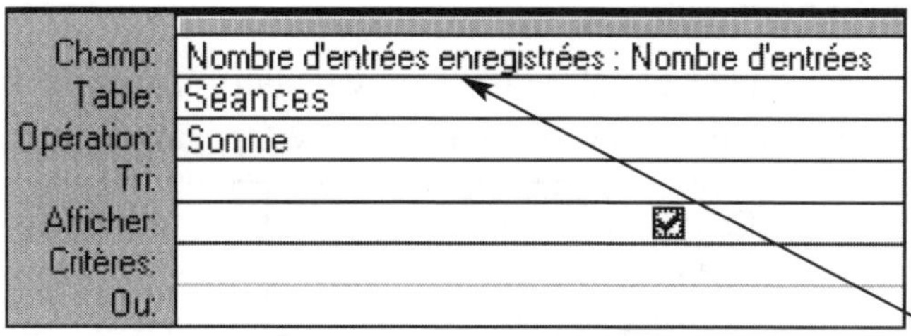

Ce libellé permet d'afficher un nom de champ.

3. Affichez la feuille de données :

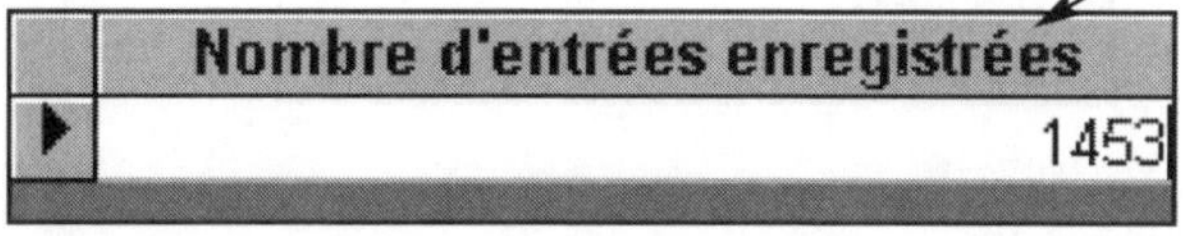

4. Enregistrez la requête sous le nom **R301 Nombre d'entrées enregistrées**.

B. Modifier l'affichage des données dans une requête

1. Connaître la situation professionnelle

Laure Edline souhaiterait connaître le nombre moyen d'entrées par séances du festival de films d'ornithologie.

2. Connaître les principes

Cette requête respecte les mêmes principes que la requête précédente. Par contre, nous devons définir l'affichage des données. En effet, sans précisions de notre part, Access affichera le résultat suivant :

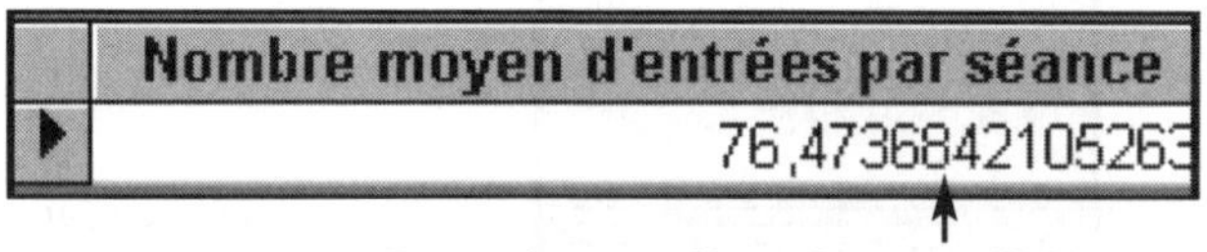

De nombreuses décimales sont affichées.

Avec le réglage suivant, en mode **Création de requête**, nous pouvons obtenir le résultat ci-dessous :

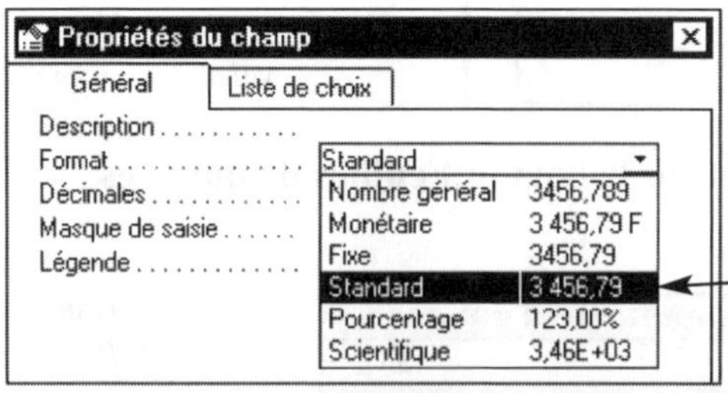

*En mode **Création de requête**, le format **Standard** est sélectionné pour afficher les données.*

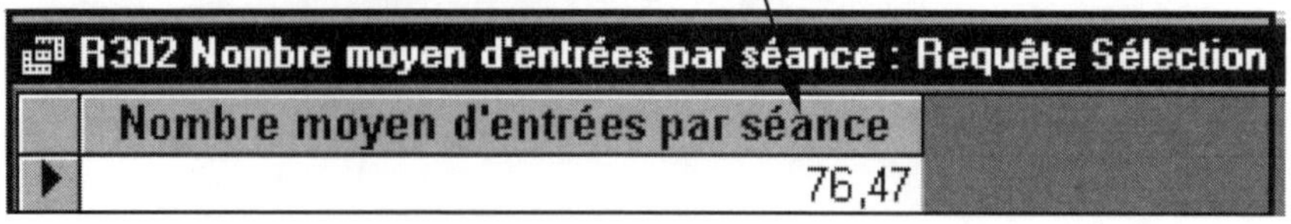

3. Agir

1. Créez une nouvelle requête. Insérez la table **Séances**. Faites apparaître dans la grille d'interrogation le champ **Nombre d'entrées**. Faites précéder ce libellé, du libellé **Nombre moyen d'entrées par séance** suivi de **deux points** (:).
2. Faites apparaître la ligne **Opérations** et la fonction **Moyenne**.
3. Sélectionnez la commande **Affichage Propriétés** et faites apparaître le libellé **Standard** dans la zone **Format**. Affichez le résultat de la requête. Enregistrez la requête sous le nom **R302 Nombre moyen d'entrées par séance**.

Application : Mini, maxi

- Concevez les requêtes de manière à obtenir les résultats suivants :

R303 Nombre minimal d'entrées par séance : Requête Sélection

Nombre minimal d'entrées par séance
5

R304 Nombre maximal d'entrées pour une séance : Requête Sélection

Nombre maximal d'entrées pour une séance
180

C. Effectuer des calculs sur des groupes d'enregistrements

1. Connaître la situation professionnelle

Laure Edline souhaiterait connaître le nombre d'entrées pour chaque salle du festival :

Le total des entrées est fait par salle.

R305 Nombre d'entrées total par salle du festival : Requête Sélection

#N° lieu	Nom lieu	Nombre d'entrées total par salle du festival
MA01	Mairie - Salle des fêtes	205
MA02	Maire - Salle du conseil	163
MJ01	Maison des jeunes - Salle 1	320
MJ02	Maison des jeunes - Salle 2	135
MJ03	Maison des jeunes - Salle 3	50
SP01	Salle polyvalente Espace 1	150
SP02	Salle polyvalente Espace 2	430

*Le libellé est issu de la table **Lieux**.* *Les quantités sont issues de la table **Programmation**.*

2. Connaître les principes

Pour atteindre cet objectif, il faut demander à Access de regrouper les enregistrements (Affichage Opérations) par salle puis de faire la somme des entrées par groupe d'enregistrements :

*Le libellé est répété pour éviter l'affichage du champ **SommeDeNombre d'entrées.***

Champ:	#N° lieu	Nom lieu	Nombre d'entrées par lieux d'animation: Nombre d'entrées
Table:	Séances	Lieux d'animation	Séances
Opération:	Regroupement	Regroupement	Somme
Tri:			
Afficher:	☑	☑	☑
Critères:			
Ou:			

Un regroupement est fait sur les deux premiers champs.

Le calcul à effectuer est défini sur le champ numérique.

3. Agir

- Effectuez cette requête de manière à obtenir le résultat ci-dessus. Enregistrez la requête sous le nom **R305 Nombre d'entrées par salles du festival**. Imprimez, découpez et collez le résultat de la requête :

Application : Statistiques

- Effectuez les requêtes suivantes :

R306 Nombre d'entrées total par activité : Requête Sélection

N° activité	Nom activité	Nombre d'entrées total par activité
AC01	Les métiers de l'environnement	95
AC02	L'outarde canapetière	135
AC03	Les formations à la protection de la nature	330
AC04	Le faucon crécerellette	213
AC05	Histoire d'oiseaux	125
AC06	Île de Ré	100
AC07	Wo der nandou den pinguin trifft	50
AC08	Le rhinocéros - Une vie pour la corne	150
AC09	Jardin des sens	50
AC10	The water fairy pheasant - tailed jacana	125
AC11	Le lac du Cébron	80

R307 Nombre moyen d'entrées payantes par activité : Requête Sélection

N° activité	Nom activité	Nombre moye
AC01	Les métiers de l'environnement	0
AC02	L'outarde canapetière	40
AC03	Les formations à la protection de la nature	0
AC04	Le faucon crécerellette	0
AC05	Histoire d'oiseaux	40
AC06	Île de Ré	45
AC07	Wo der nandou den pinguin trifft	50
AC08	Le rhinocéros - Une vie pour la corne	100
AC09	Jardin des sens	25
AC10	The water fairy pheasant - tailed jacana	42,5
AC11	Le lac du Cébron	30

D. Introduire un critère dans un regroupement

1. Connaître la situation professionnelle

Laure Edline souhaiterait connaître le nombre d'entrées pour les films et les conférences :

Re308 Nombre d'entrées pour les films et les conférences : Requête Sélection

Nom activité	Type d'activité	Nombre d'entrées total par activité
L'outarde canapetière	Film	135
Le faucon crécerellette	Conférence	213
Le rhinocéros - Une vie pour la corne	Film	150
Les formations à la protection de la nature	Conférence	330
Les métiers de l'environnement	Conférence	95
The water fairy pheasant - tailed jacana	Film	125
Wo der nandou den pinguin trifft	Film	50

2. Connaître les principes

Jusqu'à présent nous avions pris tous les enregistrements d'une table. La requête de Laure Edline nous conduit à introduire un critère dans le regroupement pour exclure les activités qui ne sont pas des films ou des conférences :

Champ:	Nom activité	Type d'activité	Nombre d'entrées total par activité : Nomb
Table:	Activités	Activités	Programmation
Opération:	Regroupement	Regroupement	Somme
Tri:			
Afficher:	☑	☑	☑
Critères:		"Film" Ou "Conférence"	
Ou:			

Un critère de regroupement a été introduit dans la colonne de regroupement.

3. Agir

- Concevez la requête de manière à obtenir le résultat ci-dessus. Enregistrez la requête sous le nom **R308 Nombre d'entrées pour les films et les conférences**. Imprimez, découpez et collez le résultat de la requête :

Application : Entrées payantes

- Complétez la requête **R309 Nombre d'entrées payantes pour les sorties et spectacles** permettant d'obtenir le résultat ci-dessous :

R309 Nombre d'entrées payantes pour les sorties et spectacles : Requête Sélection

Nom activité	Type d'activité	Nombre d'entrées payantes total par activité
Histoire d'oiseaux	Spectacle	80
Île de Ré	Sortie	45
Jardin des sens	Sortie	25
Le lac du Cébron	Sortie	60

E. Introduire des critères dans un champ de calcul

1. Connaître la situation professionnelle

Laure Edline souhaiterait connaître le nom des activités pour lesquelles le nombre d'entrées a dépassé 100 :

R310 Activités de plus de 100 entrées : Requête Sélection

Nom activité	Nombre d'entrées par activité
Histoire d'oiseaux	125
L'outarde canapetière	135
Le faucon crécerellette	213
Le rhinocéros - Une vie pour la corne	150
Les formations à la protection de la nature	330
The water fairy pheasant - tailed jacana	125

2. Connaître les principes

Au lieu d'introduire le critère dans les colonnes de regroupement, comme nous l'avons fait précédemment, le critère doit être introduit dans le champ faisant l'objet d'un calcul :

Champ:	Nom activité	Nombre d'entrées par activité: Nombre d'entrées
Table:	Activités	Séances
Opération:	Regroupement	Somme
Tri:		
Afficher:	☑	☑
Critères:		>100
Ou:		

Le critère est placé dans la colonne champ calculé.

3. Agir

- Effectuez la requête. Enregistrez-la sous le nom **R310 Activités à plus de 100 entrées**. Imprimez, découpez et collez le résultat de la requête :

Application : Entre 50 et 100

- Effectuez la requête permettant d'obtenir le résultat suivant :

R311 Nombre d'entrées payantes compris entre 50 et 100 : Requête Sélection

Nom activité	Nombre d'entrées payantes par activité
Histoire d'oiseaux	80
L'outarde canapetière	80
Le lac du Cébron	60
Le rhinocéros - Une vie pour la corne	100
The water fairy pheasant - tailed jacana	85
Wo der nandou den pinguin trifft	50

F. Effectuer des requêtes d'analyse croisée

1. Connaître la situation professionnelle

Laure Edline souhaite obtenir la répartition des entrées du festival d'ornithologie par activités et par dates de manière à obtenir le résultat suivant :

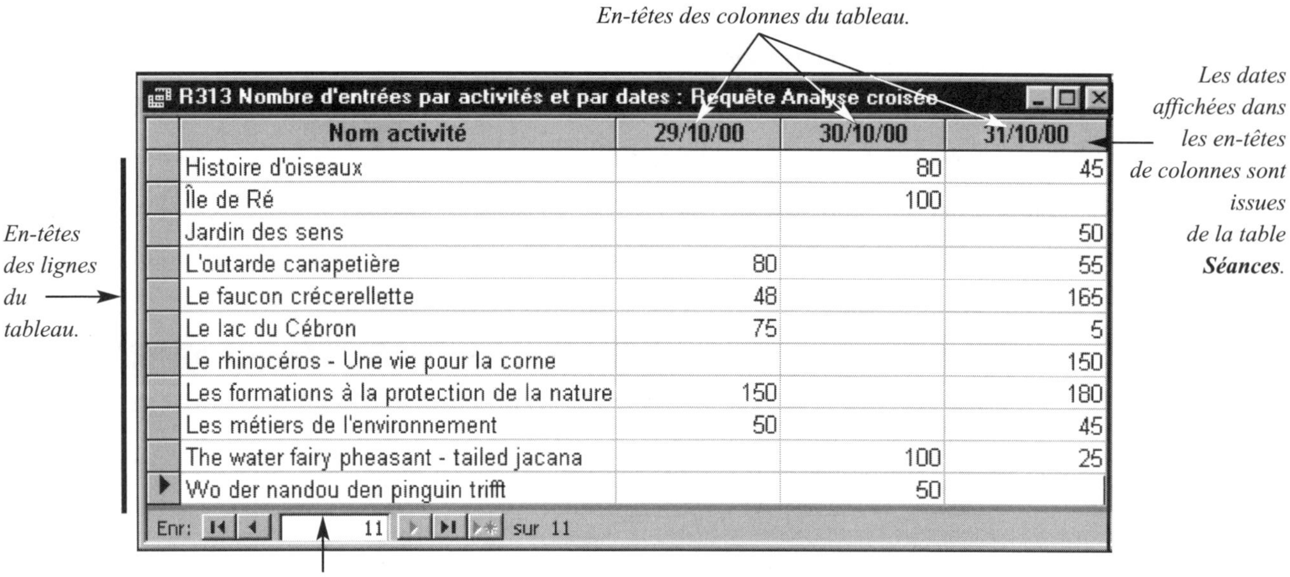

Nom activité	29/10/00	30/10/00	31/10/00
Histoire d'oiseaux		80	45
Île de Ré		100	
Jardin des sens			50
L'outarde canapetière	80		55
Le faucon crécerellette	48		165
Le lac du Cébron	75		5
Le rhinocéros - Une vie pour la corne			150
Les formations à la protection de la nature	150		180
Les métiers de l'environnement	50		45
The water fairy pheasant - tailed jacana		100	25
Wo der nandou den pinguin trifft		50	

Les libellés des en-têtes de lignes sont issues de la table ***Activités du festival****.*

2. Connaître les principes

Pour répondre à la demande de Laure Edline, il faut réaliser une requête d'analyse croisée. Effectivement dans notre exemple, le nombre d'entrées est à la croisée de deux valeurs : le nom et la date de l'activité :

29/10/00

Le faucon crécerellette --------------> 48

Les données du tableau étant issues de plus d'une table, il faut d'abord réunir dans une requête simple les champs nécessaires à l'élaboration du tableau :

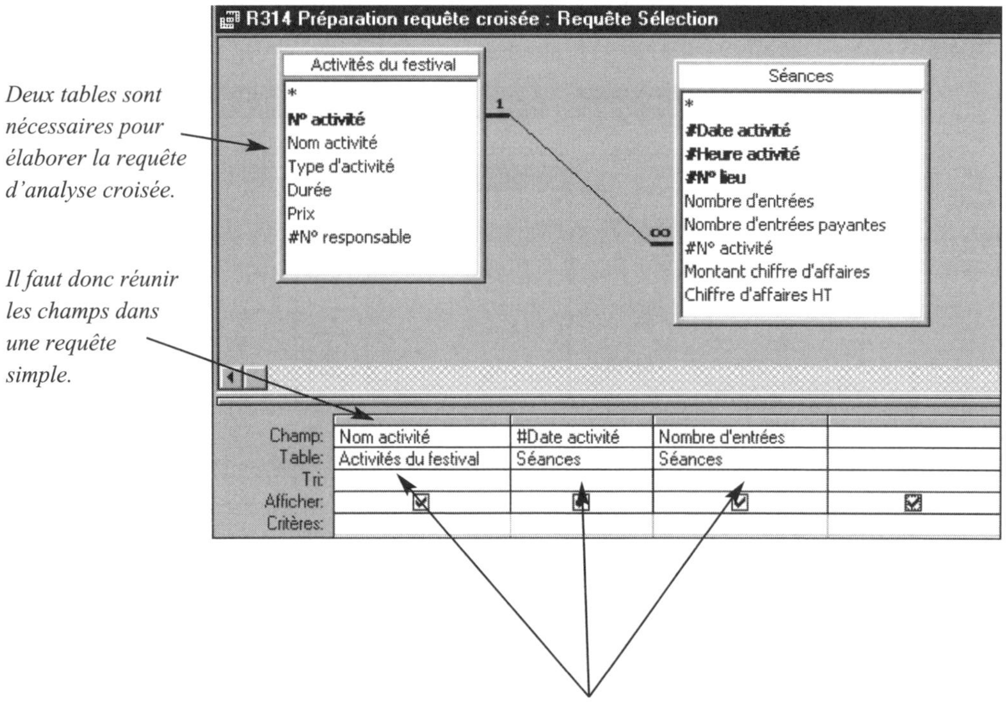

Les données du tableau sont issues de ces trois champs.

Ensuite nous utiliserons un assistant pour réaliser le tableau d'analyse croisée.

3. Agir

Concevoir la requête simple

- Concevez la requête ci-dessus et enregistrez-la sous le nom **R314 Préparation requête croisée**.

Concevoir la requête d'analyse croisée

1. Pour réaliser une requête d'analyse croisée, un assistant est disponible.
2. Cliquez sur l'onglet **Requêtes**, le bouton **Nouveau**, le libellé **Assistant Requête d'analyse croisée** et sur le bouton OK :

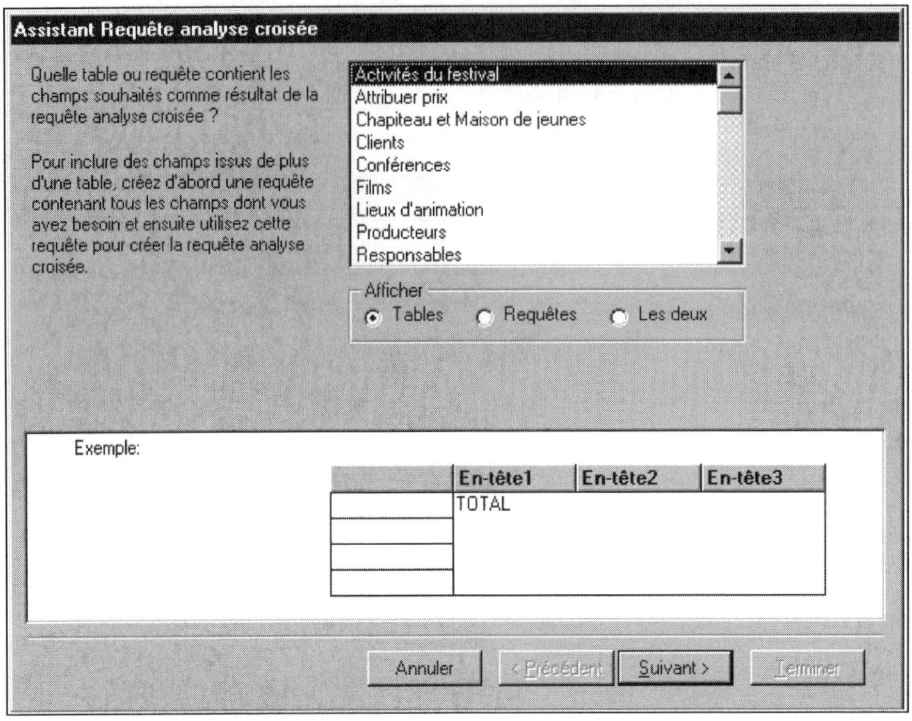

3. Cliquez sur l'option **Requêtes**, recherchez la requête **R314 Préparation requête croisée**, cliquez dessus et sur le bouton **Suivant** :

Les libellés du du champ ***Nom activités*** *vont constituer les en-têtes des lignes du tableau.*

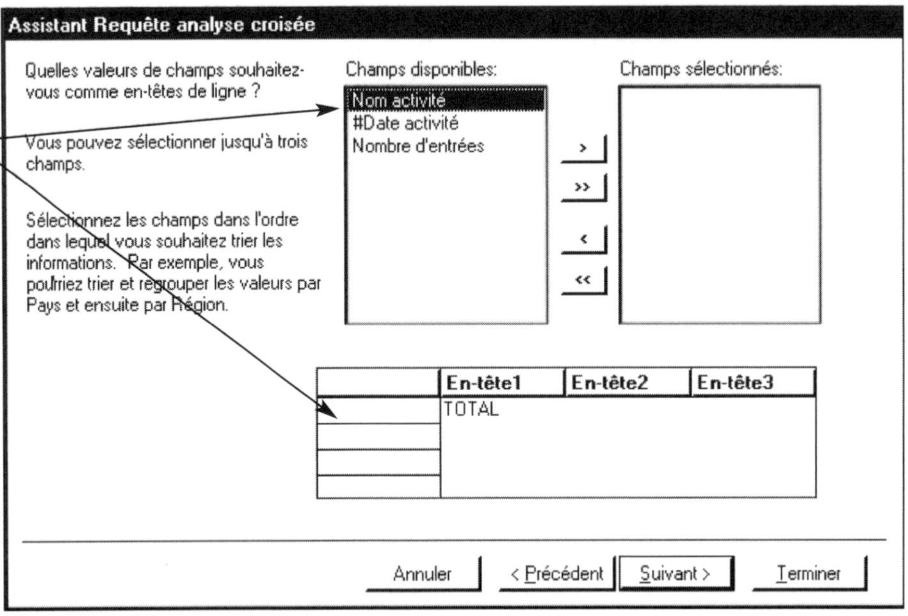

4. Double cliquez sur le champ **Nom activité** pour le faire passer dans la colonne **Champs sélectionnés**. Cliquez sur le bouton **Suivant**.

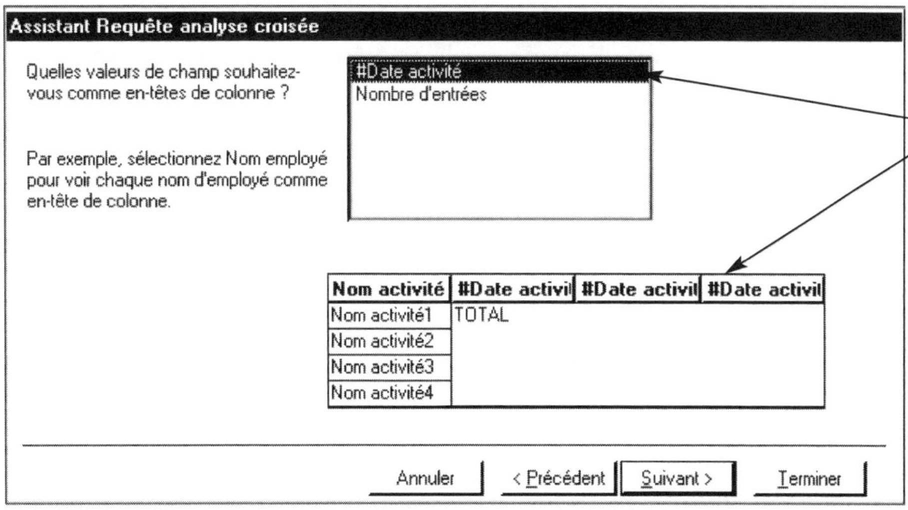

*Les valeurs du champ **Date activité** vont constituer les en-têtes des colonnes du tableau.*

5. Cliquez sur le champ **#Date activité** et sur le bouton **Suivant** :

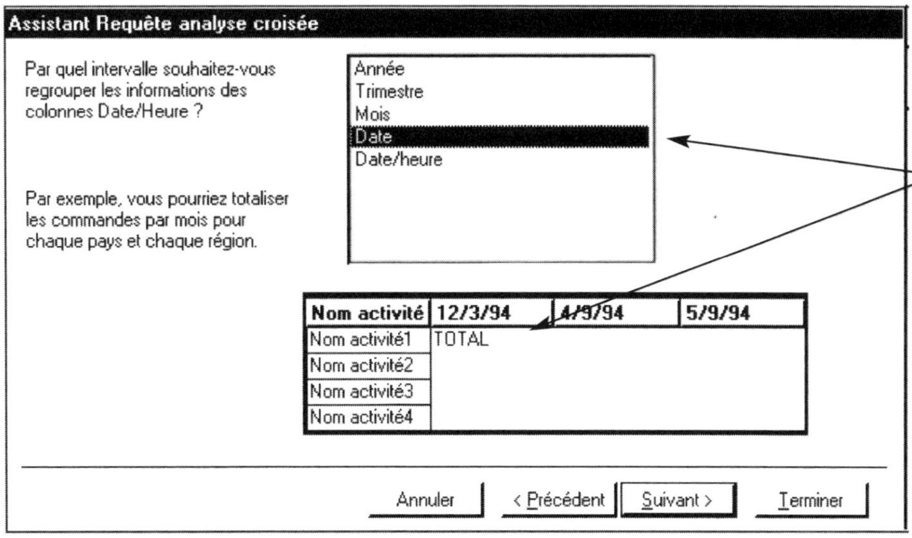

Nous voulons obtenir le total des entrées jour par jour.

6. Pour obtenir le nombre d'entrées jour par jour, cliquez sur la périodicité **Date** et le bouton **Suivant** :

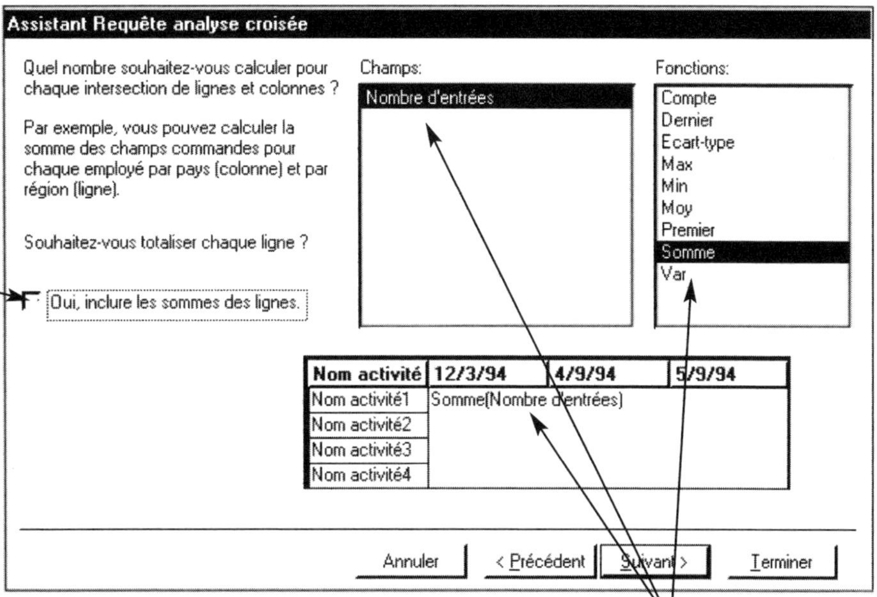

Nous ne voulons pas de total par ligne.

Pour une date et une activité données, il peut y avoir plusieurs séances. Nous voulons donc la somme des entrées pour l'activité et pour une date.

7. Ôtez la coche de l'option **Oui, inclure les sommes des lignes**, cliquez sur la fonction **Somme** et sur le bouton **Suivant**. Enregistrez la requête sous le nom **R315 Nombre d'entrées par activités et par dates** et cliquez sur le bouton **Terminer**. Vous obtenez le résultat suivant :

R315 Nombre d'entrées par activités et par dates : Requête Analyse croisée

Nom activité	29/10/00	30/10/00	31/10/00
Histoire d'oiseaux		80	45
Île de Ré		100	
Jardin des sens			50
L'outarde canapetière	80		55
Le faucon crécerellette	48		165
Le lac du Cébron	75		5
Le rhinocéros - Une vie pour la corne			150
Les formations à la protection de la nature	150		180
Les métiers de l'environnement	50		45
The water fairy pheasant - tailed jacana		100	25
Wo der nandou den pinguin trifft		50	

Application 1 : Connaître le chiffre d'affaires par activités et par date

- Concevez la (ou les) requête(s) permettant d'obtenir le résultat suivant :

R316 Tableau chiffre d'affaires par activités et par dates : Requête Analyse croisée

N° activité	Nom activité	Type d'activité	29/10/00	30/10/00	31/10/00
AC01	Les métiers de l'environnement	Conférence	0		0
AC02	L'outarde canapetière	Film	100		60
AC03	Les formations à la protection de la nature	Conférence	0		0
AC04	Le faucon crécerellette	Conférence	0		0
AC05	Histoire d'oiseaux	Spectacle		100	60
AC06	Île de Ré	Sortie		450	
AC07	Wo der nandou den pinguin trifft	Film		250	
AC08	Le rhinocéros - Une vie pour la corne	Film			500
AC09	Jardin des sens	Sortie			125
AC10	The water fairy pheasant - tailed jacana	Film		80	5
AC11	Le lac du Cébron	Sortie	360		0

Application 2 : Connaître le chiffre d'affaires hors taxes par type d'activités et par dates

- Concevez la (ou les) requête(s) permettant d'obtenir le résultat suivant :

R317 Chiffre d'affaires HT par type d'activités et par dates : Requête Analyse croisée

Type d'activité	29/10/00	30/10/00	31/10/00
Conférence	0,00		0,00
Film	94,79	312,80	535,55
Sortie	341,23	426,54	118,48
Spectacle		94,79	56,87

Compétence

31 Comment effectuer des requêtes avec le langage SQL ?

Éléments du programme traités

Compétence technique

- Rechercher, collecter, mettre en forme, diffuser des informations internes et externes au système d'information

Objectifs à atteindre

- Quels sont les différents langages d'interrogation ?
- Comment utiliser le langage SQL ?
- Réaliser les requêtes en langage SQL
- Faire des calculs à l'aide des requêtes

Mots-clés

différence - FROM - intersection - jointure - langage d'interrogation - projection - QBE - SELECT - sélection - UNION SELECT - union - WHERE

Connaître le contexte professionnel du dossier

Nous avons effectués dans les dossiers précédents des requêtes en utilisant le langage graphique (langage QBE) du SGBDR Access.

Il est possible d'effectuer les mêmes requêtes en utilisant le langage SQL (*structured query language*). Alors que le langage QBE est un langage visuel ou graphique (des icônes, des schémas, des grilles permettent d'interroger une base de données), le langage SQL est un langage textuel. Il faut utiliser des mots, une syntaxe (manière d'utiliser ces mots) précise pour interroger une base de données. Si le langage SQL paraît moins convivial que le langage QBE, il permet d'enchaîner plusieurs traitements et d'effectuer des opérations non réalisables dans le langage graphique comme l'union.

I. Comment utiliser le langage SQL ?

Le langage SQL utilisé dans ce dossier est celui mis en œuvre dans le logiciel Access.

A. Quelle est la structure de base des requêtes écrites en SQL ?

1. Quels sont les principaux opérateurs SQL ?

Les requêtes en langage SQL (*structured query language* [langage structuré de requêtes]) ont souvent la structure suivante :

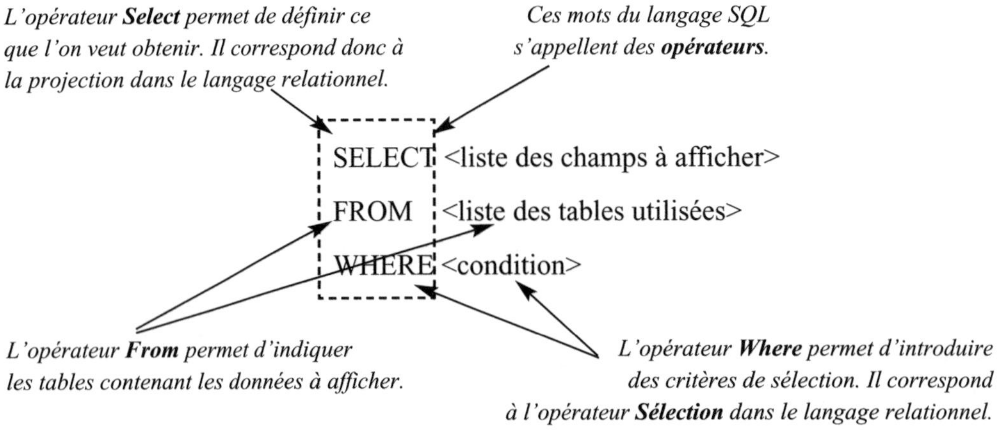

2. Exemple : Sous Le Soleil

Dans l'entreprise de voyages **Sous Le Soleil**, on observe les schémas relationnels suivants :

Voyage (N° voyage, Nom voyage, Date départ, Durée, Prix)

Agence de voyage (Code agence, Nom agence, Adresse rue agence, Code postal agence, Ville agence)

Nombre de places proposées par agence (#Code agence, #N° voyage, Nombre de places proposées)

Client (Code client, Nom client, Prénom client, Adresse rue client, Code postal client, Ville client)

Réservation (N° réservation, Date réservation, Montant dû, #Code client)

Ligne (#N° réservation, #N° voyage, Nombre de places réservées, Taux de remise, Total ligne)

On dispose également de quatre requêtes présentant les structures suivantes :

Voyages-agence Marseille (N° voyage, Nom voyage)

Voyages-agence Lille (N° voyage, Nom voyage)

Réservations >= 1 500 € (N° réservation, Date réservation, Montant dû, #Code client)

Réservations < 1 500 € (N° réservation, Date réservation, Montant dû, #Code client)

Ces requêtes prises deux à deux ont des structures identiques. Cette situation est nécessaire pour la mise en œuvre des opérateurs ensemblistes tels que l'union, l'intersection et la différence.

Pour chaque schéma relationnel, on observe les occurrences suivantes :

Voyages				
N° voyage	**Nom voyage**	**Date départ**	**Durée**	**Prix**
MA015	Maroc	15/01/2003	8	330 €
TH022	Thaïlande	22/02/2003	10	760 €
LI015	Libye	15/03/2003	8	907 €
CU029	Cuba	29/04/2003	9	1 140 €
KE022	Kenya	22/05/2003	9	1 209 €

Agences de voyage				
C. agence	**Nom agence**	**Adresse rue**	**Code postal**	**Ville**
AG018	Sous Le Soleil-Lille	15 rue Danicourt	59000	Lille
AG029	Sous Le Soleil-Marseille	18 rue Paul Bert	13001	Marseille

Nombre de places proposées par agence		
#Code agence	**#N° voyage**	**Nombre de places proposées**
AG018	MA015	100
AG018	TH022	80
AG018	LI015	90
AG029	LI015	70
AG029	CU029	105
AG029	KE022	95

Clients						
Code client	**Nom client**	**Prénom client**	**Adres. rue client**	**C. postal client**	**Ville client**	**#C. agence**
BJ038	Boujemaa	Sami	4 rue Pasteur	59200	Tourcoing	AG018
ZG027	Zuber	Gérard	8 bvd Clémenceau	13200	Arles	AG029
LB032	Lenne	Brigitte	47 rue Cavell	59600	Maubeuge	AG018
DC007	Da Costa	José	14 rue Mantes	06000	Nice	AG029

Réservations			
N° réservation	**Date réservation**	**Montant dû**	**#Code client**
R001	15/12/2002	1 387 €	BJ038
R002	17/12/2002	4 352 €	ZG027
R003	18/12/2002	1 723 €	BJ038
R004	02/01/2003	1 140 €	DC007

Lignes de réservation				
#N° réserv.	**#N° voyage**	**Nbre de places réservées**	**Tx de remise**	**Total ligne**
R001	MA015	2	5 %	627 €
R001	TH022	1	0 %	760 €
R002	KE022	4	10 %	4 352 €
R003	LI015	2	5 %	1 723 €
R004	CU029	1	0 %	1 140 €

Requête Réservations >= 1 500 €			
N° réservation	**Date réservation**	**Montant dû**	**#Code client**
R002	17/12/2002	4 352 €	ZG027
R003	18/12/2002	1 723 €	BJ038

Requête Réservations < 1 500 €			
N° réservation	**Date réservation**	**Montant dû**	**#Code client**
R001	15/12/2002	1 387 €	BJ038
R004	02/01/2003	1 140 €	DC007

Requête Voyages - agence de Marseille	
N° voyage	**Nom voyage**
LI015	Libye
CU029	Cuba
KE022	Kenya

Requête Voyages - agence de Lille	
N° voyage	**Nom voyage**
MA015	Maroc
TH022	Thaïlande
LI015	Libye

B. Réaliser les requêtes en langage SQL

Connaître la situation professionnelle

Claire Pérol, la directrice de l'entreprise **Sous le Soleil**, vous demande d'afficher les caractéristiques des voyages dont le prix est inférieur ou égal à 500 €.

Agir

1. Lancez l'exécution d'Access, ouvrez la base de données **Sous le Soleil** qui se trouve dans le dossier **BTS CGO Processus 10**.
2. Cliquez sur l'onglet Requêtes, le bouton **Nouveau**, l'option **Mode Création**, la table **Voyages**, les boutons **Ajouter** et **Fermer**.
3. Sélectionnez la commande **Affichage Mode SQL** :

Cette instruction permet de définir ce qu'on veut afficher. Il correspond donc à la projection dans le langage relationnel.

Cette instruction définit les tables à utiliser pour réaliser les requêtes.

Le point virgule termine une requête SQL.

4. Complétez la requête SQL de la manière suivante :

Requête2 : Requête Sélection

```
SELECT [N° voyage],[Nom voyage],[date départ],[durée],[prix]
FROM Voyages
where [prix]<=500
```

*L'opérateur Where permet d'introduire des critères de sélection. Il correspond donc à l'opérateur **Sélection** dans le langage relationnel.*

Les champs doivent être séparés par des virgules.

Des crochets encadrent les champs.

5. Enregistrez la requête sous le nom **RS01 Prix <= 500**. Vous obtenez le résultat suivant :

RS01 Prix <= 500 : Requête Sélection

N° voyage	Nom voyage	date départ	durée	prix
MA015	Maroc	15/01/2003	8	330,00 €
			0	0,00

6. Fermez la requête.

C. Mettre en œuvre les différents opérateurs SQL

1. La projection

Exemple

Connaître la situation professionnelle

Claire Pérol souhaiterait afficher le nom de toutes les agences et de leur ville d'implantation de l'entreprise **Sous le Soleil**.

Agir

Concevez la requête suivante :

RS02 Toutes les agences : Requête Sélection

```
SELECT [nom agence], [ville agence]
FROM [Agences de voyage];
```

Les crochets sont nécessaires. Le nom du champ est, en effet, composé de plusieurs mots.

Vérifiez que vous obtenez le résultat suivant :

RS02 Toutes les agences : Requête Sélection

nom agence	ville agence
Sous le soleil - Lille	LILLE
Sous le soleil - Marseille	MARSEILLE

Application : Les clients de l'entreprise

Connaître la situation professionnelle

Claire Pérol souhaiterait afficher le nom et le prénom des clients de l'entreprise **Sous le Soleil**.

Agir

1. Rédigez votre requête en langage SQL permettant de répondre à la demande d'information :

....

....

....

2. Vérifiez que vous obtenez le résultat suivant :

RS03 Tous les clients : Requête Sélection

nom client	prénom client
Boujemaa	Sami
Da Costa	José
Lenne	Brigitte
Zuber	Gérard

2. La sélection

Exemple

Connaître la situation professionnelle

Claire Pérol souhaiterait afficher le nom, l'adresse rue, le code postal, la ville du client Boujemaa.

Agir

1. Concevez la requête suivante :

RS04 Client Boujemaa : Requête Sélection

```
SELECT [Nom client],[adresse rue client],[code postal client]
FROM Clients
Where [nom client]="boujemaa"
```

2. Vérifiez que vous obtenez le résultat suivant :

RS04 Client Boujemaa : Requête Sélection

Nom client	adresse rue client	code postal client
Boujemaa	4 rue Pasteur	59200

Application 1 : Voyage au Maroc

Connaître la situation professionnelle

Claire Pérol souhaiterait afficher les caractéristiques du voyage au Maroc.

Agir

1. Rédigez votre requête en langage SQL permettant de répondre à la demande d'information :

....

....

2. Vérifiez que vous obtenez le résultat suivant :

RS05 Maroc : Requête Sélection

N° voyage	nom voyage	date départ	durée	prix
MA015	Maroc	15/01/2003	8	330,00 €
			0	0,00 €

Application 2 : Voyages proposés par les agences

Concevez les requêtes permettant d'obtenir les résultats suivants :

Attention ! le résultat de ces requêtes sera utilisé dans des requêtes ultérieures.

Voyages-agence Marseille : Requête Sélection

#code agence	Nom agence	Nom voyage
AG029	Sous Le Soleil - Marseille	Cuba
AG029	Sous Le Soleil - Marseille	Kenya
AG029	Sous Le Soleil - Marseille	Libye

Voyages-agence Lille : Requête Sélection

#code agence	Nom agence	Nom voyage
AG018	Sous Le Soleil - Lille	Libye
AG018	Sous Le Soleil - Lille	Maroc
AG018	Sous Le Soleil - Lille	Thaïlande

3. La jointure

a. Syntaxe

Soit la syntaxe du langage SQL permettant une jointure :

Dès que deux tables sont mises en œuvre dans une requête, il faut faire précéder le nom des champs du nom de la table suivi d'un point pour les distinguer.

FROM <table 1> INNER JOIN <table 2> ON <table 1.champ 1> <opérateur de comparaison> <table 2.champ 2>.

INNER JOIN signifie jointure interne. L'opérateur de comparaison peut être : =, <, >, >= ou <>.

b. Exemple

Connaître la situation professionnelle

Claire Pérol souhaiterait connaître les coordonnées du client ayant effectué la réservation n° R002.

Agir

1. Concevez la requête suivante :

Cette commande permet d'afficher tous (*) les champs d'une table.

RS06 Réservation R002 : Requête Sélection

```
SELECT clients.*
FROM clients INNER JOIN réservations ON clients.[code client]= réservations.[#code client]
where réservations.[n° réservation]="R002"
```

2. Vérifiez que vous obtenez le résultat suivant :

RS06 Réservation R002 : Requête Sélection

Code client	Nom client	Prénom client	Adresse rue client	Code postal	Ville client	#Code agence
ZG027	Zuber	Gérard	8 bvd Clémenceau	13200	Arles	AG029

Application : La réservation du client

Connaître la situation professionnelle

Claire Pérol souhaiterait afficher les informations relatives à la ou les réservations du client n° ZG027.

Agir

1. Rédigez votre requête en langage SQL permettant de répondre à la demande d'information :

....

....

....

2. Vérifiez que vous obtenez le résultat suivant :

RS07 Client Zuber : Requête Sélection

N° réservation	Date réservati	Montant dû	#Code client	Nom client
R002	17/12/2002	4 352,00 €	ZG027	Zuber

4. Intersection

Rappel 1 : pour mettre en œuvre les opérateurs ensemblistes tels que l'union, l'intersection et la différence, il faut utiliser des tables ayant le même schéma relationnel.

Rappel 2 : l'intersection est une table incluant les enregistrements communs à deux ou plusieurs tables.

a. Syntaxe

La syntaxe de l'intersection se présente ainsi :

Comparaison du contenu du champ 1 de la table 1 au contenu du champ 2 de la table 2.

```
SELECT <champ1>
FROM <Table 1>
WHERE <champ1> IN (SELECT <champ2> FROM <Table 2>)
```

b. Exemple

Connaître la situation professionnelle

Claire Pérol souhaiterait connaître les noms des voyages proposés par l'agence de Marseille et également par l'agence de Lille.

Agir

1. Cliquez sur l'onglet **Requêtes**, sur le bouton **Nouveau**, sur le libellé **Mode création**, sur le bouton OK puis de nouveau sur l'onglet **Requêtes** et ajoutez les tables **Voyages-agence Lille** et **Voyages-agence Marseille**.
2. Concevez la requête suivante :

Le résultat de requêtes précédentes est mis en œuvre pour réaliser l'intersection.

RS08 Voyages identiques : Requête Sélection

```
SELECT [Voyages-agence Lille].[nom voyage]
FROM [Voyages-agence Lille]
WHERE [Voyages-agence Lille].[nom voyage] IN (SELECT [nom voyage] FROM [Voyages-agence Marseille])
```

Lorsque le nom d'une table inclu des espaces, il doit être également mis entre crochets.

Les occurrences des deux tables ayant le même nom de voyage seront sélectionnées.

3. Vérifiez que vous obtenez le résultat suivant :

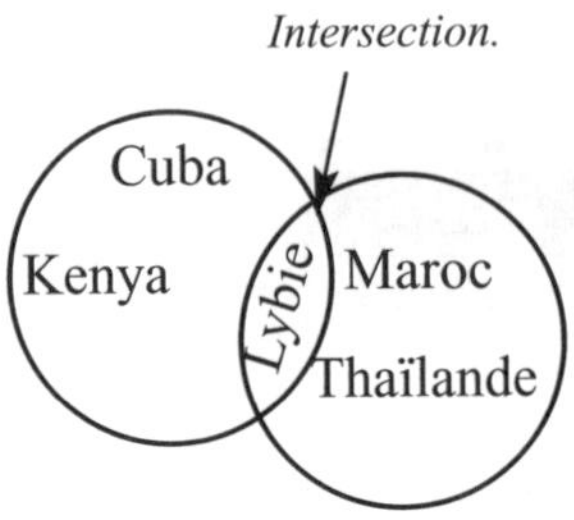

RS08 Voyages identiques : Requête Sélection

nom voyage
Libye

Application : Réservations toutes catégories

Connaître la situation professionnelle

Claire Pérol souhaiterait afficher le numéro des clients et le montant de leurs réservations ayant simultanément passés des réservations supérieures ou égales à 1 500 € et également des réservations inférieures à 1 500 €.

Agir

1. Rédigez votre requête en langage SQL permettant de répondre à la demande d'information :

....

....

....

....

....

....

2. Vérifiez que vous obtenez le résultat suivant :

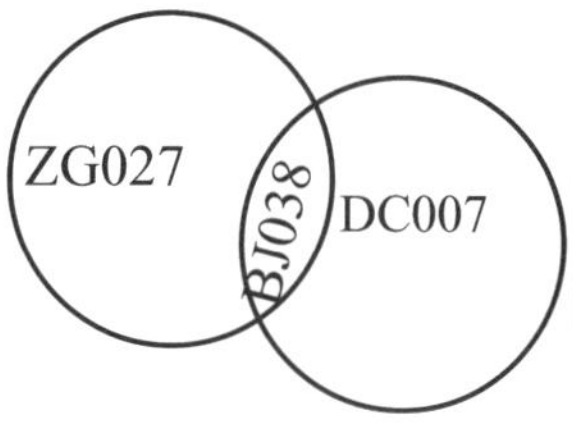

RS09 Réservations toutes catégories : Requête Sélection

Réservations < 1 500	Réservations < 1 500	Réservations >= 1 500	Réservations >= 1 500
BJ038	1 387,00 €	BJ038	1 723,00 €

5. Union

L'union est une table regroupant les occurrences de deux tables. <u>L'opération **Union** ne peut être faite qu'avec le langage SQL</u>. En mode graphique (ou mode QBE), l'union n'est pas possible.

a. Syntaxe

La syntaxe de l'opération UNION se présente ainsi :

SELECT <liste des champs de la table 1>

FROM < table 1>

UNION SELECT <liste des champs de la table 2>

FROM < table 2>

b. Exemple

Connaître la situation professionnelle

Claire Pérol souhaiterait afficher le numéro et le nom des voyages proposés par l'agence de Lille **et** de Marseille.

Agir

Concevez la requête suivante :

Nouvel intitulé de la requête.

RS10 Tous les voyages : Requête Union

```
SELECT [Voyages-agence Lille].*
FROM [Voyages-agence Lille], [Voyages-agence Marseille]
UNION SELECT [Voyages-agence Marseille].*
FROM [Voyages-agence Marseille]
```

Vérifiez que vous obtenez le résultat suivant :

RS10 Tous les voyages : Requête Union

#code agence	Nom agence	Nom voyage
AG018	Sous Le Soleil - Lille	Libye
AG018	Sous Le Soleil - Lille	Maroc
AG018	Sous Le Soleil - Lille	Thaïlande
AG029	Sous Le Soleil - Marseille	Cuba
AG029	Sous Le Soleil - Marseille	Kenya
AG029	Sous Le Soleil - Marseille	Libye

Remarquez au passage le symbole de la requête **Union** :

RS10 Tous les voyages

Application : Autour de 1 500 €

Connaître la situation professionnelle

Claire Pérol souhaiterait afficher toutes les informations sur les réservations supérieures ou égales à 1 500 € et celles inférieures à 1 500 €.

Agir

1. Rédigez votre requête en langage SQL permettant de répondre à la demande d'information :

....

....

2. Vérifiez que vous obtenez le résultat suivant :

RS11 Toutes les réservations : Requête Union

N° réservation	Date réservatio	Montant dû	#Code client
R001	15/12/02	1 387,00 €	BJ038
R002	17/12/02	4 352,00 €	ZG027
R003	18/12/02	1 723,00 €	BJ038
R004	02/01/03	1 140,00 €	DC007

6. Différence

Rappel : l'opération **Différence** génère à partir de deux tables, une table contenant les occurrences propres à l'une des deux tables.

a. Syntaxe

La syntaxe de la différence en langage SQL se présente ainsi :

SELECT <champ1>

FROM <table1>

WHERE <champ1> NOT IN (SELECT <champ2> FROM <Table 2>)

b. Exemple

Connaître la situation professionnelle

Claire Pérol souhaiterait connaître les numéros des voyages proposés par l'agence de Lille et non proposés par l'agence de Marseille ?

Agir

Il s'agit de parenthèses et non de crochets.

1. Concevez la requête suivante :

RS12 Voyages proposés par l'agence de Lille : Requête Sélection

```
SELECT [Voyages-agence Lille].*
FROM [Voyages-agence Lille]
WHERE [Voyages-agence Lille].[nom voyage] NOT IN (select [nom voyage] FROM [Voyages-agence Marseille]);
```

2. Vérifiez que vous obtenez le résultat suivant :

RS12 Voyages proposés par l'agence de Lille : Requête Sélection

#code agence	Nom agence	Nom voyage
AG018	Sous Le Soleil - Lille	Maroc
AG018	Sous Le Soleil - Lille	Thaïlande

Application : Les voyages de l'agence de Marseille

Connaître la situation professionnelle

Claire Pérol souhaiterait connaître les numéros des voyages proposés par l'agence de Marseille et non proposés par l'agence de Lille.

Agir

1. Rédigez votre requête en langage SQL permettant de répondre à la demande d'information :

....

....

....

2. Vérifiez que vous obtenez le résultat suivant :

RS13 Voyages proposés par l'agence de Marseille : Requête Sélection

#code agence	Nom agence	Nom voyage
AG029	Sous Le Soleil - Marseille	Cuba
AG029	Sous Le Soleil - Marseille	Kenya

II. Faire des calculs à l'aide des requêtes

Exemple

Connaître la situation professionnelle

Claire Pérol souhaiterait connaître le nombre de places proposées par toutes les agences pour tous les voyages.

Agir

1. Créez une requête sélection avec la table **Nombre de places proposées par agence**.

2. Concevez la requête suivante :

La fonction Sum permet de totaliser les valeurs de l'attribut.

RS13 Nombre de places : Requête Sélection

```
SELECT Sum([Nombre de places proposées]) AS [Nombre de places proposées par toutes les agences]
FROM [Nombre de places proposées par agence]
```

L'instruction As permet d'introduire un libellé approprié pour désigner le calcul effectué.

3. Vérifiez que vous obtenez le résultat suivant :

RS13 Nombre de places : Requête Sélection

Nombre de places proposées par toutes les agences
540

Application : Moyenne des réservations

Connaître la situation professionnelle

Claire Pérol souhaiterait connaître la moyenne des réservations.

Agir

1. Rédigez votre requête en langage SQL sachant que la fonction AVG (*average* [moyenne]) permet de faire une moyenne :

....

....

....

2. Vérifiez que vous obtenez le résultat suivant :

RS14 Montant moyen des réservations : Requête Sélection

Montant moyen des réservations
2 150,50 €

Applications de synthèse

Application n° 1 : Lait nature (*suite*)

Dans le dossier n° 28, nous avons déjà travaillé sur la base de données **Lait Nature**. Nous allons maintenant formuler sur cette base des requêtes rédigées en langage SQL.

La base de données **Lait Nature** vous est fournie dans votre dossier BTS CGO Processus 10.

Tous les employés

Connaître la situation professionnelle

Gilles Lafon, directeur de Lait Nature, souhaiterait avoir la liste de ses employés (Nom, prénom).

Agir

1. Rédigez votre requête en langage SQL permettant de répondre à la demande d'information :

2. Vérifiez que vous obtenez le résultat suivant :

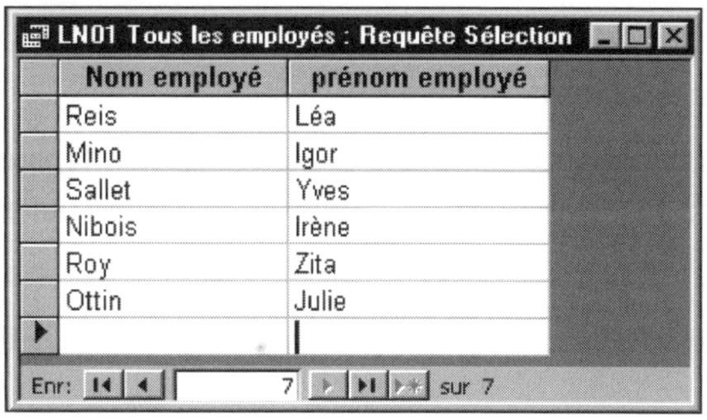

LN01 Tous les employés : Requête Sélection

Nom employé	prénom employé
Reis	Léa
Mino	Igor
Sallet	Yves
Nibois	Irène
Roy	Zita
Ottin	Julie

Enr: 7 sur 7

Personnel non cadre

Connaître la situation professionnelle

Gilles Lafon souhaiterait avoir toutes les informations sur le personnel non cadre.

Agir

1. Rédigez votre requête en langage SQL permettant de répondre à la demande d'information :

2. Vérifiez que vous obtenez le résultat suivant :

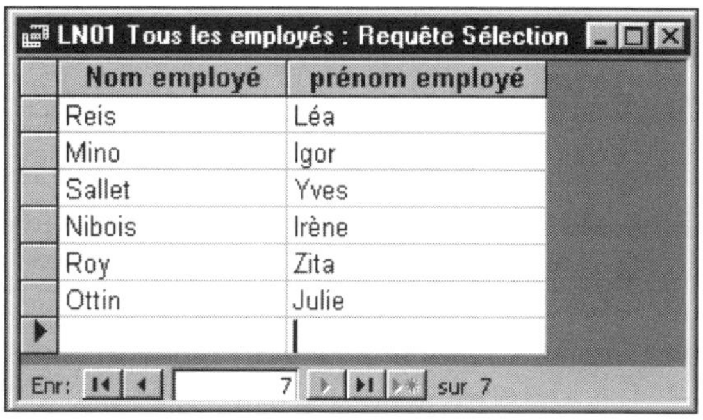

LN01 Tous les employés : Requête Sélection

Nom employé	prénom employé
Reis	Léa
Mino	Igor
Sallet	Yves
Nibois	Irène
Roy	Zita
Ottin	Julie

Enr: 7 sur 7

Qui a travaillé sur les lots ?

Connaître la situation professionnelle

Gilles Lafon souhaiterait connaître le numéro des lots fabriqués par son entreprise et le nom des employés ayant travaillés sur ces lots.

Agir

1. Rédigez votre requête en langage SQL permettant de répondre à la demande d'information :

2. Vérifiez que vous obtenez le résultat suivant :

#n° lot	Nom employé
1	Reis
5	Mino
1	Sallet
5	Nibois

LN03 Travaille sur les lots : Requête Sélection

Tous les employés

Connaître la situation professionnelle

Gilles Lafon souhaiterait connaître à partir des requêtes **Table intermédiaire employés cadres** et **Table intermédiaire employés non cadres**, toutes les caractéristiques des employés.

Agir

1. Rédigez votre requête en langage SQL permettant de répondre à la demande d'information :

....

....

....

2. Vérifiez que vous obtenez le résultat suivant :

LN04 Tous les employés : Requête Union

N° employé	Nom employé	Prénom employé	Catégorie
27	Reis	Léa	Non cadre
29	Mino	Igor	Cadre
32	Sallet	Yves	Non cadre
39	Nibois	Irène	Cadre
43	Roy	Zita	Non cadre
51	Ottin	Julie	Cadre

Matière grasse et glucide

Connaître la situation professionnelle

Gilles Lafon vous demande d'afficher toutes les informations pour les produits communs aux requêtes **Table intermédiaire Matière grasse < 5 %** et **Table intermédiaire glucide < 12 g**.

Agir

1. Rédigez votre requête en langage SQL permettant de répondre à la demande d'information :

....

....

....

2. Vérifiez que vous obtenez le résultat suivant :

LN05 Matière grasse et glucide : Requête Sélection

N° produit	Nom produit	Procédé fabrication	Matière grasse	Protéine	Glucide
LA1	Lait écrémé	UHT	2 %	7,6 g	11,9 g
LA4	Lait écrémé évaporé		2 %	8,0 g	11,8 g

Quelle est la différence ?

Connaître la situation professionnelle

Gilles Lafon souhaiterait connaître les caractéristiques des produits qui figurent dans la requête **Table intermédiaire matière grasse < 5 %** mais pas dans la requête **Table intermédiaire glucide < 12 g**.

Agir

1. Rédigez votre requête en langage SQL permettant de répondre à la demande d'information :

....

....

....

2. Vérifiez que vous obtenez le résultat suivant :

LN06 Quelle est la différence ? : Requête Sélection

N° produit	Nom produit	Procédé fabrication	Matière grasse	Protéine	Glucide
LA2	Lait écrémé chocolaté	UHT	2 %	6,7 g	18,7 g

Nombre de produits fabriqués

Connaître la situation professionnelle

Gilles Lafon souhaiterait connaître le nombre de produits fabriqués dans toutes les usines.

Agir

1. Rédigez votre requête en langage SQL permettant de répondre à la demande d'information :

....

....

....

2. Vérifiez que vous obtenez le résultat suivant :

LN07 Production des usines : Requête Sélection

Nombre de produits fabriqués dans toutes les usines
5300

Application n° 2 : Loc'Voitures (*suite*)

Chargez la base de données **Location Voitures** qui se trouve dans le dossier **BTS CGO Processus 10**. Effectuez les requêtes suivantes (déjà définies dans le dossier 28) en SQL.

Modèles communs

Connaître la situation professionnelle

Claire Pérol, directrice de Loc'Voitures, souhaiterait connaître la liste des modèles de voitures proposées par l'entreprise (Nom modèle, Prix location journalier).

Agir

1. Rédigez votre requête en langage SQL permettant de répondre à la demande d'information :

....

....

....

2. Vérifiez que vous obtenez le résultat suivant :

LV01 Modèles proposés : Requête Sélection

Nom modèle	Prix location journalier
Avantime	140,00 €
Xsara Picasso	71,00 €
Espace	101,00 €
Golf	69,00 €
Peugeot 206	71,00 €
Scénic	74,00 €
	0,00 €

Prix de location inférieur à 80 €

Connaître la situation professionnelle

Claire Pérol, directrice de Loc'Voitures, souhaiterait connaître le nom et le prix de location journalier des modèles dont le prix de location journalier est inférieur à 80 €.

Agir

1. Rédigez votre requête en langage SQL permettant de répondre à la demande d'information :

....

....

....

2. Vérifiez que vous obtenez le résultat suivant :

LV02 Prix inférieur à 80 € : Requête Sélection

N° modèle	Nom modèle	Prix location journalier
CP01	Xsara Picasso	71,00 €
GU37	Golf	69,00 €
PE26	Peugeot 206	71,00 €
SR38	Scénic	74,00 €
		0,00

Agences et modèles

Connaître la situation professionnelle

Claire Pérol souhaite connaître le nom des modèles de voiture proposés par les agences de location (nom agence et nom modèle).

Agir

1. Rédigez votre requête en langage SQL permettant de répondre à la demande d'information :

....

....

2. Vérifiez que vous obtenez le résultat suivant :

LV03 Agences et modèles : Requête Sélection

Nom agence	Nom modèle
Agence-Mulhouse	Xsara Picasso
Agence-Mulhouse	Avantime
Agence-Mulhouse	Peugeot 206
Agence-Mulhouse	Scénic
Agence-Strasbourg	Espace
Agence-Strasbourg	Scénic
Agence-Strasbourg	Golf
Agence-Strasbourg	Xsara Picasso

Tous les modèles

Connaître la situation professionnelle

Claire Pérol souhaite connaître, à partir des requêtes **Table intermédiaire Modèles agence – Mulhouse** et **Table intermédiaire Modèles agence – Strasbourg** les caractéristiques de tous les modèles proposés par les agences.

Agir

1. Rédigez votre requête en langage SQL permettant de répondre à la demande d'information :

....

....

....

2. Vérifiez que vous obtenez le résultat suivant :

LV04 Tous les modèles : Requête Union

N° modèle	Nom modèle	Prix location journalier	N° agence
AR05	Avantime	140	MU01
CP01	Xsara Picasso	71	MU01
CP01	Xsara Picasso	71	ST01
ES26	Espace	101	ST01
GO37	Golf	69	ST01
PE26	Peugeot 206	71	MU01
SR38	Scénic	74	MU01
SR38	Scénic	74	ST01

Modèles communs

Connaître la situation professionnelle

Claire Pérol vous demande de lui indiquer le nom des modèles communs aux deux agences.

Agir

1. Rédigez votre requête en langage SQL permettant de répondre à la demande d'information :

....

....

....

2. Vérifiez que vous obtenez le résultat suivant :

LV05 Modèles communs : Requête Sélection

nom modèle
Xsara Picasso
Scénic

Modèles propres à l'agence de Mulhouse

Connaître la situation professionnelle

Claire Pérol vous demande de lui indiquer le nom des modèles propres à l'agence de Mulhouse.

Agir

1. Rédigez votre requête en langage SQL permettant de répondre à la demande d'information :

2. Vérifiez que vous obtenez le résultat suivant :

LV06 Modèles spécifiques à Mulhouse : Requête Sélection

nom modèle
Avantime
Peugeot 206

Modèles spécifiques à l'agence de Strasbourg

Connaître la situation professionnelle

Claire Pérol vous demande de lui indiquer le nom des modèles spécifiques à l'agence de Strasbourg.

Agir

1. Rédigez votre requête en langage SQL permettant de répondre à la demande d'information :

2. Vérifiez que vous obtenez le résultat suivant :

LV07 Modèles spécifiques à Strasbourg : Requête Sélection

Nom modèle
Espace
Golf

Application n° 3 : Couleur Café (*suite*)

Chargez la base de données **Couleur Café** qui se trouve sur le dossier BTS CGO Processus 10.

Toutes les formes de café

Connaître la situation professionnelle

Luis Cabarello, le directeur du GIE Couleur Café, souhaiterait avoir le détail de toutes les formes de conditionnement du café.

Agir

1. Rédigez votre requête en langage SQL permettant de répondre à la demande d'information :

....

....

....

2. Vérifiez que vous obtenez le résultat suivant :

CC01 Toutes les formes de café : Requête Sélection

N° conditionnement	Nom co	Poids	Présentation	Dégustation	Saveur	Distribution	Prix HT	#N° distribut
BO100	Bocal	100 g	Soluble	Journée	Aromatique	Détail	2,00 €	MCA03
BO250	Bocal	250 g	Soluble	Soir	Aromatique	Détail	3,00 €	GRN04
PA100	Paquet	1 000 g	Moulu	Matin	Fin	Café-bar	11,00 €	CAM02
PA250	Paquet	250 g	Grain	Journée	Fruité	Torréfacteur	3,10 €	CID01

Café soluble

Connaître la situation professionnelle

Luis Cabarello souhaiterait connaître le numéro et le nom du conditionnement, la saveur et le prix des cafés solubles.

Agir

1. Rédigez votre requête en langage SQL permettant de répondre à la demande d'information :

....

....

....

2. Vérifiez que vous obtenez le résultat suivant :

CC 02 Cafés solubles : Requête Sélection

N° conditionne	Nom conditionnement	Saveur	Prix HT	Présentation café
BO100	Bocal	Aromatique	2,00 €	Soluble
BO250	Bocal	Aromatique	3,00 €	Soluble

Café arabica

Connaître la situation professionnelle

Luis Cabarello souhaite connaître le nom des planteurs de café arabica ainsi que le nom de leurs pays.

Agir

1. Rédigez votre requête en langage SQL permettant de répondre à la demande d'information :

....

....

....

2. Vérifiez que vous obtenez le résultat suivant :

CC03 Café Arabica : Requête Sélection

Nom planteur	Pays producteur	Type café
El Edjido	Brésil	Arabica
Moreno	Colombie	Arabica

Tous les lots

Connaître la situation professionnelle

Luis Cabarello souhaiterait disposer d'une table rassemblant les lots à partir des requêtes tables intermédiaires **Lots arabica** et **Lots robusta**.

Agir

1. Rédigez votre requête en langage SQL permettant de répondre à la demande d'information :

....

....

....

2. Vérifiez que vous obtenez le résultat suivant :

CC04 Tous les lots : Requête Union

N° lot	Type café	#N° distributeur
A01	Arabica	CID01
A02	Arabica	CAM02
R03	Robusta	MCA03
R04	Robusta	CID01
R05	Robusta	GN04

Pelage et mise en sac

Connaître la situation professionnelle

Luis Cabarello souhaiterait, à partir des tables intermédiaires **Lots pelés** et **Lots mis en sac**, la liste des lots qui ont passé l'étape du pelage et de la mise en sac.

Agir

1. Rédigez votre requête en langage SQL permettant de répondre à la demande d'information :

....

....

....

2. Vérifiez que vous obtenez le résultat suivant :

CC05 Pelage et mise en sac : Requête Sélection

#N° lot
A01
A02

Mise en sac mais pas torréfiés

Connaître la situation professionnelle

Luis Cabarello souhaiterait connaître le numéro et le nom du conditionnement, la saveur et le prix des cafés solubles.

Agir

1. Rédigez votre requête en langage SQL permettant de répondre à la demande d'information :

....

....

....

2. Vérifiez que vous obtenez le résultat suivant :

CC06 Mise en sac mais pas torréfiés

#N° lot
A02

Prix du kilo de café

Connaître la situation professionnelle

Luis Cabarello souhaiterait connaître le prix du café pour tous les produits commercialisés (nom du produit, prix du kilo).

Agir

1. Rédigez votre requête en langage SQL permettant de répondre à la demande d'information :

....

....

....

2. Vérifiez que vous obtenez le résultat suivant :

CC07 Prix du kilo de café : Requête Sélection

Nom conditior	poids au kilo
Bocal	20
Bocal	12
Paquet	11
Paquet	12,4

Exploiter les données d'une organisation

Compétence

32 Comment accélérer la saisie des données d'une organisation à l'aide des formulaires ?

Éléments du programme traités

Compétence technique

- Décrire et mettre en place des formulaires, des états, des requêtes et des traitements

Compétence en communication

- Définir l'ergonomie de l'application avec les utilisateurs concernés

Objectifs à atteindre

- Comment créer un formulaire ?
- Concevoir un formulaire à partir de deux ou plusieurs tables

Mots-clés

formulaire - formulaire à deux ou plusieurs tables - liste modifiable

Connaître le contexte professionnel du dossier

Pour accélérer la saisie des données dans un SGBDR, il est possible de créer des formulaires.

Un **formulaire** est une fenêtre dans laquelle des champs d'une ou plusieurs tables sont disponibles de manière ergonomique afin de faciliter la saisie des données par l'utilisateur. L'ergonomie est l'adaptation du travail aux possibilités des individus.

Des **listes déroulantes** (liste des articles par exemple), des cases à cocher par exemple accéléreront le travail de saisie.

Si des assistants existent pour créer des formulaires, il faut souvent passer en **mode de création** pour adapter le formulaire à ses besoins. Il faut alors maîtriser les techniques et le langage du formulaire.

I. Comment créer un formulaire ?

A. Qu'est-ce qu'un formulaire ?

À retenir !

Un formulaire est un masque de saisie facilitant l'introduction des données dans une ou plusieurs tables ou dans une requête.

Un formulaire est un masque de saisie facilitant l'introduction des données dans une ou plusieurs tables ou dans une requête.

B. Concevoir un formulaire

Connaître la situation professionnelle

Laure Edline souhaiterait disposer d'un masque de saisie relatif aux clients pouvant se présenter ainsi :

Agir

1. Ouvrez la base de données **Festival du film d'ornithologie** qui se trouve dans votre dossier **BTS CGO Processus 10**. Cliquez sur l'onglet **Formulaire** et sur le bouton **Nouveau**. Cliquez sur le libellé **Assistant Formulaire** et sélectionnez la table **Clients** au bas de la fenêtre :

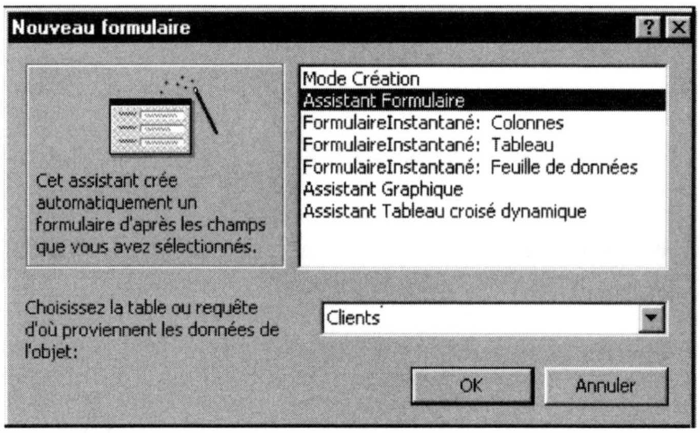

2. Cliquez sur le bouton OK. L'assistant vous demande quels champs vous voulez introduire dans le formulaire. Cliquez sur les boutons **Tous les champs** » et **Suivant** :

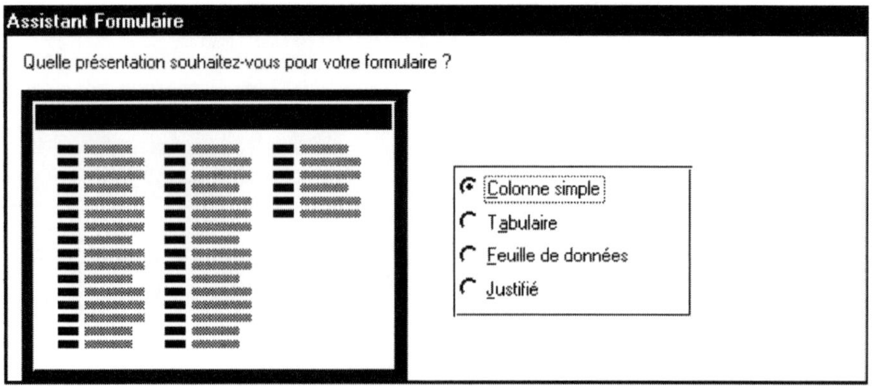

3. Acceptez la présentation en colonne simple et cliquez sur le bouton **Suivant**. Choisissez le style de présentation qui vous convient et cliquez sur le bouton **Suivant**. Nommez le formulaire **01 Saisie des données relatives aux clients** et cliquez sur le bouton **Terminer**.

4. En vous servant des boutons suivants :

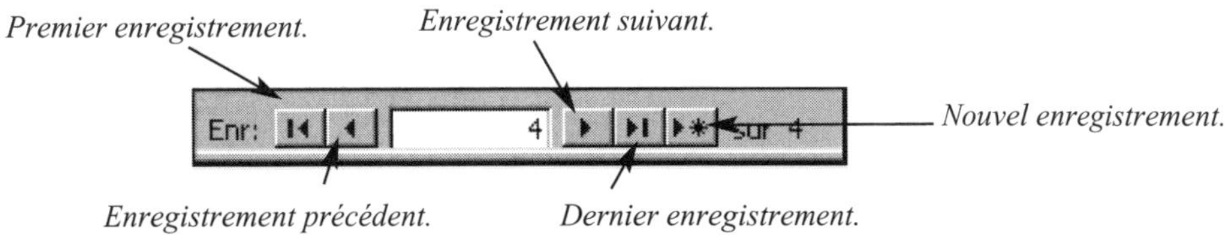

• faîtes apparaître :

- le dernier client saisi et notez son nom :

....

- le premier client saisi :

....

- le deuxième client saisi :

....

C. Modifier le contenu d'une table à l'aide d'un formulaire

1. Le client n° **2 Eco-système** n'est pas une **SARL** mais une **SA.** Modifiez l'enregistrement du client.
2. Créez un nouveau client de votre choix.

D. Modifier un formulaire

Connaître la situation professionnelle

Laure Edline souhaiterait, pour accélérer la saisie des données, introduire une liste modifiable dans le formulaire **Saisie des données relatives aux clients** et obtenir la présentation suivante :

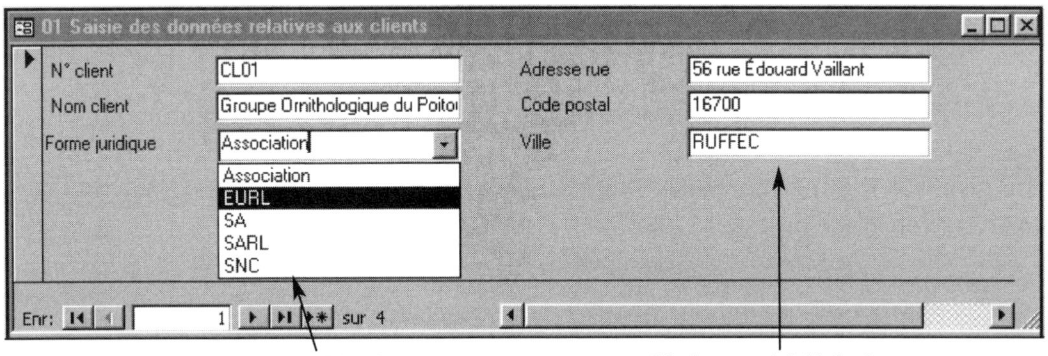

Liste modifiable. *L'adresse a été déplacée.*

Une **liste modifiable** est un ensemble de possibilités de réponses pour un champ. La liste peut être non modifiable : l'utilisateur est obligé de choisir un libellé dans la liste. Il peut aussi introduire son propre libellé. Dans ce cas, la liste des possibilités de réponse est modifiable.

Agir

Passer en mode Création

1. Cliquez sur le bouton **Création** :

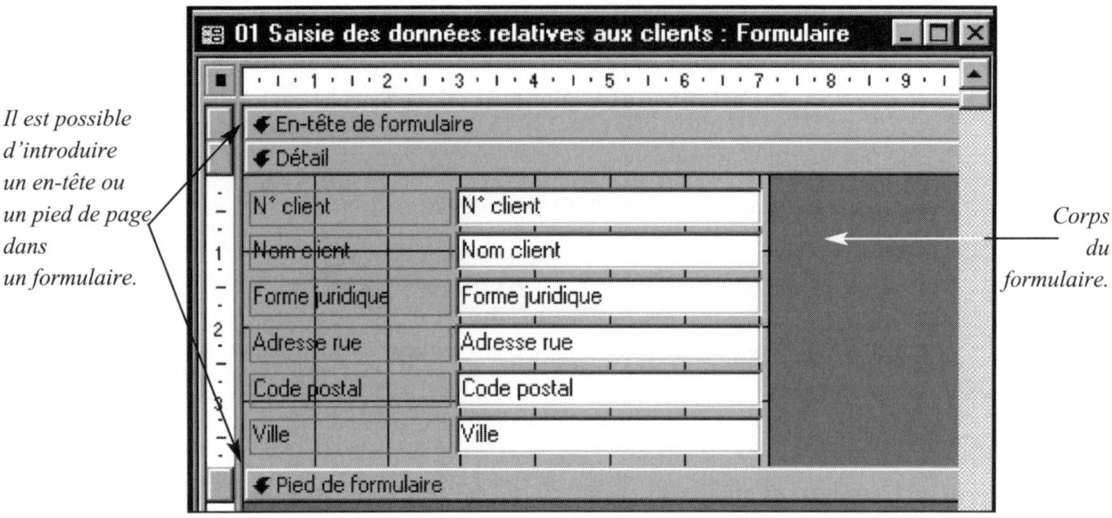

2. Cliquez sur la case d'agrandissement de la fenêtre **01 Saisie des données**... Placez le pointeur sur le bord de la zone **Détail** :

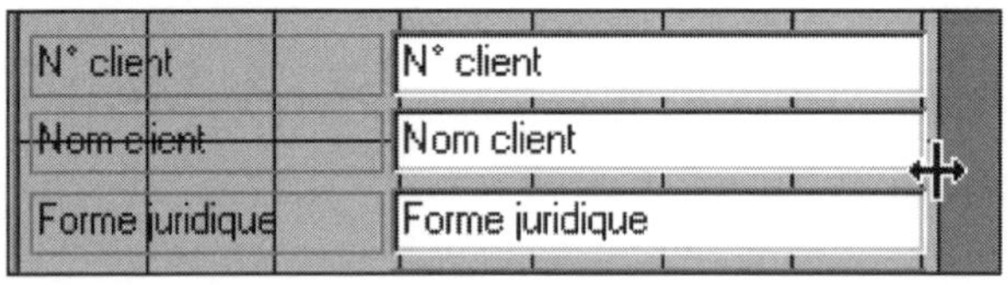

3. En appuyant sur le bouton de la souris, tirez vers la droite de manière à augmenter la zone de détail comme le montre la figure ci-dessous.

Déplacer des objets dans un formulaire

1. Tout élément d'un formulaire s'appelle un **objet**. Vous allez déplacer les champs et leurs libellés associés à l'endroit suivant :

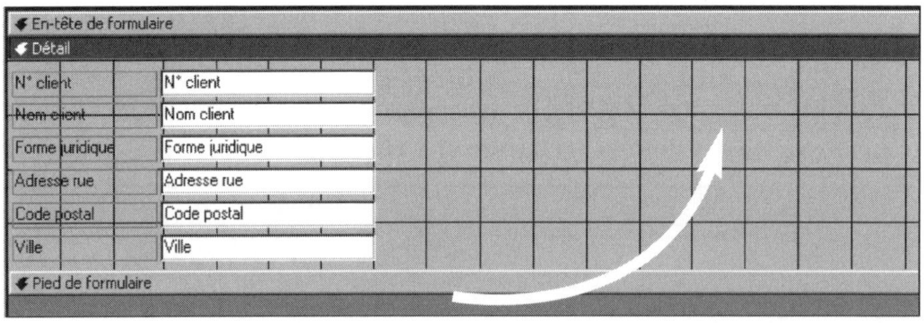

2. En maintenant la touche **Majuscule temporaire** (⇧) enfoncée, cliquez sur les champs **Adresse rue**, **Code postal** et **Ville** :

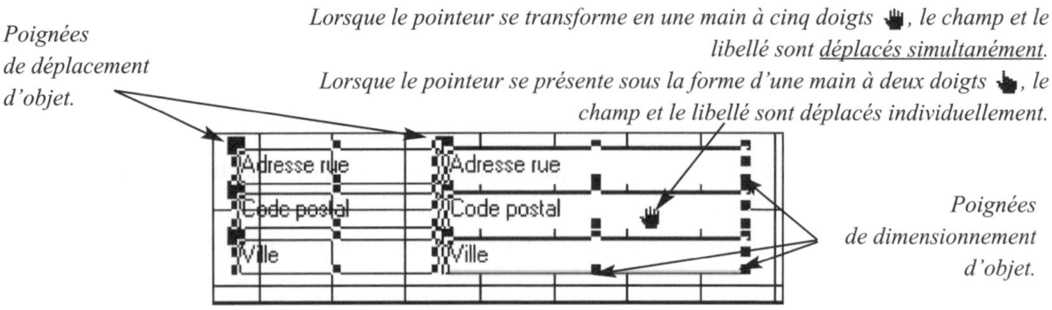

3. Placez le pointeur sur les objets sélectionnés. Lorsqu'il prend la forme d'une main à cinq doigts, maintenez le bouton de la souris enfoncé et déplacez les champs vers la droite :

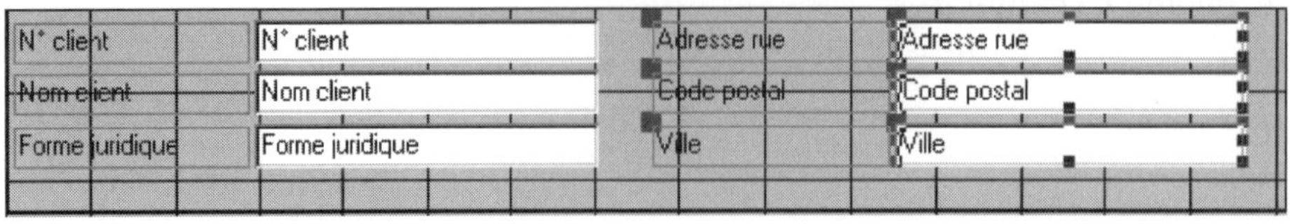

Introduire une liste modifiable

1. Une liste modifiable est une liste de choix que l'utilisateur peut accepter ou au contraire compléter en ajoutant son propre libellé. Nous allons introduire la liste modifiable suivante :

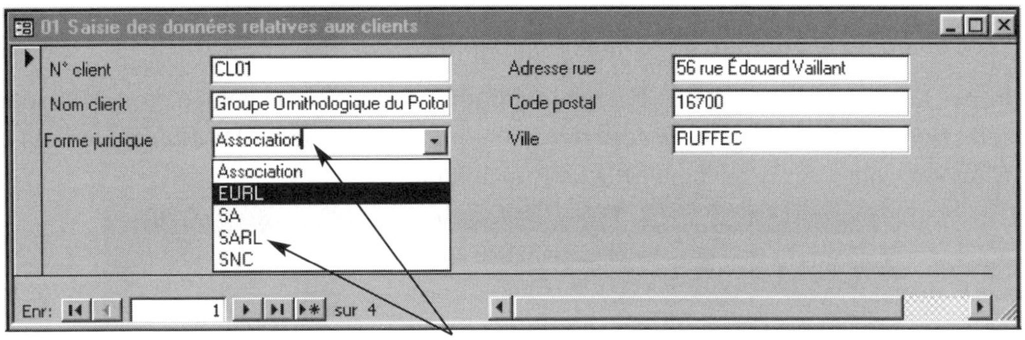

L'utilisateur peut choisir un de ces libellés ou composer son propre libellé.

2. Pour cela, supprimez le champ et le libellé **Forme juridique**. Cliquez sur ces objets et appuyez sur la touche **Suppression**.
3. Sélectionnez la commande **Affichage Boîte à outils** et cliquez sur le bouton **Liste modifiable** :

4. Placez le pointeur à l'endroit suivant et tracez une diagonale :

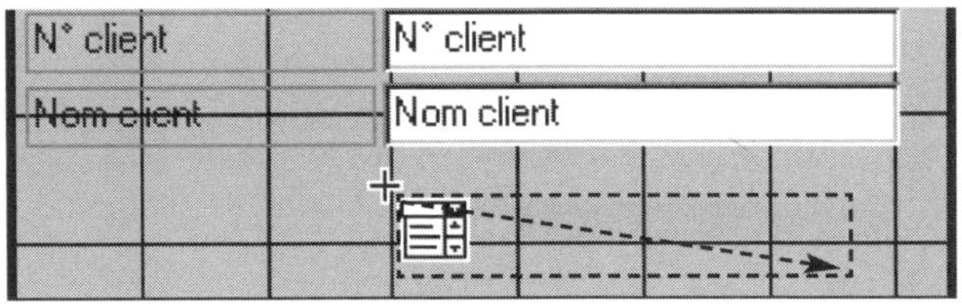

5. Les objets **Modifiable** et **Indépendant** apparaissent ainsi qu'un assistant :

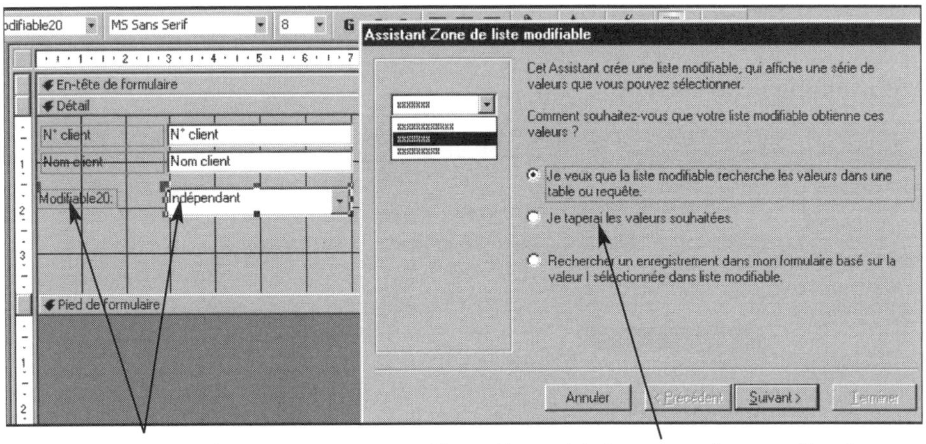

Un champ et un libellé sont apparus. *Nous allons saisir le contenu du menu déroulant.*

6. Cliquez sur l'option **Je taperai les valeurs souhaitées** (... du menu déroulant) et sur le bouton **Suivant**. Acceptez que le menu déroulant s'étale sur une colonne et cliquez sur le bouton **Suivant**.
7. Cliquez sur l'option **Stocker la valeur** dans ce champ et choisissez **Forme juridique** et cliquez sur le bouton **Suivant**.

8. Composez **Forme juridique**, le libellé du champ, et cliquez sur le bouton **Terminer**. Ajustez la taille des objets de manière à obtenir ceci :

Composer le contenu de la liste modifiable

1. Placez le pointeur sur le champ **Forme juridique**, appuyez sur le bouton droit de la souris et sélectionnez la commande **Propriétés**. Cliquez sur l'onglet **Données**. Dans la zone **Contenu**, composez le contenu de la liste modifiable :

Contenu de la liste modifiable.

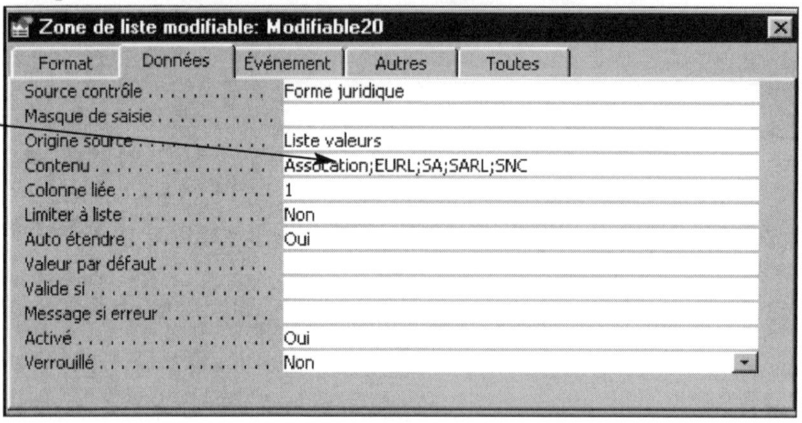

2. Fermez ensuite cette fenêtre. Cliquez sur le bouton **Affichage** . Vous obtenez le résultat suivant :

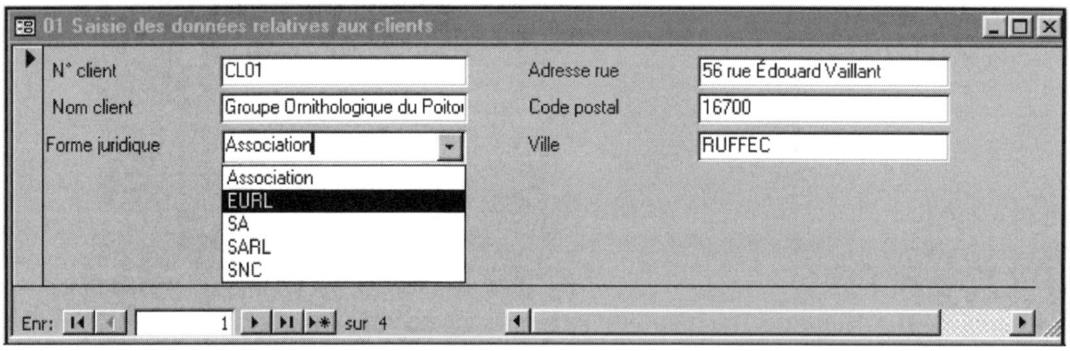

Application : Saisir les responsables

1. Concevez le formulaire suivant :

Pour imprimer un formulaire, cliquez sur cette zone, sélectionnez la commande ***Fichier Imprimer****, cochez la case* ***Imprimer l'enregistrement sélectionné****.*

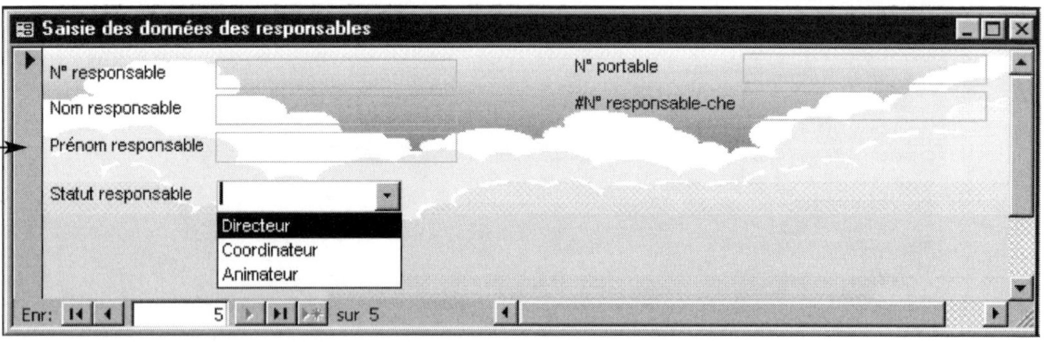

2. Imprimez, découpez et collez-le ci-dessous le formulaire :

II. Concevoir un formulaire à partir de deux ou plusieurs tables

On peut concevoir un formulaire à partir de deux ou plusieurs tables. Par exemple, lorsqu'on saisit les données des activités, il est possible aussi de saisir les données des responsables de ces activités.

Il faut distinguer les situations où :

- à un enregistrement d'une table correspond un enregistrement et un seul d'une autre table. Par exemple, à une activité correspond un responsable et un seul,
- à un enregistrement d'une table correspond plusieurs enregistrements d'une autre table. Par exemple, à un lieu correspondra plusieurs activités.

A. Formulaire à deux ou plusieurs tables avec des liens 1 à 1 entre les enregistrements

Connaître la situation professionnelle

Laure Edline souhaiterait obtenir un formulaire permettant de saisir simultanément les données d'une activité et celles du responsable de cette activité :

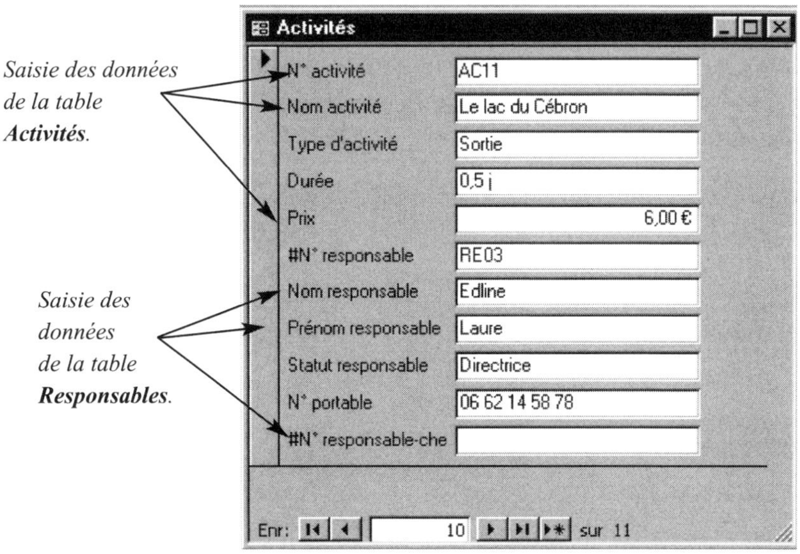

Les tables suivantes sont disponibles pour réaliser le formulaire :

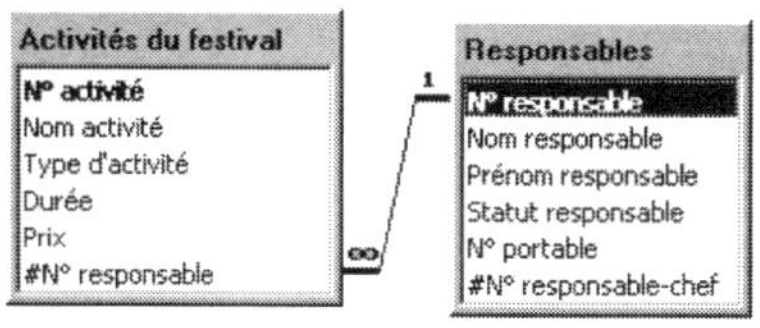

Agir

1. Cliquez sur l'onglet **Formulaires** et sur le bouton **Nouveau**. Cliquez sur le libellé **Assistant formulaire** et sélectionnez la table **Activités du festival**. Cliquez sur le bouton OK. Transférez tous les champs de la table **Activités du festival** dans la colonne **Champs sélectionnés**. Sélectionnez ensuite dans la zone **Tables/requêtes**, la table **Responsables** :

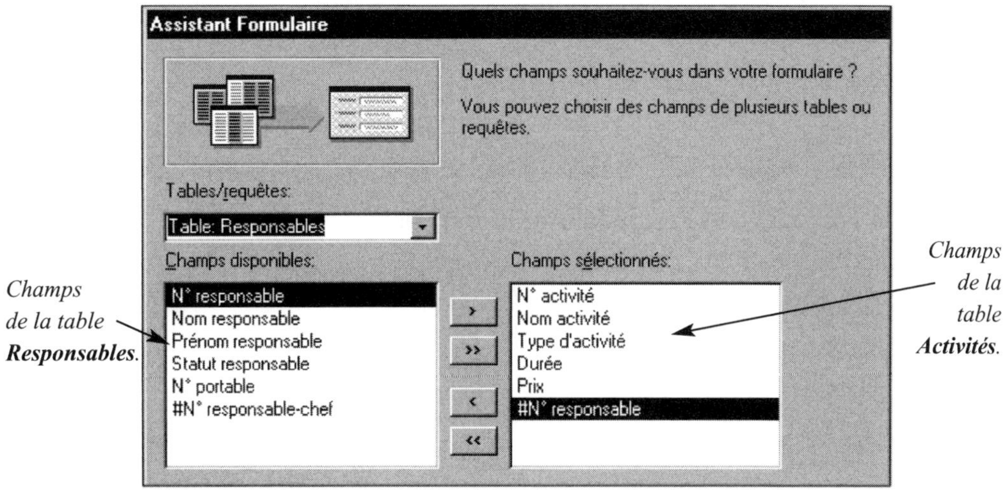

2. Faites passer tous les champs de la table **Responsables** dans la colonne **Champ sélectionné** sauf le champ **N° responsable** pour éviter une redondance.

3. Cliquez sur le bouton **Suivant**. L'assistant nous propose une saisie des activités puis des responsables dans un formulaire <u>unique</u> :

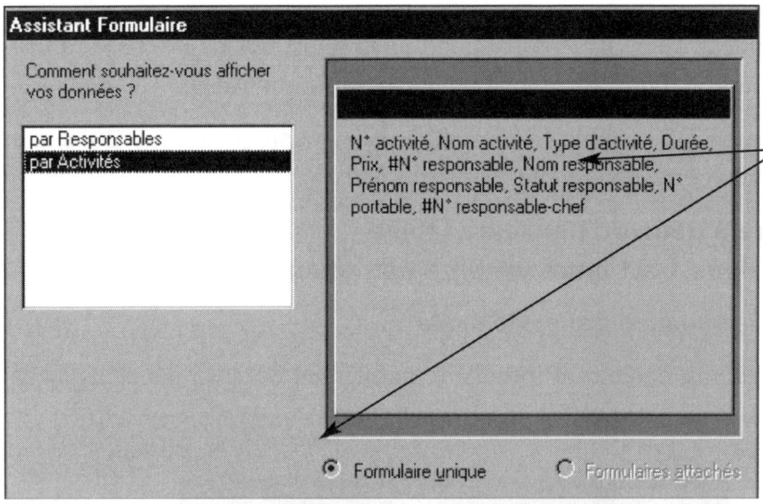

Les données sont rassemblées dans un formulaire unique. En effet à un enregistrement de la table des activités correspond un enregistrement de la table Responsables et un seul.

4. Cliquez sur le bouton **Suivant**. Acceptez la présentation **Colonne simple** en cliquant sur le bouton **Suivant**. Prenez la présentation de votre choix et nommez le formulaire : **03 Saisie des données des activités et des responsables**.

5. Créez une nouvelle activité et un nouveau responsable de votre choix. Créez ensuite une autre nouvelle activité mais avec un responsable déjà existant. Qu'observez-vous ?

....

Application : Le formulaire des films

1. Concevez le formulaire suivant :

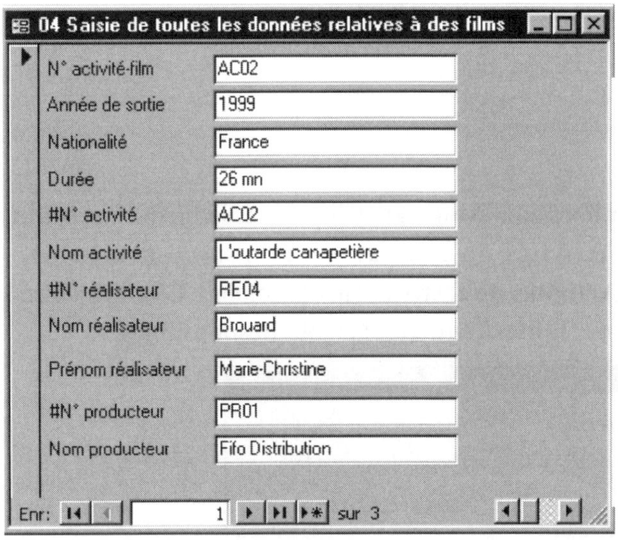

Les tables suivantes sont disponibles pour réaliser le formulaire :

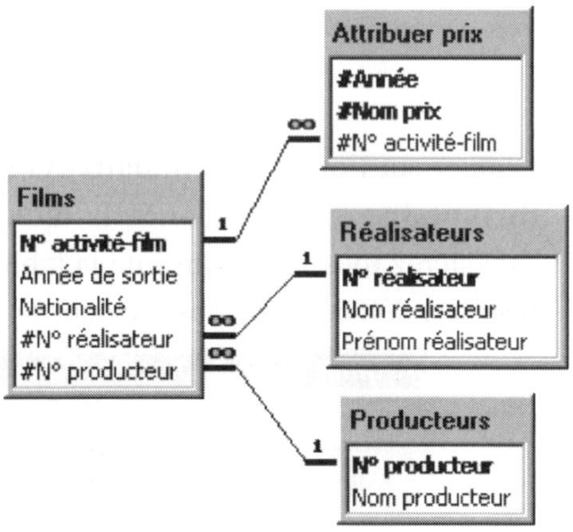

2. Comment pourrait-on améliorer l'ergonomie de ce formulaire ?

....

....

....

....

B. Formulaire à deux ou plusieurs tables avec des liens 1 à plusieurs entre les enregistrements

Connaître la situation professionnelle

Laura Edline souhaiterait obtenir un formulaire permettant de saisir les données d'un lieu du festival et les caractéristiques des activités s'y déroulant :

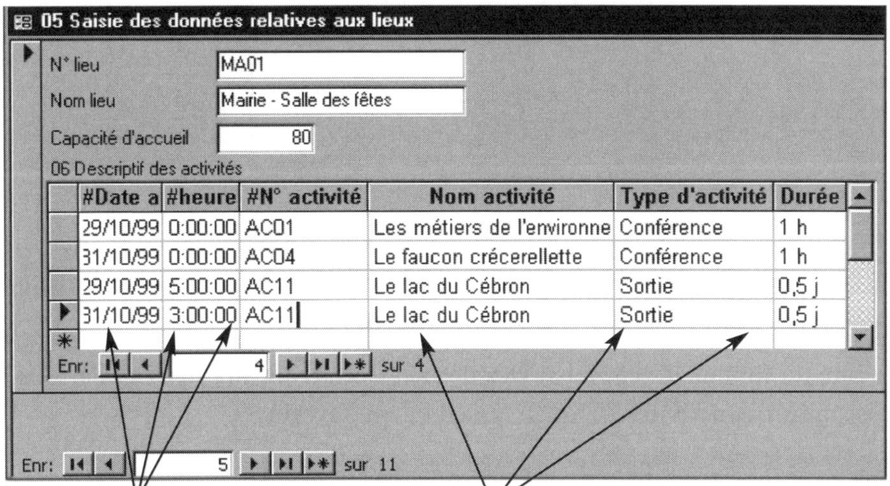

Les données sont issues de la table ***Séances****.*

Les données sont issues de la table ***Activités du festival****.*

Les tables suivantes sont disponibles pour réaliser le formulaire :

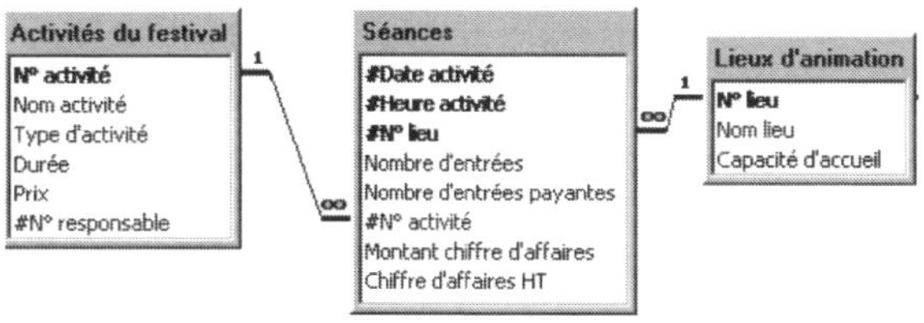

Agir

1. Faites apparaître l'assistant **Formulaire** pour la table **Lieux d'animation**. Faites passer tous les champs dans la colonne **Champs sélectionnés**.
2. Faites apparaître la table **Séances** et faites passer les champs **#Date activité**, **#Heure activité** et **#N° activité** dans la colonne **Champs sélectionnés** :

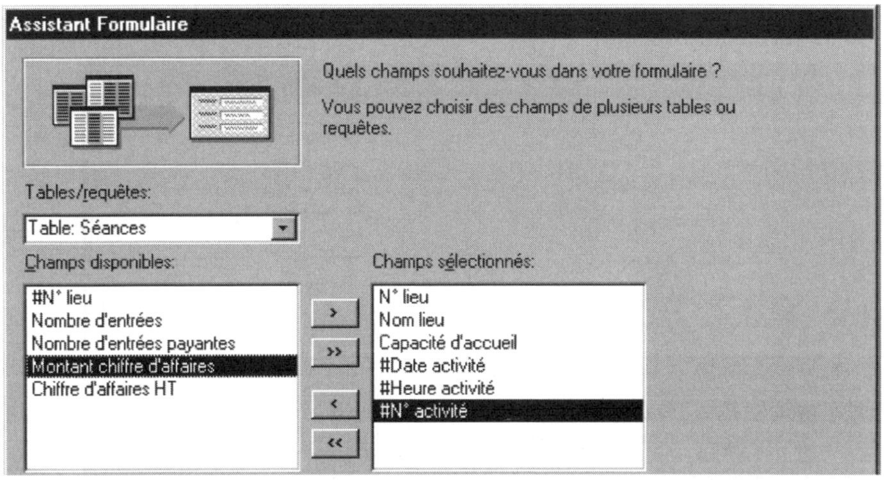

3. Faites ensuite apparaître la table **Activités du festival** et faites également passer les champs **Nom activité**, **Type activité** et **Durée** dans la colonne **Champs sélectionnés**. Cliquez ensuite sur le bouton **Suivant**. À un lieu pouvant être associé plusieurs activités, un sous-formulaire peut être lié au formulaire principal :

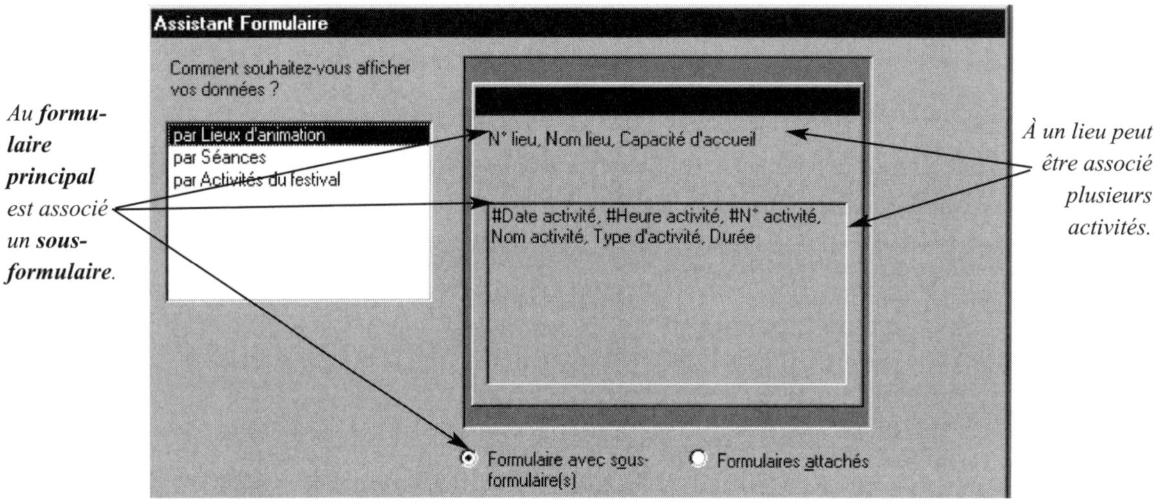

4. Cliquez sur le bouton **Suivant**. Acceptez la présentation du formulaire sous la forme d'une feuille de données puis acceptez la présentation **Standard**.
5. Introduisez le titre du formulaire **05 Saisie des données relatives aux lieux** et du sous-formulaire **06 Descriptif des activités**. Cliquez sur le bouton **Terminer** :

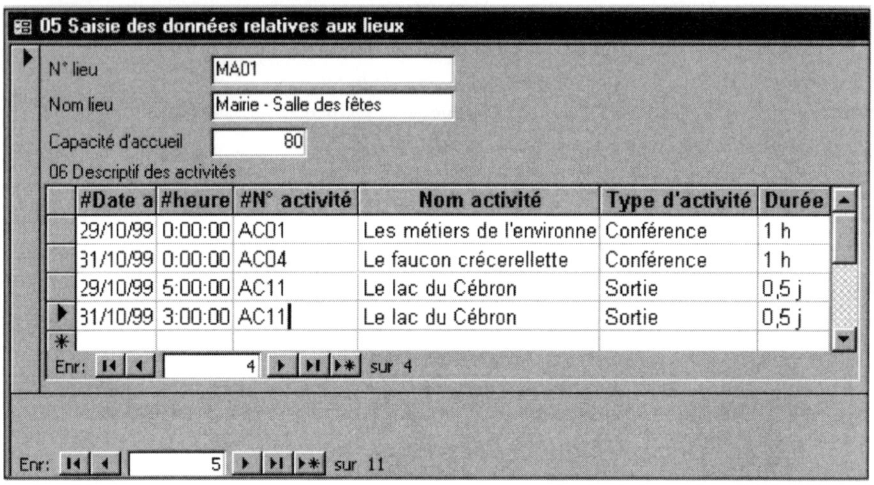

6. Créez un nouveau lieu et des activités de votre choix associées à ce nouveau lieu.

Application : Responsables et activités

1. Concevez le formulaire suivant :

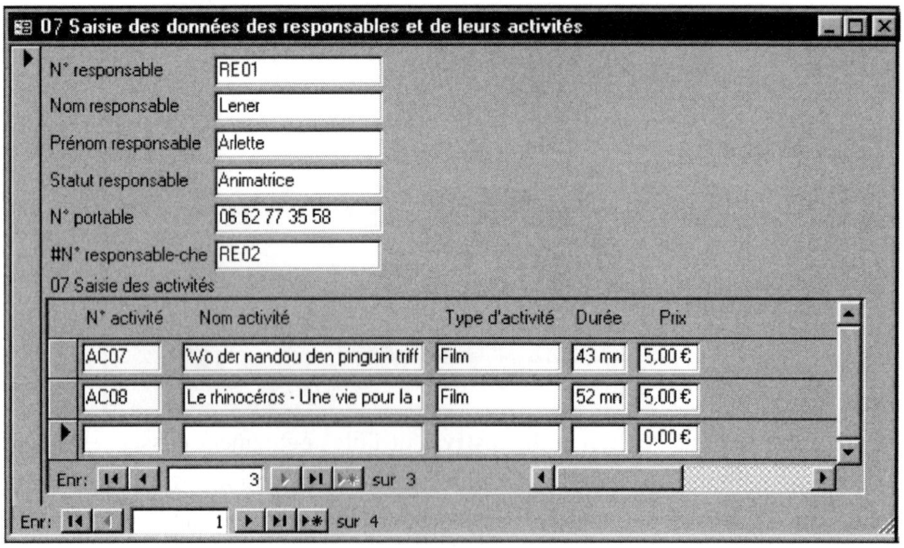

2. Comment pourrait-on améliorer l'ergonomie de ce formulaire ?

....

Compétence

33 Comment concevoir un état imprimé à partir d'une base de données ?

Éléments du programme traités

Compétence technique

- Décrire et mettre en place des formulaires, des états, des requêtes et des traitements

Objectifs à atteindre

- Comment créer un état ?
- Adapter l'état à ses besoins

Mots-clés

état - zone de libellé

Connaître le contexte professionnel du dossier

Le comptable et le gestionnaire dans l'exercice de sa profession ont besoin de sortir de nombreux imprimés : ventilation du chiffre d'affaires par clients, état des créances douteuses...

Il est possible à partir du SGBDR d'établir ce document appelé par Access état (... imprimé).

La conception des états est identique à celle des formulaires. Il faut simplement intégrer en plus des regroupements par page, par partie.

I. Comment créer un état ?

Un **état** est un document imprimé à partir des données stockées dans une base de données.

Connaître la situation professionnelle

Laure Edline souhaite obtenir l'état suivant :

Les activités sont regroupées par type d'activité.

Le chiffre d'affaires par activités est calculé.

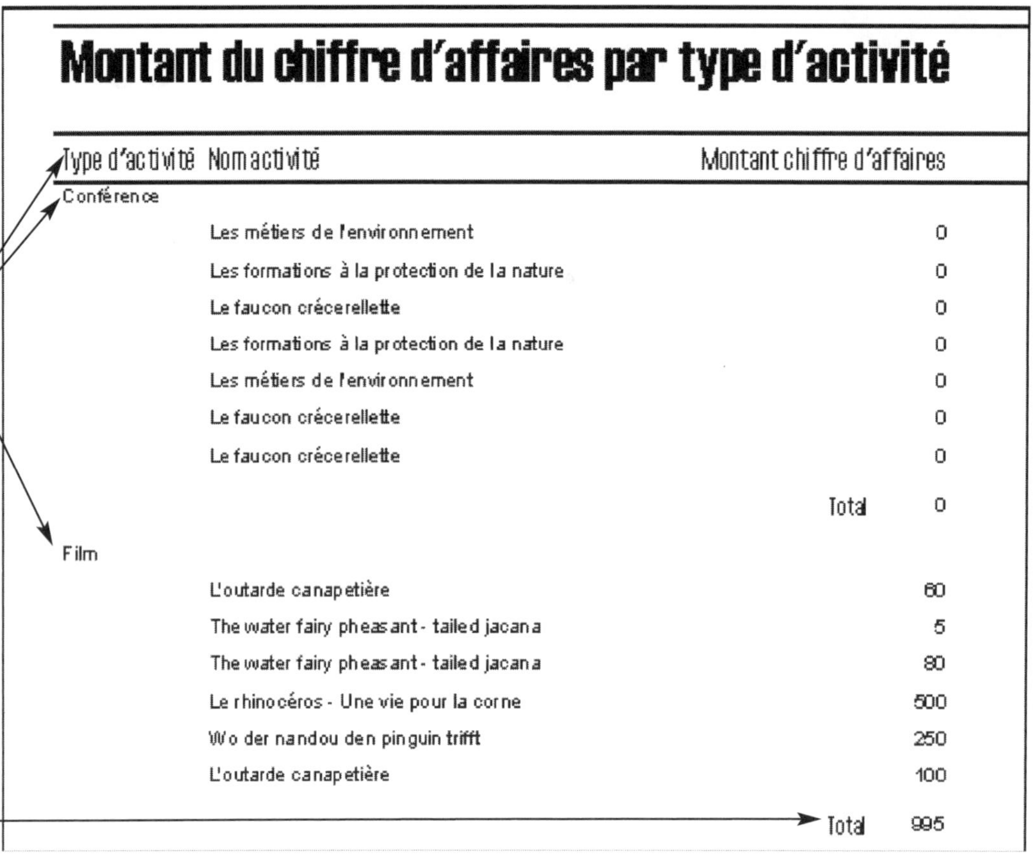

Montant du chiffre d'affaires par type d'activité

Type d'activité	Nom activité		Montant chiffre d'affaires
Conférence			
	Les métiers de l'environnement		0
	Les formations à la protection de la nature		0
	Le faucon crécerellette		0
	Les formations à la protection de la nature		0
	Les métiers de l'environnement		0
	Le faucon crécerellette		0
	Le faucon crécerellette		0
		Total	0
Film			
	L'outarde canapetière		60
	The water fairy pheasant - tailed jacana		5
	The water fairy pheasant - tailed jacana		80
	Le rhinocéros - Une vie pour la corne		500
	Wo der nandou den pinguin trifft		250
	L'outarde canapetière		100
		Total	995

Agir

1. Ouvrez la base de données **Festival films d'ornithologie**. Cliquez sur l'onglet **États** et sur le bouton **Nouveau**. Choisissez **Assistant État** et la table **Activités du festival**. Cliquez sur le bouton OK. Faites passer les champs **Nom activité** et **Type d'activité** dans la colonne **Champs sélectionnés**.

2. Dans la zone **Table/requêtes**, sélectionnez la table **Séances**. Faites passer le champ **Montant chiffre d'affaires** dans la colonne **Champ sélectionnés** :

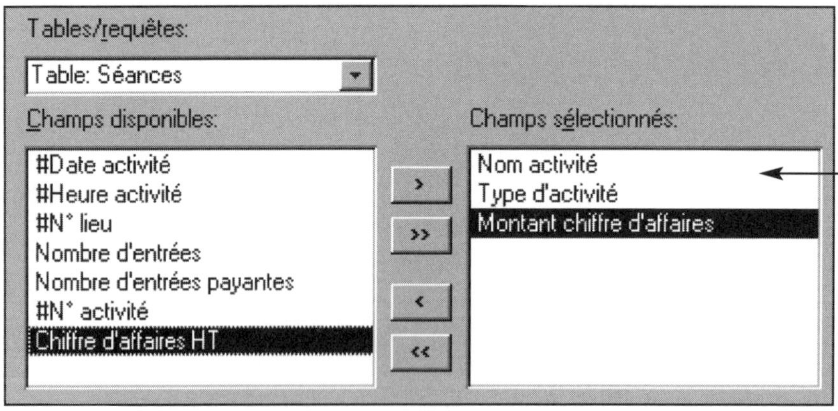

Ces champs apparaîtront dans le formulaire.

3. Cliquez sur le bouton **Suivant** et cliquez sur le libellé **par Séances** :

Pour chaque chiffre d'affaires on affichera le nom de l'activité et son type.

4. Cliquez sur le bouton **Suivant**. L'assistant nous propose d'ajouter un niveau de regroupement. Nous souhaitons regrouper les activités par leur type. Cliquez sur le libellé **Type d'activité** et faites-le passer dans la zone de droite :

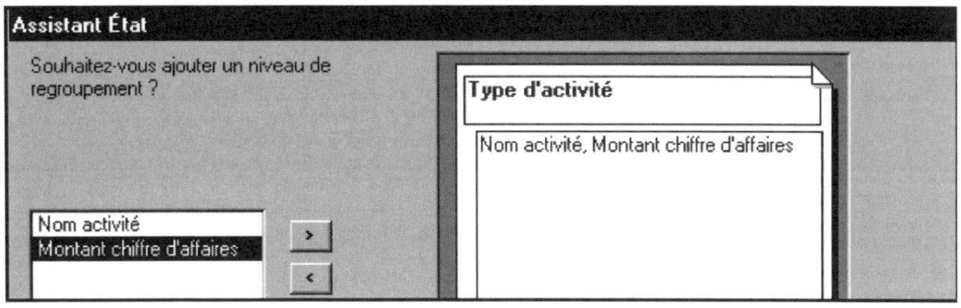

5. Cliquez sur le bouton **Suivant**. Nous ne souhaitons pas faire de tri. Cliquez sur le bouton **Suivant**. Choisissez l'option **Paysage**, ôtez la coche de la case **Ajuster la taille des champs** puis cliquez sur le bouton **Suivant**.

6. Choisissez le style qui vous convient et cliquez de nouveau sur le bouton **Suivant**. Composez le titre **Montant du chiffre d'affaires par type d'activité**. Cliquez sur le bouton **Terminer** :

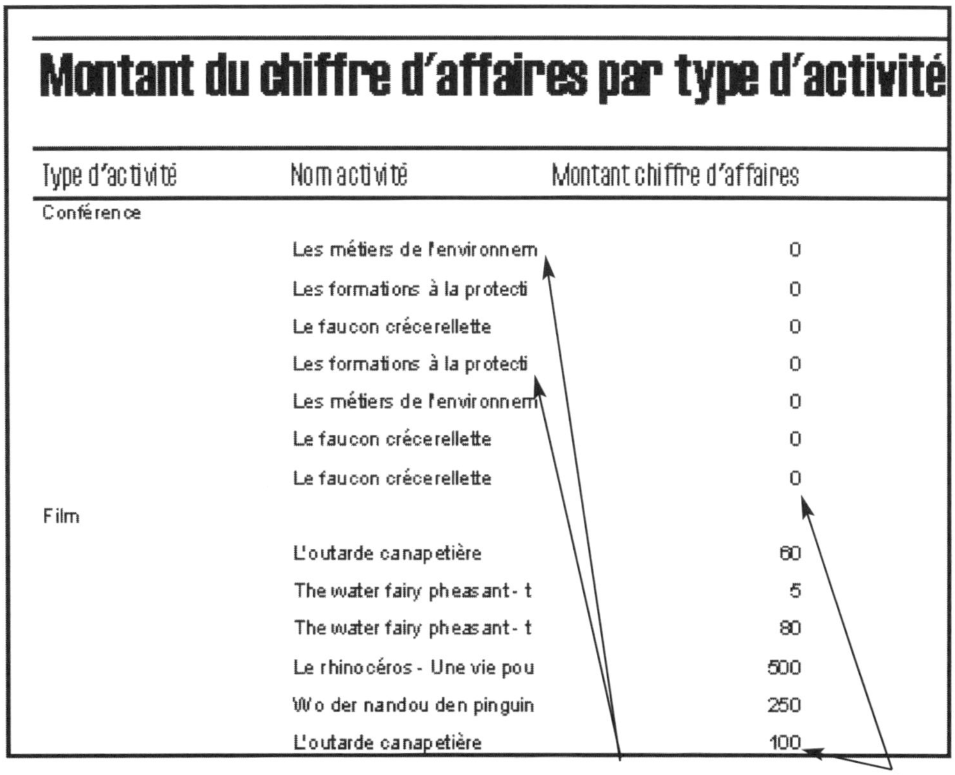

Les libellés sont tronqués. *Les sous-totaux n'apparaissent pas.*

II. Adapter l'état à ses besoins

L'état contient des imperfections. Nous allons le modifier. Cliquez sur le bouton **Création** :

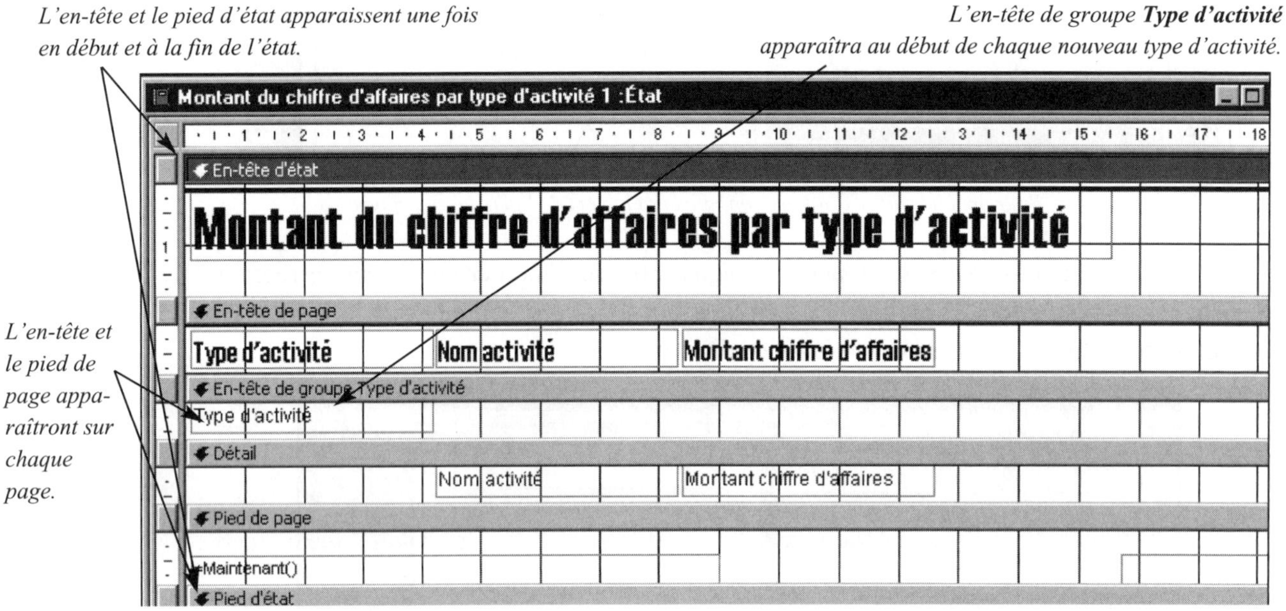

A. Agrandir une zone de libellé

1. Le nom des activités étant tronqué, nous allons augmenter la taille de l'étiquette **Nom activité** et de la zone de texte **Nom activité** de manière à obtenir ceci :

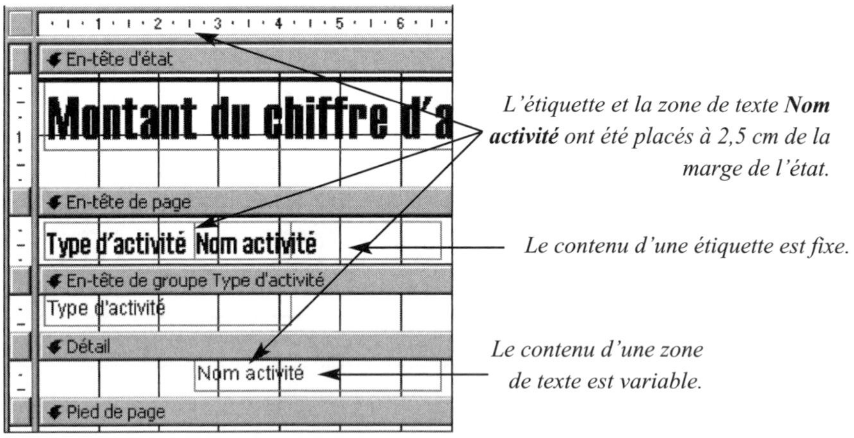

2. Déplacez l'étiquette et la zone de texte **Nom activité** vers la gauche à 2,5 cm de la marge de l'état. Placez ensuite les débuts de l'étiquette et de la zone de texte **Montant chiffre d'affaires** à 11 cm de la marge. Élargissez ensuite la zone de texte **Nom activité** à 10 cm :

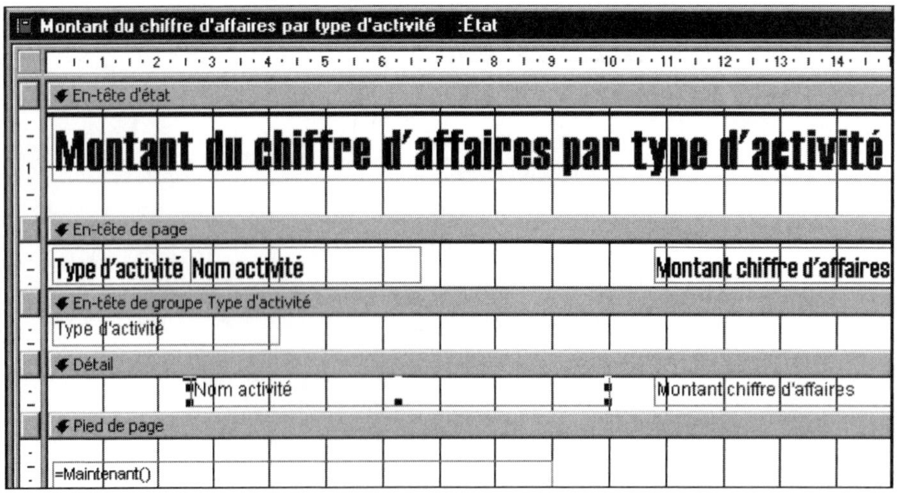

B. Ajouter un pied de page de groupe

1. Nous voulons obtenir le chiffre d'affaires réalisé par chaque groupe d'activités. Nous devons donc introduire la fonction **Somme** dans le pied de page du groupe **Type d'activité**.

2. Cliquez sur l'en-tête de groupe **Type d'activité**. Sélectionnez la commande **Affichage Trier et grouper**. Dans la zone **Pied de groupe**, sélectionnez **Oui** :

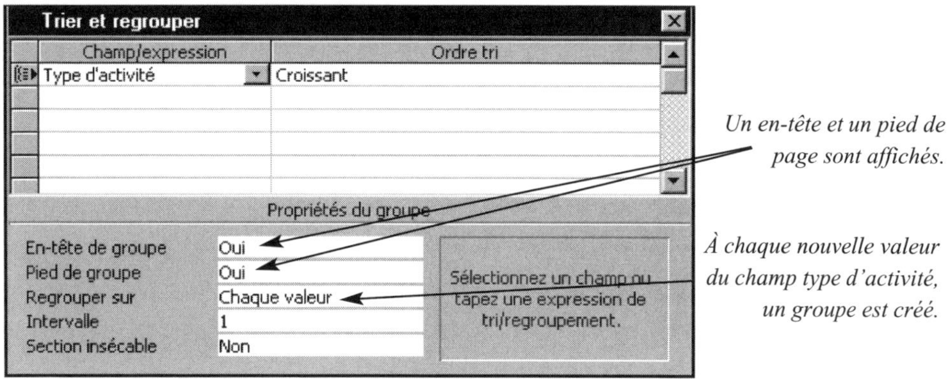

3. Fermez la fenêtre. Sélectionnez **Affichage Boîte à outils**. Cliquez sur le bouton **Zone de texte** :

4. Tracez une zone de texte à l'endroit suivant, composez le libellé **Total** pour l'étiquette et la formule **=somme([Montant chiffre d'affaires])** pour la zone de texte :

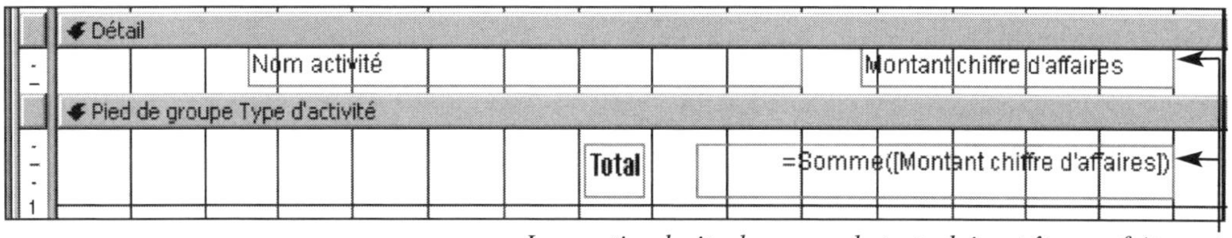

Les parties droite des zones de texte doivent être parfaitement alignées pour obtenir un alignement des données numériques.

5. Pour obtenir le libellé **Total** proche du nombre, déplacez l'étiquette **Total** sur la zone de texte (résultat peu esthétique mais efficace) :

6. Diminuez la hauteur de la zone **Pied de groupe Type d'activité**. Sélectionnez la commande **Affichage Aperçu avant impression**. Pour les activités **Films**, vous obtenez ceci :

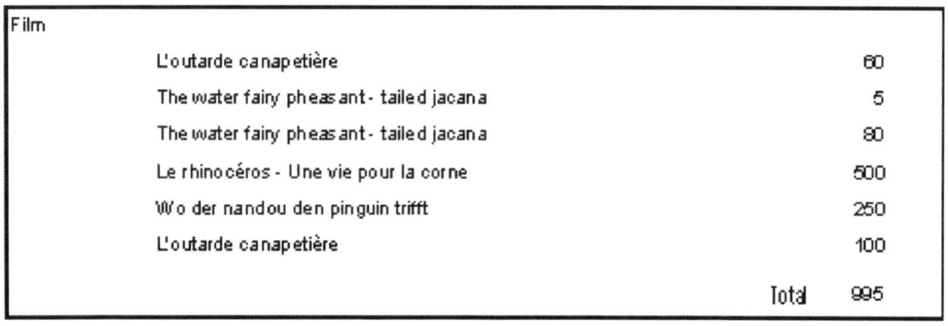

Application : Chiffre d'affaires réalisés par les films

Concevez l'état suivant :

Chiffre d'affaires réalisés par les films

Année de sortie	Nationalité	Nom activité	Prix	Nombre d'entrées payantes	Montant chiffre d'affaires
1998					
	Taiwan				
		Le rhinocéros - Une vie pour la corne	5,00 €	100	500,00 €
				Chiffre d'affaires moyen par pays	500,00 €
1999					
	Allemagne				
		Histoire d'oiseaux	2,00 €	30	60,00 €
		Histoire d'oiseaux	2,00 €	50	100,00 €
	France				
		L'outarde canapetière	2,00 €	30	60,00 €
		L'outarde canapetière	2,00 €	50	100,00 €
	Royaume-Uni				
		The water fairy pheasant - tailed jacana	1,00 €	5	5,00 €
		The water fairy pheasant - tailed jacana	1,00 €	80	80,00 €
				Chiffre d'affaires moyen par pays	67,50 €

Coup de pouce

1. Pour afficher le symbole monétaire dans un état, cliquez sur la zone de texte et sélectionnez la commande **Affichage Propriétés et Format**.
2. Pour aligner le contenu d'une zone, cliquez sur cette zone et sur les boutons d'alignement ≡ ≡ ≡. Enregistrez l'état et imprimez-le.

Application : État des stands réservés par les clients

- Concevez l'état suivant :

Etat des stands réservés par les clients

N° client	Nom client	N° lieu-stand	Surface	Prix location mètre carré	Montant de la location
CL01	Groupe Ornithologique du Poitou				
		CH04	8	30,00 €	240,00 €
CL02	Eco-système				
		CH03	8	30,00 €	240,00 €
CL03	Centre de vie rural				
		CH02	8	30,00 €	240,00 €
CL04	La Ferme Buissonnière				
		CH01	8	30,00 €	240,00 €
				Total	960,00 €

Coup de pouce

Pour effectuer un calcul dans un état :

- créez une zone de texte,

- composez une formule du type = [Nom du champ 1]*[Nom du champ 2].

Le nom des champs doit être strictement identique à ceux définis dans les tables.

Index

du même auteur… dans les collections…

ENSEIGNEMENT ET NOUVELLES TECHNOLOGIES

Introduire Internet dans ses pratiques pédagogiques

Définition des contenus, des méthodes et des conditions pour enseigner Internet

Applications professionnelles sur Internet avec les élèves

Onze applications permettant à l'élève de maîtriser les aspects fondamentaux d'Internet

Gérer et utiliser son réseau pédagogique avec Windows 2000

Installation du serveur de réseau, des stations de travail, gestion personnalisée de l'environnement de travail des élèves

Gérer et utiliser son réseau pédagogique avec Windows NT 4.0

Installation du serveur de réseau, des stations de travail, gestion personnalisée de l'environnement de travail des élèves

Présenter son établissement scolaire et sa classe sur Internet avec FrontPage

Définition des objectifs, des contenus, de la structure du site Internet d'un établissement scolaire

Donner une adresse électronique à chaque élève avec Microsoft Exchange Server

Installation du serveur de messagerie, du client de messagerie Outlook Express en interne puis ouverture sur Internet avec un relais de messagerie

ACTIVITÉS SUR…

Activités sur Ciel 6, 7 et 8 monoposte et réseau

Gestion Commerciale, Comptabilité, Immobilisations et Paye

Gestion des ventes, tenue d'une comptabilité, suivi des immobilisations et établissement de la paye d'une entreprise sur un poste isolé ou en réseau

Activités sur Sage 8, 9 et 10 monoposte et réseau

Gestion Commerciale, Comptabilité, Immobilisations et Paye

Gestion des ventes, tenue d'une comptabilité, suivi des immobilisations et établissement de la paye d'une entreprise sur un poste isolé ou en réseau

Activités sur Internet

Utilisation d'un logiciel de navigation, d'un moteur de recherche, du courrier électronique, d'un *chat*, d'un forum de discussion, création d'un site Internet...

Activités sur Office XP : Word XP, Excel XP, Access XP, PowerPoint XP, FrontPage XP et Publisher XP

Mise en œuvre de Windows et des logiciels Word, Excel, Access, PowerPoint, FrontPage et Publisher pour Office XP dans un cadre professionnel

Activités sur Office 2000 : Word 2000, Excel 2000, Access 2000, PowerPoint 2000, FrontPage 2000 et Publisher 2000

Mise en œuvre de Windows et des logiciels Word, Excel, Access, PowerPoint, FrontPage et Publisher pour Office 2000 dans un cadre professionnel

Activités sur Office 97 : Word 97, Excel 97, Access 97 et PowerPoint 97

Mise en œuvre de Windows et des logiciels Word, Excel et Access pour Office 97 dans un cadre professionnel

Activités sur Office 7 : Word 7, Excel 7 et Access 7

Mise en œuvre de Windows et des logiciels Word, Excel et Access pour Office 7 dans un cadre professionnel

Activités sur Ethnos pour Windows

Concevoir un questionnaire, l'exploiter et représenter ses résultats

BTS COMPTABILITÉ ET GESTION DES ORGANISATIONS

Organisation du système d'information comptable et de gestion

Processus 10 - 1ère et 2e années

UTILISER

Utiliser Word 6 et 7 pour Windows en communication administrative et commerciale

Utiliser Access 2, 7 et 97 dans la gestion des données de l'entreprise

ALLER PLUS LOIN AVEC…

Aller plus loin avec… Access 2, 7 et 97

La modélisation des données (modèle conceptuel, logique et physique) et Access.

Aller plus loin avec… Excel 5, 7 et 97

Mise en œuvre des fonctions financières, statistiques, de date et de recherche d'information d'Excel dans des applications de gestion

Achevé d'imprimer par Corlet, Imprimeur, S.A.
14110 Condé-sur-Noireau (France)
N° d'Imprimeur : 60433 - Dépôt légal : septembre 2002

Imprimé en France